教育是使人成为人的伟大事业！我们和孩子们在一起的每一天，都是思想与精神的交融。我们把自己的体悟与经验分享给他们，他们的纯粹与活力激发我们无尽的想象。我们在相守成长的岁月中，长成彼此期望的样子，那是我们更好的自己！

——李桢

· 教育家成长丛书 ·

李桢
与自觉教育

LIZHEN YU ZIJUE JIAOYU

中国教育报刊社·人民教育家研究院 组编

李 桢 著

北京师范大学出版集团
BEIJING NORMAL UNIVERSITY PUBLISHING GROUP
北京师范大学出版社

图书在版编目（CIP）数据

　李桢与自觉教育 / 中国教育报刊社人民教育家研究院组编；
李桢著. —北京：北京师范大学出版社，2020.9（2024.8 重印）
　（教育家成长丛书）
　ISBN 978-7-303-25824-6

　Ⅰ. ①李…　Ⅱ. ①中…　②李…　Ⅲ. 中学—教育工作—研究
Ⅳ. ①G63

　中国版本图书馆 CIP 数据核字（2020）第 077600 号

图　书　意　见　反　馈　　gaozhifk@bnupg.com　010-58805079
营　销　中　心　电　话　　010-58802135　010-58802786
北师大出版社教师教育分社微信公众号　　京师教师教育

出版发行：北京师范大学出版社　www.bnup.com
　　　　　北京市西城区新街口外大街 12-3 号
　　　　　邮政编码：100088
印　　刷：北京虎彩文化传播有限公司
经　　销：全国新华书店
开　　本：787 mm×1092 mm　1/16
印　　张：30.5
字　　数：507 千字
版　　次：2020 年 9 月第 1 版
印　　次：2024 年 8 月第 2 次印刷
定　　价：98.00 元

策划编辑：伊师孟　　　　　　　责任编辑：何　琳　伊师孟
美术编辑：李向昕　　　　　　　装帧设计：李向昕
责任校对：段立超　王志远　　　责任印制：马　洁

教育家成长丛书

编委会名单

总 顾 问：柳 斌 顾明远

顾 问：叶 澜 田慧生 林崇德 陈玉琨

编委会主任：杨春茂

编 委：（按姓氏笔画为序）

于 漪 王瑜琨 方展画 田慧生

成尚荣 任 勇 刘可钦 齐林泉

孙双金 李吉林 杨九俊 杨春茂

吴正宪 汪瑞林 张志勇 张新洲

陈雨亭 郑国民 施久铭 徐启建

唐江澎 陶继新 龚春燕 程红兵

赖配根 鲍东明 窦桂梅 魏书生

主 编：张新洲

副 主 编：赖配根 王瑜琨 汪瑞林

总 序

教育是国家发展的基石，教师是基石的奠基者。古人云："国将兴，必贵师而重傅。"兴国必先强教，强教必先重师。党中央、国务院高度重视教师队伍建设。2013年教师节，习近平总书记在给全国广大教师的慰问信中指出："百年大计，教育为本。教师是立教之本、兴教之源，承担着让每个孩子健康成长、办好人民满意教育的重任。"2014年，在第30个教师节前夕，习总书记到北京师范大学视察并发表重要讲话，指出："一个人遇到好老师是人生的幸运，一个学校拥有好老师是学校的光荣，一个民族源源不断涌现出一批又一批好老师则是民族的希望。"《国家中长期教育改革和发展规划纲要（2010—2020年）》也明确提出，"有好的教师，才有好的教育"，要"努力造就一支师德高尚、业务精湛、结构合理、充满活力的高素质专业化教师队伍"。"倡导教育家办学"，要创造有利条件，鼓励教师和校长在实践中大胆探索，创新教育思想、教育模式和教育方法，形成教学特色和办学风格，造就一批教育家。"两个一百年"奋斗目标的实现、中华民族伟大复兴中国梦的实现，归根结底要靠人才、靠教育，而支撑起教育光荣梦想的，是千百万的教师。

时代呼唤好老师。有一流的教师，才有一流的教育；有一流的教育，才有一流的国家。出名师、育英才、成伟业，是时代赋予我们教育战线的神圣使命。"所谓大学者，非谓有大楼之谓也，有大师之谓也。"好学校、好教育的最重要标准，就是要有好老师。一所学校、一个地区，乃至一个国家，如果教师有理想、有爱心、有学识、有高超的教育艺术，那么即使硬件设施有些简陋，家长、学生也会心向往之。教师是中国梦的奠基者。教师的重要使命，就是为每个孩子播种梦想、点燃梦想，并帮助他们实现梦想。每一间平凡的教室，每一节朴实的课，都不仅是知识的传递，而且是人类文明精神的接续、人生梦想的起航。正是有亿万个孩子梦想的放飞、绽放，中国梦才更加光彩夺目。如果说中国梦最坚实的土壤是学校，那么教师就是最伟大的"筑梦师"，他们用默默无闻、孜孜不倦的智慧劳动，让每一颗年轻的心灵都与中国梦激情相拥。

倡导教育家办学，造就一批好老师，首先要尊重、珍惜我们的本土智慧、本土创造。教育家不是凭空产生的，而是扎根于自己的民族文化土壤，同时吸收人类文明成果，从而创造出独特而生动的教育实践、教育智慧和教育文明。五千年源远流长的中华文明，不但形成了有我们民族特色的教育理论体系，而且涌现出了千千万万优秀的教育家，有被推崇为"大成至圣先师""万世师表"的孔子，有"匹夫而为百世师，一言而为天下法"的韩愈，有"捧着一颗心来，不带半根草去"的人民教育家陶行知，等等。改革开放 40 年来，随着教育改革的不断深入，教育战线涌现出了一大批杰出教师。他们痴情于教育事业，坚守理想信念和教育良知，在三尺讲台上默默耕耘、刻苦钻研，同时以敢为天下先的精神大胆创新，不断进取、不断超越，形成了各具特色的教育思想和教学风格。正是他们的成功探索和实践，创造了具有中国风格的教育经验，丰富了具有中国特色的教育理论宝库。原由教育部师范教育司组织编写，现由中国教育报刊社人民教育家研究院组织编写的"教育家成长丛书"，就是要向这些宝贵的本土创造性的教育经验致敬。

当前，教育领域综合改革正在深入推进，考试招生制度改革的大幕已经拉开，立德树人、培育和践行社会主义核心价值观成为大中小学教育的头等任务。可以预见，中国教育将发生深刻的变革，将从"中国制造"向"中国创造"转变。"没有革命的理论，就没有革命的运动。"没有适合中国土壤、具有中国智慧的教育理论，就不可能为未来的中国教育改革提供有效的指导。我们的教育要向"中国创造"飞跃，必然要首先创造属于我们自己的教育理论，而不是"言必称希腊"或者老是贩卖欧美的教育理论。170多年前，美国思想家、诗人爱默生发表了著名演说《美国学者》，号召美国知识界："我们依赖旁人的日子，我们师从他国的长期学徒期时代即将结束。在我们周围，有成百上千万的青年正在走向生活，他们不能老是依赖外国学识的残余来获得营养。"由此，美国迈入精神立国阶段。

如今，我们也面临与爱默生同样的情形。随着我国GDP已从世界第二向第一迈进，我们要自觉养成强烈的"中国意识"，独立的中国文化品格，并由此去环视世界，去改造本土实践，去创造属于我们自己的精神养料——这在教育界显得尤为紧迫。"教育家成长丛书"，旨在把我们本土教育实践中蕴含的中国智慧提炼出来，从而形成具有时代意义的中国特色的教育话语体系，再以此去观照、引领、改造中国的教育实践，为伟大的教育改革提供经验、理论支持，也为未来的教育家提供丰富、可资借鉴的精神养料。

让我们为中国教育的伟大未来一起努力吧！

2018年3月9日

前　言

　　见证着中国基础教育半个世纪的春华秋实，代表着中国基础教育教学成果的最高成就——"首届基础教育国家级教学成果奖"，闪耀着李吉林、窦桂梅、吴正宪、张思明、洪宗礼、唐江澎、邱学华、于永正、孙双金、薄俊生、龚春燕等一大批优秀教师的名字。而上述这些教师杰出代表恰恰都是《人民教育》"名师人生"栏目中最受读者喜爱的名师，都是"教育家成长丛书"的作者。

　　"教育家成长丛书"（以下简称"丛书"），是在第 20 个教师节前夕，为了研究、总结、宣传和推广我国众多优秀中小学教师的先进教育思想和鲜活宝贵的教育教学经验，培养造就一大批德才兼备的优秀教师和杰出的教育家，促进教师队伍整体素质的提高，根据教育部党组安排，由师范教育司组织编写的一套凝聚着一大批教育家成长智慧的大型教育丛书。

　　"丛书"自 2006 年问世以来，不但得到国务院和教育部领导同志的高度重视，而且先后印刷多次尚不能满足广大读者的需求。这其中的奥秘何在？

　　当你翻开"丛书"，每一部著作都讲述着一位教育家成长的故事。这些著作主要从"成长历程""思想概述""课堂实录"和"社会反响"等方面全景式反映其教育思想、教育智慧、专业精神和专业人格的形成过程与教学实践过程。这是教育家成长的基本素质所在。

　　当你沿着教育家成长的足迹走近他们的时候，你会融入这些带有"草根色彩"、扎根中华教育实践大地、充满田野芳香的真实感人的教育故事中。

当你从"丛书"中,从这些当年和自己一样的普通教师,成长为今天受人尊敬的教育家的成长过程中受到启迪,当你触摸着自己的心,把学生的成长和祖国的未来紧紧连在一起的时候,你会真切地感受到教育家离我们并不遥远。

当你用整个身心蘸着自己的生活积累去品味"丛书"中的每一部著作的"成长历程"时,在一位位名师不断学习、不断超越自我、不断超越学科教学的求索足迹中,你会读懂"教育是事业,其意义在于奉献"的丰富内涵。

当你研读"丛书"中的每一部著作的"思想概述",和每一位名师展开心灵对话的时候,都会深深地感受到,一名教师对教育独立的理解与执着的追求有多么重要。从一名普通的教师成长为受人尊敬的教育家的过程中,你会读懂"教育是科学,其价值在于求真"的深刻含义。透过"丛书",你会看到一代代教师用爱与智慧塑造民族未来的教育理想。

随着我们从"知识核心时代"走向"核心素养时代",教师教育教学活动的视野已拓展到人的生存与发展的方方面面。教师要结合自己的教学实践去感悟"教育理念是指导教育行为的思想观念和精神追求",应该把爱化为自己的教育行为,让爱充盈课堂,触摸到一个个灵动的生命,让爱产生智慧,让爱与智慧在学生心中留下岁月抹不去的美好回忆,让教育者和受教育者都感受到教育的幸福。这是"丛书"给我们的启示,也是每位教师应有的胸怀和视野。

时代呼唤教育家。为了进一步把我们本土教育实践中蕴含的中国智慧提炼出来,从而形成具有时代意义的中国特色的教育话语体系,以此去观照、引领、创新中国的教育实践并在更大范围加以推广,"丛书"将由中国教育报刊社人民教育家研究院继续组织编写,希望能够在更广大教师的心田中播种教育家成长的智慧,从而出更多的名师,育更多的英才,成就中华民族复兴的伟业。这是时代赋予广大教育工作者的神圣使命。如果广大教师能在每位教育家成长、探索教育智慧的过程中受到启迪,形成自己的教育智慧,则实现了我们编辑这套"丛书"的初衷。

"教育家成长丛书"
编委会
2018 年 3 月

目 录
CONTENTS
李桢与自觉教育

我的成长之路

我的教育理想

我的教育实践

社会反响

附　录

后　记

我的成长之路

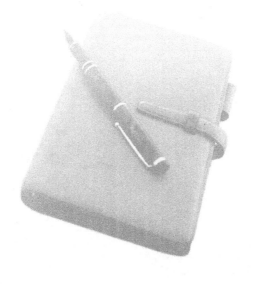

从接到约稿通知的那天算起，时间已过去近10年，非常感谢张新洲主编对我的厚爱，让我有动力完成这份书稿的写作。我刚接受任务时，还是一名化学特级教师，一直致力于化学问题解决的实验研究，研究的内容是我博士论文的核心部分，因为这部分内容理论性太强，与"教育家成长丛书"的主题相去甚远，所以我迟迟没有动笔。后来，我做了11年的学校管理工作，主要经历与学校管理相关，如果还是从学科入手，似乎很难总结出比较有意义的内容。直到我于2016年开始新的学校管理实践，张新洲主编鼓励我将自己的管理实践经验总结出来，也是呼应教育家主题的多元化选择，我才真正开始本书的写作。

我拜读了"丛书"中许多当代杰出教师的成长与成才经历，内心充满敬意与崇拜；后来又阅读了几十位全国著名校长的学校管理专著，受益匪浅。和学科专家相比，自己化学教师的任务已经有所荒芜，学科教学的问题解决研究没能延续是一种遗憾，但却开启了更广阔意义上的问题解决跨学科教学研究，这也可以看成是一个新的开始；和管理专家相比，自己的管理经验不够丰富，影响力也不够大，只是走了一条还没人走的道路，不能说成名成家。但在教育岗位工作了27年的自己，有些成长经历想与大家分享，这也是我决定完成这本书写作的最大动力。

一、自我选择的发展之路

我是1981年上的大学，时间已经过了36个年头。从没有想过会有机会梳理自己走过的路，临到写作工作开始之前，我还在想如何描述我的从教历程。我想，也许我的经历对今天的青年教师会更有启发意义，因为我是从校门到校门的成长，没有太多太曲折的故事。但从教10年后，我能在东北师范大学附属中学（以下简称"附中"）这样一所全国著名的重点中学里，被全票通过评为特级教师，可以说是用最短的时间，实现了一个中学教师最难圆的梦想！这期间的努力、坚持、付出与反思，都是一面面镜子，不断在我的回忆中闪现，让我感慨万千。

人的一生有很多机会、挑战和选择，成功只垂青于有准备并持之以恒为之不断努力与奋斗的人。当拥有坚韧不拔的毅力、明晰的目标、合理的专业结构、踏实认真的实践活动，并不断地反思与超越自我局限的品质时，个体就能实现个人的专业发展，使之达到学科研究的较高层次和学校管理的较高境界。而成就的取得，我们都能在青少年期间的生活中寻觅到一些历久弥新的性格与行为的痕迹。"三岁带着吃老相"，儿时的个性会影响到今后的发展。弗洛伊德和阿德勒关于个体心理的研究都认为，每个人都有独特的人格和生活方式，且这些特性在童年早期就开始产生和发展，目的是补偿个体所感觉到的劣势。个人的生活方式包括他对自己和世界的看法，以及他为了达成目标而采取的行为。回顾自己的青少年时代，我虽然没有现在学生的视野与素质，但也少了些压力与困惑，参与的一些社会实践活动也培养了自己独立自主的个性品质。

（一）青少年的求学历程铸就了个人的性格特色

我生于 1963 年，1981 年通过高考上大学。与 77 届、78 届大学生相比，我的经历比较单一，没有"上山下乡"的艰苦锤炼，也没有"返城回潮"的困惑，求学是始终伴随着我的前进目标。虽然我在小学和初中时期没学太多的文化知识，也没有现在这么多学习机会，但我常常参加社会实践活动。和现在的孩子相比，我过的是一个没有压力的快乐童年。

1. 小学的回忆

我是在工厂的子弟小学接受的教育，除了识字和简单的运算等启蒙教育，其他有关知识的记忆都非常模糊。我的记忆能回溯的多是自己参加和组织活动的片段，自己的经历真实地回答了"做中学"的道理，只有亲身参与和经历的才能在记忆中镌刻长久。

我从小学入学到小学毕业一直当班长，五年级还做过大队长，主要的工作是组织同学定期参加学工、学农活动。每年春、夏、秋三季，我们要走几十里路到学校的学农基地种毛豆和玉米，大家都要学习翻地、播种、锄草、收割等基本农活。每个班都有属于本班的地，同学们要齐心合力才能收获比别的班多的毛豆和玉米。每到秋收时，学校是欢乐的海洋，在学校操场上架几口大锅，各班煮交完任务后剩余的毛豆和玉米。因为我们班的男生多，且每个人都非常努力，大家齐心协力地干活，所以分给我们班的毛豆和玉米总是比其他班的多，我们既饱了口福又得到了老师的夸奖，那是非常自豪的事情。在 20 世纪 70 年代初期，多数家庭的生活还很困难，每天的伙食主要是玉米面窝头、白菜和土豆，能吃自己种的毛豆是我们最快乐的时刻。也许从那时起，我就体会到要通过自己的努力才能收获果实和快乐，没有从开始到最后的过程性努力和挥汗付出，就没有收获的可能。

如果说种地主要是集体协作的乐趣，那修理砖头和拣焦块就是对个人的考验。因为我所就读的学校是厂矿子弟小学，从小学四年级起，学工的任务是五六月要连续把工厂废弃的炼石墨块的炉砖用小锤子修理好，在废炉焦中拣出没燃烧的焦块，用来给学校的锅炉烧水。因为是班长，我既要超额完成自己的任务，体现出班干部的带头作用，又要监督和帮助其他同学完成任务。所以我每天都要早来晚走，手指经常被磨破，父母很心疼，可我并没有辛苦的感觉，反倒觉得这是班长应该做的。总能超额完成任务的我们，不仅得到了老师的表扬，还获得了比别的班更多的自由活动时间。这些经历培养了我吃苦耐劳和勇于担责的个性，班级干部的社会工作，不仅培养了我以身作则的行为自律，而且促使我拥有了遇事要力争做到更好的自尊心和极强的成就动机，这些对我来说是不可多得的锻炼机会。凡事都具有两面性，这样的经历，也让我比较古板，缺乏乐趣，而且在做事中对己和对人都比较严格，爱挑毛病，追求完美，这些都是需要我不断克服的。

这些活动对我个性的形成起到了一定作用，但还不仅如此。我感觉能坚持参加一项体育活动，对人生的发展尤为重要。我从小个子就高，小学三年级就1.6米了。学校从厂里聘请了一位专业篮球教练，他到学校选队员并组建学校篮球队，我就被选中了。因为70年代没什么娱乐活动，工厂的待遇都比较好，有几位从省队退役的篮球运动员就到厂篮球队做队员和教练，各大厂的篮球球队也经常组织比赛。从5月开始，居民区中间的灯光球场就成了人的海洋，孩子们早早就等在那里占好座，大人则自己带板凳，观看厂队和其他篮球队的比赛。我特别佩服的就是到学校当教练的王老师。那时人们都叫她"大王"，她是女队队长，球打得特别好，我那时的梦想就是成为一个像王老师那样的篮球中锋。王老师要求特别严格，一年四季除了下雨和下雪，我们每天5点必须准时到学校集合。早晨的训练量很大，从摸高到蛙跳，从运球到跑篮，从两人对抗到小组比赛，所有训练内容要到6点半以后才能结束，我是能坚持下来的少数几人之一。

妈妈非常支持我，那么困难的时期，她每天早晨都给我带一个工厂食堂做的面包，弟弟常常馋得流口水，我也常偷偷留半个面包给他，自己饿肚子训练。为了练球，我在冬天就穿秋裤在雪地里跑步，出的汗把秋裤浸湿再被风吹干。两年下来，我得了严重的关节炎，疼的时候都站不起来。妈妈背我去看中医，吃了多长时间的药我记不清了，但腿好以后，我还是坚持打球，一直到初二转到其他学校才停止了正规训练。练球并没有让我成为一名专业球员，也许身高和天赋都不够出类拔萃，但长期的艰苦训练让我学会了坚持、忍耐、不惧痛苦和挫折，友好地与别人合作，追求最好的结果，这些品质使我比同龄的孩子更成熟和坚忍，也让我有了一个好身体。在早晚篮球训练和学校活动之外，对我影响最大的事就是读书。

与吉林碳素厂子弟小学女子篮球队的合影

我在家里四个孩子中排第三，父母工作非常忙，很少管我们，哥哥姐姐都有自己的玩伴，我要带弟弟，在家的时间比较多。家里困难，祖父母无力供父亲读书。父亲虽然没有读过大学，但天资很高，18岁就到工厂做学徒工，在工作之余特别喜欢看书，后来主管宣传工作，和文字打了一辈子交道。父亲要求我们要多读书，他相信只有读书才能改变命运，并始终为自己没有上大学而感到遗憾。我是父亲最喜爱的孩子，他总说我是个笨笨的丑丫头，要学会笨鸟先飞，比别人付出更多的努力。父亲的话对我影响至深，从自己到重点中学读书开始，上大学、读硕士、考博士，父亲一直在鼓励我坚持学习。我想没有父亲始终如一的鼓励与期待，我可能不会做得这么好。我从小就知道自己不是一个漂亮的女孩，必须在其他方面比别的孩子强，才能被人重视。

　　我就读的厂办子弟学校，多数学生初中或高中毕业就接父母的班到厂里做工人，能有一份稳定收入的工作是人人羡慕的事情。父母并没要求我们接班当工人，我从小就在满是粉尘的厂区里长大，对当工人也没什么兴趣，却对读书很感兴趣。家里有的书都是"文化大革命"期间的故事书，情节和叙事方式千篇一律，看完就不想再看了。小学五年级到初中一年级的三年中，妈妈的朋友——张老师——的帮助，改变了我一生的命运。厂里的旧图书馆就在我家旁边，馆里摆放的都是"文化大革命"期间发行的图书，张老师是图书馆的管理员。我因为妈妈的关系常去看书。有一天，张老师给我打开了一个积满尘土的旧木门，在一间没有窗户的小屋里堆满了各种我从来没见过的书籍，都是当时的禁书，大部分是世界名著，还有少量人物传记。我贪婪地阅读，每天从下午看到晚上，偶尔还要借回家。在书中，我认识了牛虻、安娜、基督山伯爵、保尔等，知道了雨果、巴尔扎克、普希金、托尔斯泰、大仲马等从未听说过的名字。我虽然刚开始看书时有很多不懂的地方，但心中总是充满感动。记得在看《牛虻》时，自己偷偷地哭了好几次。为了能在有限的时间内看完借阅的书，我常常连续看几小时，饭都顾不上吃。看书使我成为了家中唯一戴眼镜的孩子，也让我成为家中最不了解家长里短的孩子，但这却让我了解了我生活之外的世界。

2. 外出求学之路

　　我被一个非常强烈的想法激励着，我要读更多的书，我不想当工人。1977年的春天，吉林市第一次组织全市重点中学选拔考试，这给了我一次走出家门和厂区的机会。当时我刚好读初二，在班主任赵老师的鼓励下，我报名、参加了离我家最近的市重点中学——吉林市第四中学——的选拔考试，并被录取到快班。我本来也想报考吉林市第一中学的，但因为交通不便又不能住校，只能就近选择了。即便这样，我每天也必须5点半起床，6点半从家出发，要坐一个多小时的有轨电车才能到学校。因为离家太远，交通不便，父母开始并不想让我到重点中学去读书，于是我的班主任赵老师便冒着大雨来到我家做我父母的工作，希望我能到一个各方面条件都更好的学校去学习。他是我人生道路上遇到的第一位"领路人"。他是东北师范大学中文系的毕业生，为什么到我们那样一个厂矿子弟学校去教书我就不得而知了，但他非常有文采，会写诗，有时上课就给我们朗诵他写的诗。因为我看了很多外国名著，对文学有兴趣，语文学得好，老师非常偏爱我，始终鼓励我要自信，经常让我组织活动，我自己也舍不得老师。但我们学校想学习的学生太少了，大多数学生都想混至毕业后到厂里当工人，对学习不感兴趣。当时因为我帮老师管理班级纪律，就经常遭到一些不学习的学生的威胁，这严重地干扰了我的生活。在赵老师的劝说下，父母同意我离开厂矿子弟学校到重点中学学习。

我从1977年秋天开始了独自离家的求学生活，那一年我14岁，读初中二年级。我每天早上5点半去赶公车，晚上6点以后才能回家。高二准备高考的那一年，我要晚上10点才能到家。那时冬天非常冷，晚上8点半以后就没有公车了，父亲每晚骑自行车接我回家。一个多小时的路程，我每天都紧靠父亲温暖的后背，看到父亲头上冒出的蒸汽和吃力骑行的样子，我在心中暗下决心，一定不辜负父亲的期望，考上好大学，做一名让父亲引以为傲的孩子。

四中的老师都非常有经验，我们的语文老师非常喜欢我，我的作文经常被老师作为范文讲读，这可能与我广泛的阅读有关。也是因为我看了很多书，常喜欢思考问题，有独特见解，老师和同学都认为我比同龄的学生成熟。我对文科学习充满了兴趣，特别希望自己将来能成为一名记者，有时间就把所感所思记录下来。但父亲由于自己的经历坚决反对我学文科，"文化大革命"期间，他因为写稿子被关起来禁闭了很长时间，受到了很大伤害。他希望我能学习理科，有所专长。那时盛行"学好数理化，走遍天下都不怕"，优秀的学生很少报考文科。我在班级始终都是第二名，班主任老师也不主张我学文科，我就碍于面子学了理科，但自己对文科的学习仍然非常喜欢，而且我不喜欢物理，后来的发展实际是文理兼顾了。由此可见，能按自己的意愿和兴趣选择自己的发展方向，是非常重要的。现在很多学生在选择文理分科时的情况与我们那个年代已有所变化，但学理的学生仍然是大多数。所幸，学生按自己的兴趣与爱好选择自己的发展方向已经得到绝大多数家长的支持和认可。事实也证明，只有按自己的兴趣去选择，才能找到持续发展的动力，并持之以恒地完成自我更新。

如果说走出厂矿子弟学校的大门，让我进入一个更优质的环境学习是我人生的第一次选择，那么文理分科应当是我人生的第二次选择，它决定了我的学科学习方向和可能的职业发展方向；高中阶段面临的最重要的一次选择应当是高考填报志愿，选择什么学校、什么专业都将决定我未来一段或一生的发展。

　　由于我不是非常擅长数学和物理，我喜欢的方向是化学和生物，因此我报的第一志愿是吉林大学化学系，当时想如果重点大学第一志愿不被录取，一般本科就去学管理，所以第二志愿是黑龙江商学院。但班主任老师为了稳妥，在我们自己填完志愿后，帮助很多同学在第五志愿中填了师范院校，当时第五志愿是不被考虑的志愿，所以老师认为被考虑的可能性很小。因为我的成绩好，班主任只给我填了东北师范大学（以下简称"师大"），这个志愿改变了我原来设定的人生轨迹。高考分数出来，我和吉林大学的录取分数差了一分，我认为自己一定是到黑龙江商学院去学习了，没想到那一年吉林省录取有变化，师范院校可以在有志愿的情况下，提前录取高分学生。接到师大录取通知书，我在家哭了一天，告诉父母我不想去师大，想再读一年，父母没同意，他们认为女孩子当老师非常好，而且师大又是当时省内最好的师范院校。就此，我站在了从教道路的起点上，开始了不情愿的大学生活。现在想来如果没有老师的好心，没有父母的决定，我可能这辈子就与教师这个职业无缘了，也就不可能有今天的成就了。可以说教师生涯的起点并不是我个人的选择，是老师和父母帮我做的决定，但从起点以后的人生之路，都是我个人不断进行自我选择、自我发展的过程。

（二）丰厚而扎实的学历教育构建起个人的学养与内涵

　　朱小蔓教授认为，教育工作不同于一般职业工作，其公益性、恒常性、未来性对国家和民族的未来，对千家万户的幸福都具有重要的意义。教师的问题被格外重视，其方向就是走向专业化发展。关于教师的专业性问题，我们可以从两个方面来理解：一是教师工作的专业性，二是关于教师发展的专业性。为提高教师的专业性，我们可以从以下两个方面努力：一是学历要逐步升高。学历升高与其通识知识水平、自我成就动机、独立意识、批判意识、研究能力等的提高都呈正相关，学历是一个必要条件；二是教师培养是一生的学习生涯，持续学习要求自主性、积极性，需要大学文化来提高成就动机。四年制的大学师范教育强于中师的地方在于其学术意识、研究意识和自我成就动机。因此从某种意义上来说，专业化发展就是培养一位自主发展的教师。

　　从1981年上大学开始到2005年拿到博士学位，24年的学习与工作中，我坚持完成学历教育，这个过程于我不仅是获得文凭的过程，更是借助外界给予的条件逼迫自己不断学习，丰富学养和内涵，实现一个教师自主发展的过程。我个人的学历教育经历和取得的成绩说明，有了学历教育给予的宽厚基础，一个人可以少走很多弯路，走上发展的高平台，缩短成长周期，实现个人发展效益的最大化。在繁杂的工作之余，能坚持完成学历教育，获得优先发展的机遇，对每一个从事基础教育的青年教师来说，都应是个人努力的方向。

1. 不情愿的师范生

现在的很多媒体关注知识青年，关注"70 后""80 后""90 后"现象，而我们"60 后"似乎是最容易被淡忘的一代。现在能有机会回忆自己的青年时代，好像把心中尘封已久的那扇门打开了，那么多拨动心弦的熟悉身影从脑海中划过，心中难以平静。回首往事，我们这一代人成长与成熟的人生经历与我们民族与国家的苏醒、崛起与发展是息息相关的。1981 年正是国家粉碎"四人帮"后百废待兴的发展时期，从学校出来的我们，每个人都是满脑子幻想，对未来充满希望。上什么样的大学是我们人生的第一次选择，也是我们离开父母独立生活的第一步。我们中大多数人没有人生经验，父母和老师的希望就是我们的志愿，个人的兴趣、爱好很难成为自己未来的发展选择。我们只能在不可重复的时间长河中通过试误来积累经验，选择适合自己的发展道路。也许很多人没有尝试，只在一条轨迹上周而复始地运动，接近或已经退休。但我相信，敢迈出第一步的人，成功就已经向你走来。

我们 81 级学生有 70 多人，多数都没报考师范大学，是第五志愿被动招收进来的。刚开始大家的专业思想不是很稳定，厌学现象严重，都不愿意做老师，后来随着学习的深入，大家也就自然接受了。我从没想过有一天自己会是一名"孩子王"，当阴差阳错地成为一名师范生时，我虽然努力学习，但内心还是希望能有所变化。四年中，我不仅高质量地学完了化学系要求的所有课程，而且还在图书馆的文科阅览室看了大量自己喜欢的哲学、历史、文学、人物传记等书籍，并且还做了很多笔记。因为中学培养的组织能力，我在大学一年级时就在系学生会做干部。刚开始与 77 届和 78 届的学长们在一起，我受到很多影响和熏陶。他们年龄差距较大，但学习非常努力，做事严谨认真。我在 4 年的大学生活中参加了很多活动，出宣传板报，组织各类晚会，写诗歌和随笔，让自己的能力得到全方位的训练。也因为自己兴趣爱好广泛，所以我比其他同学有更多的人文积累，这些都为我今后的教学生涯打下了坚实的基础。有时我们在生活和学习中并不一定要有明确的目标和前进方向，能多元化地吸纳不同学科的知识，是使自己视野开阔的很好途径。大学教育给我最多的不仅是系统的学科知识，而且是多元化的自主学习能力。现用现学，"临时抱佛脚"，可能可以救急，但也可能错过难得的发展机遇。

大学 4 年给我印象最深的事情是大一学期末，我因为胸膜炎住院三个月，是休学还是继续跟年级走是我面临的又一次选择。父母和老师都劝我休学，因为住院会耽误近两个月的课程，且我不能参加所有考试；如果跟读，我在病休期间就要自己补课，否则很难参加补考。我自己选择了继续学习，一边养病，一边补习课程。同学们给了我很大帮助，帮我抄笔记，不厌其烦地解答我的问题，使我顺利通过考试，得以继续完成学业。那一段时间的努力与付出，让我感慨颇多。友谊与健康、感恩与回报、勤奋与坚持都是我们生活所需要的，只单纯地学习，忽视与人的交往和相处，很难有真正的快乐。人的社会属性

与大学室友的合影

决定他需要别人的鼓励与认同，需要爱与归属感。我非常感念那一段难忘时光中与同学们的友谊。现如今，我们虽然天南地北，不时常来往，可是常常回忆起美好的片段。而问候的短信，出差时的小聚更让我们欣喜若狂，真是岁月如歌，同窗情谊难忘。大学四年我们朝夕相处，如今翻看毕业时的留言，依然能看到少年时代的痕迹和人到中年还保有的个性。这也应验了那句老话：你的优点也是你的缺点，你的个性也是你的特色与风格。

班长给我的留言：你的工作才能和组织才能是你值得骄傲的资本，它能使你在今后的工作中干出一番成绩。自信既是你的长处，又是你的短处。

另一位班长给我的留言：你有才华、有抱负、有毅力，这注定了你总会成功。意志的坚韧性和智慧使你不肯向失败低头。倔强和热情融于一身，追求光明，追求春天，使你对友情要求至真至纯。生活如浩瀚的海洋，人们喜爱那宽广的胸怀和平静的蓝天，然而她也有自己的喜怒和风暴险滩。要渡过海洋，就要理解海洋，只有真诚和必要的直率才能帮你到达理性的彼岸。

同学们给我最多的评价是：有崇高理想、正直向上、心胸宽广、直爽乐观、才华横溢、思维敏捷、乐于助人、勤奋顽强、踏实认真、不够谦虚和虔诚。

毕业三十多年后的今天，重读大学毕业纪念册，当时的情景历历在目，同学们的留言真实地刻画了我的性格特点。坚持、自信、独立、正直、乐观、直率、踏实、包容、善良等，是我自己一直坚守的品质，正是这些品质在人生的不同时期，给了我自主发展的内在动力，让我不畏困难，砥砺前行，成就不一样的人生。

2. 白求恩医科大学的生活

毕业时，我因为考研英语差了一点，没被正式录取，定向培养的研究生自己又不想去读，就选择了做大学老师。1985年7月，我被分配到白求恩医科大学基础部化学室做大学老师。刚毕业时的主要工作是助课和带实验课，因为医科院校的化学是基础课，只在前两年开设，学生不重视，学校也不是特别重视，教学、科研工作都不多，自己家又在外地，我有很多空闲时间可以利用。

开始的时候，我对药学和医学都很有兴趣，看了很多这方面的书，但感觉和自己的背景知识偏差太大。如果考本教研室的研究生也可以，还很方便，但我内心并不是太情愿。我在师大考研究生时就报的是化学教学论专业，主要是喜欢它文理兼备的特点。学科内容是化学，研究的是中学和大学的学科教育及教学法，主要是应用哲学、自然科学方法论、教育学、心理学等知识研究中学化学教育及教学问题，这与我一直想学文科的想法基本吻合。在大学4年中，我的专业课成绩很好，也完全可以在化学学科做专业研究，但周而复始的实验及教学科研任务不是我的兴趣所在，我喜欢和人、文字等有激情的事情打交道，不喜欢太枯燥的研究工作。因此在工作一年后，我准备重新备考东北师大化学系化学教学论专业的硕士研究生。这个选择是我自己决定的，我听从了内心的呼声和从中学时就有的愿望。因为喜欢，所以全力以赴，备考的过程也是我人生经历的第一次痛苦挣扎和艰难考验。这样的情况在后来又出现了几次，每次都使我如凤凰涅槃般再生，寻找到了更高的视野与更好的发展路径。

与白求恩医科大学的同事们的合影

回想考研的过程，可能与现在考研学生有类似的体会，但也有一些时代特色。我从 1986 年暑期开始准备考研，每晚在白求恩医科大学基础部旁边的阶梯教室和大学生们一起上自习，经常深夜才回到宿舍。到考试前几个月，为了能有一个比较安静的学习环境准备政治和英语考试，我每天晚上独自在基础部的地下实验室学习。那里曾经是日本关东军的司令部，存放了很多人体标本。幽长昏暗的走廊，铅制密封还散发着福尔马林的气味的人体标本柜，寂静的实验室，常常让我产生恐惧和逃离的念头，可我的内心又有一个声音在规劝自己，坚持，再坚持，就一定能取得最好的复习效果。

清苦、疲劳、担忧、紧张，没有什么人能够帮助我，无数个寂静的夜晚，只有我一个人在昏暗的地下室内背诵英语和政治试题，回音绕耳，久久不散。那么多的困难要自己战胜，我没想过考不上会怎样，因为我只相信功夫不负有心人，只要努力，就能为自己赢得最大的机会。1987 年 4 月，当收到录取消息时，我的欣喜与激动溢满心间。那一年的5月，鲜花已经盛开，可还是下了一场大雪，雪后的公园成为我们寝室5个一起考上研究生的同伴快乐的"宣泄场"，我们把一年苦行僧一般的生活抛在春雪中，让那些日子在温暖的阳光中消融，希望今生不再有。但是，学习始终是人最难坚持的事情，也是一生都需要做的事情。快乐与痛苦、幸福与不幸、收获与付出、逃避与坚持，因为有了这些复杂与对立的情感，我们常想过知足常乐的生活，渴望退休后回归自然的悠闲生活，但只要在工作状态中，就不可能完全兼顾两者。教师这一职业，持续的专业学习是保持自我发展与自我完善的唯一道路，别无他途。

3. 先生的教诲

研究生的生活与我想象的有一些不同。东北师范大学化学教学论专业是全国第一批招收学科课程论研究生的硕士点。陈耀亭先生是从日本留学归来的大学者，在自然科学方法论方面有很深的造诣。梁慧殊先生是我的指导教师，既是严师也是慈母。我们每个月都必须完成导师布置的一篇论文，而且还要进行讨论。老师每次都会极认真地修改论文，包括标点符号都要改正，如果观点或叙述有问题，我们就需要重新完成。这使得我们个人严谨的学术作风、踏实的人生态度、科学的研究方法、合作的研究意识都得到了全方位的培育。现在的硕士生培养，数量增加了几十倍，却很难看到导师对学生严谨入微的指导与严格要求。

导师们身体都不是太好，但他们尽其所能地给我们身体力行的教育，使我们获得了终身发展的素养和基础。最后6个月的论文写作三易其稿，导师的修改意见更是无处不在。我每天都要工作到凌晨。因为刚结婚，住的地方又小又没有太充足的暖气，每天都冻得全身发凉，能坚持的原因是自己不服输的性格，吃苦耐劳、追求完美的品质和老师殷切的期望。当论文顺利通过之后，我并没有考上研究生那样的喜悦心情，因为分配成为我人生面临的又一次重要选择。

课程与教学论研究生主要研究中学化学教学的理论与实践问题，以及大学师范生的教学法。三年的学位课程和毕业论文，使我深刻地感受到在这一领域中实践经验的重要性。由于缺乏实际工作经验，论文只能是一种理论探讨，哪怕我花了很多心血，也只能是纸上谈兵，没有实用价值，而我对可操作的实践工作又非常感兴趣。带着自己的困惑征求导师的意见，在化学教学论领域有崇高地位和学术水平的陈耀亭先生和梁慧殊先生都鼓励我到中学去，他们认为如果能带着自己的学习成果到中学去实践，不失为一种好的选择，因为那时全国还没有国家统招的正式研究生到中学教书的先例。我是先生们所带的化学教学论专业的第三届学生，之前只招收了六个学生，他们都留在了大学做老师。两位老先生是全国化学教学论最早的硕士指导教师，因为他们的影响力，我们可以在全国不同的地区和高校有多种选择，在老师的推荐下，我也参加了几所高校的面试，并得到了非常好的入职邀请。

但导师的教诲在我的脑海中反复出现，专业学习让我对大学的学科教学论充满困惑，家庭的原因又使我难以离开长春，这些因素最终促使我做了人生最重要的一次选择。我自己内心常感到大学教师高高在上，研究学术性强的理论内容，中学教师埋头苦干，钻研实践经验的积累，彼此本应该相互吸纳互为补充，但在中学从事基于实践的理论研究人员凤毛麟角，而大学教师又多对中学实际不屑一顾。抱着这样的一种信念，我自愿选择来到中学，希望能将自己的学习成果应用到实际教学中，探讨学科教学的一些规律。应当说，当时到中学的硕士研究生非常少，多数人留在大学和各级教育学院及教育行政部门。很多同学不理解，亲朋好友都为我惋惜，好像我掉到了火坑一样。中学的许多老师也不理解，用一种排斥的态度看我，常说的一句话是："到中学干什么，放着大学老师不做到中学挨累，有点神经不正常！"可我还是决定放下研究生的架子，从一名普通中学教师和班主任入手，开始我的从教生涯。

当时我的孩子只有三个月大，我既要哺乳，还要带班、研究教学、辅导学生竞赛，每天都从清晨忙到深夜。虽然很累，过度疲劳，可是一上讲台，看到那么多双渴望学习的眼睛，知道学生们在等待指导和谈心，我浑身就有使不完的劲，并深刻地体会到教师这份工作给我带来的一种自我价值实现的满足感。能满足他人的需要，又可以学以致用，这实在是一件快乐而幸福的事情。应当说，在17年的化学教学工作中，无论自己多累多忙，我对学生都不敢有丝毫怠慢。学生们信赖的眼神，可以净化心灵；学生们的质朴感激，可以让我感到为人师的充实。

从高起点、高平台起步的我，用了10年的时间，达到了一个中学教师教学生涯的高峰。2001年，我被聘为吉林省特级教师，成为附中历史上最年轻的特级教师。我的实践成就进一步说明，我当初的选择是正确的。我的理性思维、顽强毅力、公正又充满爱心和责任心的个性使我与学生交往没有年龄的差异，而自身比较扎实的教学理论功底，又使我能在一定理论指导下开展有效的教学工作，研究教学经验，形成自己的教学风格。回顾我走过的发展道路，我认为根据自己的性格特点、专业方向和发展态势，找到适合自己的发展道路，是人生最关键的选择。只有走对了路，才能成就更好的自己。

哪个人没有人生的选择，有时我们害怕选择，因为有选择就需要做对比和取舍，就要承担选择错误带来的痛苦和无奈。我们希望一切都能遂人愿，尽人心，但现实却具有无法预知的不确定性。只有做自我发展的主人，掌握自己的命运，不依靠、不等待，主动发展，敢为人先，成功才能和我们握手相见！

二、理想主义者的自我追求

本科生、硕士生、博士生，面对一次次选择，我都没有改变中学教师这一职业，而且对自己所从事的职业，是如此专注而热诚。我理解的教师是要投入毕生精力去完成的一项崇高事业。我并没有把教师仅作为一种谋生的手段，而是往里面倾注了自己的理想信念，从中实现了人生的存在价值。在追求事业成功的过程中，我体会到把每一件事做到更好的快乐和幸福。因此，我是一个理想主义者，虽然深知完美的事物是个体头脑中的主观想象，但仍力求完美。趋近理想状态，应不失为一种昂扬向上的人生态度。

（一）努力成为一名优秀的化学教师

为了使自己更快地适应附中高水平的教学工作，在研究室工作一年后，我主动要求来到高一年级。孩子刚满月，我每天要哺乳两次，但我决心从一名普通化学教师做起，苦练教学基本功。刻钢板、出习题、上教学研究课、指导学生竞赛、做化学组副组长、承担学校的课题研究工作、做年级最差班级的班主任，我都没有怨言，只是尽最大的努力，把交给我的工作做好，让领导满意，特别是让我的学生们满意。

回顾化学教师的从教经历，有两位老师让我终生难忘。一位是我的师父刘郁珍老师，她是化学组组长，对我要求非常严格。作为硕士研究生毕业的我，虽然有较深厚的学科理论素养，但在化学教学实践上还是新兵。师父给我的第一要求就是独立备课、独立出习题、独立答疑。最难的不是上课，而是答疑。1991级的学生，绝大多数是考进附中的优秀学生，他们课上和课下的问题既多又难，很多问题需要大学的专业知识才能解决。我把大学的无机化学、有机化学和结构化学的教材和习题又系统地复习了一遍，又请教我的大学老师，才把一些始终模糊的问题梳理清楚。这个过程剔除了经验主义和想当然的成分，也帮助自己强化了遇事找书籍、请教专家，研究问题涉及的理论和发展脉络，然后才采取行动的理性思维特点。当时总觉得师父要求太严了，其他人多数都是用与师父讨论好的内容去上课，节省了很多时间。后来，我才体会到师父的深意，要做化学学科的领头人，就必须拥有过硬的基本功，且还能对大家都习惯的做法提出自己的见解。如果开始就让师父的意见先入为主，自己独立思考问题的机会大大减少，可能就会唯其马首是瞻，难以形成自己的教学风格。

师父的第二个要求是少听她的课，但她要随机听我的课，没有准备时间。这就逼迫我把每节课都作为公开课准备，对教学的每个细节都要考虑周到。每节新课开始的前一天晚上，我都要在大脑里刻画出问题串，以此梳理要讲授的主要内容及内容间的逻辑关系，尝试组织不同的学生活动，帮助学生掌握讲授的内容。自己的课程教学论知识再次明显地得到了系统提高。理论学习让我知道了是什么以及为什么，而结合理论的实践尝试，则让我深刻地体会到什么是有用的理论和有效的方法。我感谢师父的还有很多，但师父鼓励我见贤思齐，推荐我上各类公开课，让我在大型教研活动中成长，才是对我帮助最大的事。

与人民教育出版社原社长、中国教育学会化学专业委员会原理事长
张健如先生合影

  我在大型教研活动中结识了另一位让我敬重的先生,他就是曾任人民教育出版社社长、中国教育学会常务理事的张健如先生。如果说我的师父帮助我成为一名附中的优秀化学教师,那么张先生则给了我在全国高中化学教学领域发展的机会。从1994年相识到2014年我离开附中,先生一直不断地给我鼓励,教导我坚守专业发展的专长,坚持做学科研究,坚持做教材研究。我还依稀记得广东的考察,上海、南昌、大连、哈尔滨、长春等地的年会,海拉尔的支教,北京的长谈。因为有先生的指点,我才能多次获得各类教学活动的大奖,并成为全国高中化学教学研究会的常务理事。

与张健如先生在内蒙古海拉尔进行化学教学的教研考察

  因为有了这样的发展机会,我才能和全国化学课程专家近距离地接触,也才能给自己赢得更多的发展机遇。东北师范大学化学学院郑长龙教授是我大学的同窗,我这些年的专业发展,得到了他无私的帮助和支持。在他的推荐下,华东师范大学王祖浩教授邀请我参加了2002年国家高中化学课程标准的研制工作,与全国的大专家一起研讨课程标准。这是我专业成长最为关键的一年。每月一次集中,每次集中都是通宵达旦地工作,这不仅让我梳理了过往的学科教学,更是让我从学科价值与学科本质认识到化学学科在培养人的过程中所具有的独特作用。特别是通过从学科教学论角度，结构化地梳理学生的化学学习内容，我感受到了由局部到整体的提升。这些学科教学的方法论视角，对我从事学校管理工作，站在不同学科立场看问题，起到了事半功倍的作用。

与中国教育学会化学专业委员会副理事长、东北师范大学教授郑长龙（右三）等参加全国化学教研活动

　　教师的自主发展不完全取决于个人的努力，还与环境和氛围息息相关。附中化学组有优良的传统，一直深耕细作，着力于学科内容、教学方式、学生活动、教学模式等多方面的研究，合作教研一直是青年教师成长最得力的方式。通过个人先行、集体讨论、同台竞技、专家点评、学历提升等多环节的锤炼，一大批青年教师脱颖而出。当时，我是这群青年老师的领头人，自己的研究生学习经历和理论研究的功底，都助力化学学科的整体提升。而附中的研究氛围，也为我个人的自主成长提供了最好的发展平台。每年的"教学百花奖"活动、每学期的教师岗位练功活动、学校的校本课程开发、多层级的课题研究等丰富多彩的教研活动，都让我找到了研究的乐趣和成功的体验。

　　17年的教学生涯中，我个人多次在省、市教学竞赛中获奖。我在1994年的吉林省青年教师优质课评比中获一等奖，在1996年的全国青年教师优质课评选中获特等奖，在2000年的全国青年教师优质课观摩中获一等奖，同年还在长春市教师岗位练功活动中获"长春市中学教师教育能力岗位练功标兵"和"长春市中学教师教育教学能力岗位练功竞赛学科十佳"称号。我还在省教学论文评选、实验调研和计算机多媒体辅助教学中多次获奖，其中特等奖三个、一等奖六个、二等奖两个，成为在全省有较高知名度和一定影响力的青年教师。1999年，我被聘为吉林省首批"高中化学学科带头人"。2000年，我在石家庄参加了全国化学骨干教师国家级培训，论文被评为一等奖。2002年，我参加国家新一轮基础教育改革高中化学新课程标准研制工作，是专家组成员，历时一年，顺利完成了新课标的研制工作。2003年，我参与了人民教育出版社"高中新课程标准实验必修教材"的编写工作，并对部分省份的教师进行了教材使用的培训。这些工作说明，在全国高中化学教学领域，我已经取得了一定的成就，而承载这些成就的是自己在教育工作中年复一年的实践积累。

指导1997届学生参加2001年全国高中学生化学竞赛暨冬令营

教学中，我始终走在教学改革前列，不断丰富自己的理论素养，用科学方法论优化课堂教学设计，突出学生在教学过程中的主体地位，特别重视培养学生的综合素质、创新思维、自学能力和动手能力。此外，我还特别重视现代教育媒体的使用，重视在教和学的过程中优化学生的记忆、思维、意志、情感等素质，逐步形成"严谨、流畅、活跃、扎实、注重学法指导"的教学风格和"启发、探索、综合、创新"的教学特点。"启发"是坚持一种问题意识，帮助学生掌握解决各类问题的方法，实现"把学习的主动权还给学生"的目的，而其中非常重要的是研究学生的思维特点和学习规律。由于受苏联教育理论的影响，我们的中学教学实际以讲授为主，研究教法和教学规律较多，对教学的效益性、差异性和反馈评价关注不够。"启发"应当是启迪学生思维，使学生发现问题、解决问题、获得新知。"探索"就是依据学生学习过程的认知特点、化学科学发现的过程和学生认识过程的特点来创设探索情境，设计优化、合理的课堂教学结构，变学生被动学习方式为主动学习方式。"综合"就是帮助学生学会举一反三、融会贯通、触类旁通的方法，既注重学科内的综合，又注重学科间的综合。"创新"就是在课堂教学中始终遵循以培养学生的创新能力为目标，强调化学学科的实验性，使得课堂教学设计和教学措施有利于培养学生的创新意识、创新思维和实践能力。而"问题解决"教学的深入研究，则帮助我提炼了课堂教学的问题模式，提出了基于科学方法论的"问题解决五环节"的教学模式，并尝试在不同内容和不同课型中实践，特别在省、市公开课和教研活动中进行展示和主题交流。而这也得到了化学同行的高度认同。

在附中的"教学百花奖"活动中进行观摩教学

在我的课上，师生关系平等、配合默契，学生积极主动地动手动脑，课堂气氛恬静而又活跃、紧张而又愉快，教学效果显著。在制定教学目标时，我从知识、能力、情感、方法等多方面明确课堂教学要求。在教学内容的选择上，注重挖掘素质教育因素；在教学方法的使用上，力求实现提高学生能力素质；在教学效果的评价上，采用现代教育评估和测量理论对教学过程进行量化分析，加强课堂教学的针对性；在教学媒体的选用上，重视运用现代教学手段，早在 1992 年就开始采用计算机辅助教学；在体现化学学科特点上，十分重视化学学科的实践性，突出实验在化学课堂教学中的重要作用。为了做好一个演示实验，我有时需要在课前做上数十次准备实验，以保证课堂教学的最佳效果。无论工作多忙，我都要亲自做演示实验的准备工作，并指导学生开展微型实验的探究活动，这在实验班取得了显著的教学效果。

从 1992 年做班主任开始，我对所有的学生一视同仁，且早来晚走，义务为学生补课。我坚持克服困难，长期超负荷工作，既教实验班也教普通班，坚持利用业余时间指导化学兴趣小组活动和化学竞赛辅导。我周六经常上课 4 小时，放弃寒暑假等休息时间用来查资料、编讲义、联系参观、指导调查，并经常工作到深夜。我不仅教书，还坚持帮助做学生的思想工作，找学生谈话，与学生交朋友。1996 届有一个学生在临近高考时想放弃学习，我多次找这位学生谈话，帮他树立学习的自信心，最后他考取了西北工业大学。1998 届的实验班和高三（3）班的学生，很多都愿意和我交流学习体会。不管学生什么时候找我，我都耐心地给予解答。我参加工作以来，总是出满勤，学校的教学和管理工作几乎占据了我所有的休息日，但从无怨言。我所教的学生不仅高考成绩优异，而且竞赛成绩也非常出色。从 1992 年开始从事化学竞赛辅导工作，我探索出了一套行之有效的培训方法，并与吉林大学进行了较好的合作。1994 年以来，有 5 名学生获得过国家级一等奖，有 20 多人获得省级一等奖。

在 17 年教学生涯中，我有 16 年在高中任教。我教过的学生大多对化学怀有特别浓厚的兴趣，报考化学类的学生特别多。北京大学化学与分子工程学院、清华大学化学工程系、复旦大学化学系、南开大学化学学院以及浙江大学、中国科技大学、武汉大学、厦门大学、吉林大学等著名学府的化学院系中均有我的学生。在 1994、2001、2002、2004 届学生中，每届都有多名学生考取北京大学化学专业。2000 年任教务主任，2003 年任教学副校长，我的管理工作大幅增加，但我仍然坚持两个教学班的教学任务，到 2006 年才任教一个教学班。有时繁杂的工作让人情绪低落，但进入课堂，看到学生们对我的信任和渴望，我的心情就变得非常的阳光。我深知，要提高学校整体的教学水平仅仅靠一个人的力量是远远不够的。因此，在教学管理工作中，我非常重视教研组学科建设和队伍建设，毫无保留地向青年教师介绍自己的教学经验。全组教师随时可以去听我的课。我也经常听青年教师的课，帮助他们提高教学基本功，顺利通过组织教学关、语言关、演示实验关。青年教师有关于化学教学理论、化学课堂教学和化学实验教学等方面的疑问，我都愿意帮助解答。化学组已经有 5 名教师在我的指导下完成了硕士论文的撰写工作，获得了教育硕士学位证书。

（二）走"教—研—学"三位一体的自主发展之路

教师的专业成长植根于教学，但不能止步于教学。3 年一个周期的教学循环，会让成熟教师进入教学高原期，找不到继续发展的方向和动力；没有了压力与约束，教学的提升就容易止步不前。要保持持续的成长，教师就要不断给自己出难题，找创新点，激发自己主动发展的意识，在和而不同中保持螺旋式上升的发展态势。

我采取的方法是教学、教研和学历提升三位一体、同步发展的模式。今天看来，这种教师专业发展模式，非常接地气，能保持学科话语权和学科深度学习的要求，为自己成为学科专家打下坚实基础。我把以课堂教学促进学生主动学习作为教学的核心点，通过实验、社会实践、研究性学习、活动课程开发等多种方式，组织学生进行小组合作学习、课堂问题课下即时与同伴解决学习、做"小先生"、编写以自己名字命名的测试题、画学科知识树和概念图等，让学生对化学学习产生兴趣，并自主选择适合的方式，加强同伴之间的合作与交流，这些方式使我的课堂教学得到学生的一致认可。

与此同时，我持续参加学校的教科研活动，学习如何组织学校和学科的课题研究，在课题研究中提升自己的学科整合能力。自然科学、社会科学等学科的研究，尤其是数学和语言文学，虽然其学科内容不同，但在研究方法和课程教学论的意义方面却有共同点。触类旁通，以点带面，我用化学学科的研究思路指导理科和数学的学科教研，收效明显；用课程教学论的研究思路泛学科地理解社会科学和语言与文学，也能把握正确的研究方向，不至于盲人摸象。

如果只专注于课堂教学的实践积累，还不能成为一名优秀的学科专家，只有用教育学、心理学等相关理论指导自己的教学实践，开展立足主题教学的学科特色研究，才能在繁杂的学科研究中形成自己的教学特色、教学风格和教学实践体系。我的体会在这方面非常深刻，因为我是主动将研究生论文的研究主题与化学学科教学的特点进行有机整合的。1991 年开始高中化学教学之初，我就确定了"高中化学问题解决"的教学研究主题。① 基于化学学科特点的问题解决教学，我提出了化学问题解决的"五段式教学模式"，即提出问题—收集资料与数据—分析与研究问题—提出假设、推论或模型—事实检验或验证及结论并反馈。这一时期的化学问题解决，我更多的还是从教师教的角度探讨，尽管也研究学生的问题解决过程，但还没从理论上寻找支持。

2001 年，我开始攻读博士学位，翻阅和学习了大量的学习心理学、认知心理学和发展心理学的知识，感觉收获颇多。很多从自己教学中总结的规律，原来前人已经做了大量的研究。而作为中学教师这个群体，即使现在，主动学习心理学知识的人，仍然非常稀少。这不仅因为心理学的很多理论都是有严格的实验控制，而学校环境不可控的变量太多，很难做归因分析；还因为心理学的研究集中在小学学段比较多，初中和高中的学科要求比较高，实验起来更困难。心理学离学科教学比较遥远，老师们更喜欢把精力放在学科教学研究上，对理论素养的提高只做表面功夫，以应付培训为主，能主动学习的人凤毛麟角。

我选的博士论文题目就是从学生的角度研究问题解决中的表征和策略。经过与导师的多次沟通，最终确定的题目是《高中生化学问题解决中的表征与策略研究》。一直到 2005 年博士论文答辩完成，关于化学问题解决的研究才告一段落。之后，我又开始进行物理和生物两个学科的问题解决研究，目的是探索理科教学中问题解决的基本模式和策略，用于指导学科特色与本质研究。

"问题解决教学"的研究，是"教—研—学"三位一体教师专业发展模式的实践探索。在此基础上，我后来提出了基于自觉教育理念的教师教育模式，即"一体两翼式"教师专业发展模式：以课堂教学为主体，以教师教研和教师专业学习为两翼，整体提高教师的素养和修为。这是基于我个人专业成长的实践启示。

由于自己有一定的理论基础，从 1992 年开始，在繁重的工作之余，我坚持开展教育科研活动，不仅在自己的学科领域进行教科研探索，还负责学校里国家课题的管理和运行工作。我组织了国家"九五"课题——《高中个性化教学的实验与研究》《构建普通高中课程模式的实验研究》的课题运行工作，又于 2001 年承担了吉林省

---

① 我的硕士研究生论文主要从认识论、科学方法论、化学学科体系出发，探讨化学认识过程的特点和规律。

"十五"规划课题——《通过研究性学习培养学生的创新能力的实证研究》和吉林省"十五"科研课题——《高中学年学分制的研究》。这些课题已经结题，且取得了较好的社会效益。之后我又参与和主持了中国教育学会"十一五"规划课题《中学生个性、特长培养与全面提高素质的理论与实践研究》、中国教育学会"十一五"规划课题《中学文化建设的实践研究》、全国教育科学规划课题《中学阶段教学全面质量管理的理论与实践研究》、吉林省教育科学规划办《高中校本教研的制度建立与实施研究》、全国教育科学"十一五"重点课题《基于课程的学校主体性德育的理论与实践研究》等。

　　这些研究工作不仅提升了学校的综合实力和教师的教研水平，而且也使我的教育教学理论与实践结合得更紧密，教学理论优势有了更好的发展空间。在十多年的教学研究实践中，我注重对经验的总结和提升，撰写的论文论著涉及教育理论探讨、课堂教学改革、教材建设、教辅读物、英才培养、实验研究、考试研究、解题研究等多方面，立意新颖，且有理论深度。部分文章被中国人民大学书报资料中心转载，引起国内有关专家的高度重视。由于教学研究成果突出，1998年，我被聘为东北师范大学化学学院教育硕士学位工作小组成员、指导教师，并一直做了10年的指导教师，担任过多次答辩委员会主席。

　　2008年，我接任附中校长一职，工作重心由学科教学转向了学校管理。由于高考的压力和各种会议的增加，我不能保证学生的答疑时间，学科教学工作也就此终止。但课程教学论的研究得以进一步提升。2008年，我被聘为东北师范大学教育学部教授、博士生导师，在课程教学论方向进行了理论与实践结合的实证研究。2013年，我开始在东北师范大学教育学部承担部分课程设计的研究生课程，并在附中开启了6年的学校课程研究。这种研究视角既不是单纯的学校课程规划，也不是单纯的校本课程的提升，而是立足整体，整合国家课程、地方课程、校本课程三级课程管理体系，形成基于自觉教育理念的具有附中特色的"目标—模组—层级式"课程结构。

　　教师的专业发展有很多路径，今天看来，课堂教学、教研活动、课题研究、学习进修、学历教育仍然是发展的主渠道，只是更强调合作教研和合作学习。无论是哪种发展路径，取得效果的前提是教师自身有学习的愿望和发展的需求。因此，没有教师自身的不断反思和持续超越，其专业发展提升就难以取得实质性的效果。

三、在反思与创生中主宰自己的命运

（一）反思与超越是促进自我发展的内在动力

反思能力是评价一个人能否成功的关键因素。我们只有在反思中不断地调整自己的行为方式和目标追求，才能主宰自己的命运。我的成长得益于我能在面对挫折时，及时调整自己，发现自己的缺点和不足，倾听别人的意见，能包容和体谅别人的困难，能比较客观、公正地处理问题。1995年，我没有成功地破格晋升为高级教师，这给了我很大的打击。我查找原因，发现主要是自己太自负、自傲，比较清高，不能放下架子。找到原因后，我改变了看问题的角度，多发现别人的优点，拿别人的长处比自己的不足，才发现自己需要锻炼的地方还有很多，心理就平衡了。当心态平和以后，我就能以一种积极的态度投身到新的教学和管理工作中。

1995年，我做年级主任；1996年，我做教务副主任。学校给我提供了非常大的发展空间，使我个人的发展附加了学校的价值，于是有了今天的成功。虽然我的成功有主观努力的成分，但同事的帮助、学校领导的器重和家庭的支持都是不可或缺的重要因素。我们要超越自己，可能主要是克服自己的狭隘、偏见，看到周遭环境中的美好事物，以一种乐观的态度、大气的胸怀和谦虚的姿态面对生活，并不断丰富自己的内涵。

2001年，我考取了吉林大学哲学社会科学院科学技术哲学专业心理学方向的博士研究生。

车文博先生是我国著名的理论心理学大师，是继潘菽、高觉敷先生之后的杰出的心理学家、心理哲学家、教育学家，在理论心理学、心理学史等方面有突出的成果。先生因早年曾在东北师范大学任教，对教育学亦有深厚的造诣。先生一生治学严谨、著作等身，招收的学生遍布全国，多为成就斐然的心理学专业人士。我是先生招收的唯一一名来自中学的学生。

当年报考时，先生面试，问我为什么要跨学科报考心理学专业的博士，我没有犹豫地回答："教育学和教学论不能完全帮我解答学生成长中发生的问题，我想进一步了解学生的学习是如何发生的，学生的人格是如何养成的。即使我不能获得系统的解答，至少我可以找到一个解决问题的努力方向。"实际上，我只是基于朴素的认知和浅薄的心理学基础，认为这次的跨专业学习会给我带来新的收获。先生感叹我是一个成就动机非常强的人，敢于挑战自己。他愿意帮助我，前提是我能自己考取。

考博的过程比考研更困难。2001 年，我已经获得"特级教师"称号，在学校担任教务主任，还承担化学竞赛辅导工作和两个理科实验班的化学教学工作，工作量大、担子重，跨学科报考还要再多加两门心理学课程，其间还要参加英语的辅导班。时间是我最奢侈的礼物，我恨不得每分钟都能掰开用。可每天的时间是恒定的，我能挤出的时间只有自己的休息和睡眠时间。记得那段时间，我每天都是在午夜后才能入睡，清晨 6 点半又要准备到学校。最让我刻骨铭心的是考试前的半个月，我把自己关在与外界隔绝的环境中，每天只睡几小时，把十几本教材和上百页的专题材料反复梳理，撰写提纲，默念于心，形成系统的答题材料。这样的准备过程是一个关于毅力、信心和智慧的考验过程，也是对自己再认识的过程。这样的备考也让我更加理解了学生的不易，换位思考的习惯也由此固化。人生的奇妙，也就在于有无数个未知的小惊喜，在我们无法预知的旅程中给我们奋斗的快乐，激发我们超越自身潜能的勇气，无所畏惧地迎接挑战！

为我的恩师吉林大学哲学社会科学院教授、中国心理学会原副理事长、理论心理学大师车文博先生（左三）庆祝七十寿辰

　　在接下来的四年半的时间内，我不仅要完成两个教学班的工作任务，兼管一个高中年级，还要负责学校的常规教学管理和教育科研工作，同时必须完成博士课程学习和论文撰写，困难可想而知。四年中，我几乎没有 12 点前睡过觉，没有节假日，也极少看电视，所有的时间用于工作、看书、写论文。

　　车先生不仅是我专业上的引领者，更是我的人生导师。每当我遇到无法逾越的困难的时候，他就会幽默地开玩笑，借给我适切的书籍，给我指出查找文献的方向，与我讨论实验的设计。他只要不外出开会，每个月都会在家接待我这个难缠的学生，解答我的问题。他总笑称自己收了一个非专业的执着学生，多操了很多心。2005 年 12 月，我顺利通过答辩，我的论文被专业委员会给予较高评价并被推荐为优秀学位论文，我的泪水欢快地流淌下来，我体会到了收获的幸福和满足。在一次又一次挖掘自身潜能以超越自我的过程中，我得到了锻炼和提升。

　　我个人认为反思能力是教师最重要的专业能力。每个人都会反思，但只有持之以恒地在每一天的工作中反思批判自己，实现否定之否定后的肯定，才能不断地看到前进的方向，才能优化自身的专业结构、学科结构和个人经验。这种反思应是自觉自为的过程，其本身也是超越自我的过程。反思是一种能力，需要不断地提高与发展；坚持是一种毅力品格，没有良好的意志品质做调节和驱动，反思就很难成为我们发展的利器。我们每个人都不知道自身的潜力有多大，对自己的认知也并不比旁人多，有时甚至回避反思自己的所作所为，选择活在自我的成就中。理性地看待自我，提高自我元认知能力，在过程中为自己设定有挑战性的目标，激发斗志，成全自我，这也是人走向自觉的必经之路。

　　于我而言，原本攻读博士的意义不大。可是，完成了学历教育之后，我感觉最大的收获是整合了化学学科、教育学和心理学的知识，看问题更清楚，解决问题的思路与策略也与学生发展的实际更切合。能始终站在学生和教师的角度考虑问题，坚持换位思考，坚持遵循规律，这也是我博士学习中获得的别样收获。

　　也许我的课不希求那种激情四溢的教学氛围和才思飞扬的教学过程，但希望能让大家感受到课堂中所营造出来的平等与自由的氛围和对学生自主发展的关注与支持。人应该专业，但绝不霸道；人应该质朴，但绝不平淡。我在精心地营造着那个属于我的事业王国。在我的影响下，有许多学生喜欢化学，钻研化学，甚至把化学作为自己终身的职业选择！为师至此，还有何求！

（二）追求公平和自主是学校发展的灵魂

从 1992 年任化学学科组长开始，到 2014 年结束东北师大附中校长的任期，其间 22 年，我从一个新教师成长为化学学科教学专家，成长为在全国有一定影响力的校长。我经历了学校学科组长、教务副主任、科研副主任、年级主任、教务主任、教学科研副校长、校长等管理岗位的历练，这也成就了我的前半生发展。如果说 2007 年前，我最大的收获是成为一名有全国影响力的化学教师；那么 2007 年后的 7 年间，我收获的则是学校管理的经验和成就，我由一名学科专家成为一名管理专家，获得了"全国先进工作者"、"享受国务院特殊津贴专家"、吉林省杰出校长等荣誉和全国人大代表、省人大代表履职经历，开阔了视野，提升了境界。

与附中原校长孙鹤娟（右四）等同事的合影

20 年的学校管理工作，是我人生发展的另一个重要平台。这样的管理生涯可以分为两段：1995 年到 2003 年，我主要做学校的中层管理工作；2004 年到 2014 年，我主要做学校的教学和全面管理工作。前一段管理工作的开展还是立足于教师的角色，在学科教学和跨学科管理中积累学校的管理经验；后一段工作则需要自己有比较清晰的管理理念和比较系统的管理策略。

刚开始从事校长管理工作时，我习惯于考虑学科问题，考虑教学和教研问题，专业化程度更高，与教师的专业交流机会更多，也形成了处理问题专业化、学术化、程序化的特点，但人文关怀、文化驱动、全局战略、平衡与协调能力、资源整合能力等不足，而这些软实力却是校长必备的管理能力。自身发展的不足又激发了我新的学习欲望。成就动机在这个时刻显示了极强的驱动作用。2009年，我参加了教育部中学校长培训中心组织的首届全国优秀中学校长高级研究班的三年培训，这是国家实施教育家培养工程的重要举措。华东师范大学的三年在职学习，不仅是我提升已有管理经验的过程，也是我提炼有特色办学思想的艰难过程。

全国优秀中学校长高级研究班（一期）开学留念

在华东师范大学的教育部中学校长培训中心，我不仅开阔了视野，提炼了学校的办学思想，结识了一批全国最优秀的校长，最重要的是还成为了中心主任陈玉坤教授的学生。三年的学习经历，让我终生难忘，终身受益。陈老师是享誉全国的教育管理大家，他的学生遍布海内外，我们尊称他为中心校长的引路人。老师每一次的讲话和指导，都促使我们从心灵深处反思教育，反思学校管理，反思个人修为，明确前进的方向。王俭老师是我在中学校长培训中心学习时的班主任，我们结下了深厚友情。

一直到今天，每次到上海，我一定要去探望陈玉坤老师、王俭老师、代蕊华老师、沈玉顺老师和刘莉莉老师。刘莉莉老师在委托管理的项目运行中给了我们非常专业的指导，让我们少走了很多弯路。陈玉坤老师的很多活动，还邀请我们参与，给我们搭建新的发展平台。我今天的每一步成长，都离不开中学校长培训中心给我的精神引领和专业提升。

每所学校的管理理念不同，办学特色也各具特色。回想我的管理经验，其中最重要的是公平和自主，也就是尊重每一个人，为他们的发展创造平等的机会，把学校的理念与目标内化为每个人自主发展的愿望和行为准则，使之能主动、自觉地在自主选择中，创造性地完成教学与研究任务。

学校也是一个社会组织，有组织的地方，人的管理就成为最关键的因素。学校管理与企业管理不同的地方是教师的很多工作不能进行量化评估，教师的备课、上课、批改与辅导、课题研究、自主学习都不是有了严格的制度管理就一定会产生持续效果的。教师们更加希望的是得到领导和同行的认同，得到平等的竞争机会，得到人格的尊重。因此，好的学校文化，一定是科层管理痕迹不明显的学校，是领导与教师、教师与教师、教师与学生能平等对话的自由学校，是充分尊重人的主体性、能动性和创造性的学校，是丰满而包容的学校。

公平与自主是坚守对人的尊重的关键原则，也是学校文化的灵魂。我们可以列出学校管理的多个要素，但每个人，无论职位高低，内心都希望得到生而平等的权利，得到自主选择发展的权利，这是人的主体性的最基本表达。抓住了这个关键，教师和学生可以与领导平起平坐，教师、学生和家长可以自由表达自己的意见和建议，学校的民主和开放才能得到落实，学校中人与人的关系才有可能和谐，学校场域中的每一个个体才能真实地创造快乐，收获幸福！

（三）选择是伴随我们一生的难题

俞敏洪在一次新东方的演讲中谈道："选择改变命运。我们一辈子，到底会走到哪棵树前面停下来，会在哪座山脚下看风景，我们是不知道的，生命会有很多的改变。但是，有一点我们是可以做到的，我们每一天到底干什么，主动权是在我们手中的。"我们自己的人生都是在一次又一次的选择中改变自己，创造未来！我的前半生就是在一次又一次的选择中，涅槃重生，不断地超越自己，挑战别人看来不可能的事情。

从 1990 年硕士毕业自愿到中学教书开始，我的人生路就在不断地改变。如果不做这样的选择，今天的我与绝大多数大学同学一样，在高校做一名大学老师，勤勤恳恳地耕耘在化学课程教学论的研究领域，如果不出意外，也会小有成就，桃李满天下。但我选择了一条拥有更多实践探索机会的道路。因为学历背景的关系，我到附中的第一年就开始参与学校综合理科的课程改革工作，对学校的历史和研究现状有了较丰富的认识，第二年开始承担高中化学课程的教学工作，同时担任化学组副组长职务，直接参与了学科的核心教研工作，高起点平台为未来的发展奠定了坚实的基础。因此，我想一名教师，要想成为好的管理者，首先要成为优秀的学科专家。只有拥有深厚而丰富的学科实践经验和学科话语权，教师才能触类旁通，协调多学科的教学组织工作。

正因为有了学科教学的成就和学科管理的经验，我才有机会到教务处任职，全面接触学校的教学和教研管理工作。担任教务主任的这几年（1995—2003 年），是我快速成长的几年。我既要负责全校初高中近 90 个教学班的常规教学管理工作，又要组织学校各种大项教研活动、校本课程研发、信息化建设，同时还承担学校里国家和省级课题的运行工作和不同层次教师的培训和培养工作。此外，我还要完成自己的化学教学与化学竞赛辅导工作，学科竞赛管理工作以及完成博士学位的修习任务。可以说 30~40 岁的 10 年，是我最累的 10 年，但也是为未来发展打下最坚实基础的十年。在这个年龄段的教师，成功没有什么捷径，就是吃苦、吃亏，扎实努力，不断付出，勇敢担责；只有坚定信念，认真完成每一件工作，我们才有可能得到别人的认同。

2003 年，我开始走上教学副校长的工作岗位，工作的内容不仅是操作层面的也是理念层面的。这是更多的出思路、出想法、出经验的过程，也是系统思考学校发展的过程。2008 年，我接任附中校长。老校长孙鹤娟给我的帮助与指导，我将永远铭记于心！校长的文化管理理念如何落到实处？信任、宽松的工作环境，清晰的学校发展规划，都给我的工作指明了方向，后面的实践部分会进一步叙述，这里不再赘述。

2008 年 7 月到 2014 年 9 月，是我学校管理生涯的高峰期。在近 7 年的时间里，我提出了"自觉教育"的系统性的办学思想，在课程建设、教学管理、教师教育、学生发展、学校文化等维度进行了实践探索，取得了一定的成绩，学校质量得到了稳步提升，且始终保持在全省遥遥领先的地位。东北师范大学附中成为北京大学、清华大学等著名高等学府的重要的生源基地校。

附中的周年校庆时，与时任吉林省教育厅厅长的卢连大先生（左二）、教育部校长培训中心原主任陈玉琨（右一）先生座谈

我在附中做校长的 7 年时间里，学校得到了各级领导的鼎力支持，这为附中保持高水平发展提供了多元化的平台。2010 年是学校六十年校庆，省委省政府、省教育厅领导参加了学校的校庆活动，为学校发展指明了方向。附中六十余年的优质发展，关键在于东北师范大学对附中办学方向的准确把握和充分尊重。大学"管"是为了"不管"，东北师范大学将学校办学自主权完全交给附中，在人事编制、大学生招聘、干部管理、教师攻读硕博研究生和设施设备维护等方面给予了特殊照顾。有

了大学的放权和支持，才有了附中持续的高水平发展。我的本科、硕士研究生都就读于东北师范大学，是东北师范大学给了我发展的基础和给养，给了我成长的平台和机会，我会用自己的不懈努力和工作成就回报母校的培育之恩。

2014年9月，新的考试综合改革在上海和浙江启动，我离开附中到吉林省教育厅组建的吉林省教育考试院（以下简称"考试院"）工作，并成为第一任院长。其间，我组织完成了《吉林省深化考试招生制度改革方案》《吉林省深化高校考试招生综合改革方案》《吉林省普通高中学业水平考试实施办法》《吉林省关于进一步减少和规范高考加分项目和分值的实施方案》四个改革方案的起草和修改工作，其中《吉林省关于进一步减少和规范高考加分项目和分值的实施方案》已经实施，其他三个方案都已经报教育部备案。在考试院工作一年半后，我于2016年1月离开考试院。

从附中到考试院是我人生的一次重要选择，我原本期待能在新高考的改革中发挥自己的专业特长，为考试综合改革在吉林省的顺利进行贡献自己的一分力量。但工作了一段时间后，我还是有诸多的不适应。政府工作的程序性、层级性和确定性使得每个工作个体自主发挥的空间有限，个人的主体意志要在集体意志下行事。而我在一个自主性非常强的组织工作了近30年，很多行为范式、思维习惯、行事风格已经固化，调整和适应新的工作方式有一定困难。更为重要的是，我还是常常怀念在学校的工作，与自己所带的博士研究生研讨时，主要的话题还是学校管理、学校的课程与教学研究。虽然我可以继续高质量完成考试院的工作，但30年积累的教育教学经验可用的地方非常有限。我开始不断地比较和思考，到底什么样的状态是自己期待的，什么样的工作是自己喜欢又会主动去完成的。到了50岁以上的年龄，选择的重点不是还有多大的晋升空间，而是能否快乐地工作和生活。如果能做自己喜欢的事情，能够自主地决定工作的内容和方式，还能体现自身的价值，那将是非常有吸引力的选择。

2016年1月，我主动辞去了考试院院长的工作，应长春市净月高新开发区的邀请，到这片充满生机与活力的地方重新创业，组建吉林新教育集团，成立股份制教育管理公司，尝试公办学校委托管理的新事业。这是教育体制与机制改革的深水区，着力于通过体制机制的变革，探索"管、办、评"分离的实践模式，探索义务教育城乡一体化发展的有效路径，以此促进区域义务教育均衡发展，办老百姓家门口的优质学校，满足老百姓对优质教育的渴望，提高农村学校的办学质量。

　　这些课题都是学校教育改革的新命题、新挑战。我想系统梳理附中办学的经验，吸纳其他优质学校成功的做法，形成学校改进的方案、流程、策略和标准，即建立义务教育优质学校的管理范式，以此推进一批新建义务教育学校的优质化进程，将其作为区域优质学校的种子学校，建立优质学校的紧密发展联盟群，以优质带薄弱，整体提升区域义务教育的质量和水平。这项工作极具深远的现实意义，附中只有一所，但附中的办学思想和经验可以辐射更多的学校，将有更多的学生因此受益，成就不一样的人生！

　　教师的责任和使命就是成就学生的发展，做这样一项功在未来的德行，让我和我的团队充满了事业的使命感和责任感。我们已经进入四个已建的薄弱学校，尝试使用我们总结的管理范式。经过一年半的初步实践，效果显著，学校发生了惊人的变化，我将在后面实践篇详细论述。初步实践的效果坚定了我们的信心，也给了我们专心做学校改进的决心。我和我的学生们在探索一条优质学校发展的实践路径，我们对未来充满希望。专业化的高品质教育管理将是未来市场急需的软实力！这次的选择，开启了我的企业家之梦，我们将通过团队的不懈努力，打造有中国影响力的教育管理公司，服务更多学校，成就更多学生！

　　也许，对我而言，我的理想不仅仅是做一名学者型的中学老师、专家型的中学校长，我所期待的还有更多，在课堂之外，在校园之外，在生命的长河之中！

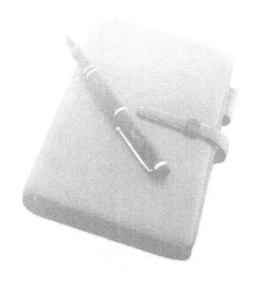

我的教育理想

回顾 30 多年的教育教学生涯，不论是做教师工作还是做校长工作，我都未曾忘记来到附中时的最初心愿。不忘初心，才能目标坚定，一往无前！从教开始，我的职业理想就是做一名学生喜欢、同行认同、自我满意的好教师。执教的 16 年中，我教过 7 届学生，他们从 1991 届开始，包括了 1994 届高一和高二、1996 届高一和高二、1998 届和 1999 届的高三、2001 届的高二和高三、2004 届的学生，我一直都是他们最喜欢的教师之一。2008 年，我开始做校长。因为学校有 5 个校区，近 2 万学生，管理工作量太大，我不能保证学生随时可以找到我，也不能随时随地给学生辅导和答疑，所以才将主要精力放在了学校管理上。从化学教学的角度看，这是我的损失，也是热爱我的学生的损失。

我的教育理想也因此可以从两个维度去探讨，一个维度是在化学教学中形成的教学观和学生观，即如何成为一位好的化学教师，这些也是我后来提出"自觉教育"的学科基础；另一个维度是在学校管理实践中形成的"自觉教育"管理范式，这也是我心中理想学校的校本表达，即我想成就一所什么样的学校。没有学科教学中和学生、教师们的合作交流、共同成长，就难以形成后来的"自觉教育"理念。因此，追根溯源，我还是要先简述下我的学科教学研究。

一、我的学科教学探索

我所教的第一届学生给我起了一个"桢姐"的昵称，这个昵称被沿用多年。2007 年毕业的学生也仍然在留言本上这样称呼我，好像时光在这里凝固，而其中的意味是无论我的职位发生怎样的变化，学生们永远是我最爱的人！以学生为中心的背后，是把每个学生都当作有生命的、独立的、鲜活的个体看待，努力去调动可能的手段和方式，让他们感受到学习化学的快乐，在手脑并用的环境中获取每一次微小的进步，积累成功的自信心。这样的学生观和教学观成为我课堂教学的主旋律。

我从 1994 年就开始专注于化学问题解决的教学模式研究，2001 年又将自己博士论文的研究定位在化学问题解决的表征与策略研究上。以化学问题解决的教学模式为方向，研究学生学科学习的规律，进而形成自己的教学特色与风格，始终是我不变的教学追求。1987 年攻读化学课程论方向的硕士研究生的时候，我给自己选择的毕业论文研究方向就是化学教学的认识过程研究，主要是从自然科学方法论角度解读化学知识的认识过程。作为自然科学的重要分支，化学有自己独特的学科体系、方法和价值，但从其方法论的角度看，仍需要哲学及自然科学方法论的指导。

现代教学论的发展，更多地回归于人性的发展，强调学习者个体在教学活动中的主观能动性，强调教学的开放性、差异性和发展性。课堂教学始终是实现素质教育的主渠道，也是提高学生学科素质的关键所在。我所理解的素质教育的发展主要体现于三个方向的转变，即从终结性教育向人的终身教育转变，从以知识传授性为主的传统教育向发展学生综合素质的发展性教育转变，从单一全体的教育转向学生个性化、差异性的教育。化学课堂教学也应该体现现代教育观念的这种转变和趋势，更多地关注学生在教学活动中的地位和作用。

（一）我的化学教学观

关注学生化学学习活动，提高学生的化学学科素养，是现代教育观对化学课堂教学提出的首要目标，也是提高化学教学质量的关键。以学生为主体的化学课堂教学，就是以学生的学习为基本出发点，让学生能够自主、愉快、个性化、有效果地进行学习。教师的教学则应该以激发学生学习兴趣为出发点，以学科知识与方法的体系化、过程化为指导，帮助学生掌握学科学习的方法，触类旁通，举一反三，经历学习过程，探究学科本质，让学习在头脑中真实地发生，以此帮助学生形成有个人学习风格的学科学习能力。教学的评价，应该着眼于学生学习的状态和质量，并以此为依据来组织、调控教学诸要素，设计教学流程，使学生在课堂教学活动中，全面提高自身素质，成为主动建构的学习者。而满足这种教育观的教学原则，是教师在教学中将现代教学理念具体化、可操作化的主要表现。现代教学理念在课堂教学中的有效运用，主要体现在这些教学原则在课堂教学中的具体实施。我的教学理念主要体现在化学教学中坚持的这些基本教学观上。这些理念，也是我备课、上课的基本出发点。

1. 实现自主学习的教学原则

皮亚杰的建构主义理论是我们研究学科教学的主要依据。建构主义理论认为，学生的认知系统是一个自我组织系统，为了保持运转，它会向平衡状态发展——如果主体想要同化一种知识，他必须做到让他的思维方式始终顺应情境的要求。因此，概念的形成依附于心智运算的发展。它认为学习来自主体的活动，不论主体的行动能力是实际的还是象征性的，是物化的还是口头的。

法国学者安德烈·焦尔当认为："只有学习者才能炼制出与自身相容的特有意义。"换句话说，学习者不是单独的学习"参与者"，而是他所学的东西的"创造者"，别人永远不可能替代他去学。不论是老师还是家长都要适应这一点。只有学习者才能学习，而学习只有借助学习者掌握的手段才能实现。[①]

无论哪种理论，学习的发生，一定是学生自主地、主动地进行建构的过程，教师的教学是为促进这种建构的发生提供条件和帮助的媒介。因此，实现自主学习的教学原则就是要教师充分相信学生、尊重学生，教会学生学会学习的一种教学原则。自主学习可以分成自主、主动、创造三个层面。自主的学习，可以是学生在教师指导下的独立学习过程。教师可以从教学材料的给予、问题的设计、结果的讨论等角度组织学习活动，学生则在教师引导下主动参与。主动的学习，是学习者主动建构学习材料与已有知识的关系，主动探求未知问题的解决，强调学习的亲历性。这一过程中，学生未必会直接得到问题的答案，但在探究的过程中经历了获取知识的过程，形成了主动和有效的知识结构。创造性的学习，是学习者在自主、独立、主动的基础上反映出来的更高形态的主观能动性。只有主动去感知、求疑、解疑，学生才能产生直觉和顿悟，才能产生具有独创性的见解和看法。创造性的学习，不仅体现在行为上，也体现于结果中。在自主学习的教学活动中，教师应当特别强调课堂的开放性，使多个个体参与到学习活动中，从而培养学生的自我调控能力、自我表现的注意力、承受挫折后的心理调适力，并使之能对学习的内容和他人的学习形成客观的评价。

在化学教学中，自主学习不代表教师指导作用的缺失，而是对教师提出更高要求。什么时间开展自主学习，什么内容适合自主学习，如何对学习的效果进行评价和反馈，如何培养学生自觉的探究意识和主动自觉学习的习惯等问题，都是我在教学过程中形成的问题研究主题。针对不同的内容、课型，我以问题解决为主要突破口，尝试了多种组合的教学模式。比如，在实验教学中，我主要采取小组探究式自

---

① ［法］安德烈·焦尔当：《学习的本质》，8页，上海，华东师范大学出版社，2015。

主学习；在化学概念讲解等理论课中，我采用独立学习与合作讨论相结合的自主学习；在复习课上，我则采用概念图式的自主学习；在习题课中，我采用自主编题、讲题、大家评议式的自主学习等。这些学习形式都受到了学生的欢迎，也让学生养成主动学习、独立思考的好习惯。

2. 实现愉快学习的教学原则

如果学习是主体的一种自我建构过程，那么学习主体的情绪体验对学习过程和结果都会产生调控功能。学习愉快是一种复杂的心理反应，它与需要、动机、兴趣、价值观等个性倾向紧密联系，也与行为活动紧密联系，它既是个性倾向的结果，又是一种行为体验。愉快地学习，不只是单纯的快乐，而是伴有惊异、觉悟、希望、崇拜等各种复杂情绪的心态。当学生以一种愉快的心情参与学习时，学生接受信息和处理信息的能力都可以得到强化和巩固，而且记忆能力也会得到增强。

愉快学习的环境构建，首先要求教师改善师生间的地位和关系，营造活泼、民主和自由的学习氛围。教师不能完全以师长的角度压抑学生个性的张扬，应当给学生发表见解的机会，倾听他们的心声，不简单地肯定和否定，把教师的权威定位于学生思维开发性的培养上。其次，教师要了解动机理论，激发认知矛盾，促使学生产生求知兴趣，使学生自觉地投入学习，享受愉快的心理体验。比如，在化学教学中，能激发学生兴趣的手段很多，从直观的实验、实物样本、多媒体课件，到间接的语言描述等。教师只有把学生的学习兴趣充分地调动起来，学生才能全身心地投入学习活动中，才能有效地把握学习内容，提高学习效率。

我在化学教学中，较多地采用实验教学、计算机辅助教学、讨论教学、合作教学、概念图教学、自主教学等方式，最大可能地鼓励学生参与教和学的过程，让学生在愉快的体验中，感受化学学科的魅力，让学生在做中学，这是学习自主建构学习知识的有效方法。为了让学生能形成系统和结构化的学科知识体系，我进行了多轮概念图教学。每一章的总结中，学生通过图示强化概念之间的联系。到高三总复习时，概念图对学习系统复习基础内容起到了事半功倍的效果。

3. 分层递进的个性化教学原则

个性化学习是在课堂教学中实现个体最优化学习的一种方式。个体的差异是绝对的、客观存在的。以往面对全体学生的教学，强调教学的共性，对个体的差异性强调不够。实际上，教师应当在现有的教学条件下，使教学目标尽可能地置于各层次学生的最近发展区之中，调动学生学习的可能性，使教学与学习更好地相互适应。在实施分层次的个性化教学时，教师要尽量在知识段的视野中组织教学，按一定的章、节或单元顺序组织学习内容和背景材料，不同层次的学生可以明确不同的学习任务，强化诊断、反馈和矫正环节的使用，使层次性凸显其个性化的教学意义。

从教学内容的层次划分，可以是分层教学、分层练习、分层辅导、分层评价和矫正。从分层的组织形式看，可以是打破行政班后的同质学生分层编班，他们的教学起点相似，易于教学的组织和管理；也可以是同一教学行政班内进行同质编组、异质分类、分层，将学生分成不同层次的学习小组，座位相近，易于讨论和指导。虽然教师的工作量较大，但教师可以从不同层面把握学习中存在的不同层次问题，有利于教学质量的提高。无论是同质分组还是异质分组，教学过程的总体模式应当是确定的，但对不同层次的学生应在其发展区内设置问题，便于学生分组讨论。分层练习和反馈应当精细设计，不能流于形式。

在化学教学中，我们尝试了常规课堂中的分层教学。学生根据自己的学习基础、发展方向和兴趣爱好，将自己纳入A、B、C三个层次中的一个。A层次主要是对化学及相关专业感兴趣的学生，学习的化学内容会在必修和选修的基础上，部分拓展到大学预科水平，学习的课时数也有所增加，其中一部分优秀的学生还会成为化学竞赛的选手，进一步选修大学的基础课程。针对B层次的学生，我们主要是强化必修基础课，拓展专题选修课，增加选修课的课时，特别是在物质结构理论、化学平衡、电解质溶液、有机化学等主题上多下些功夫，为将来学习理科专业奠定基础。C层次学生主要以文科和体育、艺术类为主，我们主要侧重必修课程的教学，增加化学与生活、化学与社会的联系，重在强调化学的实用性，提高化学基础素养。分层教学较好地照顾到了不同层次学生的发展需求，让学生选择适合自己的化学内容去学习，学习的兴趣与质量都得到了关注。特别是分层走班后，学生自主管理能力、自律意识、主动学习的态度和学科学习的自信心等方面都得到了系统培养，学生的自觉性也得到了较大提高。

分层教学也出了一些不可避免的问题。教师备课、批改、命题、辅导等工作量加大、工作弹性小、不能串代课，对各层次学生的了解和针对性答疑辅导减少，教授C层次学生的教师专业提升空间小，学校的教学管理难度非常大，有针对性的教学质量监控和学业成绩分析变化大，反馈即时性降低，等等。2014年开始的新高考改革将高中课程运行模式做了革命性改革。所有学生都需要进行"3＋3"的选择，分层走班，增加课程的选择性，改变高校的录取方式，这些都成为此次改革的突出亮点。在浙江、上海的调研中，我感受到我们分层走班时遇到的问题，今天依然存在。浙江遇到的问题和困难比上海还多。但增加课程的选择性对确立学生的主体意识，发展学生的自主能力，提高学生学习的兴趣与自信心，培养学生的人生规划能力，都是非常重要的。

4. 以主动建构为基础的精简教学原则

任何科学知识的学习，都应是学习者利用已有知识或认知结构去同化或顺应新知识的过程。学生不可能接受教师传授的所有知识，只有那些依主体价值判定有意义的内容，才被大脑进行语义编码，进入长时记忆加以保存。要使有效知识被学生掌握，教师就必须精讲知识内容，准确地揭示教学内容的本质特征和知识间的内在联系，教给学生认识规律和解决问题的方法。

从认知心理学角度讲，强化和突出信息的输出，进行分类归纳，建立良好完备的认知结构，使之条件化、结构化，有助于学生对知识的把握。首先，精简教学要求教师上课要精讲教学重点，即布置预习，思考重点；引导分析，学懂重点；板书设计，标出重点；直观演示，体现重点；课堂提问，抓住重点；归纳小结，点出重点。其次，教师要精选学习策略，组织教学模式，优化课堂设计，对不同的教材内容给出不同的讲授顺序。如遇到理论性强的内容，教师可以从直观入手；叙述性强的内容，教师可以从已知到未知组织自学讨论；实用性内容，教师则组织学生讲、教师进行小结等；教师还可以尝试以学科知识、学科问题、实践应用为中心的各种方式组织教学。最后，教师要精选例题与习题，选择典型、有层次、可以举一反三的练习题。精讲、分层训练和即时反馈等方式，可以使学生能用较少的时间获取解决问题的最优方法。

精简的教学原则，也可以看作优化或优效的教学观。它强调教学中的合理取舍，突出核心问题的设计，突出关键环节的组织与调控，让学生始终聚焦于重点问题的学习上，提高学习的注意力，有效分配教学时间和学习时间，减少课堂教学中的无关环节，这也是促使教师在课堂的效益、效果、效率上进行整体把握。每个学科的优效标准不同，但都会从教和学两个主要维度评价教学目标的达成情况。只有精简的课堂，教师的讲才会更多地指向学生的学，才会给学生留出空余的时间，允许学生进行反思、提问、质疑。让学生整理一节课的学习内容，即时性地进行结构化的梳理，以此强化短时记忆向长时记忆的转化，这是教师提高课堂教学效果的有效途径。

总之，教学可以从学习的不同角度加以描述、组织和评价。教师只有通过自身的努力，才能帮助学生实现自主、愉快、个性、有效的学习，才能真正落实学生在课堂教学中的主体地位，也才能真正地提高学生的素质，提高教学的实效性。现代教学理念，不是脱离实际的空中楼阁，而应当成为每一位教师教学行为的指导思想。教师只有将现代教学理念与学科教学有机结合在一起，才能产生符合时代发展的教学模式，才能培养适应时代发展的素质全面的学生。而学生的健康、全面发展，是学校教育的终极目标，也是每一位教师的最终心愿。

这四种主要教学观也可以看成是贯彻于我教学中的基本教学思想。今天回忆自己的课堂教学，我想最重要的一点是对学生的尊重与包容。师生平等对话，共同解决化学问题，每位学生都可以随时起立，提出自己的质疑。教师是先生也是学生。实验班的学生有超乎平行班学生的直觉思维，思维跳跃性很大，解法巧妙，让我们固守常规程序解决问题的教师无从分析过程的对错。教师允许学生间的相互争论，并鼓励他们提出不同的解释，就是对学生创造性的最好培养。

我总鼓励学生要有自己的看法，不要迷信权威，要敢于质疑，挑战我的课堂结论。因为无论是我的见解和解释还是教材中的答案，都只是给出了问题的一种解法，而且这个结论也可能只是现阶段条件下的正确结论。条件改变，结论不一定正确。理科实验班的学生首要的是有质疑的精神和寻找问题解决的合理思路，而不是单纯的否定现有结论。学习中，方法总比结论更重要。教师要鼓励学生学会多问为什么，能自己寻找证据支持自己的结论，能够自圆其说，能尝试变通和举一反三。

我可以在一周内记下每一届我所教的学生的名字，建立学生档案。通过观察和谈话，我会了解每位学生的学习特点和风格，帮助学生找到适合自己的学习方法。针对不同的学生，我布置分层次的作业，指导学生参加不同类型的校本课和拓展学习。我还要求学生制订自己的长短期结合的学习目标和学习计划，引导学生学会按提纲进行复习与预习，限时完成作业，小组合作实验，随机小组编题。我还组织每日"小先生"教学体验，为班级同学讲题或专题复习等。这些策略性的指导有效地提高了学生思维的准确性、敏捷性和灵活性。两三年后，学生都养成了自觉查阅材料，寻找问题解决方法的主动学习习惯。学生自主学习的能力得到提高，解决问题过程中也积累了较强的自信心，学习成绩也随之得到了提升。很多对化学不感兴趣的学生，开始主动投入时间和精力学习化学，并把化学学习中的方法迁移到物理和生物课程的学习中，都收到了一定的效果。正是这些学科教学观念的影响，我才能结合附中 60 年的办学经验，结合不同年龄段学生身心发展规律的特点，提出了自觉教育的教育理念。

（二）我的学科教学研究

从硕士研究生论文的撰写，到走上教学一线开始自己的教学实践工作，问题解决教学是我一直研究的课题。我的基本观点是学习是问题解决的过程，化学学习更能体现问题解决的一般流程和其中蕴含的自然科学方法论思想。2001 年后，依据认知心理学和发展心理学的相关理论，结合高中化学课程内容和教学的实践，我开始系统研究化学问题解决的问题表征、策略选择、教学模式等内容，并形成了近 20 万字的研究论文。为说明化学问题解决的研究过程，我摘录了其中的核心内容和结论，来进一步说明以学生为中心的学科教学的意义和价值所在。

1. 问题的提出

问题解决是人类与环境的一种基本交流方式。人们在日常生活和学习中主要通过信息交流和问题解决获取知识、生成智慧、发展能力。从微观发生角度看，问题解决是人对输入大脑的各种刺激进行信息加工的过程；从中观认识层面看，问题解决是认识主体在解决问题的过程中，利用自己已有的认知结构主动获取知识，丰富内心世界的过程；从宏观发展角度看，人通过问题解决的过程，积累经验，形成技能，同时在适应环境的过程中，发展能力和生成智慧。学生的学习主要是一种学科问题解决的过程。研究学科问题解决的心理机制、策略选择和技能形成，是近几十年来认知心理学研究的热点问题，其中的很多结论对教育与教学的发展产生了深远影响。从考察问题解决的结果转向研究问题解决的过程，可以使我们更好地了解学生在解决问题的过程中是如何获取知识和运用知识的，从而便于我们探究学习的本质，提高教学的针对性和时效性。

努力提高学生的问题解决能力，一直是国内外教育界关注的重大问题。许多国家已经将"培养学生的问题解决能力"确立为教育的重要目标。20 世纪 80 年代，美国就在学校数学教育的纲领性文件《行动的议程》（*An Agenda for Action*）中明确提出"数学课程应当围绕问题解决来组织""问题解决作为学校数学教育的核心"；英国著名的《柯克洛夫特》（*Cockcroft peport*）认为"应将问题解决作为课程论的重要组成部分"；我国《国务院关于基础教育改革与发展的决定》中也明确提出要注重"培养学生提出问题、研究问题、解决问题的能力"。由此可见，对问题解决进行研究有着重要的理论和现实意义。目前，问题解决学习已成为项目研究的重要内容。问题解决教学也成为生本课堂研究、学科本质研究的热点问题。

化学是一门建立在实验基础上的自然科学，有独立的化学符号系统。人们通过使用这种规范的化学符号系统来表示化学事实、概念、理论和它们的相互关系。由于化学是在原子、分子水平上研究物质的组成、结构、性质及其应用，其体系庞杂的物质类别、丰富多变的实验现象、微观不可见的抽象结构和看似不够严谨的逻辑推理都使化学学习有别于体系严谨、成熟的数学与物理学科的学习。这种差异主要体现在化学是从实验或经验出发，总结理论，运用化学符号系统表征化学知识，进行相关的解释性阐述的学科特点上。由于受学生高中知识基础的限制，化学课程还不能列出比较系统的理论主线，给学生的感觉是记忆的成分多于推理的成分。

目前的化学教学研究，主要集中在经验层面较多。受考试的影响，教和学主要采取以升学为主的教学评估和教学动力体系，以知识单元递进为核心的教学策略，以教师讲授、学生做题为主的学习方式，较严重地影响了学生对化学学科的认知，使学生缺乏学习兴趣和学习动力。化学已经成为学生厌学的主要学科。学生普遍不愿意学习化学，对化学知识的记忆、理解和化学问题的解决，没有比较好的学习途径。有些教师的教学，不仅主要从知识的灌输出发，较少考虑学生主体的参与，缺乏对学生化学学习的策略性指导，而且强调重复性的学习和练习，很少从心理层面研究学生在知识获得过程中的主要认知规律，而从认知角度研究学生知识获得的有效策略，更为鲜见。

新的高中化学课程全面改革了现有的学科体系框架，加强了化学与生活实际和人类发展的联系，特别强调学生主体在教学全过程的参与程度，让学生能以自主、合作、探究的方式使学生学会学习。而要让学生学会学习，教师就必须深入研究学生的化学学习规律，教会学生学习的策略，使学生成为策略型的学习者。

化学学习的相关研究表明，问题表征和策略选择是学生在解决化学问题时的主要困难。因此，我的研究主题定位在学生解决化学问题时的表征与策略研究上，主要是生成于学生的客观发展需求，同时也是自身的实践体验。这种来源于具体教学与学习的研究，将对高中化学教学和学习提供有意义的指导。

由于化学问题解决是一般问题解决在化学学科中的具体体现，教师要研究化学问题解决中的表征和策略问题，就必须先了解一般问题解决的心理学研究成果。换言之，只有在一般心理学研究的理论与方法的指导下，教师才能进行富有成效的学科心理学的理论与实践研究。

2. 问题解决研究中的核心概念

问题解决的心理学研究有近百年的研究历史，但到 20 世纪 70 年代才进入真正意义上的问题解决微观机制研究。在每一个历史时期，由于研究方法和认识水平的局限，研究都有不同的侧重点。由于对表征和策略的研究主要涉及问题解决的心理机制和微观发生过程，因此，我对问题解决研究的历史回顾也主要集中在三个方面，即问题解决的心理机制研究、问题解决中的表征研究和问题解决中的策略研究。这三方面的研究都是从问题解决的微观发生层面所进行的探讨，而要想对其研究的结论有较清晰的理解，我们首先还必须对问题、问题解决、表征和策略等概念有一个概括的认识。

（1）对问题和问题解决的界定

①问题的界定

问题（problem）是一个被广泛使用的词汇，可以应用于各种不同的场合和情景，可以是学科问题，也可以是技术、军事和社会问题等。并不是所有的思维活动都针对问题解决。邓克（Karl Duncker）认为"一个问题产生于一个活着的人，他有一个目标，但又不知道怎样做才能达到目标时。每当他不能通过简单的行动从一种情境达到另一种情境时，就要求助于思考……这种思考的任务是设计某种行动，这种行动能使其从当前的情境达到需要的情境"①。

这个定义告诉我们，只有不知道采取什么行动达到目标时，我们才会求助于中介行动，这时我们就遇到了问题。认知心理学家们普遍认为，所有的问题都会有三

---

① ［英］罗伯逊：《问题解决心理学》，4 页，北京，中国轻工业出版社，2004。

个基本成分：给定（givens）、目标（goals）和障碍（obstacles）。给定，是指一组已知的关于问题条件的描述，即问题的起始状态。目标，是指关于构成问题结论的描述，即问题要求的答案或目标状态。障碍，是指正确的解决方法常常不是直接的、显而易见的，必须间接地通过一定的思维活动，才能找到答案，达到目标状态。问题就是给定的信息和目标之间有某些障碍，是需要加以克服的情境。

应当说"问题"是一种相对存在，有目标指向性。对问题的不同阐述包含两个方面的认识：一是所有"问题"都是相对于问题解决者来界定的，二是"问题"对于问题解决者来说一定存在"困难"或"障碍"。这两个方面可以被认为是问题的两个基本特征：问题与问题解决主体有关，问题是矛盾或困难在特定主体头脑中的反映。从严格意义上来讲，问题解决者在解答某些习题时，不存在任何"困难"或"障碍"，心理上亦不需要做任何进一步努力，这些"习题"就不属于我们研究的"问题"。

为研究方便，我们一般需要对问题进行适当的分类，其中根据问题提供的目标状态，可以把问题划分为定义明确（well-defined）问题和定义不明确（ill-well-de-fined）问题。定义明确问题（界定清晰的问题）指问题的起始和目标状态都被做了明确规定，并最终会有一个正确答案的问题；定义不明确问题（界定不清晰的问题）是指问题的起始或终了状态不明确，或中间的认知操作不明确，使问题具有不确定性。根据解决问题时使用知识的多少，问题又被分成知识丰富问题和知识贫乏问题。根据问题涉及的内容，问题又可被分为专门领域的问题和非专门领域的问题。另外，还有研究者将问题划分为归纳结构问题、转换问题、排列问题三种。

应当说，人类是优秀的问题解决者，人们可以解决大量的问题，从管理金钱到穿越马路，从驾驶汽车到掌管一个家庭，等等。但是，在学业情境中，学生却常被看成是一个差的问题解决者，他们经常不能有效地解决学科问题。这可能是由于生活中面对的问题是不明确的、开放的，但承载的信息也是有限的，比较容易解决。而学习过程中的问题从本质上看更多的是一种算法或练习，它们都有着已知的数据、熟悉的方法和明确阐述的目标，其中由于信息密集的程度较高，学生在解决问题的过程中可能会发生信息的过度负载或信息的遗漏，因此，多数学生很难成为学习过程中的优秀问题解决者。

我主要采用界定明确的化学问题，如化学计算、化学推断、化学平衡等。这些问题的解决都是以相应的化学知识为基础，因而均属于知识丰富领域的专门问题。

②对问题解决的界定

问题解决（problem solving）是由问题引发并指向其解决的思维活动。不同时期的心理学家对问题解决的描述很多，主要可以概括为下述两种观点。

一是问题解决是高级形式的学习活动。有些心理学家认为，问题解决过程中的最重要部分是在学习者内部发生的。问题解决是为达到指定的目标而进行的活动，在这种活动中，既要对原有经验进行认知表征，同时也要对当前问题情境的各个成分重新组织。这种活动在事实上可能包括对可利用的选择方案作出的尝试错误、含有较明确的形成原理、发现解决问题所依据的各种关系系统（顿悟）等。因此，问题的解决可以被看作是一个活动，通过这个活动，学习者发现了以前学过的能够用于解决一个新问题的那些规则的联合，而且也产生了新的学习，获得了高级规则和认知策略，并且成为这个人的全部技能的一部分。当他再次遇到这类情境时，他就可能会通过回忆的方法非常熟练地对这类情境作出反应，而且，他再也不把它作为一个"问题"来看待。

二是学习的所有形式都是问题解决的过程。认知心理学家西蒙（H. A. Simon）认为，问题解决是对问题空间的搜索。问题空间是问题解决者在解决问题时经历的各种状态，包括起始状态、中间状态、目标状态。将任务领域转化为问题空间，就实现了对问题的理解和表征。

安德森（J. R. Anderson）认为，所有的认知活动基本上都是自然而然的问题解决。这样的问题解决有三个特征：目的指向性，即这种行为显然是为了达到某一目的而组织起来的，受目标的指引；操作序列，即一个行为必须包含一系列的心理步骤，才有资格称为问题解决；认知性操作，既有认知运算参与，也有算子的选择。也就是说，问题解决是有目的的认知性运算系列。

迈尔（R. E. Mayer）也认为，问题解决是人在没有明显解决方法的情况下，将给定情况转变为目标情境的认知加工过程。问题解决是一种有目的的认知活动，而非自动化的加工过程。索里（M. Sawrey）曾指出，条件作用、联想和"尝试与错误"的学习都是问题解决的不同形式，它们可以是运动的、观念的，也可以是两种兼有的；顿悟的发展包括对问题解决所必需的那些发现与理解。认知的学习，就像我们曾经描述的那样，也同样和问题解决的各种观念有关，功能性的概念范畴发展为"什么东西可以当锤子用"那样的问题提供了答案。

人类的认知总是有目的的，总是指向欲达到的目标，并且排除达到目的的障碍。因此，人类的认知可以看成是一个解决问题的过程。持这一观点的心理学家强调认知活动的参与，不强调一定要出现思维的新产品，即无论在解决过程中是否发现高级规则或认知策略，都是在进行问题解决。其实，学习的所有形式都可以看作是问题解决的过程。事实上，问题解决是一系列有目的指向性的认知操作活动过程。认知心理学家比较公认的问题解决界定与安德森给出的界定类似，强调目的指向性、操作序列性和认知活动的参与性。也就是说，问题解决本质上是一种思维活动。

因此，我认同将学生的学习看成是问题解决的过程的观点。学生化学知识的习得，是在不断地发现问题和解决问题的过程中完成的。学生解决的问题有生活中的问题和学科中的问题，前者更多的是开放的、定义不明确的问题，问题中承载的学科知识和概念很少，学生主要依赖生活经验和常识就能解决。而学生在学校中进行的问题解决，主要是利用头脑中的概念和概念体系解决信息承载量较大的学科问题，这些问题多数是界定良好的问题，需要问题解决者有较好的学科知识背景，并且学生可以在解决问题的过程中构建自己的知识结构。因此，我设计的实验材料，通常是有一定的知识基础的学生，有可能解决，但又必须通过有目的的心理努力和认知操作才能完成的问题。我们期望通过这些问题解决过程的研究，比较客观地了解学生认知活动的情况，并希望能对研究的假设给出一定的支持，而不是一般意义上的教学和学习中的简单练习。

（2）问题表征

认知心理学家一般将信息在头脑中的呈现方式统称为表征（representation）。它有两方面的含义：信息和信息表征。一方面，表征需要以信息为载体才能实现，它的形式和内容都离不开信息；另一方面，表征的过程即为信息的转换过程。西蒙认为问题表征（problem representation）是问题解决者在头脑中以某种理解来呈现问题，使问题的任务领域（task domain）转化为问题空间（problem space）的过程，是问题解决者对某问题所达到的全部认知状态。表征是问题解决的一个中心环节，它说明问题在头脑里是如何呈现、如何表现出来的。如果一个问题得到了正确表征，可以说它已被解决了一半。

西蒙还认为问题表征是思考问题的一种方式，是一种符号语言、符号形式及其相互联系，是一系列的认知过程，如产生、改进、反应、删除等。每一个问题表征都有描述部分，其中存在符号和符号的形式；另外还有程序部分，即操作它们的过程。若没有过程，那么这些符号就没有活力，就像纸上的墨水；若没有形式，那么过程便是空的。通常问题表征的来源有关于问题的陈述（或图表）、问题解决者已有的一般问题表征、类似问题的表征以及从简单部分产生的新表征等。

艾森克和基恩（M. W. Eysenck & M. T. Keane）认为，表征是指可反复代表某一事物的任何符号或符号集。也就是说，在某一事物缺席时，它代表该事物；特别地，那一事物是外部世界的一个特征或我们所想象的一个对象（即我们自身的内心世界）。表征可以分为外部表征和内部的心理表征。外部表征有多种表现形式，主要包括文字符号（特别是词汇）和图形符号（图片和图表）。内部表征只代表了环境的一些特征，主要包括符号类的命题与类比表征和分布式的表征。其中文字与图形表征的心理对应形式是命题表征和类比表征。命题表征是指向明确清晰的实体，是外显的、不连续的和抽象的，代表了心理的概念性内容。包括对象、关系和图式；类比表征是关于视觉、听觉或动觉等的表象表征。[1]

帕维奥和艾伦（Paivio & Allan）将表征分为物理表征（物质表征）和心理表征，它们分别又可分为图画似的表征和语言的表征。图画似的表征有照片、绘画、地图和表格等，而语言的表征则包括人类语言、数学、逻辑及计算机那样的语言等。图画似的表征是可模拟的、有形象、连续的，具有同形参考特征的；而语言的表征是不可模拟的、无形象的、数字的或分离的，具有任意的和命题的参考特征的。可见，外部表征是与物理表征相对应的，内部表征是与心理表征相对应的。

邓铸、余嘉元（2001）的研究表明，符号、图表、图形、照片等是外部表征的主要形式，命题、图式、神经网络和其他类型的知识结构是内部表征的主要形式。[2]邵瑞珍等人（1985）认为表征分为两个层次：一是字面表征，指问题解决者逐字逐句读懂描述问题的每一个句子；二是深层表征，指在表层理解的基础上，进一步把

---

① M. W. 艾森克 & M. T. 基恩：《认知心理学（第四版）》，601—647 页，上海，华东师范大学出版社，2004。

② 邓铸、余嘉元：《问题解决中对问题的外部表征和内部表征》，载《心理学动态》，2001(3)。

问题的每一陈述综合成条件、目标统一的心理表征。

我们认为，一个问题至少包含两层结构：一是问题的表层结构，如问题的细节、表现问题所用的事实、问题中的事物等；二是问题的深层结构，如问题所包含的数量关系、所体现的基本原理、问题的约束条件或规则、问题的本质和类别等。因此，对问题的表征也应该有两层结构，对问题表面信息的表征和对问题深层结构的表征。也就是说，对问题的表征应该具有层次性。

问题表征是对问题的一种理解状态，理解有程度的深浅，表征亦有水平的高低。因此，表征应该有类型和水平之分。表征水平划分是基于表征建构的知识基础，而表征类型的划分是基于表征所使用的具体方式，也可以看成是表征水平的具体呈现方式。因此，表征由于分类的依据不同，形式有多种。如根据具体的使用方式，表征可分为言语、符号、图像、图解、图片、模型、概念与原理、方法、数学公式等；或根据表征的层次划分，则可分为外部表征和内部表征、形象表征和抽象表征、物理表征和心理表征。这些不同的分类方法是有交叉的。根据层次的划分更上位，包含能力更强，但在教学中的针对性和指导性差；具体表征容易理解，但可能会出现层次的混淆。

比较好的方法是，将具体类型与层次对应，使分类有表层和深层两种结构。其中，我们可以把言语、符号、图像、图解、图片、模型、表格等看成是一类表层或外部形象的表征，这些表征在头脑中的形式，更多的可能以命题或表象等形式存在；可以把概念与原理、方法、数学公式等看成是一类深层的或抽象表征，这些表征在头脑中主要是图式或产生式等形式存在。

（3）问题解决策略

策略（strategy）一词，最初源于希腊语 strategos，含义为"计谋"，它意味着一个人在行为之前、行为之中所进行的某种心理活动或问题解决的计划。纽厄尔和西蒙（A. Newell & H. A. Simon）把问题中所运用的策略概括为两大类：算法（algorithm）和启发式（heuristics）。算法是指在问题空间中，随机搜索所有可能的算子或途径，直到选择出一种有效的方法来解决问题的策略。算法可以保证问题的最终解决，但需要大量的、多次的尝试，费时费力，效率较低。启发式是个体根据自己已有的知识经验，在问题空间进行粗略的搜索来解决问题的策略。它要求以问题相关领域的特定知识为前提。启发式不能完全保证问题解决的成功，但是运用这种方法解决问题，省时、省力，效率较高。①

策略可以作为特殊的程序性知识，是技巧与智慧的基础。我们一般不考虑作为元认知性质的一般性策略，而只考虑领域专门的策略性知识。对策略的研究主要集中在专家和新手之间的研究上。有实验研究表明，在选择向前或向后推理策略时，专家和新手无明显差异，专家的解题计划明显优于新手。新手要变成专家，必须学会抽象问题，产生抽象表征。专家擅长构建抽象表征，常采用图形表征。

近期的研究显示，对问题解决的研究，已不再详细划分表征和策略的区别，实际解决问题中，表征与策略是紧密相连的。学生采取了正确的表征，才能选择合理或优化的策略去解决问题，而进行一定的策略训练，可能会提高学生的表征水平，使其从问题涉及的深层结构出发，利用正推策略，快捷地解决问题。

我的研究主要在一般问题解决的通用策略指导下，尤其根据西蒙的策略分类，通过口语报告分析，对学生在不同类化学问题解决中的多种实际使用的策略进行归类，通过控制实验和进行干预性训练，研究不同水平的学生在化学问题解决中使用不同的策略训练，对提高表征水平的作用，以期对化学教学给出针对性指导。

3. 化学学科问题解决的相关研究

我要研究化学问题的解决，需要了解一般问题解决的相关理论研究；而一般问题解决的理论研究内容非常丰富，我在自己的研究中主要关注了问题解决心理机制的研究、专长的研究、表征和策略的研究等。因这部分内容理论性非常强，又与"自觉教育"的相关性不大，在这里不予赘述，只重点介绍关于化学问题解决的相关研究。

（1）化学问题解决心理机制研究

化学问题解决的心理机制问题一直得到很多学者的关注。安石、弗雷泽和凯西（Ashmore、Frazer&Casey）将化学问题分为四个阶段：识别问题、选择合适的信息、组合孤立的信息、评价。在这个问题解决过程中，他们提出了问题解决网络（network）的概念。问题解决网络首先将问题分解为若干个信息片段，然后重新组织这些信息片段，以图式的方法显示如何获得问题答案的过程。这种网络图不仅可

---

① ［美］J. R. 安德森：《认知心理学》，163—203 页，吉林，吉林教育出版社，1989。

以为学生提供一种组织解决方案的方法，还可以为教师提供了解学生问题表征的途径。

邦斯和海基宁（Bunce&Heikkinen）提出问题解决的"六阶段模型"。由于该模型可用于教学和学生的自主学习，所以也被称为"明确的方法"。具体为：确认问题中所给的条件；确认问题中所要求达到的目标；回忆所有的相关信息，包括规则、定义、方程式和联系；建立一个从所给信息到所求信息之间必需的图表式提纲；教学的方法，包括比率、因素标记方法；问题的回顾，包括已给信息、需求的方法、回忆整个计划。

国内学者对化学问题解决的心理机制研究不多，王磊等人是国内最早对化学问题解决的心理机制进行研究的研究者之一，他建立了化学计算类、化学实验类问题解决的心理机制模型，认为问题解决能力是学生化学科学能力的重要构成之一，化学问题解决过程可分为三个相互联系的环节：审题活动、解析活动、实际解决活动。相应的化学基础知识、问题类型结构知识及有关的策略性知识在问题解决活动中发挥定向调节作用。

我认为在简单化学问题的解决过程中，阶段性表现得比较明显。学生主要采取常规的解题途径，经历问题的理解和执行解决计划两个主要阶段。其中问题的理解包括对问题的文字和化学符号的翻译，对问题中的概念、原理、数据关系、任务类型和策略的识别与理解；执行解决计划包括尝试、选择和使用正确的解决策略，执行具体运算，然后进行问题解决的检验等。元认知的监控与调节贯穿问题解决的全过程。

对化学复杂问题的解决，我更倾向于问题解决中阶段与层次的模糊和非线性发展，问题解决的过程是一个表征与表征转化的交替发展过程，各种表征的出现不是依次递进的，而可能是循环或交替出现的，尤其是符号表征、图式表征和数学表征可能会被反复使用，但表征的变化总体还是由简单向复杂、由外部表征向内部表征的转化过程，也是陈述性知识与程序性知识被共同激活的过程。这一过程也可能是有序的命题网络或图式与分布式的并行联结共同作用的结果。化学学习过程主要是一个学科问题解决的过程，也是一个专门领域的复杂问题解决过程。

（2）化学问题解决中的表征研究

约翰斯通认为，化学问题解决过程中的表征主要有三个不同水平。第一个是宏观水平表征，表征感知或者可视的化学现象（如氯化钠固体在水中的溶解过程）；第二个是微观水平表征，是在原子或分子水平上理解化学现象（如水分子将氯化钠晶格破坏的过程），通常使用粒子进行表征，也被称为粒子表征；第三个是符号水平的表征，指用化学式或化学方程式来表征物质或物质的变化过程。研究表明，学生一般无法实现这三个表征水平之间的自由转化，而教师也很少对表征之间的转化过程进行解释，从而导致学生学习化学的困难。[①]

依浩特和米拉（Yehudit & Mira）认为除了约翰斯通所提出的三种表征之外，还有另外一种表征，即过程表征。他们认为问题的难度与表征之间有密切的联系。在化学问题解决过程中，我们如果能够在一个系统中确定问题的不同维度并确定每个维度的值，就能够确定问题的难度了。由此，他们在研究物质的量的问题时，提出问题难度的两个维度：表征转化和复杂程度。其中表征转化包括三个方面：符号与过程表征之间、符号与微粒表征之间、符号与宏观表征之间。每个表征之间有四个(0～3)复杂程度的系数。[②]

李广洲等人认为：化学问题的表征从形式上看可以简单地分为两种，一种是内在表征，即在头脑中考虑问题；另一种形式是外在表征，即将问题以文字、图表、模型等具体的东西表示出来。外在表征以内在表征为基础，具体地可以把化学问题表征分为：①用语表征。在解决化学问题时，注意运用分子式、结构式、化学方程式等来表征问题。②图表表征。绘制适当的图表，是对问题进行表征的有力手段。③模型表征。对有关物质的空间结构，学生可以用实物模型表征。④数学表征。化学问题的表征也常涉及几何图形、计算、代数式等，几何图形和计算都是一种有效的表征形式。⑤实验表征。许多化学问题可以通过实验来解决，因此实验也是表征化学问题的一种形式。[③]

因此，在借鉴了心理学、物理和数学学科等问题表征研究结论的基础上，根据

---

① Johnstone, A. H., "Why Is Science Difficult to Learn? Things Are Seldom What They Seem", *Journal of Computer Assisted Learning*, 1991(7).

② Yehudit, J. D. & Mira, H., "Multidimensional Analysis System for Quantitative Chemistry Problem: Symbol, Macro, Micro, and Process Aspects," *Journal of Research in Science Teaching*, 2003, 40(3), 278-302.

③ 李广洲、任红艳、丁金芳：《化学问题表征和解题策略之间关系初探》，载《课程·教材·教法》，2001 (5)。

化学学科的特点，我假设高中生化学问题解决中的表征有类型和水平之分。我将学生的分类水平与表征水平对应，给出四种由外向内渐进发展的表征水平：只能部分地使用物质的表面特征、完全使用表面特征、表面特征与结构特征相结合、完全使用结构特征。结合问题解决的各个阶段，我们主要可以把具体的表征形式分为文字表征、符号表征、图式（图像、图解、图片、模型、表格等）表征、理论（概念和原理）表征、方法表征、数学表征等。其中文字表征、符号表征和图式表征主要是一种浅层次的、基于表面结构特点的外部表征形式，是对问题任务的一种陈述，这种表征主要以一种命题和表象形式存在。而理论表征、方法表征、数学表征则是基于深层结构的内部表征，主要以命题网络、图式和产生式等形式存在。不同的化学问题解决中使用的表征类型不一定相同，但有一些表征可能是共同的，如文字表征、符号表征、理论表征、方法表征等。这些表征形式不一定都是依次线性出现的，可能会在问题解决的不同阶段交替出现，但多数情况下是先有外部表征，然后是内部表征。表征正确后，学生才能选择合适的策略解决问题。

我们希望重点研究同一年级不同程度的学生在解决两个不同化学问题时，使用的表征类型和动态层次结构。由于化学学科的特点，可能问题表征的层次不如物理学科明显，因此需要对口语报告进行描述性分析，确定每类问题中学生出现的表征类型，然后再确定每种表征所用的时间和策略。这样的统计工作可能会导致任务繁重，但更接近学生真实的问题解决状况，体现一种生态研究的取向。

（3）化学问题解决中的策略研究

很多国外学者的研究表明，许多学生对化学概念理解不充分，为了得到"正确的答案"，学生们倾向于使用各种算法技巧来解决问题，而不是使用科学的化学概念进行问题解决。盖布尔（Gable）以中学生为被试进行策略研究，将化学学习的通用策略分为四种：因素标记法、图表法、类比和比例法。

李广洲等人认为中学生解决计算类化学问题时采取的策略，根据问题的性质、内容以及问题解决者的认知结构，可以分为盲目搜索策略、情境推理策略、原理统率策略、数学模型策略四种。[①] 吴鑫德等人认为高中生化学计算问题解决的有效思

---

① 李广洲、任红艳、余嘉元：《高中生解决计算类化学问题的表征及其与策略关系的研究》，载《心理发展与教育》，2001（3）。

维策略有读题审题策略、综合分析策略、双向推理策略、同中求异与异中求同策略、化繁为简策略、巧设速解策略、模糊思维策略、总结反思策略。策略性知识的学习，必须经过适当的练习、思考和领悟，促使策略性知识条件内化、程序化、熟练化、自动化。[①]

以上对策略的研究，大多来自关于化学计算的问题解决过程，而且策略的名称与实际的解题过程有出入，这些策略在解题中是否与程序性知识的获取过程相关，与一般问题解决策略在本质上有什么不同，在研究中还无法体现。相当多的教师从经验层面给学生大量的习题训练，做题是每个中学生的学习生活的主要内容。如果这种练习是有效的，可能会有意义，而大多数的训练是无效的，会使学生产生更大的"功能固着"和心理定式。

学生在化学问题解决中会涉及认知和元认知策略，其中认知策略的研究主要集中在新手与专家使用的策略差异上。赫加蒂（Hegarty）等把表征和策略联系在一起，认为学生使用的策略主要有两种，一种是建立在从问题中选择的数字和关键词上，叫直接转化策略；另一种是建立一个情境模型上，叫问题解决策略。策略研究必然会涉及元认知问题。与学科问题解决有关的元认知主要表现在以下几个方面：与具体要解决问题有关的知识掌握程度的意识，包括知识的结构化和清晰性；问题解决样例的丰富程度和程序的清晰性；问题解决策略的丰富程度和程序的清晰性；表征意识的清晰程度；实施解题操作的过程控制和时间分配；对解题过程的自我检查、评价和即时反馈等。在问题解决的特定情境和过程中，主体对问题的选择、信息及其组织方式的选择、心理资源的分配、解题的监控和对外部信息反馈等的认知操作具有一定的情境性和状态性。这里主要包括问题解决者的自我绩效感、自我监控和问题表征与解决策略。自我绩效感、自我监控是主体的内部因素，具有鲜明的特质性；而问题表征和解题策略是保证问题解决有效性的具体认知操作，具有较大的可塑性。

在教学实践中难以操作的是试图从改变学生的动机强度、兴趣和情绪状态入手，提高问题解决能力；比较容易进行训练的是从认知操作和方法入手，让学生采用有

---

① 吴鑫德、张庆林、陈向阳：《思维策略训练对高中生化学问题解决能力影响的实验研究》，载《心理科学》，2004（5）。

效策略与方法提高学习效率和进行问题解决的成功尝试，由此获得良性信息反馈，增强绩效感，激发学习兴趣与动机，使个体处于良好的认知状态。因此，我的研究主要进行认知策略的研究与训练，较少涉及元认知的培养。

我认为学生在化学问题解决中的策略差异可能没有专家与新手差别明显。程度较差的学生可能主要使用数据驱动的逆向推理策略或尝试错误策略，程度非常好的学生可能主要使用概念或图式驱动的正向推理策略或情境建构策略，多数学生会选择正、逆混合推理的策略。我们希望结合具体的口语报告，确定同一年级不同程度学生在解同一问题时采用的策略，然后进行策略归类；同时对化学计算题的解题认知策略做重点研究，使用常态实验方法，对高一不同程度的学生在四周内进行 5 次策略干预训练，然后进行即时和延时测试，看策略的使用对不同程度学生解题成绩的提高，是否能起到促进作用。

国内外对化学问题解决中的心理机制和问题表征，主要以典型问题为研究材料，抽取研究生和本科生为研究对象，得到一些有关表征与策略的研究结果；国内对高中生化学问题的表征和策略的系统研究的一些结论非常有意义，但深入的程度不够，尤其对心理学等其他学科的研究成果借鉴较少。我的研究主要选择高中生为被试，重点研究表征和策略问题，希望能对国内化学学科心理学的研究提供一些有价值的方法和结论。

4. 化学问题解决研究的主要实验工作

（1）实验内容

实验工作主要包括四个研究：实验一主要研究高中化学问题解决中的认知过程，从中分析不同年级的学生与化学教师在解决相同问题时解题思路的差异，定性地判断其表征类型、水平和策略的使用情况，并通过分类测试，分析其表征与图式之间的关系，找到产生表征差异的主要原因，提出高中生化学问题解决过程中使用的主要表征类型和策略类型。实验二和实验三，都是通过严格控制实验条件，进行大样本的定量和定性相结合的口语分析，研究高一年级不同知识总量和性别的被试在解决化学计算问题、化学推理问题时表征和策略的使用情况，从中找到对实验一结论的定量支持，同时进一步分析知识总量和性别对问题解决过程的影响和是否存在交互作用。实验四是在控制其他实验条件的情况下，在整班正常教学中，研究常规教学和问题模型教学对学生表征水平及问题解决成绩的影响，找到提高学生问题解决能力的教学策略，用以指导学生的问题解决过程。

由于表征和策略都是问题解决中的核心问题，它们也可以被看成是问题解决的过程环节。因此，研究问题解决的认知机制是我们必须首先面对的问题。是将表征看作问题解决的全过程，还是只看成问题解决的一个阶段？最新的关于问题的表征和策略的研究，已经不再对此做明显的区分，我们是否还单独谈论？对于这些问题的回答，将是我研究的基本理论假设。在前面文献综述的基础上，关于化学简单问题的解决，我们更倾向于认为问题的解决过程具有一定的阶段性，且主要由两个环节构成，即问题的理解和执行解决计划。其中问题的理解包括对问题的文字和化学符号的翻译，对问题中的关系、任务类型和策略的识别与理解；执行解决计划包括尝试、选择和使用正确的解决策略，进行数学运算，同时有问题解决的检验等元认知的监控与调节。

在问题解决的全过程都包含表征的变化，但这时的表征基本符合拉金（Larkin）对物理问题的研究结论，表征是一个从文字表征、符号表征到逐步向理论表征、方法表征、数学表征转化的过程，另外图式表征可能在外部表征阶段，也可能在内部表征和外部表征相互转化的过程中。对化学复杂问题的解决，我们更倾向于认为问题解决中阶段与层次的模糊和非线性发展。问题解决的过程是一个表征与表征转化的交替发展过程，各种表征的出现不是依次递进的，而可能是循环或交替出现的，但表征的变化总体还是由简单向复杂、由外部表征向内部表征的转化过程。因此，我们可以说从问题解决的过程或环节看，问题解决是一个从理解问题到执行解题计划的过程；从问题解决的微观本质看，问题解决是问题解决者对外部信息由外向内的表征转化过程，是一个外部信息与主体内部图式和产生式系统相互建构的过程。

学生在化学问题解决中会涉及认知策略和元认知策略，我重点研究问题解决中的认知策略的使用，认为化学问题解决中新手主要使用数据驱动的逆向推理策略或尝试错误策略，专家主要使用概念或图式驱动的正向推理策略或情境建构策略，有时还会出现两者结合的情况。我希望结合具体的口语报告，确定同一年级不同程度学生在解同一问题时采用的策略，然后进行策略归类；同时对化学计算题的解题认知策略做重点研究，对高一平行班的学生在正常教学情况下，两周内进行不同策略训练，然后测试问题解决成绩，一周后再进行延时后测，看策略的使用能否对不同程度学生问题解决成绩的提高起到促进作用。

（2）实验方法

对不同年级学生和化学教师进行化学计算题和化学推断题的解题测试和分类测试，收集解题和分类成绩，用曲线图对认知作业进行定性分析，表示解题的具体路径和过程；同时对分类成绩、解题成绩利用 SPSS 软件进行系统的定量分析。

利用口语报告分析法，收集同一年级学生在化学计算题和化学推断题的解题过程中的相关原始记录和数据，用 SPSS 软件进行系统的定量分析。

为了保证口语报告给出的信息能比较客观、公正地反映被试的心理活动，我们就必须对口语报告进行编码。具体的口语报告分析主要有以下几个步骤：一是要根据实验内容，给出恰当的指导语，使学生能比较轻松地回答问题；二是主试要将被试的口语报告录下来，被试必须大声说，一般主试不提问，但要记录被试的一些关键时间，同时要让被试大声说出来自己的思考过程；三是要重新整理录音材料，尽量不做人为的改动；四是通过口语报告，可以得到反应时、正确率、各类句子所用的时间、位次等定量数据和学生具体解题的过程记录。我们对这些数据要进行定量和定性分析，以便揭示学生的心理活动规律。

通过常态实验，结合研究学生的策略获得情况，我们将给出具体的训练指导。在正常教学实验中，结合实验结论，我们对被试在一个纵向时间段内，不断地给予干预训练，看被试在训练期间的小间隔内的成绩的变化情况，分析策略使用的效果和其产生效果的影响因素。

我们采取横向与纵向相结合的实验设计思路，全面和系统地揭示高中生化学问题解决中表征和策略的相关规律。横向设计体现在使用同一年龄组不同程度的学生；纵向设计体现在使用不同年级的学生和教师做被试，同时干预训练的时间是在一个连续的纵向时间段内。

运用曲线图、口语报告分析等定性方法对实验结果进行处理，同时重点用 SPSS 软件对获得的数据进行 T 检验、F 检验、χ^2 检验、非参数检验、多变量方差分析，综合运用定性和定量的研究手段，从质和量的辩证统一中研究各种变量间的关系，提高实验结论的可信度。

（3）被试选择

我的研究主要探讨高中生化学问题解决中的表征体系、差异、影响因素和策略等问题，被试为附中高中学生。由于近年招生政策的变化，各省市的示范性重点高中的生源类型和水平基本相近。尤其在长春市，附中作为一类高中，录取的学生与其他一类高中的生源结构基本相同，都含有不同层次的学生，各层次学生的人数较多，能够满足实验横向和纵向设计的取样要求。虽然在各个实验中被试的人数和年龄分布不尽相同，但基本上能代表相应的总体。

实验中选取的学生，在进入高一年级时，采取的是随机分班原则。各班学生的类型和层次基本相近，因此我随机选取高一、高二、高三的九个班作为实验样本，进行知识总量的测定。然后根据随机取样原则，在实验一的分类测试中，选择高一、高二、高三知识总量不同的被试各 30 人。在实验二、实验三中选取知识总量和性别不同的高一学生各 27%，共 80 人作为被试，被试随机编成两个组，知识总量组和性别组，每组分成两个水平，其中有 20 个男高生水平组，20 个女高生水平组，20 个男低生水平组，20 个女低生水平组。在实验四中，另取高一平行教学班两个，作为整班教学实验的被试。

（4）材料选择

实验材料主要有化学计算、化学推断、化学平衡等内容。这些材料是高中化学的核心内容，涉及化学符号、化学概念和理论知识的运用，都是能较好地研究学生问题解决过程的材料。而且试题对被试而言有一定的新颖性，也有相当的难度，但它们都需要一定的知识基础，通过学生的努力才可以被解决。因而，它们能够考察出被试的解题过程、问题的表征与策略情况。

（5）实验数据的收集与处理

①综合采用多种研究方法和数据收集技术。比如，使用反应潜伏期（表征时间）、正确率、口语报告分析等多种收集资料和数据的技术，以求相互印证与支持。

②强调研究的生态性。我的研究都是以整班学生为被试进行测查或实验，类似于日常教学情境；侧重于描述学生在实际问题解决中自主发现和建构策略的过程，与日常的学习情境非常类似；通常都随机排列实验材料，以控制练习效应。

③数据采用定性分析与定量分析结合的方式。我的研究中收集的资料既有数字也有文本。我对这些资料既做质的分析，也进行量的统计；即在口语报告的基础上，对解题的平均时间、各表征层次的平均时间、策略使用、错误率等数据利用 SPSS 软件进行量化处理，同时也分析被试的解题报告，以求深入揭示高中生化学问题解决中的深层规律。

5. 化学问题解决研究中得到的主要结论

（1）高中生化学问题解决中的心理发生机制，从过程看是理解问题与执行解题计划；从心理模型的建构来看是表征状态的由外向内、由浅及深的连续变化过程，但也可能出现一定的阶段性。简单化学问题的解决阶段性比较明显，复杂化学问题的解决阶段性不明显，体现出非线性发展轨迹。

（2）高中生化学问题解决中的表征有水平和类型之分。表征水平分为只能部分地使用物质的表面特征、完全使用表面特征、表面特征与结构特征深层结构的内部表征。表征类型分为文字表征、符号表征、图式表征、理论表征、方法表征、数学表征等。这些表征形式不一定都是依次线性出现的，可能会在问题解决的不同阶段交替出现，但多数情况下是先有外部表征，然后才有内部表征。

学生表征的差异主要与学生的知识总量、知识的组织方式、数理基础和认知特点有关，与学生的性别和年级关系不大。不同知识总量和不同性别的学生总体在文字表征和符号表征的用时都显著少于理论表征、方法表征用时；而知识总量高的学生在理论、方法、数学各表征用时和总时间与知识总量低的学生相比，差异显著。学生的化学知识总量与学生的数理基础、解题成绩、分类和表征成绩均有较高的相关性。

（3）高中生在化学问题解决中的策略差异可能没有专家与新手差别明显。程度较差的学生可能主要使用数据驱动的逆向推理策略或尝试错误策略，程度非常好的学生可能主要使用概念或图式驱动的正向推理策略或情境建构策略，多数学生会选择正、逆混合推理的策略。

对不同问题的解决，知识总量和性别不同的被试选择的策略不同。如果题目信息复杂，难以判断问题类型，则学生的策略使用差别不大，但知识总量高的学生选择的解题计划要优于知识总量低的学生，解题正确率高。女生选择逆推策略的人数与男生相比，差异显著。知识总量和性别不同的学生元认知水平有差异。一般知识总量高的学生对解题过程的自我监控水平比较高，能随时检测是否正确；而知识总量低的学生则很少对解题过程和结果进行监控和评价。

（4）化学问题解决中的错误类型分析，进一步证明知识总量的高低对学生的表征和策略会产生直接影响。知识总量高的学生表征和策略错误远小于知识总量低的学生。但性别和年级对错误类型和发生的次数影响不大。

（5）在常态下，结合学科教学内容的特点，进行有目的的策略训练后，实验班和对比班的即时测试和延时测试成绩差异显著，这说明学科领域的专门策略对学生提高学科问题解决能力有积极的促进作用。

6. 对化学教学研究的指导意义

（1）理论意义

化学学科心理学的发展与化学教学论的发展相比，非常滞后。学科心理学一直是化学教学研究的薄弱环节。这不仅因为心理学研究结论在化学学科应用得较少，可能还因为我们缺乏兼顾心理学与化学领域知识的研究人员，这也和化学学科知识体系的特点有关。化学教学的研究偏重教学领域，对学生在教学过程中的主体作用关注不够，对学生化学学习规律的研究大多是经验性的，缺乏理论指导，而化学学科心理学的已有研究也多为经验性的总结或心理学理论的简单应用。因此，我的研究一方面在实验方法上进行了新的尝试，进行变量控制的实验研究和生态条件下的教学研究相结合的实践研究，并对实验结果采用了定量分析和定性分析结合的多种数据处理方法，以求与理论研究的相互印证。另一方面我还对问题解决的心理机制、表征和策略等核心内容进行了深入的分析，提出了比较完整的问题解决过程理论，并得到了实验结论的支持。应当说，化学问题解决的表征和策略研究结论不仅尝试了学科心理学理论和实验方法的创新，而且丰富了学科心理学的理论内容，也丰富了心理学的应用研究领域。

（2）实践意义

我的研究为中学化学问题解决教学提供了一些有启发价值的结论。

一是在增加学生知识总量的同时，重点帮助学生形成知识的结构和序列化，可以提高学生的问题解决能力。因为基本概念、基本理论和元素化合物等化学陈述性知识内容的讲授不仅是让学生进行简单记忆，更重要的是教给学生建立知识间联系的方法，形成综合化的图式知识。学生的图式水平越高，学生知识的组块化程度就越高，在提取和检索时就越省时间，错误率也越低。

二是进行有效的解题训练，帮助学生积累丰富的问题模型或解题图式。学生的问题解决，不仅取决于扎实的基础知识，还必须有一定的解题模型或解题图式的积累。知识总量高的学生多数能从问题条件出发，迅速确定问题的类型和解题思路，然后选择相关的策略进行解题。而且选择的策略注意从原理出发，步骤简洁，计算量少。教师在教学过程中，不仅要进行问题的讲解，更重要的是进行变式训练，帮助学生学会提炼问题模型或图式，在同化和顺应的过程中，形成丰富的解题模型。

三是结合常态教学，对不同的内容采用不同的策略进行讲授和训练。对不同化学内容的学习，实际上就是学生解决不同类型化学问题的过程，其中表征和策略的使用会有差异，但对化学符号的熟练掌握、化学概念和原理的深层次理解和多种问题模型的积累都是提高问题解决能力的关键。在教学中，教师不能总是沿用已有的讲授经验而不关注学生的问题解决过程，应当结合具体类型的教学内容，进行有侧重的表征和策略训练。

总之，通过化学问题解决的实验研究，我对学生学习规律和学生学科学习的特点的认识进一步系统化，生本课堂的理念更为明确。化学问题解决的过程研究说明，学生的化学学习是学生主动建构化学知识的过程。学生在教师的指导与帮助下，调动自身学习的积极性和主动性，在已有的知识经验基础上，形成自己的图式和学科学习策略，使自己的学习从新手逐渐成为相对熟练的专家。如果学生自身不主动参与学习的过程，即使教师准备再充分，学生没有形成自己的知识结构和学习策略，学习的过程就没有真实地发生。任何学科的教学过程，教师都应该着力于学生的学科学习过程，鼓励学生主动地建构知识，形成自己的学科学习方法和学习风格。没有主动地参与和自觉地建构，学生的学习就不能真正的发生，学生的学习效果就难以达到预期。

学校的管理也需要主动、开放、自主的氛围，关注每一个个体的生活、学习状态。无论是教师的教学还是学生的学习，只有每个人都想清楚自己要做的事情，并积极主动地投身其中，才能收到事半功倍的效果。调动师生发展的内驱力，形成自主发展的人文环境和发展氛围，让每个生活其中的人都能感受到进步的快乐，体验成功的喜悦，做更好的自己，这就是我心中理想学校的样态。也正是学科教学中的深度研究和收获，帮助我提炼出了自觉教育的核心思想。

二、基于"自觉教育"的学校管理探索

我的成长始终是两条发展路径的结合。我一方面全力做好化学教学工作，用 10

年时间从一位新入职的教师，到成为附中历史上最年轻的化学特级教师；另一方面从基层做起，经历了学校多个教学管理岗位的历练。我从 1991 年开始做化学教研组副组长，1994 年做化学教研组组长，1995 年任研究室副主任，1996 年任教务处副主任兼任年级主管主任，2000 年任教务处主任。这 10 年的教学岗位管理工作，给了我丰厚的经验积累，使我能在较高的平台上开始学校的管理工作。

2003 年，我通过竞聘，走上学校教学副校长的工作岗位，主要负责学校的常规教学管理、教育科研和 2004 届的学生管理工作。工作任务量大，挑战多，但这也给了我很多锻炼机会，让我站在一个新的角度审视学校教育的目标和学科教学的价值。2003 年到 2008 年的 5 年间，我在孙鹤娟校长的带领下，在学校常规教学管理、教师专业发展、课程建设、课题研究、多元人才培养实验、信息化建设等方面开展了一系列改革实验。这些改革包括基于学分制管理的实验课程的开发、通过研究性学习培养学生创新能力的课题研究、初高中贯通培养学科拔尖人才的实验探索、教学全面质量管理课题运行、优效教学模式的研究等。这些工作帮助我从教学的宏观管理视角，发现问题、研究问题、解决问题，也促使我初步形成了自己的管理思想和管理风格。

（一）"自觉教育"的由来

2008 年，我就任附中校长，这开启了我学校管理的新阶段。在竞聘报告中，我谈到了自己的管理思路，这为后来"自觉教育"办学思想的提出奠定了基础。

1. 校长履职之初的思考

校长之路与我还有一些特殊的故事。2008 年年初，我的老校长就任吉林省教育厅副厅长。从 3 月到 7 月，学校开始了 5 个多月的人事更迭。因为学校还有两位资历和任职年限长于我的教学校长，校长的产生就迟迟难以落地。东北师范大学党委根据学校的实际情况，决定进行公开竞聘，自愿报名，专家和教师自主投票，确定校长候选人，然后由东北师范大学党委最后确定人选。

在教师和专家的共同举荐下，东北师范大学党委任命我为东北师范大学附中校长。我深感责任重大。经过 5 个多月的竞聘，学校人心涣散，大家对学校的未来发展非常迷茫，学校工作也是千头万绪。后来，我结合自己的工作经历和实践思考提出了学校未来发展的初步轮廓，从中可以看出我的一些管理思路。

任何一所学校的生成与发展都是个体、群体、校内、社会多种因素与力量的统一。如果我们以历史的眼光向内看是知己，以世界的眼光向外看是知彼。只有知己知彼，才能勇往直前。因此我的工作目标定位为：立足现实、承继精髓、内外同步、稳定发展。

为了实现这一工作目标，我把自己的工作思路梳理成三个方面：凝练附中系统性的办学思想，创立内外同步的可持续发展思路，实现稳步提升的教育教学质量要求。每个方面都应有目标指引下的系统思考与前瞻性的实践。

1. 凝练附中系统性的办学思想

附中有自己独特的隶属关系，学校一直坚持学术性、研究性、实验性的办学指导方针。2000 年以来，学校在素质教育方面进行了多方面的探索与实践。现在是附中历史发展的最好时期，我想承继是附中下一步发展的前提和基础，概括起来可能主要是承继"和谐教育"的基本理念，这表现为：我们坚持了以人为本的尊重教育，尊重人、信任人、激励人、发展人是我们建立制度与实施管理的基点，也是和谐的前提；我们坚持了健康向上的生命教育，从探索有生命的历史教育到初中整体的生命教育实践，揭示了和谐的意义；我们坚持了精细务实的优效教育，坚持精细化管理，全面落实素质教育目标，整体提升了教育、教学质量，这是和谐的成果；我们坚持了全面发展的主体性教育，注重个性发展与评价，强调自主建构和全面发展，这是和谐的本质。我们应当在"十一五"学校总体规划指导下，坚持改革经验的延续、总结和提升。同时我们应当坚持"为学生一生奠基，对民族未来负责"的办学思想和"高质量、有特色、国际性、现代化"的国内一流、国际有影响的知名中学的办学目标；坚持内涵和外延同时发展，以内涵为主；软件和硬件同时优化，以软件建设为主；社会办学资源和自身资源同时开发，以弘扬主体精神、立足自主发展为主的稳健理性发展策略。这些都将指导我们实现平稳的代际交替，促进学校健康、和谐的发展。

2. 要创立内外同步的可持续发展思路

第一，宏观统筹学校的发展格局，逐步实行总校统筹的多元办学体制新格局。我们在学校的体制建设上要立足现实，利用市场机制，盘活无形资产，实现低成本、零投入，谋划建立总校统筹下多元办学体制共存的新格局。一校：附中总校；四地：自由校区以公办体制为主体，明珠、清华校区以法人相对独立的民办体制为主体，净月校区可以土地与管理与投资方对等投入，以合作办学为主体。总校应是管理实体，在总校投入回报、办学理念、管理机制、教师专业发展、特色课程开发方面进行一体化统筹设计和衔接，保证各校区在突出特色的前提下，相对独立管理。如果我们能得到省里的政策支持，实现校本管理，走向面向全省的独立招生，就可以从根本上摆脱目前中考招生中的恶性竞争，完成初高中特色建设的衔接，共享品牌价值，均衡配置资源，实现附中的可持续发展。

第二，适度控制学校规模。在体制基本确立的前提下，我们要优先考虑规模与质量的关系。目前初高中都存在社会需求与办学容纳能力和质量要求的尖锐矛盾。我个人认为应当以现在的规模为基础，适度控制或缩减规模，以新课程为平台，内外同步发展，向内发展特色内涵，向外打造学生国内、国际多元化的出口，提升品牌的含金量。将来学校分四个校区运行，自由和清华校区各保持 12×3 的规模。自由校区以并轨生为主，坚持实验性，主要为国家"985 工程"前 20 所高校培养素质全面、有创新能力的高端人才；清华校区以自费生为主，收费标准可略低于 5 万元，但要优化生源结构，坚持特色见长，目标是为"211 工程"中的重点高校培养全面发展、个性优长的学生；净月校区可坚持国际特色，控制规模，提高收费标准，以项目为平台，12 年制统筹考虑，主要与国外知名大学联合培养，同时接收国际学生，打开国际性学生发展通道；明珠校区稳定为 14～16 个教学班，将小学部逐步合并到净月国际学校，即扩大初中容纳能力，又让小学部走上独立、健康、有规模的快速发展之路。如果我们在 2010 年初步完成校区的硬件建设，我们应该用 3～6 年的时间，调整内部结构，合理配置软件和硬件资源，实现一体化自主招生，建立可以稳定运行的统筹管理机制。

第三，完善学校的中观制度与机制建设。创新是学校发展的永恒动力，要保持学校的稳步发展，必须进一步探索机制与制度的创新。我们要探索总校统筹制下的法人治理机构的改革，尝试理事会管理体制；完善人事制度的改革，特别在控制规模的前提下，争取大学的支持，解决目前对学校发展做出重要贡献的地方编教师问题，使他们没有后顾之忧；完善绩效评价的改革，实现网上随机评价和过程质性评价，取消统一的涂卡测评，强调教师参与教育教学的过程管理；树立附中学生的特色形象；建立常规教学督导体系，重视对教师的发展性评价；完善学校的激励机制，在稳步提高教师物质待遇的原则下，合理调配工资方案，同时特别关注教师发展性的自尊与成就需求，为教师发展提供更多的机会，建立可持续的动力机制。

第四，探索教师队伍建设的新机制。教师队伍建设是学校发展的关键，应当以超常规的精力和代价关注教师的专业发展和自主发展。教师专业发展要立足现实，我个人倾向教师的发展应当走两条路径：年龄大的教师走名师工程为主线的教学系列，主要强调教学能力、水平和经验的积累；中青年教师走教学与科研并重之路，通过建立附中青年教师研究院，借鉴大学制度与文化，利用大学的资源和研究优势，开展教师研修、在岗培训、项目研究、联合培养等活动，同时启动配套的激励机制；让有研究能力的青年教师带领优秀学生参与应用性的发明创造活动，开设多元化的实践课程，利用各院系的资源或家长提供的社会资源开发合作项目，提高研究能力，为学生将来申请世界名牌大学的入学机会提供最直接的保证。

第五，实现稳步提升的教育教学质量要求。学校文化管理的理念已深入各个年级和学科，对文化管理的微观领悟与细化落实是学校发展的关键。应当融合新课程"让每一个学生都主动、健康、有个性的发展理念"和附中"十五"全国教育规划重点课题"中学全面质量管理的理论与实践研究"的三年实践，将其核心理念大众化，变成每个教师和学生的行动指南。为此我们提出"全人"教育理念，即"面向全体、优化全程、关注全面"，以此统领常规教育教学，探索教育创新模式，提高办学质量。

面向全体是"以人为本"教育观的具体体现。我们期望每一个到附中学习的孩子都能得到老师的关爱和指导，每一个到附中工作的教师都有自我发展的机会，每个附中人都有成功的体验和健康向上的个性，都能在自己原有的基础上努力发展，追求卓越。优化全程是"优效教学"思想的具体体现，即精细过程管理，精心研究学科本质与特色，精致备课，形成独具特色的一体化教学案，精炼组织教学，激励学生主动参与，自主学习，以知识的传授、方法的训练、智慧的生成为指导，落实新课程三维发展目标。关注全面是人的全面发展课程观的具体体现，即以课程结构的整体改革为支架，开全、开齐国家必修和选修课，开发校本课程，在基础性兼顾的前提下，增加选择性，让学生能根据个人的基础、兴趣、爱好选择适合自己的课程，建立专、兼职学生特色队伍，实现学生全面而富有个性的发展。我们特别希望能从常规课堂教学、学科特色、活动课程、创新项目实验室建设等方面，探索初高中一体化的教育创新实践模式。

附中历来推崇一种追求卓越的精神境界，推崇一种公正、和谐、简单的工作氛围，推崇一种学术的自觉、研究的自觉、责任的自觉；附中的领导干部尤其要率先垂范，身体力行，引领和纯化校园风气。我们今天不仅是在选校长，更是在选择我们自己的一种生存状态，一种发展的未来。我相信并全身心地接纳你们的选择。如果你们选择我，我以自己在附中的发展体认和培育的人格向你们郑重承诺：坚持学校"以人为本"的和谐教育理念和文化管理范式，坚持"专家治校、民主治校、依法治校"的方针，坚持能力本位，任人唯贤的用人原则，以全身心的精力投入学校的发展建设中。如果你们选择了其他人，我更会心悦诚服地接受，并尽全力配合他的工作，为附中的发展贡献力量。我真诚地希望你们听从内心的召唤，给梦想的实现插上翅膀，携手并肩共同创造一幅明天的图景：让附中的每一名学生都能有抱负、有教养、有智慧地学习，让附中的每一位教职员工都能有尊严、有价值、有诗意地生活！

我在管理之初的设想和体会，折射出我的教育理念的核心是在学术自觉、研究自觉和责任自觉基础上的主动发展和自觉发展。这些也是我在多年学校教育教学工作中的亲身体验。学校并没对每位教师都提出严格的要求，但教师们都自觉、主动和超负荷地完成自己的教育教学工作，经常不设时限地辅导和指导学生的学习与生活；学生们也不需要教师太多的管理就都能自主学习、自主管理和自主参与各类活动。我在管理工作中也坚持这样的理念，但没有进行系统思考，对到底如何带领学校坚持高位发展也还没形成自己的思想体系。

2. "自觉教育"办学思想的提炼

开始校长工作之初，我虽然有自己的办学思考，但还没有形成系统化的办学思想。恰在我建立学校管理思路与发展方向的关键期，我有机会到华东师范大学国家校长培训中心学习，成为国家第一批优秀校长高研班的学员。历时 3 年的培训，按教育家办学的总目标，中心为每个学员的成长精心设计课程，组织丰富、高端、前瞻性的学术培训，参观与实训结合的学校管理实践指导，海外研修等活动；精选导师，以带研究生的方式，指导每一位学员提炼学校办学思想，并在中心组织下，举办校长办学思想研讨会等，这些活动让我们得到了涅槃重生式的提升。"自觉教育"思想，就是我在中心学习过程中，在我的老师陈玉琨教授的帮助下，提炼的教育命题。

　　陈老师听了我对附中几十年办学经验的介绍和我对学校发展基本思路的描述，提出"自觉教育"是附中发展的核心价值和师生共同的追求，是哲学意义上人的主体性的校本表达，也是马克思主义"人的全面发展"理论的必然要求。我在老师的指导下，回到学校发展的历史中，进一步领悟"自觉教育"发展的文化内涵，梳理学校发展进程中的有效实践，为建立系统化的"自觉教育"管理体系，进行了近两年的实践探索，形成了"自觉教育"的基本管理范式。

　　2013年，在东北师大附中北京朝阳学校，我的"自觉教育"的管理范式进行了附中外的首次实践尝试，形成了朝阳学校管理的基本框架。留任的高祥旭校长、张钧副校长、唐大有副校长又对"自觉教育"的管理理念与实践做了新的完善与补充，第三部分会详细介绍。

　　2016年，我在原有"自觉教育"的学校管理范式基础上，开启了净月区义务教育委托管理四所学校的改进工程。我尝试用"自觉教育"的管理范式，针对小学和初中学校的实际状况和学生发展规律，进行了适度的调整和改变，以期能在不同类别的学校中有选择地使用，达到以教师的自觉修为成就学生自觉发展的终极教育目的。实验工作进行了一年半，四所学校都发生了显著的变化，这让我深受鼓舞。这也说明从附中管理经验中提炼的"自觉教育"管理范式有其合理的内核，它基于优质学校的实践，又是在学校实践中的理论提升。我也想就本次书稿的完成，将这种管理范式进一步体系化，在我的新教育集团八所联盟校中开展多样态的实践，进一步完成"自觉教育"的K12管理范式，以此创建更多的优质学校，让老百姓在家门口就能享受优质的教育，也圆我建设理想学校的教育梦。

　　"自觉教育"的核心价值，与当下提出的学生核心素养培育，实现学生自主发展的理念殊途同归。下面，我主要从学校历史、理论概述两个维度，简述"自觉教育"的主要内容。

（二）"自觉教育"的学校历史传承

　　每一所学校的发展都是一种历史性的存在，如果不细致体会与揣摩学校的历史，就无以承继学校的现在，更难把握学校发展的未来。东北师大附中几十年"精神如山，文化似水，创造如歌，发展为行"的历程中，始终坚持素质教育与文化管理特色，坚守"为学生一生奠基，为民族未来负责"的精神；始终为学生全面而有个性化的人生发展奠基；始终秉承大学精神，尊重学术自由，崇尚包容与责任，努力营造一种开放的环境，向社会提供一种减少压抑、增加快乐、尊重个性、关注健康、懂得感恩、拥有个人成长价值感的适合学生发展的教育，并积极帮助学生构建基于考试、高于考试，融学习内容、学习方法与学习规律于一体的个性化学习体系，让每个学生成为个体发展的主宰者！

我的"自觉教育"的思想体系，深植于学校的发展历史和文化积淀中，同时也是我 1990 年到附中，开启学科问题解决教学研究的思想拓展。学科研究中，我们把学生的发展放在核心位置；学校的发展历史中，我们则始终贯穿以学生为主的办学思想。

基础教育是教育大厦的基石。东北师大附中作为吉林省基础教育的排头兵，自创校以来，一直对人才培养进行着不懈的探索。学校肇基于 1950 年，前身可上溯到 20 世纪 40 年代的长春三中和松北五省联中。几十年孜孜探求，磨砺打造，沐雨迎风，高歌猛进。附中伴随新中国诞生而诞生，伴随着国家的日益强盛而发展壮大。附中的发展始终抓住"人的发展"这一学校发展的主旋律，在教师和学生两个层面进行教育教学和学校管理的探索，积累了自主发展的宝贵经验。

1. 教师优先发展

1950 年建立的东北师大附中，虽然发展的历史与新中国的历史基本同步，没有更辉煌的历史传承，但从成立开始，它就是东北师范大学着力打造的教育改革实验基地。学校的第一批教师都来自大学各院系的青年骨干教师。他们带来的不仅是大学的底蕴，更是大学学术自觉、责任自觉、研究自觉的精神，这种精神一直激励着不同历史时期的教师坚持以学生为本，坚持教学研究和课题研究，创生了很多在全国有影响的成果。

建校首位校长是我国著名的教育家陈元晖先生。在建校伊始，他就提出附中教师"要做教育家，不当教书匠"。这是期待教师要将教师工作看成是一种事业追求，要有"成家"的价值期许，要潜心研究教育教学规律，而不是将教师工作看成是简单的谋生手段。老校长的这种期望，一直在激励每一代附中教师，在时代的洪流中，紧抓教育的本质，从学生发展出发，开展深度的教育教学研究，为学生提供多样性的教育教学活动。1952 年年初，学校就设立教学小组，提出师徒带教，开展教学研究；要求每一位附中教师讲一门大学专业课，并要求教师写教学手记；开设教师文言文进修班和数学提高班，提高教师的学科教学能力。

1951年，学校首次举行公开教学，学习、研究苏联经验。1953年，学校开始研究"学生学习质量和负担""学生成绩考评办法""班主任工作内容和工作方法问题"，并召开全校研讨会。1954年，学校首次评选先进工作者。1954年、1956年，学校连续举办了两届教育教学经验交流会、展览会，就文学汉语分科教学、基本生产技术教育、如何启发学生积极思考等热点问题展开深入讨论。1955年，学校创立教育研究专刊《附中教育集刊》。截至1958年，学校教师发表有质量、有影响的论文136篇。1961年，语文组在吉林省中学语文教育研究会上推出教学观摩课，汇报经验，推动吉林省语文"双基"教育的发展。同年，学校着手制定教师培养提高的四年规划，总结了颜振遥、朱维伦、王得福、王鳌、张君贤、李炳庚六名优秀教师的教学经验，召开教育经验研讨会。学校通过多种形式激励教师自主发展，将培养目标内化为教师的事业追求，培养了一大批学有专长、德高望重、在全国有影响力的名师，颜振遥、朱维伦、张翼键就是那批教师的典范。

"文化大革命"后，学校采取多种形式鼓励教师钻研业务，设定固定的教师进修时间和进修小组，创立教学研究室。1978年开始，数学组朱维伦、彭继尧编写的《数学习题集（几何部分）》《代数学习指导》，物理组编写的《物理习题集》，化学组编写的《化学习题集》相继出版，全国各地广为使用，影响很大。

1979年，学校组织召开"文化大革命"后的第一次教育理论研讨会，重点研讨评价凯洛夫教学论思想，同时学习赞可夫、布鲁纳的教学理论，解放教学思想。1981年，学校组织学习讨论苏霍姆林斯基、巴班斯基的教学论思想。1980年，我校颜振遥、朱维伦、魏大久、王得福、汪康成、张君贤、刘士俊、孙荣祖、张国华九位教师荣获吉林省首批特级教师称号。

改革开放初期，为适应整体改革的开展，学校从1984年开始设立了教学百花奖竞赛活动，这是师生共同创造的一种课堂教学改革方式，为教师提供了展示教学能力的机会和创造的舞台，竞赛延续至今，且在全省乃至东北三省都形成了广泛而深远的影响。学校初步出现了推陈出新、百花齐放的局面。90年代起，学校改进师徒带教的有效机制，培养青年教师并提高其教学水平。学校不仅进行了学制改革实验，而且在全国率先尝试初中综合课程改革，组织教师编写了9本自然科学基础、社会科学基础教材，经过 6 年的完整实验后，改革取得了丰硕成果，也培养了一大批研究性的教师。90 年代中后期，学校承担教育部重点课题，进行分层次教学、学分控制的系统选修课等实验，建立了服务于学生全面发展的课程体系，其中分层次全员走班教学和普通高中课程体系的实践研究为教育部重点实验项目，它们为国家新一轮基础教育改革提供了实践经验。学校也在国家课题运行过程中，完善和改进了教科研工作，使其真正开始服务于教师和学生。

进入 21 世纪以来，孙鹤娟校长以其文化管理的系统理论，引领学校开始了大刀阔斧的改革。她认为教职员工的管理角色具有双重性，教师要先于学生而明确学校教育目标，因此教师要主动发展；管理过程要实现造就人的"二级传递"，要实现学生的发展，就需要教师的中介环节的培育，因此教师要优先发展。为此，学校坚持尊重人、激励人、发展人的原则，以需求为先、机制配套、发展为本；用文化管理的理念统领学校精神，引导价值追求，施以理性关注，培育团队文化；用学校发展目标影响教师的价值选择，转变生存观念，提升人文境界，培育现代教养；使学校目标与个体价值追求理性整合，使教师由自发进入自为状态，实现学校与个人的自觉全面发展。应当说文化管理是学校管理的理想境界，从教师发展的主体看，文化管理更着重教师的自主发展，着重培育教师的教育自觉，以教师对教育的理想追求，引导学生的健康发展。教师教育的自觉，是文化管理在附中发展的新境界，也可能是相当长历史时期内，我校教师发展的主要任务。

在近 10 年的学校发展进程中，学校进行了两次人事与分配制度的改革，以人的发展性需求为主，通过体制与机制的改革，引领教师的自主发展。学校实行全员竞聘上岗，从学校管理干部评聘到教师和职员工人岗位竞聘，都实行自愿申报、全校述职、民意推选、专家答辩等公开民主的程序，让每个人都在群体的评价中完成自己的教育教学工作，促进教师的教育自觉性。同时，学校在全国率先实行岗位结构工资改革，体现多劳多得、优劳优得，报酬向一线教师倾斜，努力提高教师物质待遇，解决教师的后顾之忧。同时，学校建立教师专业发展激励机制，引领教师精神发展需求。学校评选首席教师、标兵教师和特色教师，为教师搭设多元发展平台，鼓励教师的专业成长。

历经几十年的风雨洗礼，学校逐步将教师的被动发展转化为基于教师事业追求的自主发展，用学校的文化引领教师的发展，将教师的感情与智慧全身心地奉献给学生，用学校文化濡染教师，使教师能自觉领悟学校的发展目标和培养目标，并内化为教师的自觉行为，创造性投身学校的教育教学中，从而促进学生的全面发展。

2. 学生自主发展

在任职期间，我走访了 20 世纪 50 年代至今的众多优秀校友，他们的回忆给了我强烈的震撼。时间流逝，岁月葱茏，他们记忆中留下的是老师严谨的教风和精彩的讲解，是老师宽容的理解和悉心的关爱，是学校丰富多彩的活动。这些活动不仅给了他们健康的体魄，而且让他们从自己的兴趣出发，培养了多方面的能力。尤其是自习课的研讨，实践活动的锻炼，学校活动的组织，这都让年逾花甲的他们津津乐道，也让我深受触动。我们今天的学生，从学校走出之后，对学校还会有这样深刻的生命体验吗？

学校不仅仅要成为学生学习的地方，更重要的是还要成为他们生命成长的地方。20 世纪 50 年代，学校坚持五育并举，注重实践创造，在学习苏联教学经验的同时，注意对学生进行"五育（德、智、体、美、综合技术教育）"培养，建立木旋车间、无线电车间等实习基地，组织共产主义书刊推广站，建立测绘小组，让学生亲身参与社会实践，体验创造的喜悦。学校组建的大乐队和田径运动队，连续多年获得长春市中学生田径运动会团体总分第一名。乒乓球队代表吉林省参加全国少年乒乓球锦标赛获第三名。这些丰富多彩的活动，让学生的特长得到了充分发挥。

60 年代，学校又提出学生"四主教育"，提倡以学生为主、自学为主、读书为主、训练为主的教育；注重学生的自主发展，开设劳技、学农等社会实践，组织学生社团活动。在学校设施设备非常贫乏的年代，学校仍然让学生得到了全面发展。很多老校友回忆，那时的学生夏天要在南湖学会游泳，冬天要在学校操场学会滑冰。每天晚上 6 点开始晚修，同学们自由讨论，相互学习，发奋图强，每个人都努力成为自觉学习的学生。而教师的讲授也是开放的，允许学生当堂质疑。老师给学生的作业并不多，但要求学生自己完成的内容很多。东北师大史宁中校长是我们 60 年代的老校友，他常和我们讲，他喜欢数学的原因是源于对数学的兴趣与爱好，那时他是数学课代表，老师每天在黑板上要留一道题，如果没人能解出来，课代表就必须带领全班学生解出来，有时一道题要想好多天。为了能让老师出的题都有解，他自己把当时能找到的题都做了一遍，也因此对数学产生了浓厚的兴趣，并成为深具影响力的统计数学专家。

80年代后期到90年代初期，学校提出了学生"三自能力"的培养，提出了活动自立、生活自理、思想自我教育。学校开设艺术、体育、科技、读书节等活动，成立各类学生社团，组织周六、周日的闲暇教育，开设多门类的活动课，让学生的个性得到发挥，培养了一大批学业优秀、组织能力突出的学生领袖。那时学校的规模较小，每个年级只有6个班，学生都是统考进入附中的学生，学习自觉性和主动性特别强。学校特别注重对学生自主学习能力的培养，留给学生的作业很少，但教师的弹性要求很多，学生可以有选择地完成老师布置的作业，每年毕业的学生基本都能升入重点大学深造。

90年代后期，在分层走班的教改试验中，学校极大地提高了学生自我管理能力、自主发展意识、自信与合作品格的养成。学校的分层走班是核心学科全年级走班。语数外、理化生、政史地学科被分为A、B、C三个层次，由学生根据自己的兴趣爱好和专业发展，自主选择；各层次学生可以相互流动，班级设有班主任和学科班主任，为学生的学习提供指导；学生们在不同的学科与不同的学生成为同学，扩大了学习交流的机会，提高了学习薄弱学科的自信心。分层走班的教学改革探索，也为学生的未来发展打下了坚实基础。很多毕业的学生，对那时附中进行的个性化教育，印象深刻。

为提高学生的综合素质，学校提出并全面实施了"淬砺教育"的德育工作新理论、新模式，其内容概括为：训练其行为，锻炼其意志，锻炼其精神。"淬砺教育"主要有实践锻炼、远足拉练、行为训练、学习磨炼和体育锻炼五大途径，这得到社会的广泛认同。学生的军营训练、学农实践、工厂参观、东北三省三校学生夏令营活动，都是从那时开始的。历经十多年，这些活动仍然保持至今，并成为学生主体性教育的主要实践活动。

21世纪开始，学校探索主体性的德育实践，强调学生在学校活动中的自主管理。学校的各种学生社团活动，每周的升旗仪式，大型的体育运动会、艺术节，社会实践活动等都由学生自己组织。自主管理的过程不仅锻炼了学生干部队伍的组织协调能力，更培养了学生自主发展、自信自强的主体意识。

由于隶属大学，行政干预少，学校不仅在教师自主发展、学生自主发展方面积累了丰富经验，学校自身发展也体现出独特的自主性。多年来学校一直坚持科研为先导、改革为动力、质量为生命、管理为保障的原则，自觉遵循学生身心发展规律和教育教学规律，并以此为指导开展学校的各项工作。而这期间，学校的精神始终是一面旗帜，引领历代附中人，不断创新，追求卓越。

建校以来，学校始终坚持对理想的不懈追求。附中人从来就有一种对未来、对事业、对人生的真善美境界的追求和自信。学校教师的业务水平、人才培养质量，一直都保持在全省乃至全国一流水平，"追求卓越"的信念已经内化为附中人的一种自觉性格。建校以来，学校始终保持着勇开风气之先的品格。学校始终走在基础教育改革的前列，一直保持着教育创新的势头，力行教育家办学：20 世纪 60 年代，开展"一条龙"教改实验；80 年代，率先进行管理体制改革、综合课程开发，确立"五以"教学思想；90 年代，进行个性化人才培养模式和"淬砺教育"探索；21 世纪以来，学校探索多元人才培养模式，实施主体性德育策略，建设现代课程结构体系，提倡优效教学。许多做法，均开教改之风，领创造之先。建校以来，学校始终拥有一种兼容并包的精神。学校崇尚学术，鼓励创造，提倡百花齐放，尊重独立思想，培育自由开放的文化。为此，附中校园才学术繁荣，名家辈出；附中的学生才富于个性，善于创造，有着巨大的后天发展潜能。

正是学校几十年来积淀的深厚传统和丰富实践，也正是学校坚持以学生发展为本的理念，促使我在陈老师的点拨下，思考"自觉教育"这一学校发展的新命题。

（三）"自觉教育"的理论概述

每一位校长都有自己对教育的理解与追求。成为校长的开始，也是我教育理念践行的开始。对大多数校长而言，从自己丰富的教育实践出发，进行理性的反思与概念化的升华，是提炼自己教育理论体系的主要过程，这样写出的文字充满教育的智慧和人生感悟，让人百读不厌。我在校长岗位工作了近 7 年，在副校长岗位工作了 5 年，12 年的学校管理岗位的历练，让我对学校管理的核心维度与学校内涵发展的核心要旨，有了较为系统和清晰的思考。从任校长的第一天开始，我的校长工作就与其他校长的经验提升略有不同。

我从学校发展历史和其他优质学校发展的经验中，汲取营养，在教育理论的学习中不断思考，逐步建构自己的教育管理体系，规划自己的教育实践，以期能有一个相对有序和有效的实施过程。这种基于理论指导的实践，可能会偏离实际，但至少可以少走些弯路。由于自己对教育和学校教育的理解浅陋，与有几十年办学经验的优秀校长比，我的管理理念还略显单薄，也可能只是自己的一种执着的教育理想和教育情怀，还可能是穷尽一生也无法达成理想学校的目标。我无法想象或预测未来可能出现的各种状况，但我一直想去尝试另一种带有科学研究味道的教育管理探索。我的思考也可能是很多学校已经积累或超越的实践，但我只想以一个实践者的心态，拿出我的管理思想与实践案例来与大家分享，为教育的深水区综合改革提出一己之见，在学习和积极的实践中寻求与学校的共同发展。

1. "自觉教育"提出的现实意义

教育的使命与责任从来不能脱离现实社会的发展，教育是使人完成社会化的必经之路，也是使人成为人的过程。但教育并不是社会发展的工具化附庸。今天的社会发展，已经将人的发展作为教育的终极目的，《国家中长期教育改革和发展规划纲要（2010—2020年）》明确将"育人为本"作为教育改革的发展核心，以实现教育的工具价值与本体价值的统一，人的社会发展与个体发展的和谐统一。脱离教育的国家使命和时代责任，强调个体的发展，难以使本土化的学校发展与世界同步，更无法实现可持续的学校发展。

（1）社会发展的现实与未来彰显"人的价值"

今天的世界正在发生剧烈的变革，从政治、经济、文化到教育，世界发展的变化在我国表现的尤为突出。《国家中长期教育改革和发展规划纲要（2010—2020年）》把这些变化高度概括为世界多极化、经济全球化、信息普及化、城乡一体化、调节市场化、发展生态化，并深刻地认识到这些变化将使我国经济建设、政治建设、文化建设、社会建设、生态文明建设进入新的历史发展时期，对国家的现实与未来，对教育的发展都会产生深远影响。身处教育变革与发展的伟大时代，校长不仅要有专业素养和管理经验，更重要的是能从社会发展的现实与未来思考学校的发展，把握好学校发展的大势，着眼于未来人的培养。而未来人的基本素养不仅受学生自身发展规律的制约，更受社会发展的引领。我们不仅要为适应未来社会的优秀人才奠基，更应该为创造和超越未来的拔尖创新人才奠基。

我理解的世界多极化，更多强调多元文化的融合与共生，强调各个国家的平等、包容与合作，更要求国家间的相互尊重与共同发展。多极化的世界政治格局，凸显了中国作为负责任的大国在国际社会中的地位与作用，而金融危机的爆发，使经济全球化的趋势更为明显。以往来料加工型的中国制造，因处在产业链的低端，高能耗、高污染、低利润，抗风险能力低。当金融危机来临，消费疲软，工厂倒闭，也让国家的产业结构调整提到国民经济发展的重要地位。如何能让"中国制造"转变为"中国创造"，提高民族品牌的含金量和自主知识产权的拥有率，是保持国家未来长远发展的核心战略，其中关键是急需大批拔尖创新人才。而现行教育体制中培养的人才，模仿能力极强，可以满足中国制造，但复合型、创新型人才匮乏，难以满足国家经济发展的现实需求，更难达到国家未来对人才的渴望。这也为教育提出了新的挑战。

信息的普及化，使世界趋于扁平。信息高速公路的建设，让国与国、地区与地区、学校与学校、家庭与社会的边界模糊，也深刻地改变了人们的生活方式、行为方式和思考方式。网上便捷、海量的信息，缩短了时空距离，使很多繁杂的工作变成了一键解决；邮箱、网站、微博、微信等互联网工具的使用，使人可以足不出户就解决绝大多数问题。这些都使得固有的社会交往方式、人与人之间的关系逐渐发生变化。虚拟的网络环境让人的主体性发生严重缺失，缺乏道德、法律约束的网络活动，使青少年的社会责任意识、自律和自主意识淡薄，也给学校教育提出了新的严峻课题。

城乡一体化的发展战略，是缩小贫富差距、提高人民生活质量、全面实现小康的重要举措。由于我国地域辽阔，经济基础差别显著，发展的局域性不平衡一直难以解决，这也使地区在教育的投入上出现了持续的落差，优质教育资源更多地富集在经济发展较快的地区。优秀人才流入发达地区，又进一步促进了该地区的全面发展，这也对人才的基本素质提出了不同要求。基础教育的双重目的更为明晰：一方面要为社会提供更多基本素质全面且学有专长的普通劳动者；另一方面也要为高校培养拔尖创新人才提供优秀毕业生，引领社会在各个方面的持续发展。

高速的经济发展，不应当以环境的破坏为代价。重视生态环境保护，保持可持续发展，实现人与环境的和谐共存尤为重要。改革开放40余年来，我国的经济取得了举世瞩目的成就，人民生活有了根本性的改善，但我们付出的环境代价也是不可估量的。从大气污染、水污染、食品污染、土壤污染，到各类矿物资源、森林植被、草原的过度开发，不胜枚举，我们把未来几十年的可用资源都进行了毁灭式的开采，这样的发展代价太沉重。当代的人在使用子孙后代的资源，这与世界发展的总趋势相背离。国家新的发展战略，已将可持续发展纳入国策。建立生态文明，实现可持续发展，已成为一种新的教育理念。

我国的改革发展，走的是一条别人没有走过的道路，需要坚持科学发展观，摸着石头过河，而其中对教育的期待特别迫切。在新时期，教育不仅应培养能够适应社会的人，更应培养能够改造社会的人。教育视域中的人，是适应性与超越性的统一。适应是手段，超越才是目的。"苟日新，日日新，又日新"，唯有不断创新，才能实现超越，才能实现人的全面发展与社会可持续发展。

知识经济时代对教育的要求是实现当代教育的本体功能由"塑造人才"向"设计未来"转变。这种转变，凸显主体性教育的重要性，没有自主性、能动性和创造性兼备的发展个体，就很难满足国家与社会发展的战略需求。教育应根据未来社会对人才规格的需求去培养人才，通过对未来社会人才的培养，设计和规划未来的发展蓝图，最终决定未来社会的发展道路和历史进程。创新意识与能力的培养，是现代教育的主旋律。

（2）现代教育的使命是尊重和促进"人的发展"

2004 年联合国教科文组织在《面向所有青年的优质教育：面临的挑战、趋势和优先事项》的主报告中指出，全球化其实是一种文化的主要特征，即一种独特的思想、行为、居住和组织世界的方式，也就是人们通常所称的"现代化"。市场和技术的全球化则是它发展的一个自然结果，又反过来发挥作用，加快了"现代化"传播的速度，并使全世界人口的生活条件发生了巨大的变化。今天的世界在全球化浪潮下既体现出越来越紧密的互相依存的特点，又出现了不断加深的各种不平等鸿沟。

中国处在全球化的发展新时期，多种矛盾与需求共生。贫富差距的加大，城市化进程的加快，都深刻地改变着社会与文化的传统，更凸显了"以人为本"的重要性。全球化的进程不能脱离实现人的价值，全球化归根到底是为了人，"为了每一个人更加平等的、更有尊严的、相互理解的利益"。

具体到教育方面来说，就是"确保所有青年人的个性自主、公民意识、融入劳动世界和社会生活的能力，以及尊重自己个性、接受外界事物与不同文化和不同社会的能力"。教育目的更具体地指向人的个性发展、自主发展和适应社会的多样发展。

2016 年 3 月，联合国教科文组织在《反思教育：向"全球共同利益"的理念转变》的报告中再一次明确指出，我们生活在一个多变、复杂和矛盾的世界里。技术发展密切了人与人之间的联系，为交流、合作与团结提供了新渠道，但我们也看到了文化和宗教不宽容、基于身份的政治鼓动和冲突越来越多。这些变化表明了新的全球学习背景的出现，这对教育具有重大影响。反思教育的目的和学习的组织方式从未像今天这样迫切。教育应该以人文主义为基础，以尊重生命和人类尊严、权利平等、社会正义、文化多样性、国际团结和为可持续的未来承担共同责任。

报告强调，我们要重申人文主义教育方法。在这种模式下，经济增长必须遵从环境管理的指导，必须服从人们对于和平、包容与社会正义的关注。人文主义发展观的道德伦理原则反对暴力、不宽容、歧视和排斥。在教育和学习方面，这就意味着超越狭隘的功利主义和经济主义，将人类生存的多个方面融合起来，增强教育的包容性。这将需要采用开放和灵活的全方位终身学习方法，为所有人提供发挥自身潜能的机会，以实现可持续的目标，过上有尊严的生活。

人文主义教育观还要求改变思维方式和世界观，培养学生学会批判性思维、独立判断、开展辩论、解决问题、信息和媒体素养；学会学习和能力培养，培养基本的语言和交流技能，培养分析、综合、推理、演绎、归纳、假设等逻辑思维能力，培养获取信息和批判性处理信息的能力。

我国鉴于国家发展的战略思考与全球化的特征，进一步明确要"优先发展教育，建设人力资源强国"。而建立人力资源强国的主要目标是培养"数以亿计的高素质劳动者、数以千万计的专门人才和一大批拔尖创新人才"，进而建立完善的人才培养体系。这样一个历史性的任务，将在相当长的时间内影响基础教育的走向，也赋予基础教育重要的责任。

《国家中长期教育改革和发展规划纲要（2010—2020年）》也明确指出："坚持育人为本，以改革创新为动力，以促进公平为重点，以提高质量为核心，全面实施素质教育，推动教育事业在新的历史起点上科学发展，加快从教育大国向教育强国、人力资源大国向人力资源强国迈进，为中华民族伟大复兴和人类文明进步做出重大贡献。"这也可以看成是2020年之前，我国各类教育的核心任务。坚持育人为本、全面推进素质教育也必然是基础教育阶段要贯彻的核心任务。这里的"人"应当是真实的人，是完整而全面的、独具个性的、变化发展的人。个体发展的真实回归，是对教育本质的正本清源。

党的十九大报告，再次明确教育的地位与作用，强调"优先发展教育事业。建设教育强国是中华民族伟大复兴的基础工程，必须把教育事业放在优先位置，深化教育改革，加快教育现代化，办好人民满意的教育。要全面贯彻党的教育方针，落实立德树人根本任务，发展素质教育，推进教育公平，培养德智体美全面发展的社会主义建设者和接班人。推动城乡义务教育对比发展，高度重视农村义务教育，办好学前教育、特殊教育、网络教育、普及高中阶段教育，努力让每个孩子都能享有公平而有质量的教育"。

（3）基础教育的变革核心是确立"人的主体价值"

素质教育理念在我国倡导这么多年，基础教育的现状改观不大，陶西平先生曾指出两种倾向，一种是无解化，另一种是殿堂化。两种趋势在学校发展的现实中都不同程度地存在。无解化是质疑素质教育的效用。推行了这么多年素质教育，应试的趋向因中高考的评价机制没有改变而变化不大，学生的考试压力不减反增。为了升学的功利化目标，早学、多学、全时段学习已成为相当多孩子的生活常态，做题是学生们在学校的主要功课。这种现状与时代发展和世界教育发展的趋势背道而驰。基础教育的表面化、功利化、浮躁化、概念化的趋势没有根本改观，学生在学校的主体地位仍然停留在形式化的阶段。如何才能还给孩子们一片纯净的天空，让孩子们能自主地选择与体验，要走的路还非常远。

平心而论，相当多的教育改革举措，特别是考试综合改革的推进，让老百姓看到了曙光，但是优质学校的数量还无法满足老百姓的需求。学校的硬件设施、设备配置的标准和均等化程度已经达到了相当高的水平，有些已接近世界发达国家水平，但教师的观念、职业精神、专业修养、学校管理等软实力还有提高的空间，特别是对学生全面发展的关注还没成为基层学校的主要样态。

随着新课程改革的全面推进，素质教育的理念得到了大家的充分认同和深度解读，但教育理论的繁杂和缺乏本土化的系统建构，使一线学校的领导和教师无从把握。每所学校都认为自己在实施素质教育，但这却让我们更看不出该如何实施素质教育。

近几年经济社会的发展呈现出多变的趋势。现代科学技术在深刻地改变我们的生活，改变教育的未来。在科技高度发达的今天，我们如何才能培养出适合未来社会发展的人才，是每一个学校管理者必须面对的问题。学校教育还深处围墙之中，教师们享受现代生活的成果，却又不愿接受教育教学组织方式的变革。大多数基层学校沿袭传统的讲授式教学、统一严格的学生管理、空泛的德育教育、层级化的行政机制、大锅饭的绩效奖励、标题式的科研课题研究、轰轰烈烈的教研活动，最后还是在繁华过后，回到无声无息的目中无"生"的课堂。学生们依旧要课上背书、课下补课，家长跟风式地把学生的业余时间都规划成各类辅导课程，美其名曰"不输在起跑线上"。这是我所看到的现实，与教育理论家们的理想相去甚远。教育的梦想，不应当成为教育的政治空想，需要用习近平总书记说的"抓铁有痕"的精神，脚踏实地开展行之有效的教育教学改革实践，而回归师生生命本体意义的主体性教育尤为关键。

2. "自觉教育"提出的理论依据

（1）马克思主义的全面发展学说

马克思主义的全面发展学说为"自觉教育"的提出提供了理论依据。马克思认为，人与社会有着质的统一性——人是构成社会的基础。在人与社会的关系中，能动是人更为本质的一面，是人与动物的分野所在。人并不完全被动地听命于社会关系，而是能够自觉地、能动地认识和改造社会。马克思认为，人是一切社会实践活动的发动者、组织者和承担者，是认识世界与改造世界的主体。作为主体的人，是指有认识与实践能力的人，是能够自觉运用一定的物质手段和精神手段有目的、有意识、有计划地从事认识与实践活动的物质承担者。而主体性则是作为主体的人在认识、改造自然与社会时所表现出来的自主性、自觉性、为我性及超越性等本质属性。主体性是人的本质特征，也是人的一种内在规定性。

人的主体性主要体现在人的自主性，即人有自我选择、自我决定的自由。人的自觉性，指人能自觉发挥主动性，明确自己的方向，创造条件，克服困难，使自己的行为服从于既定目标。人的为我性，是针对主体人活动的目的性而言的。归根到底，主体从事认识与实践活动的目的是满足自身的某种需要，即表现出高度的为我性。"我"即主体，是活动的手段。人的超越性，又称创造性，即人的主体性的灵魂，是主体性的最高表现和最高层次。主体在通过自身的行动改变客观世界的过程中，同时也提升了自己的能力与水平，改造了自我，实现了"旧我"到"新我"的飞跃，这就是主体人超越性的具体表现。由此可见，主体性的超越性既包括对外在客观事物的超越，也包括内在的自我境界的提升，即对自身的超越。

马克思认为，人是实践的存在物。完整的实践活动应该包括两个方面，一是人与自然的关系，二是人在改造自然的过程中形成的人与人之间的关系，即社会关系。

前者是主体与客体的关系，后者是主体与主体的关系。人的交往实践是在多个主体间的相互制约与相互设定中进行的。实践是以主体间的交往为中介的，而交往也是以主体的活动为中介的。理想的交往形态是"普遍的交往"，它体现为人对交往关系的自由占有达到了个体与自然、他人、社会的统一，从而获得自身的全面而自由的发展。

马克思强调在全面发展基础上的"个人独创的和自由的发展"。人的全面发展，也就是人的自由发展。人的全面发展应包括以下三个方面：人的个性心理的全面发展；人的社会属性，即德智体美劳的全面发展；人的潜能的全面发展。

冯建军教授在涉及关于未来中国教育发展的哲学思考时，特别分析了教育视域中人和人的本质规定性，深具启发意义。他谈到的很多问题，恰恰是我在思考的问题。

教育视域中的人，单纯用马克思主义的人学理论来解读，从"人是一切社会关系的总和"和从人的自然属性与社会属性的关系解读，固然非常重要，但还必须用发展的眼光看问题。教育的目的是随时代的发展而不断变化的，在凸显人之价值的今天，我们眼中的人，不仅有学生，还有教师，他们都是学校教育中至关重要的人之因素，这样的人，是真实而鲜活的生命个体，是充满欲望与需求的发展个体，是"人"这类生物有机体中的普通个体。因此，"真实的人是现实的具体人，是具有差异的人，是具有平等权利和尊严的人，是全面、完整的人，是具有主体性的人"[1]。

这种主体性更多体现在自主性、能动性和创造性上。自主性是人主体性的前提，人只有独立自主，才能成为自己的主人。能动性是人主体性的特征，只有人能积极、自觉、主动地认识世界和改造世界，以此区别于一般的自然物。创造性是主体性发展的最高体现，这不仅是指发明、创造的能力，也包括对自己已有认识的超越与发展。

人的发展，既有生理机能的发育成熟，也有社会认知、道德的整体发展。教育不仅是教化人，还应该成就人，让每一个人能发现自己，激励自己、超越自己，成为更好的自己。

---

① 冯建军：《回归"真实的人"：未来中国教育发展的哲学解读》，载《人民教育》，2010（9）。

基础教育的目的与指向应当是满目有人，全心爱人，以尊重和促进人的发展为己任。《国家中长期教育改革和发展规划纲要(2010—2020年)》指出："以学生为主体，以教师为主导，充分发挥学生的主动性，把促进学生健康成长作为学校一切工作的出发点和落脚点。关心每个学生，促进每个学生主动地、生动活泼地发展，尊重教育规律和学生身心发展规律，为每个学生提供合适的教育。"

(2)"自觉教育"提出的心理学依据

人本主义心理学、人格心理学、发展心理学、认知心理学、社会心理学、积极心理学、自我心理学、教育神经心理学等都为"自觉教育"提供了丰厚的理论支撑和可行的实践操作指导。心理学涉及自我概念的理论内容十分丰富，涵盖多个心理学分支，如自我意识、自我概念、为我控制、自我体验、自我效能、自尊、自我评价、自我决定、自主能力、自主学习、自主交往、自主人格、自信心、自强感、自我成就动机等。我想主要从与自觉教育相关联的维度，就自我意识、自尊、自我效能、自信心和自强感等做概要性介绍，以便后续"自觉教育"核心内容的建构。

①自我意识的相关研究

自我意识是自我发展中最重要的概念，是人格的核心组成部分。最早提出自我意识概念的是美国机能主义心理学家威廉·詹姆斯（W. James）。他在《心理学原理》中将自我区分为主体"我"和客体"我"，自我意识就是主体"我"对客体"我"的意识。主体"我"是自我中进行积极感知、思考的部分，客体"我"是自我中注意、思考或感知的客体部分。詹姆斯将客体"我"区分为物质自我（我们身体延伸的自我）、社会自我（社会生活中我们扮演的各种角色及他人认识和对待我们的方式）和精神自我（对自己特质、能力、价值观、习惯和我们感受自己方式的看法）。心理学家对客体"我"的认识，有不同的术语描述。如自我概念是指人们认识自己的方式，自尊是指人们感受自己的特定方式，自我效能是指人们对自己能否实现目标的信念。

当今的研究又增加了对集体自我和关系自我的探讨。总的来说，自我意识是指人对自身及周围世界关系的认识，包括对自己、对他人和对社会关系的综合观念系统。

心理学家对自我意识的结构有多种阐述，弗洛伊德提出"本我、自我和超我"，罗杰斯提出"实际的我、理想的我、社会的我"，等等。我国心理学家潘菽、黄希庭、林崇德等都对自我意识的结构进行过研究，目前，比较一致的观点是将自我意识从形式上分为自我认识、自我体验和自我控制。自我认识是自我意识的认知部分，包括自我感觉、自我概念、自我描述、自我评价等；自我体验是自我意识的情感体验部分和对自我持有的一种态度，包括自尊、自爱、自负、自卑、责任感等；自我控制是自我意识中的意志部分，是自己对自身行为和思想的控制，主要包括自主、自立、自制、自律等。

关于自我意识的发展过程研究，也有很多理论观点可以被我们采纳。米德（Mead）提出了符号交互理论，强调自我发展与个体和社会的交互作用存在紧密联系。他认为，个体是作为非社会存在来到这个世界的，但在成长的过程中，他采用其所属环境的标准和规范，用语言符号进行沟通和游戏，从而使自我的概念得以确立。皮亚杰提出，个体的发展要经历一系列的认知阶段，每个阶段都有特定的思维模式；0～15个月是极端自我中心的感知运动阶段，15个月～6岁是纳入他人并通过语言和游戏发展初步抽象能力的前运算阶段，6～11岁是在时空、数据上的思维具有逻辑性的具体运算阶段，11岁以上是形式运算阶段；处在形式运算阶段的儿童基本摆脱自我中心，能够进行有效的归纳推理和演绎推理。艾里克森提出了心理社会性发展模型，假定人生的特定阶段会产生特定需求，满足需求才会发展到下一阶段，不满足则可能会发展，也可能会停滞或倒退。他认为，1～3岁是自主性对羞怯与怀疑的心理冲突，3～5岁是自发性对内疚感的冲突，6～12岁是勤奋对自卑的冲突，青春期是同一性对角色混乱的冲突，而同一性混乱是青少年问题行为产生的根源。

美国心理学家戴蒙（Damon）和哈特（Hart）对儿童自我理解进行了实验研究，提出自我发展的四阶段水平理论。他们认为第一个水平是类别认识，儿童通过我是某类群体中的一员，从身体和行为等相对孤立和静止的水平认识自我；第二个水平是比较认识，儿童能从与他人的比较中确定自我，比如说我比别人聪明、高大、漂亮，儿童在与他人的比较中开始形成自己的独特性，相当于小学阶段；第三个水平是人际间的认识，学生更多是从人际之间的含义和相互性理解上，达到对自我特征的综合和内在确认。比如说我很酷，很诚实，遇到的人都佩服我，老师和父母的交流给了我很多帮助等，相当于小学后期和初中前期；第四个水平是系统的信念与计划认识，包括哲学或伦理的信念系统、观念的取向和人格目标。并以此重新建构一个自我理解的综合体。这时学生不仅是形成系统的自我意识，更为重要的是获得自我作为社会一员的身份确认。人格和道德的演化影响和形成了自我的阶段相当于高中阶段。

无独有偶，美国心理学家塞尔曼从社会认知角度也提出了儿童自我意识发展的五阶段理论，并产生广泛影响。他认为，5 岁之前是身体自我概念期，儿童理解自己的生理存在，但未表现出独立的心理存在意识；5～11 岁，儿童能将心理状态与行为分开，知道有一个主观世界，但不能理解人有与外部表现不相一致的内心状态；7～14 岁，儿童明白内部的情感和动机与外部的行为可能是不同的，自己可以更为直接地控制自己的行为与思想，还可以通过交互作用，从别人的观点反观自己，能够进行自我反省；14 岁以后，青少年逐渐意识自我代表一个稳定的个性成分，开始从具体的心理状态认识人格的一般性特点，能够采取一种一般的和公平的第三者观点看待自己，能够有意识地观察和评价内部的自我，进行积极的自我反省，将自我作为观察者和被观察者双重身份分解开，这是意识主体从被动观察者转变为自己精神生活的主动调节者，积极操纵自己的经验，并潜在地有目的地调节自己的经验。接近成年期的他们，进入深层次的观点采择水平，认识到无意识心理现实的存在，逐渐知道自我并不是被完全了解的，人格的某些方面处于无意识状态，也可以影响人的思想和行为，人的自我是意识和无意识作用的统一体。[①] 当高中生将自己视为一个完整的具有独特个性的个体时，他们必然进入个体的社会化角色，开始自己生命和人生的思考。这时的学生不但在人际交往过程中进行自我观察与自我评价，而且在更高水平上进行主体性的自我建构，即在人生的意义追问、自己的价值体现、社会的发展需求、自我的目标定位等价值与伦理层面认识自我、发展自我、完善自我。

我国学者李晓文教授认为，自我的本质在于人对自身的主宰，它是每一个有形个体的无形主人，这突出了人作为"类"的个体存在的主体性。自我意识是人认识自己的一种心理活动和精神状态。人把自己作为稳定的主体认识，即自我对象化，并通过一定的标准，与他人比较，与他人的评价比较，形成自己的个性、能力、态度和价值观的认识，形成现实与理想的自我概念。因此，自我的本质是在认识自己

① 李晓文：《学生自我发展之心理学研究》，42～72 页，北京，教育科学出版社，2001。

的过程中不断进行自我调节的，而调节是出自对他人行为的参照比较，这是个体与他人和社会相互适应的过程，也必然是人的社会化过程。没有他人的参照与人际交往活动，人的自我意识就无法建立，而人只有具备自我意识才能真正成为人。

由此，我们可以看出自觉只是个体自我意识发展的主体表征，这种自我意识的形成有其生理发育的特点，更有其心理成长的过程。自我意识具有明显的自主性、能动性和目的性。我们不仅要了解人的自我发展的阶段性特点，以此了解学生系统发展的身心规律，更要了解学生个体发展的阶段性特点，以便开展有针对性的教育教学活动。任何跨越学生身心发展规律的实践，都难以在学生身上产生持久的效果。

基于自我意识发展的认识，是我们提出"自觉教育"的主要背景之一。对各阶段学生身心发展规律和教育规律的探求，增强了我们探索以人的主体性培养为核心的"自觉教育"的愿望。

②自我发展的其他概念研究

人的自我凸显了人的主体性，而自我的本质在于人能进行自我调节，这又集中体现了人在自我意识发展中的能动性。那么人依据什么来进行自我调节呢？自我调节立足于人的基本价值取向与准则，即人的自我需要，这是调节的内在动力。但又该如何认识人最基本的自我需要呢？这也是教育必须要回答的人性本质。无论是中国传统哲学还是西方哲学，绝大多数观点认同人性向善，人具有一种自我肯定的价值取向。这也可认为是一种自尊的需要，即人关于自我的价值感受。不同年龄段的儿童在满足自尊需要的过程中，都在进行目的导向性的自我调节，因而自我意识的发展也具有目的性。

自尊（Self-esteem）即自我尊重，是个体对自己个人和社会价值的判断，是个体在社会比较中获得的关于自我价值的积极评价与自我体验。詹姆斯在《心理学原理》中提出**自尊＝成功/抱负**，即自尊取决于成功，还取决于获得的成功对个体的意义，增大成功或减小抱负都可以获得比较高的自尊。特斯尔（Tesser）认为个体的自尊取决于自己与他人的关系，通过自省和比较两个过程，可以提高自尊。杨丽珠等人提出儿童自尊的三维结构，包括重要感、自我胜任感和外表感；青少年则主要是社会认可、自我胜任、外表感、归属感和重要感。董奇等人将自尊分为生理能力、运动、生理外貌、同伴关系、亲子关系、语文、数学和学校八个维度。小学生的自尊水平基本保持稳定，小学高年级学生自尊水平最高；到初中，学生自尊水平开始下降，青春期下降程度最大。父母和同学是学生自尊形成的重要社会支持；温暖、关爱、民主、明确要求、以身作则的家庭环境，有助于学生形成高自尊；建立互助的同伴关系、积极的集体接纳、融洽的同学情谊和师生关系、正向的评价和赞誉都有助于学生自尊水平的提高。

自我效能（Sense of self-efficacy）是一个人对自己能力的主观感受。社会心理学家班杜拉（Bandura）1977年提出了此概念。他认为自我效能是自己对在特定的情境中是否有能力操作某行为的预期。80年代后，他对自我效能进行进一步阐述，认为自我效能是对行为操作能力的知觉和有关恪守自我生成能力的信念。自我效能深化到价值系统，就形成自我价值感，即关于自我能力判断的认知取向，有近似于认知、动机和情感的功能，是人类行为操作中的强大力量，它在控制和调节行为方面有着不可估量与替代的价值。自我效能水平高，个体的自信心就强；自我效能水平低，个体就容易产生恐惧和焦虑心理。自我效能不是人的真实能力，而是个体对自己行为在进行自我预期评估时表现出来的信心与信念。因此，自我效能是人的自信心的一种特殊形式。

自信心（Self-confidence）概念是马斯洛（Maslow）最早提出并进行阐述的。他认为自信心是在自尊需要得到满足时产生的一种情感体验，它使人感觉到自己在这个世界上有价值、有力量、有能力、有位置、有用处和无可取代。然而，这些需求一旦受挫，就会产生自卑感、软弱感和无能感。他认为只有首先满足爱和归属的需要，才能激发自尊的需要。也有学者认为自信是一个主动学习的过程，是支配个人行为的一种思考方法，主要由三个关联的要素构成，即目标、毅力和智谋。还有学者将自信心等同于自我效能。我国学者杨丽珠等人认为，自信心是指个体对自身行为能力与价值的认识和充分评估的一种体验；儿童的自信心包括自我评价、自我表现、独立性和主动性。王娥蕊认为，自信心是一个复杂的有层次的心理系统，3～9岁儿童的自信心由自我效能感、成就感和自我表现三个维度构成。自信心是自我意识中对自己信念认识的一部分，是对自身的正面肯定和积极确认程度，是一种综合感觉，应该比自我效能更抽象、更概括，外延也更广。自尊和自信心都是个体对自身的看法，自信是自尊的基础，自信是对自己完成任务前的能力和价值的肯定；自尊是自我接受与尊重，是完成任务后的骄傲与自豪的体验。儿童的自信心应该从学校活动和家庭活动两个维度进行培养。学生自主教育活动中的成功体验、积极评价、独立活动、主动交往、自我意识提升等都有助于自信心的培育和提升。

自强感是一个本土化的概念。自强最早出现在《易经》乾卦中，其中有"天行健，君子以自强不息"的论述。《四书集注·中庸二十章》中有"闻道有蚤莫，行道有难易，然能自强不息，则其至一也"。《礼记·学记》中也有"知困，然后能自强也"。《大学》《论语》《中庸》《孟子》中多处论述了以自强不息作为学者人格境界的理想状态。朱熹进一步强调"自强不息，则积少成多，中道而止，则前功尽弃"。这些表述都意指只要努力向上，永不放弃，必能成功。自强不息的人格是儒家一贯提倡的，是中国传统文化中君子的理想人格。

自强意识与国外心理学的自我实现有相似之处。我国心理学家黄希庭教授认为，自强是健全人格的重要组成部分，郑剑虹认为自强作为健全人格的基础，是中国人自我的一部分；自强是个体不断提升自我，充分发挥自身潜能，努力进取，克服困难的一种人格动力特质。成年人的自强指持久的意志力；高中生的自强人格主要包含了坚韧性、积极性、目标性、人际开放性等。卢家楣教授的调查研究发现，自强感是学生人格得分最低的部分，自强感与个人的成败经验密切相关。高自强感的学生无论得到正向或负向的反馈，再接受任务时的坚持性都高于低自强感的学生。

③关于成就动机的研究

人本主义心理学强调人自我实现。自我实现是指个体在成长中，其身心各方面的潜力获得充分发展的历程和结果，亦即个体本身生而具有但潜藏未现的良好品质，得以在现实生活中充分体现出来。就个体人格的发展与形成而言，自我实现是个体发展的历程，个体的存在就是为了自我实现。

马斯洛认为，人身上潜藏着人性的优良品质，就看我们如何加以引导，使其潜力充分展现。马斯洛的需求层次论认为，个体成长发育的内在力量是动机，而动机是由多种需求构成的。生理需求、安全需求、情感和归属需求、尊重需求和自我实现需求是人不同层次的需求，这些需求是逐级满足的。在自我实现后会获得高峰体验。

马斯洛强调内在价值论，认为人的价值观念是人性固有的，人性平等，人性内含有真、善、美等存在价值，是人性与社会价值相一致的结论。人的价值实现的结果是先为丰满人性，继而实现创造性发挥、人与社会的融合、造就良好的社会。马斯洛认为，作为潜能，人的本能天性只为自我实现这一人类终极的价值选择提供必要的种子，而良好的环境则是人性潜能赖以生长和实现的阳光、空气和水。

人本主义心理学的代表人物罗杰斯提出了积极关注论。罗杰斯认为，人都是希望他人能够以积极的态度来支持、肯定自己的。罗杰斯把积极关注分为两种，一种是无条件的积极的关注，另一种是有条件的积极关注。用勉励代替惩罚，这种方式就是无条件的积极关注；有条件的积极关注正好相反，它会给学生设定一些条件。罗杰斯认为，对成长中的个体，应尽量提供无条件的积极关注，使他在自然的情境中，形成发展的、和谐的自我观念，从而奠定自我实现的人格基础。

在罗杰斯的积极关注论基础上，积极心理学逐步完善了其内涵。积极心理学倡导用一种积极的心态来对人的许多心理现象和心理问题，用一种欣赏性的眼光去看待人类的潜能、动机和能力，并以此来激发个体自身所固有的某些实际的或潜在的积极品质和积极力量，使生命过得更有意义。积极心理学研究个体如何更好地发展、生活，让人学会分享幸福、创造快乐，使其具有的潜能得到充分得发挥，保持生命最佳状态。积极心理学的研究主要集中在积极的情绪、积极的人格特征和积极的组织系统三个层面。积极的情绪，主要探讨人类的幸福感、满意感、快乐感，重点是强调人要满意地对待过去、幸福地感受现在以及充满希望并乐观地面对未来。所谓积极的人格特征，指的是个体能在生活中不断主动追求幸福并时时体验到这种幸福，同时又能使自己的能力和潜力得到充分的发挥。积极的组织系统，主要研究如何整合家庭、学校、社会的生命教育资源，调动各方的积极因素，构建生命教育多维网络系统，以便更好地培养青少年的情绪智力，发挥潜能，塑造积极的人格品质。

(3)"自觉教育"提出的教育学依据

教育学的研究一直围绕人的发展。杜威的民主主义教育思想，今天仍在指导我们的教育实践。他认为从社会角度看，"生活"是指"人类共同生活"，这是他构建民主主义社会的原始出发点，即人不可能孤立于人群之外生活。教育的社会职能就是使个人能参与到人类的共同生活中并推动其发展，为此，我们要关注儿童"个体生活"中最初的社会生活即"家庭生活"，并以它为雏形设计学校最初的课程与活动，形成家庭与学校在儿童经验意义上的链接与改造。杜威强调学校教育本身即是学生的一种"现实生活"，它对学生的成长具有直接意义，即使是学校中的知识教学，杜威也要求它与学生的生活相联系。

　　苏霍姆林斯基认为，能够进行自我教育的教育才是真正的教育。自我教育让学生认识自我、教育自我、完善自我，乃至超越自我。苏霍姆林斯基一直恪守从年龄的角度看问题，交谈的目的性、内容和意义都考虑到人的个性和精神需要逐渐形成的过程，即从孩子的意识到"自我"、自己在生活中的地位到自我完善、自我教育、自觉的公民觉悟感。

　　叶澜教授认为，人的生命具有精神性。精神性的自然生理基础是人有感知外部世界的器官和处理、加工所有信息的神经系统与大脑。而且还有最为重要的、不同于动物的一点就是，人可以将认识自我的需求转化为行为的目的，用自己的实践去改变满足需求的对象，将价值目标直接体现为对象所具有的新变化，成为具有新价值的实存。在形成目标、策划活动、改变对象、创造价值的实践过程中，人实现了自身的发展。这是价值与事实的统一在人的生命实践中的具体表现。正是这个意义上，马克思称人的生存方式是"自由自觉"的存在。

　　所谓"生命自觉"，是指个体对自己生命的存在状态具有觉知，成长目标清晰，理想人格确立，且拥有矢志不移的追求。我们可以用"自明""自得"表示对自我的认识，用"自立""自强"表示志向的自我确立与强化，用"自持""自勉"表示践行中的自我把握与努力，用"自由""自在"表示生命自觉达成后个体的存在状态。

　　叶澜教授认为，人不只看重个人的修己立德，而是期望在生命全整意义上的自觉。它无疑包含着人生价值取向和道德意义上的自我清晰、自我选择、自我负责和自我完善，还包含着人对自己的特长与不足、目前的发展状态、可能的发展目标与前景、人生未来理想的构建与策略选择，以及有方向地、坚持不懈地践行与实现等。即人能在复杂变化的社会中，因生命自觉的强大而把握自己的命运，过好自己的一生。

　　冯建军教授在《教育的人学视野》中全面阐释了基于主体间理论的教育交往学说。他强调今天的教育应该从单一的知识传授走向交往实践。他认为今天作为主体的人已经不再排斥其他主体，不再把他人看作征服、占有的客体，人类的生存已经步入共生性的存在。"共生"是时代的趋势，是向其他人开放的社会结合方式。它不仅限于内部的共存共荣，而且相互承认不同生活方式的人自由交往的机会，积极建立相互关系的社会结合。

　　冯建军认为教育是人的一种生存方式，应该从现有的占有性生存方式走向寻求交往式的存在性生存方式。这种交往是师生间一种平等的"参与—合作"关系，交往过程是一种共享，共享精神、知识、智慧和意义。这样的交往过程是多级主体间的相互作用，其图式是主体—客体—主体的关系。师生交往中的客体主要是教育资料，对教育资料中的内容是一种再认识和理解。师生需要通过对文本的解读，实现对话、理解和共享；学生在教师指导与激发下，通过与文本创作者及背后蕴含的社会关系、文化价值的解读，实现自主的内化，促进自我的建构和自主发展。①

（4）神经科学提供的依据

从神经科学的角度来界定学习，可以把学习过程与内在生理基础或外在生理反应联系起来。根据这种观点，学习是对所有感知和处理的信息进行整合的结果，信息整合会带来脑内结构的改变。而在信息加工过程中，这些微观的改变的确会留下物理"痕迹"。学习被看成是一种以学习者为中心的，依赖先前知识基础的，基于个人经验、意愿和需求的过程。

一个充满各种刺激的环境会给个体提供自我提升、发展技能的机会。内部动机仅仅依赖于学习者自身的需求和意愿，而外部动机则会考虑外部因素对个体的影响。动机很大的程度上由自信、自尊以及特定行为或目标给个体带来的好处共同决定。

没有两个大脑是完全一样的。虽然每个人的基本脑结构都是相同的，但脑结构的大小却各不相同，细胞联结的组织方式和联结强度也互不相同。其一，基因的不同使得每个人的脑组织方式略有不同，这是个体差异的基础。其二，环境事件能对基本脑结构产生影响，导致脑组织发生结构改变，因而虽然每个人的认知过程是相同的，但经验不同导致神经网络也是不同的。

近20年来，越来越多的人认识到，婴儿是探索、社会交往者和信息交流者。虽然许多早期学习活动可能是一种自发现象，但也需要有一个充满刺激的丰富的自然环境，而社会交往是必不可少的。这些研究结果表明，对于负责人类社会行为的脑系统的发展来说，早期社会经验起着非常关键的作用。如今，神经生理学和教育学领域的专家都认为，学习是在认知、情绪和生理层面进行多层次信息交流的过程。在理论分析的时候，对这三个层面做出明确区分是非常有用的，但在

---

① 冯建军：《教育的人学视野》，74～107页，合肥，安徽教育出版社，2008。

实际情况中，无论是脑功能还是学习经验，这三个层面往往都是复杂地缠绕在一起的。

我的感受是我们还没有从研究教学流程、教学内容为主的教研形式中走出来。中小学教师对学生身心发展规律的把握层次较浅，多数来自多年教学管理经验的积累，不具有系统性，也跟不上课程教学理论和心理学的发展。虽然关于学生个体的神经生理学、脑科学等学科发展迅速，但在教学中研究学生个体的认知与学习规律的学校很少，而研究学生的社会认知发展和道德认知发展的学校更少。因此，基于学生身心发展规律的教育教学，要落到实处，确实还要走很长的路。

3.“自觉教育”的内涵解读

无论从哲学还是从心理学的角度，每一个教育工作者都高度认同，教育的终极目的是为了人的发展。这里的人是真实的、全面的、个性化的、发展的个体。教育的本质观、教育的公平观、教育的主体观、教育的全面与差异观等也由此衍生而出，关键是这类理念太哲学化，是高度概括的、适用于所有教育，尤其是学校教育的行动指南。我们既要学习和了解基于人的本质观的普适性理念，更应关注学校教育中不同学段的学生身心发展规律和教育的阶段性规律。

教育理念的泛化，直接导致教育实践的同质化。小学教育、初中教育、高中教育的特色，都是基于素质教育和学校发展的历史与文化，但看不到发展的阶段性和适切性。我想教育实践的探索，应当用更科学的视角和方法去认识和总结，而不单纯是感性的、个别化的教育叙事。为此，我特别想追问自己，学生的自主发展的起点与规律是什么？各学段的表现特征和发展规律是什么？如何将学生自主发展的规律与课程、教学和德育相结合，成为学校教育的核心追求？如何结合这一学生自主发展的不同关键期设计教育教学及学校管理的环节与过程，培养学生的自主学习、自强自立和适应社会的能力？

作为基础教育的各个学段，培养自主发展的生命个体所承载的作用必须与学生身心发展规律相适应。核心素养课题组提出了最新的中国学生的核心素养维度，即以科学性、时代性和民族性为基本原则，以培养“全面发展的人”为核心，确立为文化基础、自主发展、社会参与三个方面。自主发展重在强调能有效管理自己的学习和生活，认识和发现自我价值，发掘自身潜力，有效应对复杂多变的环境，发展成为有明确人生方向和生活品质的人。核心素养课题组明确了学会学习和健康生活两个重要维度。学会学习要在学习意识的形成、学习方式的选择、学习过程的评估与监控方面发展自己的综合素质，健康生活则要求学生能认识自我、发展身心、规划人生，突出学生健全人格和自我管理的培养。

面向未来的学生，不仅能够依靠自身的能力获得丰厚的文化基础，更为重要的是能清醒地认知自我发展的潜力和局限，能够主动、自觉地规划和选择自我的发展道路，并能寻找到自己的幸福，成长为自己内心期待的样子，过上有尊严的生活。这样的学生需要教育的培育和滋养，需要得到更适合个人的学校教育。

（1）对"自觉"的理解

"自觉"在《现代汉语词典》中的解释是"自己有所认识而觉悟""自己感觉到"。在英语中有两个单词可以表述：self-realization，自我实现，自我完成；self-awareness，察觉，觉悟，意识。应当说，这两种表述的含义接近。

中国传统文化对自觉的认识是主动、积极、自觉、自律之意。诸子百家的很多教育思想的前提都认为人的本质是向善的，是可以教化的；认为自觉是一种自性的觉悟。《中庸》开篇即明确"天命知为性，率性知为道，修道知为教"。孔子提出了因材施教、启发诱导和学习结合的教学思想，指出"不愤不启，不悱不发，举一隅不以三隅反，则不复也"，强调学生的自悟、自学。《学记》则指出"导而弗牵、强而弗抑、开而弗达"，也强调学习的自主性。

在西方哲学体系中，"自觉"主要体现为主体和主体性。这源于西方哲学的理性假设。他们认为主体是发出活动对客体产生影响的，客体是接受主体活动的对象。笛卡儿认为"我思故我在"，人是认识的主体；康德认为"人是认识的目的"；马克思认为主客体在实践活动完成人的认识，人的发展是理性发展，人只有理性指导下才能实现自我管理，超越自然本性，实现社会的文化价值，追求信仰与自由。

从心理学看，自觉是自我意识发展的主体性表达。人的自我意识就是人对自己的认识。人能把自己当作对象来认识，这是人的本质规定性。在人的自我对象化的认识发展进程中，人是在人际交往活动中，以其他人为参照来评价反思自己，从与母体和环境共生到与他人分离，形成独立的自我，这是人的自我心理成熟过程。而人的自我意识的发展，是一个渐进过程，只有到了高中阶段，这种独立的自我意识才走向成熟，才能从心理的独立观察者转化为心理的独立调节者，并能从人生信念和社会伦理考虑人生的意义和自我价值追求，这是学生自我意识的主体性、能动性和目的性发展的关键期，也是人生发展的奠基阶段。

由此可见，自觉及自觉性更侧重从东方文化中解读人的本质规定性。东方语境下，"自觉"即内在自我发现和外在创新的自我解放意识。它是人类在自然进化中通过内外矛盾关系发展而来的基本属性，是人的基本人格。自觉是人一切实践行为的本质规律，表现为对于人自我存在的必然维持、发展。人类自觉本质的维护与发展是自由的真实实现。自觉性是指个体自觉自愿地执行或追求整体长远目标任务的程度。自觉不仅体现自我意识提高的发展进程，也呈现自主发展过程中认知、情感、意志等方面的综合发展脉络，是个体进行自我调节的较高境界。人的自觉发展贯穿人的一生，随人的境遇的改变，不断地进行自我调节和自我改变，只有能自觉地把握自我发展的进程，人才能真正掌握自己的命运！

（2）"自觉教育"的核心内容

对主体教育的解读，是我定位自觉教育的前提。根据学生身心发展规律和教育教学规律，结合我在附中的办学经验和新的管理实践与思考，我认为"自觉教育"是以人的自主性、能动性和发展性为宗旨的成全人的主体性教育；是让学校中的每一个个体都成就自己、增长自觉、自悟的智慧为追求目标的教育。为此，我们将"自觉教育"的核心理念定位为"成就学生自觉发展的智慧人生"。我们期待通过"自觉教育"，让学生有目的、有计划、有方向、有控制、有信心、有意志的主动发展，不断超越自我的创新发展，以此成就学生德智体美、知情意行的和谐统一，使学生作为独立的、鲜活的生命个体，在面向社会、面向他人时，能保有足够的能力与自信，开启自我追寻的智慧人生。

正如《一岁就上常青藤》的作者薛涌所见，常青藤教育的精华在于师生之间的对话性和互动性，"一岁就上常青藤"的意思是从小在孩子的教育中追求一种理想，这种理想是人的自我完善或自我实现。在这一理想下，教育的使命是唤醒孩子内心的自觉，让他们产生自己的思想、发出自己的声音，最后形成自我，确定自己和世界的关系。

西方文化中的学生，从小就生活在个体独立性得到充分尊重的环境中，对自我的认同意识强，他们经历的教育过程也最大限度地激发了他们的学习热情，卓有成效地发掘他们的潜能，他们的独立人格发展得较好。中国的文化更多地强调群体意识和社会关系，学生从小能自主决定的事情很少，人格发展中的依赖性比较强，对自我的认知和自我调控的能力发展相对滞后，心理的断乳期比较长，这影响了学生的创造性发展。如何在现有的文化环境和社会状态下，培育学生的自觉发展意识和自主发展能力，是学校教育的优先目标。

为此，我将"自觉教育"的目标定位为：以培养学生自主性、能动性、创造性为基本原则，以学生自我意识唤醒、学生自主能力发展、自信品格养成、自强精神树立为核心，以课程与教学为依托，以学生主体性实践活动为平台，以教师教育自觉为关键，以学校文化管理为保障，建构成就师生自主发展的现代学校教育范式。我的"自觉教育"不仅是要成就学生的自觉发展，更是以学生自觉发展为价值追求，以合规律与合目的的统一系统设计学校的整体发展框架、流程与评估标准，以鲜明的价值愿景和突出的人格品质目标整合学校的核心育人要素，形成教育的合力。唯此，教育的理想与现实才能有机结合，教育的目标达成才能落实于日常每一天的教育教学生活之中而不再是概念的传导。这样的学校，才可能成长为老百姓满意的家门口的好学校。

美国心理学家罗杰斯认为每个人都有维护自我、提高自我、实现自我的动机，这是人最基本也是唯一的动机和目的，指引人向个人理性状态成长。我们从人的本质规定性出发，强调自觉教育的基本原则是通过学校教育教学活动的进行，有目的、有计划地培育学生个体自我发展的主体性、能动性、目的性和创造性，使每个学生在学校教育环境中都能到真正的、平等的尊重，让他们的主观发展需求在不断自我创生、自我完善中走向成熟，并完成初步的社会化认定。

由于人的自我发展是一个极其复杂的过程，涉及个体生理、心理多方面的发展，且受个体差异、学段特点、家庭状况、社会与环境的多维影响，各个学段的"自觉教育"都是学生自我发展的综合体，是学生知情意行的自主表达，学生们的自觉样态是丰富而多元的，可以表现在多个维度。学校的教育特色，不可能涵盖学生发展的所有方面，教育不是万能的，学生也应该是根据自身特点而有选择地特色发展。因此，我从知情意行四个维度，选择比较典型并比较容易实施的四个方面作为"自觉教育"的核心内容，以凸显其与学生身心发展规律的适切性和关联性。随着学校教育教学实践的全方位展开，每所学校对"自觉教育"都会有自己的校本表达，他们选择的维度可能会有所调整，但核心发展的要旨不会改变。

①自我意识的唤醒，自我意识是指人对自身及周围世界的关系的认识，包括对自己、对他人和对社会关系的综合观念系统。即从学生自我意识发展的阶段性出发，根据学生自我发展的水平不同，主要强调学生的价值取向、人生意义、社会责任和理想前途教育，从自我发展的低级水平，引领学生建立理想的自我意识，突出学生主体把握自己未来命运的能动作用，让学生从内在需求出发，以目标引领，认识与理解自觉的深刻含义。学生的主体意识越强，他们参与自身发展、在学习活动中实现自己的本质力量的自觉性就越大，对自身发展的责任也就越大，从而对自身提出的要求也就越高。这是自觉教育取得实效的关键。自我意识的唤醒主要包括自我描述、自我评价、自我调控等方面。自我描述是学生自我概念建立的基础，是学生从简单外貌到个性、品行、价值观等由外向内的自我判断；自我评价是学生从自身和他人双重角度看待自己，逐步建立自我同一性，明确自我存在的价值和意义；自我控制是学生在自我成长中不断进行调控和自适应，以弥补自身不足，成就更好的自己。

②自主能力的发展，即强调学生主体能动地驾御外部世界对其才能发展的推动作用，从而使自身主体性得以不断发展的能力。学生发展水平体现着个体对外部世界、自身以及二者关系的认识和把握的程度，而这又有赖于学生积极地去汲取前人积累的文化知识经验，有赖于他们主动地在对象性活动中加以发展和提高。学生的主体能力发展水平越高，就越能充分利用外部条件去发展自身，从而发展自己的主体性。反之，学生的主体能力发展会受到限制。自主能力发展主要包括自主学习、自主交流和自主管理等方面。自主能力的发展，主要关注学生认知和行为方面的发展。学生的学校生活，主要以学习为主，学习活动是学生认知发展、情感体验、意志品质、道德发展的主要维度。自主学习主要包括学生的、学习能力、学习品质和学习策略等认知方面的发展，也包括学习兴趣与爱好、学习习惯等方面的发展；自主交流主要侧重学生语言的发展和良好同伴关系的建立，也是学生社会认知发展的主要内容；自主管理则侧重学生的健康管理、生活管理、行为管理等方面。

③自信品格的养成，即强调自信是一个人对自身能力的信任，自信是一个人性格的核心。教育者对受教育者的期望过高、保护过度、管制过严，特别是负面评价过多，都会严重影响受教育者的自我评价，挫伤受教育者的自尊心和自信心。一个

缺乏自信的人，很难建立良好和谐的人际关系，不但在学习和工作上难以取得成功，在生活上也难以有幸福感。培养学生的自信心是让每位学生快乐成长的关键，也是学生乐观面对复杂的社会，寻找适合自己的幸福体验，保有理想与追求的关键。自信是学生的一种积极的正向情感体验，是所有优质学校学生的一种相似气质，也是名校文化与传统长期濡染的结晶。自信品格的养成，包括自我需要、自我满意、自我激励等方面。自我需要是自我价值准则的核心，自我发起的行为，从根本意义上来说，都是为了满足自我需要，这种自我需要主要表现为学生自尊需要的发展；自我满意是对自己有较好的效能感和正向的情感体验，对自己有客观的认知和评价；自我激励是指有较强的成就动机，能主动强化自主发展的信念并有自己喜欢的激励策略。

④自强精神的树立，即强调自强是个体不断提升自我，充分发挥自身潜能，努力进取，克服困难的一种人格动力特质。自强精神的培育强调人的自主发展中的调节作用，形成勇于克服困难的决心、百折不挠的意志、执着改进的勇气和追求卓越、自强不息的精神，以此逐步形成良好的意志品质。自强精神的内涵是培养学生一种积极的人生态度、人生追求和人生境界，是个人对自我的深刻认识和理解，是学生人生观、世界观和价值观在自我需求方面的个体表达，是学生责任感和使命感的集中体现，也是不断成就自我的动力所在，包括成就动机、自我激励、自我超越等方面。成就动机是指追求自认为重要的有价值的工作和学习，并使之达到完美状态的动机；自我激励是指个体具有不需要外界奖励和惩罚作为激励手段，能为设定的目标自我努力工作的一种心理特征；自我超越是指能够认清自己真正的愿望，为了实现愿望而集中精力，培养必要的耐心，并能客观地观察现实，勇于承担责任，敢于冒风险，不断地创造。

"四自"的人格目标也是学校人才培养的特色目标，能够较好地体现"自觉教育"的核心理念。每一个目标的达成，都需要充分调动学生的自主性、能动性和创造性，体现学生自觉自愿地完成自我的更新与持续发展。这样的学校教育一定会超越简单的占有式的知识教育，而是在主动交往与实践中，丰富学生内心，成就有灵魂的学生。

（3）"自觉教育"的主要特征

人的自觉性是在人的社会实践活动中形成的，教育实践就是社会实践活动中的一种。"自觉教育"是主体教育的一种新样态。主体性教育思潮的兴起是市场经济与社会民主进程的要求。重视主体意识和创新精神逐渐在世界范围内成为一种普遍的教育改革趋势。联合国教科文组织在《学会生存》中提出，"教育在历史上第一次为一个尚未存在的社会培养着新人"。主体性教育要求"根据社会发展的需要和教育现代化的要求，教育者通过启发、引导受教育者内在的教育需求，创设和谐、宽松、民主的教育环境，有目的、有计划地组织、规范各种教育活动，从而把他们培养成为自主地、能动地、创造性地进行认识和实践活动的社会主体"①。

①"自觉教育"是主体性教育。主体性教育包含三层含义：第一，把学生培养成未来社会生活的主体，弘扬人的自觉教育主体性，这是主体性教育的基本价值立场；第二，在教育活动中，学生是正在成长着的主体，有一定的主体性，又需要进一步培养和提高，这是主体性教育人性论的体现；第三，只有发挥人（教育者和受教育者）的主体性，才能培养主体性强的人，这是主体性教育所采取的基本策略。

也有学者认为主体性教育的观念有三个层次：其一，是树立学生主体的观念，把学生看成发展的主体和教育活动的主体；其二，把学生主体的观念体现在教育教学的全部过程中；其三，主体性教育落实在目的上，在教育过程中发展学生的独立自主性、自觉能动性、创造超越性，培养学生的独立人格、创新精神和社会实践能力。②

因此，主体性教育的终极目标就是使每个人得到全面、自由、充分地发展，这种发展着眼于学生自主性、能动性、创造性的培养上，这是主体性教育的实践原则。

②"自觉教育"是个性化教育。"自觉教育"强调个人的"领悟"与"觉察"。每个个体经验和脑结构的差异，决定"自觉教育"一定是学生个性的体悟，是根据学生身心发展规律，强调个体自觉意识发展的教育，具有鲜明的个体性，因而必然是一种个性化的差异教育，这与时代发展的趋势吻合。"自觉教育"充分强调学生作为发展主体在教育活动中的主观能动性，任何外界的条件与环境都必须与学生内在发展的自我调节相适应，学生只有主动自觉地调控并改变自己，教育才能发挥其决

---

① 张天宝：《主体性教育》，43 页，北京，教育科学出版社，2001。

② 冯建军：《回归"真实的人"：未来中国教育发展的哲学解读》，载《人民教育》，2010(9)。

定作用。

③"自觉教育"是影响学生未来发展的终身教育。学生自我意识的成熟必然伴随自主能力的发展，自主人格的完善，这些思维品质、学习能力、个性特点及道德观念的养成，各学段都有其独特的教育价值，特别是高中学段起到关键作用，并将对学生的一生发展中起到潜移默化的影响。人的一生，就是在不断的选择与改变中，认识自我，发展自我。"自觉教育"是人自我教育的终身命题。

总之，自觉教育的核心是尊重、促进和激励学生的自我发展，并从学生身心发展的规律出发，以教育学和心理学的理论为指导，通过教育教学活动的具体设计，将学校教育活动从自发的经验层面上升为理论指导下的具体实践。因此，"自觉教育"是为学生提供一种适合自身发展的教育，这也是今天主体性教育的终极目的，是素质教育的不二选择。对每个学生而言，没有最好，只有更好，适合自己的是学生的自觉选择，也是学校的教育选择。每个个体差异的绝对性和彼此共有的相对性，都要求学校教育既要满足全体学生共性发展的一般需求，也必须兼顾个体发展的特殊需求。只有增加课程与教学的选择性，提高教师群体的专业性，满足活动的多样性，培育文化的包容性，才能满足不同群体的发展需求，实现学校的特色建设。

（4）基于"自觉教育"的管理思考

"自觉教育"的管理实践主要着力在学校的课程开发、教学管理、教师教育、学生发展和学校文化建设五个方面，体现学校内涵发展和特色建设的主要旨意。在不同学段和不同学校，我们在核心思想的指导下，进行了适度的调整。附中的管理实践是"自觉教育"理念下优质学校的管理范例，集中体现了优质生源、优秀的教师群体、优质的资源保障，在高认同度的社会支持下，实现"自觉教育"的较高境界。

净月高新技术产业开发区的委托管理，则是在一般和薄弱学校，坚持"自觉教育"的核心理念，调整管理范式中各个维度的指标体系和实践路径，结合学校进行校本化改造，以激发教师内生发展动力为切入口，以全面的顶层设计、执行校长驻校指导、专家引领等改进方式，持续提高教师专业发展的质量和水平，打造以学生为本的新型学校文化，以此促进师生的自觉发展。北京朝阳学校是建设一所新学校，与附中和薄弱学校改进还有很大不同。

无论哪种学校，其内涵发展的要求是一致的，也可以说优质教育的核心目标是一致的。以优质学校的经验为范例，总结出一般的运行模式，结合改进学校或新建学校的发展需求，进行模式转化或调整。可以看成实现优质教育的一种简约化路径，也是学校均衡发展的一种有益探索。

我所进行的"自觉教育"理念下学校管理范式的实践，主要以"四自"为人才培养特色目标，选择课程、教学、教师专业发展、学生发展指导、学校文化作为主要实践维度，贯穿学生自主性、能动性和创造性的培育原则，以师生的自我成就，成全学校的发展。

由于学校文化是学校的一种生成性的表达，新建学校的文化建设应该是过程中自觉创生和发展的。因此，我在理论建构中没做阐述。其他四部分的内容，是在附中经验与委托管理经验基础上的理论提升，主要用于新建学校的发展规划与设计。我们在华岳学校尝试进行初步实践，效果明显。学校的发展和学生身上的喜人变化，得到教育行政部门、研究机构和家长及社会的广泛好评，我们也更坚定了理论指导下有效实践探索的决心。2019 年，明泽学校开始招生；我们将进一步优化管理范式，在华岳和明泽两所新建学校中实施，以期获得更丰厚的实践反馈，不断修正和充实"自觉教育"学校管理范式的相关内容；为更多学校的优质提升，提供可资借鉴的实践经验。

三、基于"自觉教育"的学校课程体系建构

从 1997 年至今，新课程改革实践已走过了 20 多年的时间，其间我们进行了两方面的探索：一是对学校课程实施（教学）的革新，二是对学校课程进行整体性的建设。前者使教育者对新课程的"三维目标""学生的主体地位""课堂互动生成""知识的建构生成"等有了深入的认识与实践，推动了教学理念和模式的创新；后者则着力建设校本课程、拟定课程规划、创新课程结构，乃至依托课程重组学校空间，创新人才培养模式等。这些实践使学校课程建设走向了深入，也带动了学校教学质量的全面提升。课程建设已成为学校发展的核心竞争力，也是学校特色的核心组成部分。而优质学校的建设，从全国的经验看，其着力点也都放在学校的课程建设上。

2014 年开始的新一轮高考改革带动下的学校改革，已不仅是单一维度的改革，

而是基于发展学生核心素养的现代学校制度和体系建设的整体改革，是以课程重构驱动课堂向学习者为中心的课堂转轨实践，是跨学科课程、主题式学习、全课程设计的创新性实践。这些改革反映了世界基础教育改革的重要趋势，即回归教育的本真，探寻不同学生的学习规律，亲历学习过程，让每个孩子的学习能真实地发生，以此让孩子们对学习葆有强烈的兴趣，学会探索未知世界的方法，实现儿童个性化与社会化的有机融合。这何尝不是无数有情怀的教育工作者努力付出的期待，又何尝不是我们对理想学校的追求？

如果说第一轮的课程改革以"三维目标"的课堂实践为突出标志，那么新的课程改革则强调学生核心素养的培养。文化基础、自主发展、社会参与三个维度目标的实现，需要形成学校自己的课程体系。如何才能建构具有自己学校特色的课程，是每一位学校管理者都需要优先考虑的问题。

（一）以"全课程设计"规划学生的自觉发展通道

"全课程设计"的基本理念是将学校的所有教育教学活动课程化，通过系统的设计与规划，实现学科内课程、学科间课程、超学科综合课程的全课程整合，实现对人的全面而有个性发展的支撑，实现育人目标的有效落实。

基于"自觉教育"的全课程设计，要求体现课程的丰富性与选择性，给学生更多的选择空间，建构发展性的评价机制，让学生在自我体验中找到成功的快乐，发现自身的优点和特长，自觉规划自己的学业与职业发展，为自己未来的人生发展打下坚实基础。

1. 学校全课程设计与规划的原则

（1）坚持课程建设的目的性和规划性原则

①课程建设的目的性。课程建设的第一个要素是目的性。学校课程建设的起始阶段一般具有随意性和盲目性。比如，学校可能会单纯根据学生的表层需要开设课程，体现在实践中就是学生对什么感兴趣，学校就开设什么课程。实际上，学生的需要分为深层需要和表层需要，深层需要是学生身心发展和知识建构的内在需要，表层需要是学生受环境影响而产生的一些短暂而直接的兴趣。由于认知的局限，学生的直接兴趣未必就是其个性发展、全面发展的切实需要，学校要通过课程与教学把学生的深层需要转化为学生持久而强烈的兴趣。再比如，学校会片面地根据教师

的学术专长和兴趣开设课程。这种做法既不符合学生对课程选择的主体性，也没有考虑到学生在基础教育阶段的时间限制和发展性需求。当然，从学生的兴趣和教师的学术专长出发开设课程，在校本课程建设初始阶段是可以且必要的，而当课程建设发展到一定阶段，课程建设则必须由自发走入自觉，即学校对课程建设有一个理性认识，而这最关键的是要考量课程建设的目的和诉求是否具有学校特色。

学校课程建设要从学校的培养目标出发。学校要培养什么样的人，培养学生什么样的素质，某一所学校所培养的学生究竟与别的学校有何不同（异质性），都应是课程建设的出发点。泰勒提出课程建设的目标优先性原则，对学校校本课程的开设具有重要的现实意义。课程是人才培养的最主要通道，我们要根据对人才培养的理性思考，确立人才培养目标，进而确立具体的课程目标，然后搭建科学的课程结构，最后才能系统建构校本化的学校课程。

以东北师大附中为例。我们请东北师范大学马云鹏教授和吕立杰教授与四所委托管理学校进行了一学期的交流，他们帮助四所学校确立了各自的培养目标，也确立了与培养目标相对应的课程结构。如净月潭实验小学以"生态育人，智慧成长"为培养理念，确立了"启思慧智，个性优长，自主合作，本色成长"的课程目标，构建了由生态课程（自然探秘、文化畅游），智慧课程（学科基础、学科拓展）和成长课程（本色成长、青苗计划）组成的系统结构。净月培元学校以"培育成长基础、塑造多元智能，培养心有阳光、学有所长的健康少年"为目标，构建了培元基础课程（学科配方课程）和多元发展课程（阳光活动、成长指导、特色体验）的系统结构。净月第一实验学校以"尊重每一个生命 关注每一步成长"为办学理念，把课程目标界定为"夯实基础、尊重差异、丰富体验、促进交流、成就发展"，构建了基础课程（分段课程、贯通课程、特殊教育课程），拓展课程（人文科技拓展课程、艺术健康拓展课程），主题课程（生活体验课程、文化体验课程）的系统结构。玉潭小学以"破茧化蝶 快乐成长"为办学理念，把课程目标确立为"夯实基础、身心健康、开阔视野、发展特长"，确立了基础课程（国家课程的校本化），拓展课程（语言与社会、数学与科技、艺术与鉴赏、运动与健康）和主题课程（快乐种植、奇妙博物馆之旅、礼仪指导等）。

②课程建设的计划性。学校在进行课程建设时要分清主次，明确哪些是主要开发的课程，哪些是辅助性的课程。国家课程当然是核心性的课程，需要开齐、

开全；地方课程与校本课程可以根据学校的实际情况进行整合，突出特色课程。课程的开发不能一蹴而就，而要分步骤开发，做出系统开发的时间表和路线图，建立学校、学科、个人三级课程开发体系。换言之，学校开发综合性较强的跨学科主题课程，学科开发基于学科特点的延伸和拓展课程，教师开发与个人兴趣、爱好、专业相结合的个性课程，从而使学校课程得以有序、持续开发，提高课程开发的质量和效益。

③课程体系的科学性。学校的课程建设要构成一个科学体系。课程体系的建立要立足培养目标，整合和开发学校的各级各类课程，使之成为有着内在联系且能发挥不同功能的课程系列。课程及其系列的建设要避免随意性，课程分类要和国际或国内课程论的概念相一致，要有科学依据。很多有条件的学校开设了100~200门选修课，但目标不明确，缺少系统性，内容浮浅杂芜，随便命个名称，就是一门课程或一个系列，这不合适。课程建设要想获得更大的效果，就需要从这个必经的不成熟的状态中突破出来。

比如，在考虑国家义务教育学校课程结构的基础上，我们在四所委托管理学校建立的课程体系主要由学科基础课程（国家课程），学科拓展课程（语文、数学、外语延伸课程和音乐、体育、美术等个性发展课程）和主题课程（健康体验课程、生态课程、冰雪文化课程、种植课程、博物馆课程、职业体验课程等），课程结构简洁、清晰，便于理解与运行。

（2）坚持课程建设的选择性原则

课程建设的第二个要素是课程的选择性。学校的课程只有保证学生能自主地选择，才能有力地促进学生个性而全面地发展。课程的选择性由数量、层级与类型等因素决定。

①数量。学校有足够数量的选修课供学生选择，才能满足学生个性化的发展需求。为保证课程的数量，学校可以采取如下策略：一可以鼓励教师跨年级开课；二可以把无暇开设的国家选修课程或地方特色课程作为校本课程以供学生进行选修；三可以外聘教师开课；四可以把选课空间和课程门数区分开来，多位教师共同开发一门课程，分别授课。

②层级。要使课程有效，学校还要考虑课程的水平层级问题。选修课程可以根据学生的学业程度分成基础水平和高阶水平，也可以根据学生的类别分成面向全体

的学生、面向有兴趣的学生、面向特长突出的学生等不同的层次。学校课程既要考量不同学生的相同基础，也要考量相近学生的不同基础。学校课程还要使基础薄弱的学生有课可选，弥补知识的欠缺；要为学有余力的学生提供拓展内容；更要为学习特别突出的学生提供高层次课程内容，如幼小衔接课程、初高衔接课程、学科先修课程、竞赛课程等。

③类型。课程类型也是提高课程质量的重要因素。学校不仅要开设学科课程，还要尝试开设跨学科、超学科的体验课程，创造性地开设实践课程、综合课程、融合课程等。这些不同类型的课程可以给学生提供多样且丰富的选择。只有基于学生个性体验与认知建构的课程，才能激发学生的学习动机，使学生获得不同能力的建构，以此发挥课程的更大效益。

（3）坚持课程建设的优良品质原则

课程建设的第三个要素是课程的品质。低品质的课程既耗费学生的时间又对学生的发展无益。由对课程数量的追求发展为对课程品质的追求，是课程建设的一种内在突破。

①现代性与国际性品质。学校的课程设计既要立足于当下，又要面向未来。互联网和物联网技术的发展，为课程资源的开发与共享提供了多样化的可能，同时世界的扁平化和开放性也要求我们要培养有国家情怀和世界眼光的复合型人才。学校的课程要从学生文化基础、公民素养、创新能力、交流与合作能力、国际理解能力、和社会体验能力等方面进行系统设计。因此，课程建设者要拓宽视野，开放思想，开发前瞻性的课程，引进国内外的先进课程，进行本土化的改造，形成自己学校有品质的课程，如STEAM课程、创客空间、国际理解课程、创意设计课程、戏剧表演课程、传统文化体验课程等。

②发展衔接性品质。中学的许多课程与学生的未来发展密切相关，甚至可以直接影响着学生到高一级学校的学习方向，学生修习成绩则可作为高一级学校甄选学生的直接参考。目前，我国中小学开设的选修课程与学生未来发展的衔接性不是很强，每一学段都是独立、割裂地完成培养任务。学生的发展是一个整体性的发展，不仅有纵向的时间衔接性，也有横向的学科关联性。课程的设计要从纵向考虑幼小衔接、小初衔接、初高衔接、高中与大学的衔接；也要横向考虑语言文学与人文社会科学、艺术学科的衔接，数学与科学、技术等学科的衔接，中国课程与国外课程

的衔接，学生的学科特长与学生的职业选择的衔接等。学校课程建设应充分抓住这个契机，努力使学校课程与学生的特长发展、生活体验、职业前景相关联，增加课程的衔接性，立足于学生的职业生涯规划，为学生未来的发展确立明确目标，提供适切路径，丰富发展出路的选择。

（4）坚持课程建设的整体性原则

学校课程建设的第四个要素是整体性。国家课程、地方课程、校本课程只有整合为学校课程，才能有效地实现学校的办学理念和育人目标，才能实现学校的内涵发展和特色发展。

①课程的整体性设计。学校课程建设要在自主设计中提高课程的辨识度。课程的自主设计包括对学校课程的整体性设计和对某些品牌课程的系统设计，其中课程整体性设计是学校课程质量提升的关键。根据目前我国中学的现实环境和政策要求，我们可以从时间和空间两个维度设计课程以提高课程质量。时间维度的课程优化设计，可以是通过对小初阶段、初高中阶段的九年或六年的贯通课程设计，在时间的优化中提升课程质量和品质；空间维度课程优化设计，是指根据不同的学生发展趋向，对面向出国的学生群体、面向中高考的学生群体、面向职业发展的学生群体和面向发展不同个性优长的学生群体，区分性设计课程目标、结构和内容。这可以打破学校空间的统一性，按照课程的不同，重新整合学生学习空间，使学校的空间和管理按照不同的课程要求来建构和运作。

课程建设只有进入自主性的整体设计状态，才能更好地落实学校的人才培养目标，开拓有效的人才培养路径，真正提高课程建设的主动性和有效性。

②充分发挥校本课程的整合效能。教育工作者对校本课程功能的认识不要窄化，也不要扩大化。校本课程是一块很好的试验田，它自由度大，学生、教师、学校三方面都会从中获得很好的提升。校本课程虽然每周只有2～4课时，但其范围远不止于此，因为一切校本化的教育行为，如果将其课程化，都属于校本课程。当然，学校也不能以投注于校本课程上的注意力，遮蔽对国家课程的研究。校本课程的时间有限，学生发展的主阵地还是国家课程的优化实施，校本课程应当成为国家课程的差异化补充。

③国家课程的校本化建设。严格意义上来说，国家课程都要经过校本化的实施而最终变为"学校的课程"。不同学校在实施国家课程中的差异常常会在校本化过程中体现出来。国家课程的校本化建设可以通过四个方面来进行，其一是学科课程内

各年段课程之间的统分优化，其二是学科课程与综合实践课程的整合优化，其三是国家课程与地方课程、校本课程内容的整合优化，其四是素养类课程的整合优化。

2. 学校课程文化的自觉生成

学校课程建设最终要形成一种课程文化，这是课程建设追求的更高目标。课程文化由课程意识、课程行为、课程制度等因素组成。

（1）课程意识。它是对学校为实现培养目标而选择的教育内容及其进程的认识，它包括对学校所教的各门学科和有目的、有计划的教育活动的思考。它与教学意识、学科意识不同，教学意识是对教学行为本身的理性认识，学科意识是对学科本身的理性认识，三者交叉而不同，课程意识是更上位的概念。一所学校的"课程"如果还停留在一种让师生既熟悉又陌生的概念层面，就不能称作课程文化。课程文化须是一种全员的课程意识，要师生人人了解课程，人人自觉地运行课程。学校课程建设的自觉性，首先表现为各层面领导自身要有先进的课程意识，最重要的是还要使教师都普遍具有课程意识。

（2）课程行为。一所学校只开设几十门校本课程，不能叫作有课程文化。课程文化须是一个有机的课程体系，这个体系还要转化为学校自觉的、常态的课程行为。

（3）课程制度。教师开不开课，学生选不选课，意义不大，也不能以此评判该校是否有课程文化。只有学校拥有了规范、系统的课程制度与实施流程，教师自觉、主动地参与学校的课程开发，学校、教师把课程建设作为培养全面发展人的首要任务来看待并使之成为一种应用性的自觉规范和一种自觉的理性行为，学校才有了化细微于无形的流动的有生命力的课程文化，学校的学生才有了自己独特的韵味和气质。

课程文化是学校课程行为所形成的内部文化环境，也是课程行为良性发展的循环性环境基础。只有拥有了这个环境基础，课程建设才能进一步走向深入。

当然，学校课程文化的内部环境还要依托国家推进课程改革的大环境。目前，国家的新课程改革为学校课程建设创造了良好的契机。一所有发展意识、战略意识的学校要抓住这个契机，要借助这个外部环境推进课程建设，培育学校的课程文化。

3. 坚持课程建设中的"增值性"评价

课程评价是课程的重要组成部分。一个有激励作用的评价体系，不仅可以鼓励学生全身心地投入课程的学习之中，也能激发教师的学科发展愿望，提高教师的学科专业化水平。我们习惯于使用学生的成绩来衡量课程的有效性，用学生的认同度来衡量教师的课程开设情况，这些常用的评价方法需要与课程的总体规划衔接，形成丰富、多样化的评价体系，促进课程的有效实施和持续改进。

使用"增值"和"净影响"思想来评价课程，也是国内外比较流行的做法。"增值"思想倡导以学生在学校里的进步来衡量绩效，增值就是学生学业在学习前与学习后对比时变化的部分。增值评价不仅要考虑学生学习完课程的学习结果，还要分析学生学习前的学习基础。它可以较好地解决因起跑线不同带来的评价不公问题。"净影响"思想就是排除了学校课程以外的影响因素而获得的"纯"课程影响。有专家认为学生的发展是受多方面因素影响的，除课程教学因素外，还有社会环境条件、家庭经济状况、父母的学识水平等。剔除这些外在因素，学校可以考虑在评价内容和参与主体两个维度建立评价指标，在评价内容上，要考量课程目标达成、课程内容的有效组织、课程效果的呈现方式等；在参与主体上，要考量教师和学生两个方面。

总之，学校课程建设是学校发展的核心追求。只有抓住并致力于这个目标的达成，学校才能实现理念、目标、实施、效果和社会认同的整体发展，才有机会成为老百姓满意的优质学校，也才能具备持续发展的后劲与基础，实现由自发到自觉的跨越。

（二）学校全课程设计的结构化思考

课程是学校的核心软件，学校应当以一种超前的理念和高端的占位，全力进行课程建设，大胆开展课程实验，使课程成为学校培养目标得以落实的主要途径。学生的发展能否体现其主动、个性与全面发展，关键在于学校给学生设计了哪些发展通道。塞勒（Saylor）在谈论课程与教学之间的关系时认为，课程是一幢建筑的设计图纸，教学则是具体的施工；课程是一场球赛的方案，教学则是球赛运行的过程；课程是一份乐谱，教学则是作品的演奏。

我们将"自觉教育"理念贯穿在学校课程建设始终，以培养学生的主体性、能动性、目的性和创造性为基本准则，以培养学生的"四自"为核心，将学校课程规划与开发放在学校所有工作的中心地位，建立以目标导向为原则的课程结构体系。

学校课程结构的设计，必须体现学校的办学理念，突出学校特色建设的考量。学校的课程设计主要包括三个方面，一是学校课程的规划与编制，二是课程的实施与管理，三是课程的评价与反馈。如图：

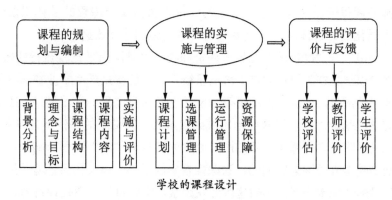

学校的课程设计

编制学校课程规划，较为困难的是课程结构的设计和课程内容的选择。在课程结构的设计中，现在学校比较普遍的做法是以上海课程改革的经验为借鉴，主要采用基础课程、拓展课程、研究性课程或特色课程的结构。这种课程结构，在落实学校培养目标时，比较便于理解与表达，很多学校将学校的特色课程放在研究性课程之中，通过一门或几门课程加以呈现；这种课程结构，虽然还没有较好地体现课程的整合，但因其易操作而受到大多数学校的欢迎。我们在委托管理的学校中也经常采用这种结构。

现在课程发展的趋势更多地表现在全课程的整合设计中。学科内的课程整合，主要是突出学科课程自身内容的深度整合，可能是同年段不同主题的整合，也可能是不同年段相近主题的整合；跨学科的课程整合，既可能是以一门学科课程为主，其他学科课程为辅的方式，也可能是几门学科课程齐头并进的整合，或学科融合式的整合；超学科的课程整合，完全以自然、社会或生活中的主题为线索，综合各个学科的内容，围绕核心问题的解决，以项目研究的方式实现学生的知识、过程与方法的生成式学习和学生自主人格的养成。考虑到核心素养在课程中的转化，我们认同按学生素养的相关领域和课程类型的双重维度来进行课程结构的设计，以期实现核心素养在课程实施中的有效落实。

1. 课程理念与目标

"自觉教育"的学校培养理念主要定位在"成就自觉发展的智慧人生"上，结合自觉教育的"四自"内涵，学生培养目标被定位为培养"丰厚文化素养、自觉发展能力、创新实践智慧、明辨笃行品格"的适应未来社会发展的合格公民和优秀人才。

丰厚文化素养，要求在基础教育阶段，学校应结合年龄段的特点，保证学生文化知识的全面性和基础性；学校课程主要应包含语言、数学、科学、人文、艺术等核心领域的内容。学校要培养学生综合的人文底蕴和科学精神、良好的学习习惯和思维品质，为进一步系统学习奠定坚实的学习基础。

自觉发展能力，要求学校在"自觉教育"理念指导下，注重学生的主体性发展，在学生自我意识、自主管理、自主实践和自我规划等方面进行整体规划，培养学生自主选择、独立判断、主动学习的意识和自我管理的能力，实现学生的自觉发展。

创新实践智慧，要求学校注重学生个性的优长发展，培养学生的独立探究意识、协同合作能力和自主表达能力，提升学生的问题意识、创新意识、责任意识、质疑精神和团队合作精神，突出实践活动中的智慧生成。

明辨笃行品格，要求培养学生明辨是非的能力，树立正确的价值观，培养学生知行合一、坚持不懈的精神，使学生从小就注重自我德行的养成。

2. 课程结构

课程结构是课程理念的结构化表达。考虑到课程的性质、功能、类型、层级和修习方式，我们更倾向于整合国家课程、地方课程和校本课程，建立体系化的学校课程。这样的学校课程横向上要体现核心素养的课程转化，体现整体性和基础性的要求，因此我们选择了领域的概念，将价值相近的学科课程整合在一个领域之中。年龄段越低，学科的整合程度越高，领域越少。小学阶段拥有五个领域，初中阶段拥有七个领域，高中阶段拥有九个领域。

（1）"领域—层级"式课程结构设计

课程结构的纵向上要体现时间的层次性和内容的层次性，兼顾不同年段的衔接性。层次丰富的课程，能满足同一年龄段不同发展基础与需求的学生都选择到适合自身的课程的需要，从而进行统一基础下的差异化学习。为此，我们在不同年段的同一领域进行了差异化设计。例如，小学的健康与生活，初高中的运动与健康；小学的艺术与欣赏，初中的艺术与创意，高中的艺术与创造；等等。同时纵向的课程类型上，我们设计了基础课程、拓展课程和主题课程的层级。基础课程主要是国家的学科课程；拓展课程是以国家课程为基础的学科丰富延伸，可能是学科先修课程或学科融合课程；主题课程是超学科的综合课程。这样的设计，更能体现出课程的选择性和衔接性。如下所示，是各个阶段的课程结构。

小学的课程主要有语言与社会、数学与科技、艺术与欣赏、健康与生活、交往与实践五个领域，我们按如下结构进行设计：

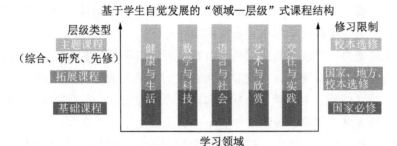

基于学生自觉发展的"领域—层级"式课程结构

初中的课程结构介于小学和高中之间，主要有语言与文学、数学、科学与技术、人文与社会、艺术与创意、运动与健康、交往与实践七个领域，我们按如下结构设计：

基于学生自觉发展的"领域—层级"式课程结构

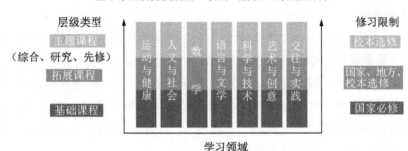

高中的课程结构在体现国家课程的基本领域的基础上做了局部的调整，主要有语言与文学、数学、科学、人文与社会、技术与设计、艺术与创造、运动与健康、生命与规划、交往与实践九个领域。我们按如下结构设计：

基于学生自觉发展的"领域—层级"式课程结构

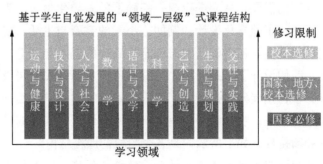

各个阶段的课程结构

（2）"领域·融合"课程结构

我们在"领域—层级"课程结构的设计基础上，进一步研究课程统整的相关理论，突出教育的交往实践属性，在九年一贯制学校设计了涵盖七个领域的"领域·融合"课程体系。我们在课程结构的设计中，特别考虑了九年一贯制学校的一体化管理和小初课程的有效衔接。我们一方面强化学生的自主性、能动性和创造性的培养，在国家必修课程、选修课程和综合实践课程中，强化交往与实践的课程价值，体现课程统整的垂直延伸和横向拓展；另一方面将主题课程不单独作为一个层次，而是融合到学科课程设计之中，体现主题课程在内容上与各学科的关联性，在层级上与基础课程和拓展课程的整合性，在修习方式上与必修和选修课程的衔接性；在类型上与学科课程、综合课程、核心课程的统整突出了课程结构的融合性。

以下是一所九年一贯制学校"领域·融合"的课程结构图：

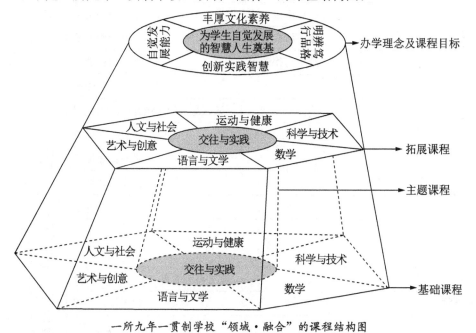

一所九年一贯制学校"领域·融合"的课程结构图

3. 课程图谱

根据课程结构，结合学校特色，学校研制了课程图谱，体现了学校的课程科学统筹、均衡设置办学特色，体现了学校课程的整体优化功能。

以下是一所义务教育九年一贯制学校的课程图表：

一所义务教育九年一贯制学校的课程图表

课程领域	小学			初中			课程层级	修习方式
	一年级、二年级	三年级、四年级	五年级、六年级	七年级	八年级	九年级		
语言与文学领域						语文	基础课程	必修课程
						英语		
						阅读课程	拓展课程	选修课程
		小学生必背古诗词		古诗词鉴赏				
		英语每日读		生活中的英语				
		成语故事表演		英语戏剧表演				
			绘本写作课程	文学写作课程				
						朗诵课程		
				语言与文学领域社团活动课程			个性课程	
						文化节		
			演讲与口才课程					
						素质英语课程		
艺术与鉴赏领域						音乐	基础课程	必修课程
						美术		
		书法		高级书法课程（硬笔、软笔等）			拓展课程	选修课程
						视唱练耳课程		
		乐器课程（键盘类、管弦类等）						
						舞蹈课程		
		简笔画			水彩画	素描课程		

续表

领域				课程类型	修类
艺术与鉴赏领域		艺术与鉴赏领域社团活动课程		个性课程	选修课程
		艺术节			
		艺术创客课程			
		国画课程			
		版画课程			
		戏曲课程			
创意与设计领域		综合实践		基础课程	必修课程
		建筑与环境创意设计课程		拓展课程	选修课程
		汽车创意设计课程			
		头脑创新思维竞赛（DI）			
		创意与设计领域社团活动课程		个性课程	
		冰雪艺术课程（雕塑、摄影等）			
		青少年领导力课程			
		陶艺课程			
		厨艺课程			
		思维导图课程			
运动与健康领域	体育		体育与健康	基础课程	必修课程
			心理咨询与健康		
			心理健康教育课程	拓展课程	选修课程
	花样跳绳		拓展训练		
	体育活动（毽球、跳皮筋、丢沙包等）		轮滑课程		
			球类课程（羽毛球、乒乓球等）		
			棋类课程（国际象棋、围棋等）		

续表

领域					
运动与健康领域	运动与健康领域社团活动课程			个性课程	选修课程
	体育节				
	跆拳道				
	健美操				
	体操				
	冰雪课程（滑冰、滑雪等）				
人文与社会领域	品德与生活	品德与社会	思想品德		基础课程	必修课程
		历史	历史		
		地理			
	养成教育课程	青春教育课程	理想规划课程	拓展课程	选修课程
	乡土教育课程（爱学校、家乡）	交际与礼仪课程			
	中国历史故事	世界历史故事			
	自我管理课程				
	法治教育课程				
	爱国主义教育课程				
	国防教育课程				
	民族团结教育课程				
	人文与社会领域社团活动课程			个性课程	
	旅游主题课程				
	节日纪念活动				
	中国文化课程				
	模拟法庭				
	发展指导课程				

续表

数学与信息领域				数学	基础课程	必修课程
				信息		
			数学思维能力拓展训练		拓展课程	选修课程
			理财教育课程			
		幻灯片制作	电脑小报			
		数学与信息领域社团活动课程			个性课程	
	七巧板智力课程	几何画板练习				
		DV记者课程				
		机器人课程				
		数学竞赛课程				
科学与技术领域		科学	生物	化学	基础课程	必修课程
				物理		
		科学趣味小实验			拓展课程	选修课程
		3D打印课程				
		科技小发明				
		气象科普课程				
		航天素养基础知识课程				
		科学与技术领域社团活动课程			个性课程	
		生命主题课程				
		科技节				
		手工艺课程（折纸、编织等）				
		园艺课程（花卉、树木等）				
		宠物饲养课程				

4. 课程类型

根据国际和国内通用的课程分类标准，结合学校课程建设和实施的需要，课程可以进行如下划分。

（1）根据内容编制方式分类

为了体现不同课程类别的课程优化功能，我们可以按照课程的整体统筹规划、内容均衡设置、不同组织方式，将课程划分为基础课程、拓展课程和主题课程。

①基础课程

全体学生在特定时间按照统一课程内容进行修习，内容包括国家课程、国家课程校本化课程、地方课程、校本必修课程。课程满足所有学生的根本需求和基本发展。

②拓展课程

全体学生在特定时间选择课程内容进行修习，内容包括国家限定性选修课程、校本限定性选修课程，难度上进行内容深度的拓展，范围进行学科广度的拓展。课程满足大部分学生的选择性需求和选择性发展。学校可以依照学校条件、参照学科特点、按照学段规律，有选择性地开设具体课程。

③主题课程

打破年级概念、学科界限、领域界限，以交往与实践为核心领域，其他课程领域的内容和范围做交叉整合，以主题项目为载体和组织方式，进行开放式主题融合。在各项目课程中，师生项目组团队合作修习，共同进行多学科、多领域交叉渗透的综合问题解决，发掘和提高交往与实践中创生智慧的能力。课程满足部分学生的个性需求和全面发展。

（2）根据修习限制方式分类

对于基础课程，各学校应该开齐、上足、教好国家课程，全员必须修习完成。拓展课程和主题课程则由各学校根据实际情况选择修习方式。对于典型课程门类，集团学校可以依照学校条件、参照学科特点、按照学段规律，选择性地开设具体课程。

必修课程是由国家根据学生全面发展的需要而设置，且所有学生必须全部修习的课程。限选课程是各学校依据办学特色选定的主题课程，它要求学生必须选修，如"自我教育课程"等。任选课程中，除少数通选主题校本课程外，大量校本课程均可供学生根据自身的兴趣爱好、个人的发展需求，自主任意选修。

5. 课程的开发策略

为克服学校课程建设的"山寨化"倾向，也为了明确学校课程不是开发的越多越好，不是教师能开什么课就安排什么课，学校必须进行多角度的课程需求调研。在需求调研基础上，学校根据人才培养目标和课程目标的定位，坚持目标优先、计划统筹、体系科学的原则，实行分批渐进、主辅相济、改进成型、吸纳先进、形成特色的策略，将课程从内容上划分为学科课程、拓展课程、综合课程和主题课程，从修习管理上分为必修和选修，从开发向度上分为学校品牌课程、学科优质课程群和教师特色课程。

学校应当建立三级课程管理制度，以项目研究方式整合学校资源，开发学校特色品牌课程；以学科教研室为单位，组织骨干教师围绕学科特色和培养目标，集中开发学科课程群，并给予充分的项目支持，形成相对成熟的优质校本课程；同时鼓励教师根据自身专业特点、学生需求和学校目标，开发个人的特色课程，此类课程的运行由学生的选课意愿决定，满足15～20人开课。如果教师开发水平高，学生选课意向好，学科组将给予专业指导，该课程也向学科优质校本课程过渡。

我们希望将学校特色建设课程化、常规化，凸显课程对学生发展的指导功能，同时将"四自"的培养目标细化到各类课程中，并在学科课程实施中具体落实学科教学指导纲要中，成就学生自觉发展的智慧积累。在学校品牌课程建设中，基于学生成长规律开发的"四维德育课程"贯穿小学到高中的全学程，以有效落实"四自"教育的目标。课程实施过程中，学校将采纳学分管理与课程运行、学生综合素质评价与毕业推荐相结合的方式，促进学生的自觉发展。

6. 课程的实施与评价

课程的实施要全面落实课程方案的相关设计。学校要建立课程管理的组织机构，成立学校课程开发委员会，负责学校课程的系统设计与规划、审核与认定、检查与评估，保证课程的有效运行。同时国家课程管理制度由学校对整体课程的规划与设计进行制定，地方课程管理制度由学校对地方课程的建设和评估进行制定，校本课程管理制度包括课程开发管理制度、课程申报管理制度、课程选课管理制度、课程运行管理制度、课程评价管理制度等。学校在课程开发前要编制切实可行的《课务管理手册》，规范课程的运行。

学校要建立课程管理流程，制定课程管理标准，实施有效的发展性课程评价，将表现性评价、质性评价和纸笔测试进行整合，实现学生发展的全息评价图谱，激励学生不断挑战自我，成就更好的自己。

总之，课程的建构是学校内涵发展的首要任务，没有课程的领导，学校的优质化目标就无法实现。在总体发展规划指导下，学校需要进行课程规划的研制，进行课程运行的背景分析，整合课程目标、课程结构、课程内容、课程实施、课程评价等方面内容，形成系统的课程方案，指导学校的课程运行。

四、基于"自觉教育"的学校教学体系建构

教学活动是学校最基本的核心活动，它不仅仅可以帮助学生获得知识，更重要的是还能促进师生的精神成长。雅斯贝尔斯在谈到教育的本质时强调："教育者不能无视学生的现实处境和精神状况，而认为自己比学生优越，对学生耳提面命，不能与学生平等相待，更不能向学生敞开自己的心扉……训练是一种心灵隔离的活动，教育则是人与人精神相契合，文化得以传递的活动……教育活动关注的是，人的潜力如何最大限度地调动起来并加以实现，以及人的内部灵性与可能性如何充分生成，换言之，教育是人的灵魂的教育，而非理智知识和认识的堆集。……在学习中，只有被灵魂所接受的东西才会成为精神瑰宝，而其他含混晦暗的东西则根本不能进入灵魂中而被理解。教育过程首先是一个精神成长的过程，然后才成为科学获知过程的一部分。……学校应为每一个人创建一个智力和精神的基础，这一基础对掌握其他的知识和技能是必不可少的。"[①]

我们以往的教学，更多地关注教学过程的组织。尽管有三维课程目标的要求，但大多数教师的常规课堂教学还是更重视知识的教学，对学生的人格养成和能力提升重视不够。而中考、高考对教学的指挥棒作用，使更多的课堂教学过程指向知识的重复训练，指向学生解题能力的提高。学科教研对课堂教学的价值和学科知识的

---

① 余小茅：《探寻本真教育——雅斯贝尔斯教育思想的文本学解读》，63～64页，北京，北京师范大学出版社，2015。

意义探究不多，我们很少追问自己所讲授的内容与学生知识的学习之间的内在关联性，教师更在意的是自己是否完成了本节课的授课任务，至于学生是否都能完成这些内容的学习，很难做具体的反思与评估。

　　附中的优效教学研究是在全面质量管理的思想指导下进行的优效备课、优效上课、优效评估的过程管理实践，对课堂内的教学研究不够深入。也可以说，我还没有对学校课堂教学的研究有比较清晰的思路。为此，我们虽进行了"课堂观察"的校本实践，也通过对学生近距离的行为观察，分析了学生的课堂学习情况与教师教学实际的关联度，但在行动研究中，只确立了每个学科的"好课"模型。在实际研究中，因为缺乏学校对课堂教学的理念引领和方向把握，各学科组的研究能力差异较大，课堂教学的改革研究始终没有形成体系化的研究成果，这也是我在附中管理实践中比较遗憾的地方。

　　钟启泉教授认为课堂教学的过程是一种建构客观世界的意义，形成特定的概念与含义的认知性实践；也是借助这种认知性实践，每一位儿童与教师形成了一定的关系的社会性实践；同时也是一种通过对自身的认识与态度的反思，重建自己的身份的伦理性实践。学习是个人意义的发现或主体意义的形成。[①] 在自身教学经验和附中教学实践积累的基础上，结合义务教育委托管理两年的教学研究，我提出了"意义教学"的基本思路。

（一）"意义教学"的提出

　　对意义教学的思考是建立在附中优效教学实践的基础上的，附中的优效教学主要侧重教学的流程管理。当时，我们对课堂教学的认识还不够深入，对课堂教学的教育性认识还不够充分，主要还是强调知识的教学，没考虑学生的生命体验和全面成长。我们当时认为，每个学科都有其独特的思想方法、学科体系和学科本质。学校如果提出一个明确的教学模式，可能会限制学科自身的创造性；反之，各个学科可以获得更多的基于学科的课堂教学模式。

　　这样的认识对附中这样一所高水平、高起点、高素质教师队伍的学校来说有其

---

① 　钟启泉：《课堂研究》，5～11 页，上海，华东师范大学出版社，2016。

合理性，但对一些稍微薄弱的学校而言，可能就不那么适用了。为此，在附中基础上，我们开始从教学论、脑科学和教育神经学的有关理论出发，研究生本课堂的教学组织和学生学习。其中，罗杰斯的人本主义教学观给了我们非常大的启发。罗杰斯和弗赖伯格在《自由学习》中用平实的语言给我们描绘了基于学生学习的教学应该是什么样的。他们认为教学比学习更难把握，因为教学的意义在于教师的首要任务是让学生学习，满足他们的好奇心。仅仅是记住一些客观知识对现实而言价值不大，对未来更没有什么价值。不管是现在还是未来，学会如何学习都是有意义的。因此，教师的任务微妙而艰巨。在真正的教学中没有所谓的权威，也没有自命不凡的人。教师要走在学生前面，与学生相比，教师需要学习的东西更多——他必须学会如何让学生自由学习。①

教育要基于人的内在发展的需求。只有真正激发了学生内在的学习动机，让学生主动学习，这样的教育教学行为才是真正有效的，才是有益于学生终身学习。正如教育家马丁·布伯在《无声的问题》中所说，个体必须从自己开始，假如自己不以积极的爱深入生存，假如自己不以自己的方式去为自己揭示生存的意义，那么，生存就依然没有意义。

只有学生愿意参与的学科学习过程，对学生才是有意义的活动。学生的学习是将文本的课程转化为自身经验的过程，这一过程主要是在教师的引导和帮助下完成的。教师的支持作用在学生的知识建构中意义重大，教师在教学的设计中不仅要了解学生已有的经验知识，还需要了解学生学科知识的建构方式。在根据课程标准、教材进行领悟、设计、实施课程的过程中，教师虽然是基于相关材料对课程进行文本解读的，但终极目的还是指向学生的发展，指向学生学科的核心素养，指向学科学习的本质。

在化学问题解决教学研究中，我探讨了学生问题解决的机制、表征和使用的策略，这个经历给我的深刻启示是学生作为学科学习的新手，学科学习中的问题表征与解决策略与专家有很大的不同。学生的学习不仅是建立知识的图式、产生命题、建立结构化的概念和命题网络的过程，而且是学习品质的形成过程，比如学习过程

---

① 卡尔·罗杰斯、杰罗姆·弗赖伯格：《自由学习》，40～42页，北京，人民邮电出版社，2015。

中的兴趣和注意力的投入、学习过程中行为与情绪的控制、问题解决中的意志品质的培养、自我效能感的提高等。对学生而言，学习不单纯是知识的掌握，还是知情意行协调统一的过程。如何能让学生的学习真实地发生，是学科教学应该思考的本源问题。

曾参加过经济合作与发展组织（Organization for Economic Co-operation and Development，OECD）核心素养框架研究的美国经济学家列维和莫奈指出，"专家思维"和"复杂交往"是 21 世纪素养的显著特征，它们都指向了对复杂的、不可预测问题情境的高度关注。学科教学已经从表面化的知识学习转向整全性的人格教育，欧盟核心素养框架就将学科核心素养的培养定位在"情境化的知识、技能和态度的综合"上。海德格尔将知识理解为我们与世界打交道的一种重要方式，并指出知识具有生存论层面的深刻根源，所有的知识都与我们的生存实践存在种种不同的因缘和意蕴关系。

指向学生核心素养的学科教学，不能停留在已有的指向考试的习题教学中，不能仅仅是根据考纲和教材精简知识点以反复进行原理与规则使用的习题演练，不能不触及学科的思想方法，也不能不联系广泛的社会生活意义。教师不仅需要发掘文本的学科育人潜能，还要充分体现学科学习的自主性、交互性、体验性和生成性；教师需要调动学生的全部能力与热情，在学生已有的经验基础上，让学生感受学习对自身发展的意义，亲历学习的建构过程，将文本的经验转化为学生自己的可调用的知识经验，形成自身丰富的学科素养。

附中的课堂教学主要着力于三环节优效教学的探索，从备课、上课、评估三个维度实施全面质量管理，并取得了较好的效果，学生的学业质量有了较大提高。现在的课堂教学已经从三维目标过渡到学科核心素养的培养上。学科课堂教学的意义在于促进学生全人格的发展，所以学生的文化基础、自主参与、责任担当在每个学科的教学中都应该被充分体现。脑神经科学的研究也证明，理想的课堂应该激发学生的自主参与，为学生的主体活动提供更大的挑战，刺激学生的多个感官系统，在增加学生体验的同时增强其动手能力。教学是为了提供经历，学生要有机会采用多种方式加工知识，唤起物理感官和积极情绪，与以往的经历和兴趣建立联系。

为实现这样的教学观，结合教学管理的已有经验，我们提出了"三环节两中心交互式意义教学"（以下简称"意义教学"）的基本理念。

(二)"意义教学"的概念

1. "意义教学"的基本含义

"意义教学"与"优效教学"的实践有其内在的关联性。

"意义教学"是在附中优效教学基础上提出的教学指导思想和管理范式。我们认为"意义教学"是指教师通过课前、课中和课后的师生深度交往与实践,指导学生建立与知识之间的内在意义联结,帮助学生在问题解决中巩固联结,提升意义的理解,促进学生认知能力、社会关系与历史文化价值的统整建构,实现学生的自觉发展的一种教学模式。

"意义教学"是"自觉教育"理念的教学表达。以往的教学研究主要关注课堂教学,对课前和课后的延伸不够,教学没实现闭环管理;教师都是从"教"的角度研究教学设计和流程组织,对"学"的研究不够深入。"意义教学"以学生为研究视角,从学习的发生机制出发,强调知识与经验的建构与生成。"联结"是脑神经传导的主要方式,意义是联结发起和巩固的核心。没有学习者的意义建构,学习的内容就不能被有效记忆、存储和快速提出。相同的内容对每个学生的意义可能差异很大,教师的教学就是要设置认知冲突,引起学生的注意,引发其强烈的情绪体验以参与到多样化的交往活动中。教师要认真观察学生的表现,倾听学生的对话,理解学生的文本与语言表达,与学生分享不同的观点;要帮助学生自己发现知识背后蕴含的学科思想、学科思维方法和学科的社会意义,发现其中凝聚的历史文化价值,并指导学生将这些认知转化为学生自己的体悟和思考,以此实现学生认知、社会与文化的意义建构。

首先,"意义教学"还是指向教学的全过程。"三环节"是指课前的生成式备课、课中的意义课堂、课后的发展性评估这三个教学流程中的核心环节,强调课堂教学的前后意义延伸。没有教师课前的备课研讨,没有借助一定工具的学情分析,没有教师将书本的知识转化为教学内容、选择并设计成学生能接受的教学和学习材料,教师的课堂教学就很难建立学习的实质性意义,教学就可能成为教师脱离学生实际的自圆其说性活动。没有课后的教师教学反思,没有针对问题反思的补偿性教学和对学生的发展性评估,可能在教师离开教室的那一刻,学生的识记内容就已经被大脑自动剔除而没有机会形成可以被反复提取的长时记忆。学生的学习得不到全息刻画，教师就难以对学生的全面发展给出学科性的具体指导。

其次，"三环节"是以指向学生学习质量提升为总目标，进行教学全面质量管理的流程再造。它是以"全员、全程、全面"的"三全"学业质量观为依据，明晰学校教学质量管理的闭环思想。我们让每一次教学活动都从精心准备开始，以基于大数据分析的反馈指导为结尾，以指向学生学习质量优化为过程目标，实现教学活动的螺旋式上升，不断优化学校的教学管理，不断优化教师的教学行为，以此不断提升学生的学业水平。

再次，"两中心交互式教学"是指在学科教学中，教师和学生这两个核心要素，通过课前互动、课中互动、课后互动，整合学材、环境、活动等支撑性资源，进行思维、语言、行为等多种要素的生成性交互学习，帮助学生建构学科知识体系，塑造积极的人格品质，提升自我行为的调控管理，使学生的德行和学养在课堂教学中得到最有效的培育，实现"意义课堂"的重建。

最后，"意义教学"突出了生本课堂的理念，强调基于学科核心素养培养的课堂，应该是关注学科本质，经历学习过程，让学习真实发生的课堂。教学的真正目的，就是在学生个体的身心发展规律基础上，调动一切资源，支撑学生个体的差异化学习、嵌入式学习、深度学习和具身性学习，建构属于每个学生不同于他人的独特学习体验。"意义教学"强化教师教学的学生本位，强调教学中要以教会学生自主学习为目的，建构有意义的课堂，以此发展教师"教"与"育"整合的专业能力。教师则在与学生的交互学习中自觉提升修为，由"经师"（教知识的教师）走向"人师"（可以进行知识、方法、情感、德行指导的人生导师）。

"意义课堂"就是指向学生全面发展的课堂，指向学生"知、情、意、行"协调发展的全人格养成的课堂，指向师生共同发展的生命课堂，指向教师教学与教育并重的责任课堂。唯此，教育才有可能是学生自觉生命的意义追寻，才有可能是学生自我成长与自我完善的社会化过程，才有可能为学生未来的智慧人生奠基。

2. "意义教学"的基本原则

（1）自主性

"意义教学"着重培养学生的自主性学习能力。"意义"的原指是学生个体对知识的意义建构。真正的学习是学生与学习内容之间发生意义关联，寻求知识的"个人意义"；是学生积极参与学习过程，获得价值体验；是学生进行自我反思和自我体悟，追寻一种自我认同感。也就是说，只有学生的学习具有了意义感，真正的学习才会发生。[1]

因此，真实的学习，必须是学生自己感受到学习的意义。这也集中体现了学习的主体性特征。我们认为课堂教学的主体是复杂的、动态的，学生是学习活动的主体，教师是教学活动的主体，这两个主体在教学中是交互共生的。对这种情况的准确解读，应该是主体间理论。主体间理论认为，本我的价值在于他我的存在，"我"因"他"为我，而不再是简单的主客体二元论思想。主体间理论强调共同体中主体的平等存在、价值共生、转化或消亡，而这也是主体间互为依存的社会性存在。

教师和学生的自主性，体现在对教材和教学内容的自主处理、主动转化中。教师需要将书本的知识内容转化为可教授给学生的知识。学生需要在教师的指导下，将个体经验中与学习材料有关联的内容建立联系、主动调取、建构意义、产生神经联结，并存储在大脑中。而为了能长久地保存学习的新知识，学生需要进行巩固性训练，在迁移中学会应用，提高学习的效率。这些过程只能依赖学习者的自我认知和元认知调控。无论是皮亚杰的同化和顺应，还是维果茨基的社会建构，我们都是从行为观察以推测大脑对知识的可能处理方式。人工智能基于神经心理学发展提出的深度学习，也仍然是一种算法推演。大脑是我们认知的黑箱和迷宫，每个个体都有自身成长的生理和心理特征。不同文化背景下的认知图式和产生方式不尽相同，但有一点是完全相同的，即学生学习的发生是学生个体自我的建构过程。如果学生愿意并感觉到意义所在，这种学习就会产生较好的效果；如果学生不投入、不参与，或抵触与抗拒，学习就很难发生。学习就是学生自己识记、理解、掌握和运用知识的过程，是学生自我意识、自我认知、自我人格整体协调发展的过程。

齐默尔曼和莫伊伦提出了自主学习的"循环阶段模型"，认为学习者的反馈有三个循环性阶段："预见阶段"是先于学习的，是自主准备学习、展开学习过程与内在动机的源泉；"实施阶段"是学习产生并付诸实施的作用过程；"自我内省阶段"是对学习结果的作用过程。"预见阶段"包括目标设定、方略计划、自我效力、结果预

---

[1]　容翠、伍远岳：《学习的意义感：价值、内涵与达成》，载《教育发展研究》，2016(18)。

期、兴趣与价值、目标取向的学习信念与感情等多方面内容；"实施阶段"由自我控制、自我观察构成，涉及自我指导、表象化、时间管理、环境构成、援助需求、兴趣激发、结果的自我调控等组成；"自我内省阶段"由自我评价、原因归属、自我满足、适应性决定和防卫性决定等内容组成。[①]

自主学习是一种能动的、循环的活动，借助上述循环的相互依存性，自我调控过程就能维持各自的过程，各阶段的信念就能够在之后的阶段里促进学习，或者形成修补的路径。自主学习是个人对变化的环境要求的一种反应，是基于个人能力与"理论"的一种适应方法。

任何学科的教学都离不开学生的自主学习，自主学习的过程也是学生能力提升与人格发展的过程。教师只有将精简的学科知识，以学生能掌握的方式传授给学生，给予学生更多的自主学习指导，教学的意义才能真实呈现。学生学习的知识虽然是已经被精心选择的人类文明成果的间接经验，但对学生而言，却还是需要经过自己的认知加工，建立实质性的神经联系，才能转换成自己的经验。从这个意义上讲，学科知识对学生而言也是其需要获取的"直接经验"。

（2）交互性

"交互教学"将合作与交流作为学习的主要方式，强调学习过程中的多向信息交流、多主体交流和多种方式交流。不同层次、不同内容、不同范围的交互活动会唤起学生强烈的自我意识、积极的自我调控、主动的思维活动、流畅的自主表达，帮助学生体验学会的快乐和交流互助的喜悦，让学生感受到只要自己主动投入，总能有所收获。这样的交流与合作，能让学生建立积极的同伴关系，感受到自己在群体中的价值，增强学生自尊感，满足学生自我肯定的需要。在人类社会化的环境中，发展学生的道德认知，是教师不仅"教"还要"育"的使命与责任所在。

课堂教学的本质也可以看成是一种对话和沟通的过程。沟通可以使以"主体为中心"的对话，转化成主体间的生动对话。这种转化体现了一种安全的、平等的、互惠的、协作的关系。教师控制课堂的欲望越强烈，学生的交互性体现就越表象化，课堂就越容易成为教师和部分学生的单一对话。而儿童的成长是沟通和解释能力渐

---

① 钟启泉：《课堂研究》，46～49页，上海，华东师范大学出版社，2016。

进成长的过程，语言的使用是在沟通与合作中发展起来的，这也是学生文化性生成与社会性交往的重要途径。

正如佐藤学对学习共同体的课堂教学的界定所言，向自立的、能动的、协同合作的学习方式转型的改革，推动了学习概念的重新定义，"学习"被再定义为"意义与关系的建构"。

学习，从与对象（教育内容）的关系来说，是通过设问及互动探求世界并对世界的认识与意义进行自我建构的认知性、文化性实践活动。在这种认知性、文化性的实践活动中，学习者建构着对象与自身的关系，建构着未知世界与已知世界之间的关系，也建构着知识与知识之间的关系。可以说，学校中的学习就是有目的、有计划、有组织地开展这种认知性、文化性实践活动。

作为认知性、文化性实践的学习，在教室这一场所中，是通过师生关系与生生关系这一人际间的社会性沟通来实现的。在这个社会性、政治性实践中，学习者开展着重新编织与教师、与其他同学、与教室之外的人际关系及其意义的实践。

此外，在这个学习过程中，学习者不仅与教育内容（对象）相遇、对话，与教室内外的他人相遇、对话，也不断与自身相遇、对话。课堂中的学习者通过这种参与，既证明自身的存在，也表明自我的态度。通过教室中的学习，学习者也在不断地重塑自我，这种不断重新编织自我的学习，可以说是一种作为伦理性、存在性实践的学习。

综上所述，"学习"这一实践，既是建构客体间关系与意义的认知性、文化性实践，又是建构课堂中人际关系的社会性、政治性实践，同时也是建构自身内部关系的伦理性、存在性实践。

课堂互动是学生生命体鲜活灵动的交互，是学生间、师生间的良性互动，是一个整体的动态生成过程。我们不能预知学生的课堂反应，但力求在课堂的时空背景下，调动课堂各要素之间的交流，形成学习共同体，并在学习共同体的人际关系中产生认知和情感活动，促进学生精神与认知的全面成长。

我们期待通过这样的学科教学认知，让所有的学科教师肩负起学生人生导师的职责，让生本化的大德育观成为学校学科教育的常态。

（3）体验性

学生的学习需要多种感官协同作用。神经心理学认为，身体、心理和大脑是紧密相连的系统。有研究表明，大脑内可预见的微小区域正是认知活动具体发生的地方。脑成像技术同样显示，通过各种感官、情感体验收集的信息聚集到脑中心后，就被存储在这些微小区域。学生通过一系列学习活动建立的工作记忆会刺激多种感官，打开大脑通道，达到存储记忆的目的。信息会对感官实施多重刺激，让学生在需要的时候获得更多的链接，这就意味着会有更多类型的线索被唤醒并再记忆。如果教学可以采用视觉、听觉等多种手段来获取信息，那么学生就能通过声音和影像等途径再现记忆。体验式学习需要动手实践，这能调动多种感官参与学习，提高学习效率。

正电子发射型计算机断层显像扫描显示，感官活动刺激着两个看似独立实际却相连的记忆系统，它们之间会产生强大的交互作用。第一种记忆系统是语意记忆，例如教师讲授光合作用时，会传递事实性知识，这是课堂学习的特定部分。第二种记忆系统是情境记忆和事件记忆，比如触摸、观察、测量植物，会引起感觉输入。动手实践活动的目的是激活这两个系统，对保持记忆的要求比较高，对无效的死记硬背的要求比较低。

因此提高教学的可视化水平，通过图表、模型、视频、实物等建立关联性记忆，刺激大脑建立多个记忆通道，可以增强存储信息和有效提取记忆的能力。

在多种感官的协同作用下，课堂教学的效果可以得到明显的改善，而积极的情感体验也是学习中必要的自我调控内容。大脑的杏仁核是颞叶边缘系统的一部分。学生感到开心或焦虑，都会在神经影像上留下蛛丝马迹。当个体因处于压力、恐惧、焦躁的状态而导致过度反应时，来自感受器区域的信息就无法通过杏仁核进入记忆回路通道。当个体处于愉悦、舒适、积极、充满动力的状态时，杏仁核则会因收到温和的内在刺激与提醒而产生适度反应，进入警觉状态，加快对新信息的处理和传输。在个体的高压状态下，学习内容不能进入脑中枢的信息处理中心。在高压力的课堂中，学生的大脑的杏仁核受到大量负面情绪的刺激，学生的情感过滤功能会自动阻止数据进入意义通道，学习的意义将难以建立。积极的情感体验，有价值、有兴趣的内容，教师的鼓励与倾听，都能建立一种舒适的课堂氛围，学生的学习也容易获得意义的链接，产生良好的学习效果。

教学的体验性既包括多种感官的协同作用，也包括积极情感的调控作用。研究已经证明，学生的自信、学生对教师的信任和喜欢、支持性的课堂环境和班级集体都能让学生体验学习的快乐和热情。体验成功可以帮助学生建立积极的神经联系，保持正常的新陈代谢，提高注意力水平，增强自我身份的认同感，提高自我同一性，从而实现自我发展。

（4）生成性

学习的过程是时间意义上的动态建构过程。对学生而言，意义课堂的生成性，是在学生已有经验基础上的能动建构过程，也是学生自我意识和人格的生成性发展过程。对教师而言，意义课堂的生成性是教师对教学材料进行自我经验的重构而生成教案的过程，更是在变化的教育实践过程中整体把握、即时诊断、细心观察、灵活交流、不断追问的生成性过程。没有一节课是可以被完全重复和模仿的，每一节课的教学都是预设后的重生过程。

学生的已有经验千差万别，教师的课堂组织实时改变，即使我们做了充分的准备，还是有很多偶发事件发生，课堂教学研究也因此呈现出了丰富性和变化性。课堂教学与学生学习的意义，都是在学习场中由教师和学生通过互动性的交流而逐渐生成的。教师教学的真正困难在于如何面对生成性的教学场景，帮助学生发现和理解教材的意义，并在活动中建立学习的意义联系。

卡尔·罗杰斯认为，有意义学习或经验学习包含了几个要素，其中第一个要素是个人卷入的程度，即整个人的身心，包括情感和认知，都成为学习的一部分。第二个要素是自我主动投入，即使刺激来自外部，探索、接触以及理解和掌握的愿望却发自内心。第三个要素是渗透性，它引起了学习者在行为、态度甚至是人格上的改变。第四个要素与学习者对待事件的评价有关。学习者很清楚学习内容是否满足自己的需要，是否指向自己想要了解的领域，是否恰好填补了自己的空白。我们认为评价的核心在于学习者自身。对学习者而言，学习的本质是意义的建构，当这样的学习发生时，对学习者有意义的元素会被融合到其全部经验之中。

总之，"意义教学"就是要深刻理解学科教学中学生的主体作用，将学科教学首先看成学生认知、情感和人格的养成过程；充分发挥学生的学习自主性，将学科课堂教学作为学生"自觉教育"养成的主渠道，以学科学习培育学生的自信心，养成学生克服困难、顽强拼搏的自强精神，以此帮助学生成就更好的自己。

3. "意义教学"的基本模型

"意义教学"是以培养学生的自主学习能力、沟通交流能力和实践能力为核心教学目标，通过课前诊断与设计、课堂教学、课后评估与补偿性教学以实现教学内容的精准讲授和差异化指导，通过课前、课中、课后学生学习时间的合理配置以鼓励学生动脑思考、动手实践，实现教学体系、教学活动和教学过程的重新构建的一种教学方式。

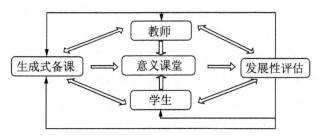

"三环节两中心交互式意义教学"模型

各环节基本含义

（1）集体备课是学校教学最核心的工作，是学校教学质量的前置性保障。没有高质量的备课，就不能产生优效的教学和有质量的学习。集体备课是在个人备课基础上的集体教研活动，是学校校本教研的主阵地，是教师专业生活的重要内容。

教师的教学不是个体简单地完成教学任务，而是在集体研讨中生成教学理解，将教材内容转化为可以教授给学生的内容。例如，学情的分析、课程标准的分析、教材的分析、教学目标的确定、核心问题的设计、学习活动的设计和组织、教学中的形成性测试和课后的巩固性测试等内容，都需有大家一致性的意见。在统一规定的研讨中，有同备课组教师间的互动、同学科组教师间的互动、不同学科间教师的互动、教师与专家或教研员的互动、教师与教学管理者的互动，也有教师为准备学案而与学生产生的互动。只有不同层面的有效交流与合作，才能确保不同教学经验和风格的教师对关键内容的处理是同质的，以此保障所有学生学习过程的基本公平，保障每个学生享有基本平等的接受优质教学的权利。

（2）"意义课堂"是指通过"意义创设—意义联结—意义巩固—意义提升"的循环教学，实现学生对公用知识向个人知识的转化与意义建构。一节课可能是一次转化与循环，也可能是多次转化与循环，每次循环都完成了学生知识的内化与生成。"意义课堂"是师生双主体对教学材料和文本的共同解读，是师生多维度交往实践活动的共同体验，是师生灵魂的共融，是教师对教学价值的自觉解读，并将以此引领学生的自觉发展。我们基于相关理论，建立了公版模型，各学科可以结合自己学科的特色与方法进行学科的差异化表达。

我们强调学科的交往属性，强调对知识内容中的科学概念与思维、社会关系和历史文化价值的意义剖析和学习转化。教师只有在社会化的学习情境中，通过使用师生对话、自主学习、同伴互助、交互创生等多种方式，让新知的学习与学生积极的情感体验、健康的自我认知和主动的行为进行调控与整合，才能建立新型的课堂授课方式。我们通过"课堂观察"工具，帮助教师优化自身的教学行为，在教师的头脑中建立学科"好课"模型和精彩教学切片库，让教师将好的教学设计与实施策略内化为教学行动的指南，激励教师在日常的教学工作中提高研究能力，促进专业发展。

（3）"发展性评估"是要求教师在课上和课后通过观察、提问、测试、谈话、问卷调查、语音分析等质性或量化方法，综合评估学生个体的学习情况。课后会议中的相互交流和讨论，可以强化教师教学的实践性反思和对核心问题的集体反思，让每位教师都从他人身上进行反身抽象，自觉更新教育观念，调整教学行为，使教学从学生学会学习的角度出发，提升学生的学科学习质量，提高学生的学科核心素养。

（三）"意义教学"的教学流程管理

1. "3＋1"生成式集体备课

（1）"3＋1"生成式备课流程图

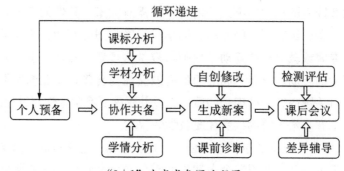

"3＋1"生成式备课流程图

（2）各环节的基本含义

"3＋1"生成式集体备课，是教师集体备课流程化管理的可视化表达。这样的集体备课由环环相扣的四个步骤组合而成。

　　"个人预备"是指教师在假期对下一个学期要重点准备的内容的个人预先准备。这个过程完全是教师的自主备课过程。由于每位教师主要准备自己被分配到的内容，不是学期教学内容的全部，所以教师有时间精心考虑目标的设定、内容的选择、核心问题的设计、学生的学习形式和课堂及课后的测试等内容。

　　教师的"预备"内容可以在电子化的备课系统中自主提交，也可以发起讨论，丰富和完善自己的独立备课内容。学期初，学科专家将对每一位教师提交的"预备教案"进行审核，提出修改意见，进行积分评估，评选优秀教案，并给予积分奖励。学校将公示所有教师"预备教案"的积分结果。

　　"协同共备"是指开学后，备课组在个人预备的基础上，由主备人进行课时或单元备课，学科专家与本备课组学科教师共同讨论主备人提交的共备教案并提出修改意见，最终由主备人上传集体备课的公版教案，提供给每位教师做课前参考。

　　"共备"是集体备课的核心环节，教师要聚焦课程目标，聚焦核心问题的解决策略，聚焦学生的学习行为分析；教师通过这种"1＋2"环节的深入研讨，达成课堂教学重点内容的授课共识，提高同一备课组的整体教学水平。

　　"生成新案"是指每位教师对公版教案的个体选择。教师可以使用讨论后的公版教案，也可以就公版教案进行班本化处理，结合自己任教班级的情况，进行适度调整。但备课组的核心要求不能做过多删减，以保证同一年级的各班级的教学基本同质。教师也可以将修改后的教案提交备课组，专家审核后，该教案可以作为公版教案的补充版本，供其他教师选择。被选择多的补充版教案将得到学科专家的奖励积分，以此鼓励教师协同备课后的个体创新。这样的集体备课与个体备课的反复交互、自主生成过程和积分奖励制度，将激发教师对备课工作的高度重视和积极参与，实现由"要你备"转变成"我要备"。这种基于教师常规教学的激励机制，是调动教师自我发展内驱力的有效方法。"协同备课"参考了"共享"的商业理念，实现了教师备课的一种共享"众备"过程。这其中既有每位教师自主的个体准备过程，也有教师群体的交互研讨分享，从而将备课看成教师生成新的适用本单元或课时授课内容的教学知识产生过程，较好地促进学科常规教学质量的提高。

　　"课后会议"是教师对自己课堂教学进行的个人性和集体性的反思，主要是在下一轮的集体备课前，用一定时间梳理问题，讨论问题产生的主要原因，并做针对性的调整和补偿性的教学，以此完成集体备课的闭环管理。这样的集体备课是个体经验与集体研讨的有效结合，是个体反思与集体反思的有效结合，也是教师专业发展的主要载体。通过循环的反思性实践，教师的个体教学风格得以形成，备课组内教师的协作关系更趋稳固，学生的学业质量提升也有了前置保障。

2. 基于"教与学"双视角观察的"意义课堂"

(1)"意义课堂"的教学循环模型

"意义课堂"是"意义教学"的核心，也是落实该理念的主要阵地。"意义课堂"模型呈现出教师—教学材料—学生的双主体交互式教学流程。流程表明，教学内容要经过教师的创造性转化，才能成为学生的学习材料；而学习材料也必须经过学生的二次转化，才可能有选择地整合到学生已有的知识与经验之中。教学材料的两次转化逻辑是意义建构的循环模型。我们用这样直观的方式强调，教师的教学必须落实到学生的学习过程中，落实到学科知识的本质理解上。如果教师不能从知识本身解读其中的学科价值与意义，就难以建立学生对知识学习的意义理解；缺失了意义理解的教学，只能是表层的符号记忆，是学习中的无用知识的堆砌，教师也将因此无法肩负为学生智慧人生奠基的使命与责任。

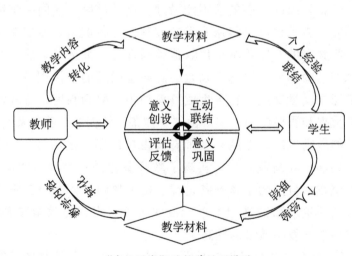

"意义课堂"的教学循环模型

（2）各环节的基本含义

影响教学过程的因素很多，我们认为核心要素是教师、学生和教学材料。流程分为内、外两个循环。

外循环主要从中观的角度，明确教师、学生和教学材料之间的关系。教师主要是将教材内容进行个性化处理，通过教学设计转化为可以教授的教学内容，这也是我们常说的完成教案的过程。但完成教案还不是教学的全部，教师还需要对教案进行结构化处理，形成学生可以接受的材料，如通过任务单、教具、实物、图表、视频等方式，教师将教学内容进行可视化处理，转化为能够让学生参与体验、印象深刻、主动联结的意义材料，指导学生进行有效学习。"教师"到"教学材料"的过程，是教师个体经验与教材内容的两次转化过程，体现了教师对教学的理解与把握。但教师的教学能否起作用，还要看教师能否调动学生的学习主动性，毕竟课堂教学的终极目的还是要学生学会学习。

学生要体验知识本身蕴含的意义和价值，将教师呈现的学习材料与自己已有的经验联结，激活自己的经验储备，转化为自己能够理解的内容，进行结构化的记忆，并在活动中加以强化和巩固。郭华教授在解读学生的深度学习时指出："学生通过调动以往的经验来参与当下的学习，又要将当下的学习内容与已有的经验建立结构性的关联，从而使知识转化为与学生个体有关联的、能够操作和思考的内容（对象）。"①

内循环既可以指整个课堂教学中学生的学习过程，也可以指教学中每个核心内容的学习过程。总之，它将学生作为学习的主体，关注如何完成每个知识内容的学习的个体经验。

"意义创设"是指教师根据学生的年龄特点，将教学内容设计成与学生生活经验和学习经历有关的强刺激情境，激活学生的神经网络，调动学生的多种感官，使学生能够迅速进入关键内容的学习中。在创设的情境中，学生调动自己的多种感官，接受信息，进行信息的初步处理，进入高关注度的学习状态。教师采用的策略包括：新奇反常的事例、感兴趣的问题或话题、实验或示范、比赛或角色扮演、神秘事件、个人经历、幽默或新奇的视频和音频、与个人情感联结的事物、选择性任务等。

---

① 郭华：《深度学习及其意义》，载《课程·教材·教法》，2011(11)。

　　"意义联结"是指教师在意义创设后，帮助学生建立新知识与已有知识网络的神经联结，产生意义建构。意义的联结是意义课堂最重要的环节，教师对内容的选择和处理要立足学生思维能力的培养；从记忆、复述、再现、归纳、类比、简单概括、规定问题解答等低阶思维逐步过渡到批判性思维、逻辑推理、抽象概括、模型、假说、直觉推理、复杂问题解决、元认知及策略等的培养上。学生可以通过经验与知识的转化、活动与体验的参与、本质与变式的加工等方式，完成基础性教学和学习任务，将知识内化为自身知识结构中的一部分，自觉提升智慧水平。教师可以采用多种教学和学习策略群，组织差异化、个性化、多元化的适宜教学形式，完成一轮或多轮的意义联结。这样的建构应当是知识的心理建构、关系的社会建构和个人实践及文本的历史文化建构；通过对知识学习的意义建构，彼此成就个体生命的意义互动和可持续成长与发展。

　　"意义巩固"是指学生通过活动体验、观点分享、自主表达、相互质疑等，强化已有的知识内容，尽快将有效认知图式转化到可永久存储的长时记忆之中。由于短时记忆的容量有限，学生巩固短时记忆内容，需通过有效的复述、展示和表达，强化学习迁移等策略；这一阶段是形成性巩固阶段，教师复习的形式与内容比较灵活，学习共同体建设是非常有效的方法。教师可以通过活动、讨论、模仿、表达、多方式融合学习，相同或不同情境问题复述等；调动学生的注意力，强化记忆，将知识内化的结果外化表达，巩固联结效果；同时培养学生的专注倾听、合作互助、流畅表达、情绪管理、行为管控、责任分担、角色意识、规则意识、自信心和领导力等多方面的人格。

　　"意义提升"是指学习的高层次迁移和应用。学生通过真实生活场景中的问题讨论和问题解决等挑战性任务的完成，进行反思和批判，内化知识的价值和意义，发展自己的高阶思维能力。学生可以通过样例、作品或成果展示、学生运用量表评价、"出声思维"、跟进检测与持续反馈与指导等策略完成挑战性任务；教师同时在教学中实现对学生情绪控制、情感体验、价值判断与选择、责任担当等的教育价值和教育意义。

　　意义的巩固和提升阶段，都涉及教学的评估与即时反馈。评估有课堂上的即时评估，也包括课后的巩固性评估。课堂内容的有选择记忆，是大脑的基本功能。学生倾向于有积极情感体验内容的记忆，有不愉快感受的内容常常被情感过滤，信息不能进入长时记忆处理，所以课堂学生的自我调控是意义学习的关键。尽管教师可能讲授得非常精彩，学生却可能选择了情感过滤，这部分知识的学习对这样的学生而言，根本没有发生。教师需要对学生的学习情况进行甄别，除去基本的客观性测试手段外，课后的学习访谈、面批面改等质性方法，都可以帮助教师全面了解学生的学习情况，进行阶段即时性辅导，帮助学生完成核心内容的追加学习，减少学生的分流。不让一个学生掉队，是学科教师的基本任务，也是教师的职业要求和教育责任。如果能借助大数据的分析工具，进行课堂部分数据的即时处理，会给教师的反馈指导提供更科学的依据，这也是课堂教学新的发展方向。

"意义课堂"的教学循环模型，将学生的学习置于教学的核心地位。教师和学生之间不是主客体的关系，也不是主体和主导的关系，而是主体间的互动关系。没有教师的知识转化，学生的学习转化就难以发生；没有学生的主动联结、意义建构，学习也就不可能发生。学习不仅是获得知识的过程，更是体验知识的产生、探求知识背后的历史文化价值、形成个人价值观和人格特质的过程。因此，"学生的学习的最终目的并不是掌握已有的知识，而是为了进入历史实践、参与社会实践……学习的过程目的在于使学生能够作为主体'参与'（虽然只是简约地、模拟地参与）到人类的伟大历史实践，了解并认同知识背后蕴含的情感价值观，提升学生的文化水平和精神境界，成为具有高级社会情感、积极的态度以及正确的价值观，有社会责任感、用于担当的未来社会的主人"①。

3. 基于数据分析的发展性质量评估

（1）质量评估流程图

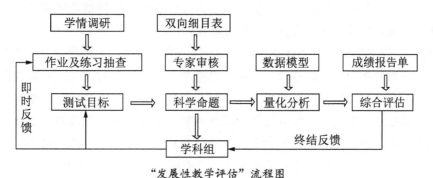

"发展性教学评估"流程图

---

① 郭华：《深度学习及其意义》，载《课程·教材·教法》，2011(11)。

（2）各环节的基本含义

"发展性教学评估"模型主要建立在"优效评估"的基础之上，强调评估的过程性、指导性和发展性，摒弃选拔和淘汰的单一功能，有助于为教师发展和学生发展提供科学具体、翔实的反馈依据，以此优化学校的教学质量管理，提升学校的教学水平。

发展性评估主要包括四个方面的内容。"测试目标"是指通过学生作业的质量监控，了解学科教学的过程性情况，为学期中和学期末的大型考试确立科学合理的命题目标，提出符合教学进度要求的测试计划；"科学命题"是指通过双向细目表进行信度和效度的控制实现学校考试和命题的质量监控；"量化分析"是指对考试的试卷进行基于模型的质量分析；"综合评估"是指通过学生大型考试、平时作业与测试、课堂教学表现等对学生的学业进行综合评估，给出评估报告。同时评估结果会被反馈到学科组和学科教师那里，帮助教师进一步诊断学生的学习情况，优化平时作业和测试的命题质量，提高学生过程学习的自我监控能力和自我调节能力，使考试发挥其多元的导向作用。

通过四个兼顾过程与结果、质性与量化的质量评估方式，秉承 ISO9001 全面质量管理的理念，参考相关管理操作指导，通过全程、全面、全员的质量观，学校制定校级、年级、备课组三级质量管理文件，建立备课、上课、批改讲评、辅导、考试与分析的教学管理流程要求，使学校的教学核心管理科学、规范、有序，以此成就学校高质量的教育教学。

这部分流程的具体实施，可以借鉴东北师大附中的优效评估管理经验，并进行校本化的处理，以提高教学质量管理的效益性。

总之，"意义教学"是"自觉教育"理念下探索以学生为本的课堂教学的有效实施路径，在教师教学意义的追问下，深入思考学生学习意义的建立。通过教师与学生的多向信息交互，实现个体自主学习与社会化学习的有机融合。在教学和学习活动的开展进程中，鼓励学生悦纳自我。通过有效的学习，建立积极的情感体验、舒畅的社会交往，理解知识背后的社会文化价值与意义，提升学习的自信心，管理和调控自己的学习进程，树立不断克服困难，不断成就自我的自强精神。

"四自"教育的目标唯有与课堂的意义教学有机契合，变成教师常规课堂教学的基本目标，才能在学生的身上看到成果，才能说"自觉教育"的实践有了实质意义上的推进。

五、基于"自觉教育"的教师发展体系建构

教育大计，教师为本；教师大计，师德为本。学校所有教育教学目标的实现，都需要教师优先了解和体会，并贯彻始终。没有优秀的教师团队，任何一所学校都不可能实现自主发展。基于"自觉教育"的教师发展，学校要将教师作为一个生命发展的真实主体看待，既要保证教师的基本物质需求，同时也要引领教师的精神成长。学校以人为本，不仅是将学生视为发展的主体，强调其发展的主体性、能动性，还要关注教育教学活动中教师和学生主体地位的动态转化，从主体间的互动中理解教师的发展。教师的教育自觉，就是坚持"教是为了不教，学是为了会学"的追求，在遵循教育规律和人才成长规律的前提下，不断创新教育教学方法，探索多种培养方式，学思结合、知行统一、因材施教，为学生的一生发展奠基。

（一）教师发展的学校理解

1. 教师专业发展的历史

教师专业发展研究是 20 世纪 50 年代在英、美等国首先兴起的一种旨在提高教师社会地位的理论研究。教师作为一门职业，被认同的历史远短于教学的历史。1966 年，国际劳工组织和联合国教科文组织颁布的《关于教师地位的建议》，首次以官方文件的形式对教师专业化做出了说明："应把教育工作视为专门的职业，这种职业要求教师经过严格地、持续地学习，获得并保持专门的知识和特别的技术。"

1986 年，美国的卡内基工作小组、霍姆斯小组相继发表《国家为培养 21 世纪的教师作准备》《明天的教师》两个重要报告。这两个报告对美国教师教育的发展产生了深远的影响。《明天的教师》提出，教师的专业教育至少应包括五个方面："把教学和学校教育作为一个完整的学科研究；学科教育学的知识，即把'个人知识'转化为'人际知识'的教学能力；课堂教学中应有的知识和技能；教学专业独有的素质、价值观和道德责任感以及对教学实践的指导。"在世界范围的教育改革浪潮中，人们越来越认识到，教育改革的成败在教师，只有教师专业水平的不断提高，才能造就高质量的教育水平。因此 20 世纪 80 年代后，人们对过去忽视教师专业发

展和教学技能提高的做法给予了强烈的批评，教师专业化目标的重心开始转向教师的专业发展。

卡内基工作小组在《国家为培养 21 世纪的教师作准备》中批评美国由于师范教育改革的滞后阻碍了教师的专业发展，使教师在很大程度上失去了社会对他们的尊重，因而呼吁为建立一支专业化的教师队伍而必须彻底改革美国的教育政策。

全美教师专业基准委员会倡导《教师专业化基准大纲》，这是一份迄今为止最明确地界定了教师"专业化"标准的文件。它明示了制定专业化量表的基本准则：(1) 教师接受社会的委托负责教育学生，照料他们的学习；(2) 教师了解学科内容与学科的教学方法；(3) 教师负有管理学生的学习并做出建议的责任；(4) 教师系统地反思自身的实践并从自身的经验中学到知识；(5) 教师是学习共同体的成员。

1989—1992 年，经济合作与发展组织相继发表了一系列有关教师及教师专业化改革的研究报告，如《教师培训》《学校质量》《今日之教师》《教师质量》等。1996 年，联合国教科文组织召开第 45 届国际教育大会，提出"在提高教师地位的整体政策中，专业化是最有前途的中长期策略"。与会专家认为，教师必须解决好和教育学密切相关的以下主要问题：(1) 为什么而教？(2) 教什么人？(3) 在什么地方教？(4) 教什么？(5) 怎么教？(6) 用什么去教？(7) 用什么评价和怎样评价？(8) 怎样改进教学和学习？

日本早在 1971 年就在中央教育审议会通过的《关于今后学校教育的综合扩充与调整的基本措施》中指出，"教师职业本来就需要极高的专门性"，强调应当确认和加强教师的专业化。

在英国，随着教师聘任制和教师证书制度的实施，教师专业化进程不断加快。20 世纪 80 年代末，英国建立了旨在促进教师专业化的校本培训模式。1998 年，教育与就业部颁布了新的教师教育专业性认可标准——《教师教育课程要求》。

国内教师发展研究主要从教师专业发展的概念界定、发展取向、专业素质、发展阶段及培养模式等方面进行了较多的理论和实践研究。大多数人认为，教师专业发展指教师职业具有自己独特的职业要求和职业条件，有专门的培养制度和管理制度。教师专业发展包括四层意思：一是教师专业既包括学科专业性，也包括教育专业性，国家对教师任职既有规定的学历标准，也有必要的教育知识、教育能力和职业道德要求；二是国家有教师教育的专门机构、专门课程和措施；三是国家有对教师资格和教师教育机构的认定制度和管理制度；四是教师专业化是一个持续不断地发展的过程，是一种状态，又是一个不断深化的过程（职业专业化、个体专业化）。

1993 年，我国第八届全国人民代表大会常务委员会第四次会议通过的《中华人民共和国教师法》指出"教师是履行教育教学职责的专业人员"，并首次提出"国家实行教师资格制度"，实行"教师职务制度"和逐步实行"教师聘任制"。这是我国从法律角度正式确认教师职业是一项专门职业，也是教育兴国、教育强国的必然选择。

由于基础教育的教师职业发展有其自身的特殊性，研究人员对其专业素质的研究一直在不断深化。大多数人认为，教师的专业素质包括教师的职业道德，表现为师爱即公正与慈爱；教师的教学素质，表现为学科知识、实践性教学技能和风格、教育教学理论知识和综合的文化知识；教师的研究素质，体现于教师的问题研究、项目研究、课题研究、方法论研究、学科体系研究等方面。

教师的学科专业知识是教师教学的基础和前提。教师需要熟练掌握学科的基础知识与技能，了解与学科相关的知识，了解学科发展的历史和趋势，掌握学科所提供的独特的认识世界的视角、层次及思维的工具与方法，熟悉学科内科学家成功的原因和展现的科学精神和人格力量。学科专业知识主要包含大学已经积累的学科专业知识，中学学习过程中积累的学科常识，中学教材体系中的学科专业知识，与本学科相关联的其他学科知识，学科知识蕴含的思想方法，学科体系的发展历史与发展未来，学科知识的呈现与讲授特色方式。

教师的教育教学理论知识是教师在入职前的系统学习基础上，结合教学实际进行的相关理论学习，它为教师的学科教学提供方法论的指导。杜威认为："教师要熟悉教育学和心理学的知识主要有两个原因。一是能凭借这类知识观察学生的反应，迅速而准确地解释学生的言行；另外这些知识是别人用过而又有效的方法，在需要的时候，他能凭借这些知识给儿童以适当的指导。"这些知识包括学生成长的生理与心理规律、学生学习的认知特点、学生学习的策略、课堂教学的基本环节与方法、学科备课的基本要求和达成分析、课堂教学的技巧与智慧、现代教育技术课堂教学的支持、教学反思与持续性的改进等。

教师的实践性知识是教师在教学实践中积累的知识。它是具有教师风格的经验性知识，是教师在长期教学生涯中不断反思、改进和形成的知识，如课堂教学设计、问题学生处理、课堂教学组织、命题、质量分析、问卷调查、实验、活动组织、反思与经验总结、个人教学特色、教学风格等。

　　教师的文化知识是教师生活中的各方面知识。作为学生生活的引领者，教师应当具有学科知识以外的文化知识，不断提高自身的人文素养。

　　2. 教师专业发展的主要研究方向

　　叶澜教授提出了教师发展研究的三个重要转向，表明了未来的研究趋势。一是教师职业由强调其工具价值转向内在价值。教师形象是由"蜡烛""春蚕""园丁"等来表征的，外在的社会价值是其主要方面。教师职业的工具化和将其劳动性质定位于传递性是制约教师发展的最主要障碍之一，教师的职业使命应与作为人的真实生活及其生命质量有机结合在一起，教师不再是没有职业自我意识的政治工具或为他人做嫁衣的"殉道者"，而应成为积极发展的创造者。二是教师发展由强调外部动力转向重视内部动机。专业发展的自我意识是教师发展的最主要动力。因而教师德性的养成强调的是反思和自我修养，教师的专业发展则强调"自我更新"的取向。三是教师工作由关注结果转向关注过程。教师发展研究应深入学校的日常教育教学生活中，使教师在自己所熟悉的领域中慢慢地体验自己的成长与发展。

　　朱小蔓教授认为：教育工作不同于一般职业工作，其公益性、恒常性和未来性对国家和民族的未来，对千家万户的幸福都具有重要的意义。教师的问题被格外重视，其方向就是走向专业化发展。关于教师的专业性问题，我们可以从两个方面来理解，一是教师工作的专业性，二是教师发展的专业性。关于教师发展的专业性，我们可以从以下几个方面评价：一是学历要逐步升高。学历升高与其通识知识水平、自我成就动机、独立意识、批判意识、研究能力等的提高都呈正相关，学历是一个必要条件；二是教师培养是一生的学习生涯，持续学习要求自主性、积极性，需要大学文化来提高成就动机。四年制的大学师范教育强于中师的优势在于其学术意识、研究意识、自我成就动机。因此在某种意义上说，专业化发展就是培养一个自主发展的教师。

　　东北师大原校长史宁中认为：一个合格的教师，除却应当具备敬业精神和职业道德这些不言而喻的条件外，特别应当具备发掘学生潜能的能力。因此，在知识结构方面其特殊性表现在：

——对于专业知识本身，教师应当更侧重于了解知识的产生过程、知识之间相互的联系以及整个知识体系的框架，从中去理解专业知识本身的思维形式和思维方法。他们可能对学科前沿的内容掌握得并不详尽，但却应当知道那些内容出现的理由以及给本学科的发展带来的变化，应当知道那些内容的创造性之所在。

——强调将"双基"改为"四基"，"两能"改为"四能"。"四基"即基础知识、基本技能、基本思想（归纳与演绎）、基本活动经验；"四能"即发现问题与提出问题的能力，分析问题与解决问题的能力。

——应当有较高的人文素质和艺术的美感，其中包括教育学的有关知识。他们在人际交往中能够表现出必要的道德水准和修养，并且能够去影响受教育者。

——应当有一定的心理学方面的知识。现代社会变化节奏的加快要求人们具备相当的心理承受能力，特别是要求一个教师能够在理性上把握自己和他人的心理情态及其变化。

也有人认为，教师应具备八种其他职业不具备的能力：教学分析与设计能力、教育技术应用能力、课堂教学能力、教学评价能力、班主任工作能力、组织课外活动的能力、教育科研能力、课程开发能力。教师职业的特殊专业技能通常只有通过师范专业培训或在职教师培训才能获得。它的不可替代性足以说明教师职业专业化的必要性与必然性。

近年来，关于教师专业发展的国内外研究范式已从"培训问题"转向"学习问题"。这些研究将教师专业发展中的教师作为学习的主体，关注学习者的学习需求、学习动机、学习方式、情境设计、课程组合、反思模式等一系列问题。教师专业发展由外在的专业知识、教育心理学知识的培训，转向基于教师本体内在发展需求的学习过程研究，揭示教师的自主发展已成为教师专业发展的核心趋势和发展方向。

3. 教师专业发展的因素分析

教师的专业发展受到诸多因素的影响，英国学者戴依（Christopher Day）总结了教师专业发展的诸多研究，提出了"教师专业学习影响因素"的分析框架。框架中，戴依几乎列举了所有来自教师专业发展的理智取向、实践—反思取向、生态取向所关注的因素，较为全面地勾画了影响教师专业发展的诸因素。

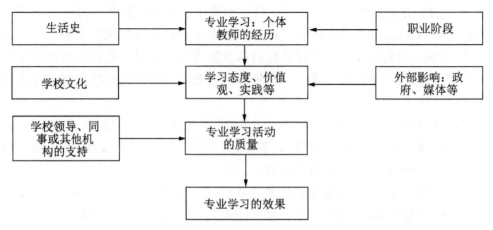

"教师专业学习影响因素"分析框架

依据戴依的分析框架，结合我个人的成长经历和学校优秀教师的专业发展案例，我们认为中小学教师的专业成长因素主要有内在个体因素和外在环境因素两个方面。

（1）教师专业发展的内在个体因素分析

教师的生活和学习经历、教师的价值观和理想信念、教师的专业发展愿望、对专业发展活动的自我评估等都会影响教师参与专业发展活动的热情和质量。

①教师要有坚定的人生信念和健康向上的人格。比如：对事业的热爱和投入，较强的个人成就动机，自立、自强、不甘人后的人生态度，博爱、宽容、平等、勤奋、自尊、乐观的人格，并能在反思与建构中逐渐超越自我，不断更新。

②合理的知识结构。教师不仅要有扎实的学科专业知识，还要有指导实践的教育教学理论知识。教师要在实践中主动构建、积累教育教学技能和能力，主动将学习得到的知识在教学实践和教研工作中主动应用，内化和生成教育教学风格，不断反思和总结，使自己的学科素养和综合素养不断提高。

③坚持不懈地参与各类教育科学研究。教师可以从自己的课堂入手，和青年教师、学科专家开展微型课题研究、行动研究、质性与量化结合的实验研究，使所学的理论既有实践平台，又能不断积累丰富的学科研究思路和方法，更新观念。并将人生信念和丰厚的知识在教育研究的实践活动中，转化为有形的成果，提升学养水平。

④将学习贯穿教育教学生涯的全过程。无论是刚毕业的时候，还是工作近十年之后，教师都要通过不断通过学历学习、培训学习、校本学习等多元化的学习方式来完善自己，解决工作中不断出现的新问题。每一种学习都是自我提升的过程，学习的结果可能没有即时性的作用，但已经内化为观念和素养中的一部分，使自己不断丰厚和深刻起来。

（2）教师专业发展的外在环境因素分析

每一个个体的发展都不完全是主观努力的结果，客观环境的构建和优化也非常重要。客观环境既是所处的教学环境，也包括自己发展所能涉及的行政管理和教研部门。学校文化和管理机制是促进或抑制教师自主发展的重要因素，但不是决定因素。如果我们只求得到教育对象的认同，那么每一位教师都有机会实现自主发展，即选择自己内心希望的一种生活方式即可。

①浓厚的科研氛围。科研兴校是很多学校的办学理念，其实质是强调教师要成为研究者，通过科研提高教师的学养水平，进而促进学生的进步，实现学校的发展。而教师能否参与科研，与学校是否关注教师的人性发展，为其自主发展提供榜样、导向和保障息息相关。

②灵活的激励保障机制。学校要建立荣誉教师的可持续发展机制，规范科研管理和认定制度，保证有自主发展意愿的教师能得到学校的重点资金扶植和优先得到发展机遇。学校可以鼓励教师在教学一线开展教育教学的行动研究，并推广合理的研究成果，把教师的个人发展与教师的评价相联系，鼓励教师主动、自觉地参与研究活动。

③搭建良好的发展平台，提供丰富的资源。学校独立承担或参与国家级和省级的重点科研课题，使教师有机会提高自己。省级或市级的丰富的教研活动可以推出教师的研究成果，让教师得到同行的认同，维持自主发展的动力。大学和研究机构能支撑教师的进修和学习。教师还能充分利用远程教育资源。

在这些外在因素引导下，教师主动激发专业发展的内在需求，积极参与专业发展活动，教师的专业发展才能真实地发生。因此，教师的专业发展，实质还是教师的自主发展。

4. 教师自主发展是教师专业发展的核心

教师专业发展的核心是自主发展。朱小蔓教授认为：自主性在哲学上是人之主体性的实质性内涵，在心理学上它是人格成长的核心要素。美国心理学家卢文格认为，发展是一种新结构的获得或从一种旧结构向新结构的转化组成的。孙正聿教授认为："发展"在最一般的意义上，是指事物渐进过程中的"中断"。即事物由旧的形态飞跃到新的形态。

教师专业发展中的"发展"是一个动态变化的过程。它与所有事物发展的一般规律一致，即有"质"的变化，也有"量"的变化。"质"的变化是教师发展的境界、水平或阶段的变化，是教师不断自我超越的过程；"量"的变化是教师为实现"质"的变化所做的同一水平或阶段的适应性积累。质变是层级间的跃迁，量变是层内的叠加；"量"是前提和基础，"质"是结果和目的。两者循环往复，生生不息，构成教师全部的教育生活。因此，教师自主发展主要有以下几个特点。

（1）教师自主发展的主体性

教师自主发展的前提，是将教师作为发展的主体看待，尊重其主体性的特征，体现人的自主性、能动性和创造性。教师的自主发展主要有两种形式，一种是在学校环境中的无意识的模仿学习，一种是教师有意识的模仿学习。从刚入职的新手教师到成为学科专家的过程，就是教师在与他人不断交互的过程中，有意识、有计划地跟岗模仿学习与无意识文化浸润学习形成的自主发展过程，这一过程主要有以下特点：

①发展需求的内源性。它根植于个人人生价值和追求目标的实现，是一种自我超越的意识。自主发展是人的能动性和人的潜能的实现，潜能得以发挥就标志着获得了自我超越。

②发展内容的个体性。由于个体本身的差异和个体所处环境的差异，教师的发展带有鲜明的个性。不是每一名教师都能成为自主发展的教师，因为人的能动性发挥不尽相同，有些人在教学发展中总是处于被动地位，总是履行执行者的角色。因此，他只能是一名教书匠。而另一些积极主动的人则人脱颖而出，主动变革、创新，成为一名研究者。

③发展过程的自觉性。这是一种自觉、主动的发展状态，也是选择的一种生活方式，它会内化为一种个体的日常行为方式。这种发展的自觉性不因环境和条件的变化而发生太大的起伏，而是主动自觉地创造条件，实现发展。这种发展才真正是一种以自养为主，外塑为辅的教师发展之路。

④发展形式的建构性。教师的自主发展是教师个体在已有的经验基础上，通过自我选择、自我控制、自我建构而形成新经验的过程。他们通过对教学内容的意义解读，对学生个体的主动分析，建立起与学生和外部世界的关系。这种自主建构有极强的实践特点，是教师个体生命发展的实然现象。

（2）教师自主发展的阶段性

教师的专业发展是有阶段性的。东北师大附中的教师专业发展经验给我们的启示是，按教师发展规律制定教师发展规划，提高教师群体整体的教育教学能力，完成教师发展梯队的建设。教师的学科知识要想转变成能教给学生的人际知识，就需要教师不断地在实践中积累。教学技能、教学策略与方法等内容的熟练驾驭，需要教师持续地投入时间练习。新手教师的发展主要依赖"师徒带教"，以模仿学习为主，注重教学的规范性；成熟教师的发展以教研活动和自主研修为主，以有计划、有方向的专业学习为辅，注重教学的熟练性；骨干教师需要专业引领和课题研究，形成自己的风格和特色；专家型教师则需要提炼出自己的教育教学思想体系，确定自己的研究方向。各个学校对教师发展阶段性的划分有所不同。

无论是新手教师的适应与规范、骨干教师的熟练与自主、专家教师的创新与引领还是教育家的思想与卓越，每一阶段的实现都需要教师不断地进行自我激励、自我调控、自我实现与自我超越。教师发展的阶段性是明确的，但教师发展阶段的个体差异比较显著，且各阶段之间并没有严格的界限，完全量化的评估不适合教师的自主发展。因此，学校管理者需要意识到教师专业发展的阶段性，但不能受此限制，以人为本、关注差异、弹性调控，会更有利于教师整体的全面发展。

（3）教师自主发展的共生性

教师的自主发展从来不可能单打独斗。从教学常规要求看，学校教育教学的性质要求我们保证学生发展过程的公平性，同年段的学生一般要接受相同的教育。教师的教育教学工作都是统一要求下的个性呈现。统一就是共同的一致性规定。备课中要求目标、内容、重难点、测试保持基本一致。教师应该在每一次集体备课和共同研讨中生成新的教案和学案。从教研活动的组织看，每次教研活动都是实践共同体的活动。无论教授的学科是否相同，教师们都可以在活动中相互分享见解，形成新的观点，积累新的经验，以指导新的教育教学工作的开展。从教师的研究活动看，教师、专家和学生属于研究群体，这种研究活动是多种关系共存，多种信息交互共生的过程。即使是教师的自我学习，其结果也要在群体活动中得以分享和使用。因此，教师只有在共同体中学习、实践和反思，才能实现螺旋上升似的自主发展。

（二）基于"自觉教育"的教师发展"共生体"

1. 教师发展"共生体"模型

教师发展"共生体"模型

2. 教师发展"共生体"模型的解读

（1）教师发展"共生体"的理解

教师发展"共生体"的概念出自教师发展的"共同体"。"进入 21 世纪以来，关于教师发展有效性的研究，主要集中教师共同体的建设上，出现了教师发展学校、教师学习共同体、教师实践共同体、教师发展共同体、教师网络共同体、教师研究、共同体等说法。尽管目前对共同体的说法很多，但都倾向于'是一种持久的和真正的共同生活'，是基于知识、为了知识而组织起来的一种联合体。都旨在通过知识的分享与共享来促进教师的专业发展。"[1]

教师共同体是建立在自愿的基础上的，它鼓励沟通和对话，在专业发展中相互依赖、集体承诺、共同担责。每个人都因专业需要和自我意愿而结合，都有自觉维护共同体发展的内生动力和高度责任感。但由于学科专家或管理专家容易处于共同

---

① 李伟：《教师共同体中的知识共享：困境与突破》，载《教育发展研究》，2017(20)。

体的核心地位，很多教师个体由于专业水平的差异，很难成为核心力量，共同体中的专家和精英在合作中受行政思维的影响，可能会出现控制、领导和学术霸权，一部分教师可能被边缘化，这可能使共同体成员的学习流于形式，自身边界固化，失去了平等、包容、和谐的生态环境。但如果失去了学科专家和优秀教师的引领，共同体又会成为一盘散沙，成为没有精神领袖的乌合之众。

平衡专家、教师个体和教师群体的关系，建立平等互助的有机发展整体，是学校教师专业发展的理想样态。专家、个体、群体围绕核心主题，进行平等的信息交互与生成，共享公共知识；同时每位教师又在共享知识中找到适合个体自我建构的内容，完成自我的实践创生，走向更高一层次的自我知识建构，进入自我发展的新阶段。这样的状态就是教师发展的"共生体"。

由于教师学习环境发生了重大变化，教育行政部门、科研人员、教师群体等构成了一个复杂的环境系统。系统中的教师专业发展要求教师发挥自身的主体性和自觉性，借助外部资源的支持，构建一个能植根于教师日常教学生活中，鼓励教师自主创生、同伴互动、跨界整合、自主转化的教师发展学习生态群。我们将这样的生态群，称为教师发展的"共生体"。

教师发展"共生体"的模型，是将教师的自主学习看成是教师自主发展的主要形式。这种自主学习不是孤立的自我提高，而是在学校实践活动中，通过生成性、交互性的方式得以转化。"教师的学习需要分层推进，在互进中共生。共生体中每个教师都需要成为立足自身的学习者，进而推进自身的发展，然后再把自身的优势与亮点反哺于他人，形成资源互补、牵手互助的共生关系。共生体中的教师学习是实现不同层面的转化行动，如教师的自我转化、学生生命转化、课程标准与教材教法转化、教育理论与实践的转化、社会的转化一级这些不同层面的综合融通转化。"[①]

教师发展"共生体"的概念，为教师专业发展向教师专业发展学习的转化提供了新的发展思路。学校应在"共生体"理论下，研制教师发展学习规划，制定教师分级培养机制，建立不同类型的"共生体"，鼓励教师群体教研的规模化、开放性和示范性，以此建构学校民主、开放、包容的生态文化。

---

① 艾诗根：《教师学习活动形态变迁的演进逻辑：学习隐喻的视角》，载《教育发展研究》，2017(Z2)。

（2）教师发展"共生体"的循环提高

①意义教学

教师发展"共生体"循环模型，选择了在校本化的教师发展实践中，与教师学校生活联系最紧密的五个维度的内容，打造教师发展学习"共生体"。"意义教学"是"自觉教育"的主阵地，三环节教学活动是"共生体"实践的主要平台。通过建立"意义教学"的质量管理制度，如建立学科集体备课制度、学科教研室周例会制度、教学咨询与评价委员会例会制度、典型课例研究制度、学科命题研讨及考试试题研究制度、青年教师发展规划制度等，落实教师发展"共生体"的要求与评估。

②互动教研

互动教研关注教研的群体性，在学科教师的交流与互动中实现教师与学生的共生与创新，从而形成教研"共生体"。学科组实行的双轮教研就是互动教研的典型案例。

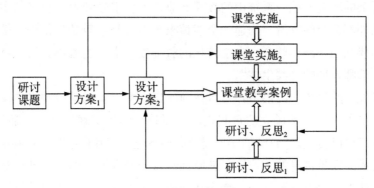

双轮教研示意图

a. 加强教研活动的对话与交流。加强学校领导与教师间的对话，举办青年教师论坛、高端学术论坛、学习考察学术论坛等活动；加强教师与教师之间的交流，开展基于课堂教学观察的教师教学行为研究、同题异构的课堂教学研究等围绕专题组织的研讨课、观摩课、教育沙龙、座谈会等活动；加强教师与学生之间的对话，以课堂教学调查问卷、师生恳谈会、全员育人导师制等方式实现师生沟通。

b. 搭建提高教师素养的校本教研互动平台。学校可以通过师徒带教制度、教师基本功大赛、岗位练功大赛、微格教学比赛、青年教师研究课、区域合作体教研活动等方式实现同伴间的对话、协作和互助，从而帮助教师实现自主发展的螺旋式提高。

③问题研究

教师科研能力，集中体现在教师的问题研究能力上。在互动教研的基础上，教师可以和各个学科的教师、专家、学生组成课题研究小组，形成研究的"共生体"，进行问题解决式的生成学习。学习可以根据以校为本的课题研究制度，从微课题研究开始，逐步滚动。学校可以设立校级主导课题及实行课题招标；设立校级专项课题、精品课题和普通课题，荣誉教师申报专项课题、成熟教师和骨干教师申报校级精品课题和普通课题。学校鼓励教师鼓励申报国家课题的子课题，或参与协作学校的联合课题。学校可以遵循"课题研究实用化、管理过程科学化"的原则，加强课题研究的过程管理，实行"课题、论著、论文；国家、省和地区、市、校"的三类四级课题管理办法。

④自主学习

学校共生体中的教师学习，包含教师全部的教育教学活动。每次实践活动的组织，都是学习"共生体"形成与发展的过程。有研究者认为，学校共生体中的教师学习要求教师在实践中向专家、同伴、学生、家长、书本以及可能的对象学习，并将学习的思想内容付诸实践，实现教师学习由内到外的转变，并在尝试中再学习、再消化，每次学习都是一个不断累进、螺旋上升而有所突破的提升过程。

教师的学习，除了日常的教育教学活动中的学习外，还有很多新型的学习方式。如嵌入式学习、混合学习、合作学习、深度学习、项目学习等，教师可以根据不同的活动与内容，自主选择，自主调整。

学校可以组织教师有计划、有目的地到高校进行自主研修，或完成学历教育；可以聘请国内教育专家及学科专家进行面授与研讨；可以组织教师到美国、英国等国家进行海外培训。

⑤反思实践

佐藤学认为教师是一个反思性的实践家，教师作为专家的实践的复杂性超乎一般人想象，是一种高度的知性实践，同时教师作为专家的实践性知识基础具有"不确定性"，是通过"反思性实践"形成的。教师作为专家的实践多以"缄默知识"（直觉或顿悟）的方式来发挥作用的。这种"缄默知识"主要靠教师自身的丰富经验和智慧来支持的，教师作为专家的成长无法完全依靠个人的力量来达成，而需要借助由通过共同挑战创造性的实践而形成的"同僚性"的专家共同体来达成。

杜威在《我们如何思维》中提出"反思"的概念，认为反思是对某个问题、信念进行积极、持续不断的深思。其后对教师的反思研究有了很多深入的探讨。荷兰的学者费雷德·科萨根提出了基于核心品质的反思观。科萨根将关注和发挥人的核心品质的深层反思称为核心反思。它包括对人的核心品质（如韧性、幽默、意志力、专注等）、身份认同、使命和核心信念的反思。核心反思建立了五步循环模型：描述具体情境—对理想进行反思—对阻碍进行反思—应用核心潜能—尝试新的方法，回到下一个具体情境之中。

核心反思观强调教师的反思。教师不仅回顾行动，还要反思行动背后的理想、使命、核心品质及影响核心品质发挥的内在障碍，以此形成内外一致的解决方案。有研究者认为，一致性为教师体验沉浸状态提供了可能。这里的沉浸是心理学中描述的完全沉浸在当下的活动中，暂时忘掉自我、忘掉周围其他一切东西的心理状态，它与内在动机—人的基本属性向对应，能够增强自我感。内在驱动力的增强则意味着胜任需要、交往需要、自主需要三种基本心理需求的满足，自我实现和幸福感的增强。①

核心反思观提高了我们对教师自主发展中的自我建构效果的认识。教师在教育教学实践活动后，不单纯要进行活动过程与结果的行动回顾，还有教师个体基于教育理念、自我个性的特点和问题产生原因的深层分析。反思活动的闭环，指向下一个新的实践行动，提高了反思的质量，提升了教师个人的专业素养，是反思实践中的新探索。

基于"自觉教育"的教师发展体系的建构，关注教师主体的发展性，强调教师主体的自主性、自为性、自觉性和创造性；强调教师的理念、情感、态度、品格等因素在教师发展中的调节和控制作用；强调建立和谐共生、互助互立的教师专业发展文化，在个体与群体的多元社会交往中，实现个体与群体的交互成长。

六、基于"自觉教育"的学生发展系统建构

现代社会要求人们具有高度发展的主体性，学校德育必须适应社会发展，在促

---

① 周钧、张正慈：《从对经验的理性反思到基于核心品质的反思》，载《比较教育研究》，2017（11）。

进学生健康主体性形成过程中发挥特殊而积极的作用。主体性是人的素质的核心，也是人的发展水平的重要尺度。激发学生的主体意识，弘扬和培育学生的主体性素质，应当成为学校德育追求的主要目标。因此，"自觉教育"应该成为学校主体性德育的核心理念。

核心素养下的学校新一轮改革，特别强调对学生主体性的培育。自主发展已成为学生核心素养的三大维度之一，强调自主性是人作为主体的根本属性。自主发展，重在强调能有效管理自己的学习与生活，认识和发现自我价值，发掘自身潜力，有效应对复杂多变的环境，成就出彩人生，发展成为有明确人生方向、有生活品质的人。

在这样的大背景下，基于"自觉教育"的德育工作，核心应该落在学生"自觉教育"的实践中，突出学生在"自觉教育"中的主体地位。德育工作重心应放在围绕学生"自觉教育"的课程建设上，使课程成为学生发展的核心平台。学校以课程为载体的学生发展，将大德育观渗透到教育教学所有工作过程中，建立全员育人的新德育工作机制，将德育工作与学校其他工作有机整合，探索学生发展的新实践路径。

（一）基于"自觉教育"理念下的德育理解

1. 道德教育中的"自觉教育"

从道德的主体性上讲，道德的本质在于它是人认识和发展自己的一种方式，是人的需要和生命活动的一种特殊表现形式，而不是社会对付个人、反对个人的工具。因此，学校德育首先要求学生对自己负责。只有对自己负责的人，才可能是一个对自己置身于其中的种种关系持积极的、负责的态度的人。为此，学校强调学生在道德教育中的自觉发展尤为必要。而且，道德只能来自我们内心，人人都有绝对的自由把自己的价值赋予这个世界、赋予人的行为。

当人们在采取行动的时候，他们是在进行选择，而且是自由的选择。这种道德体现了人的自觉性和主体性，表明形成人们道德行为的原因虽然有一部分是外在的社会传统习惯的约束，然而最根本、最主要的还是人们的"自律"，即建立在人们自愿自觉基础上的道德意识和行为。而只有建立在主体性基础上的道德意识和行为，才具有长期性、稳定性、坚定性等特点，也才会凝聚或沉淀为人们的道德习惯和道德信念。

人们的道德自觉性，很显然不可能是一种自然性的素质，而是一种社会性的素质，是在社会环境中生长并成熟的。显而易见，"自觉教育"理念下的学校道德教育，无论是从教育概念本身，还是从一个充分发展的道德主体看，都要求一个人能够独立思考。这是目前的学校德育思想和方法中都缺乏的。所以，要培养学生的道德自觉性和主体性，培养学生建立在道德自觉性和主体性基础上的坚定的道德信念、稳定的道德习惯，学校就要实施"自觉教育"，重视学生道德教育中的自觉成长。也只有实施"自觉教育"，我们的学校德育才能产生"实效"，才能产生一个质的飞跃。

从学校德育的过程看，德育的起点应该是学生具有自觉发展的意识，德育的过程应该以学生获得品德发展为核心，德育的目的应该是实现学生主体性的发展。因此，学校的"自觉教育"德育课程，首先应该激发学生自主探究、自我建构的良好动机。在"自觉教育"德育课程教学中，学生只有获得了自主学习的动力，才能积极、自觉地学习德育课程。

2. "自觉教育"理念下的德育课程化诉求

"自觉教育"是学校德育本质的回归。这种教育方式能够充分弘扬学生的主体价值和生命意义，能够重新使学校德育更加充满活力和生命力。"自觉教育"效果的充分实现在于其有别于传统德育的三方面内在规定性：

（1）"自觉教育"理念下的德育必须是真实而理性的教育

"自觉教育"是基于学生自身发展的教育，是成就学生一生发展的奠基教育。学校要真正遵循受教育者的生理和心理发展规律，遵循德性素质的生成规律，遵循道德认知的教育规律，等等。毋庸讳言，真实是事物的生命，也是德育的生命。

法国伟大的思想家卢梭曾说："只有理性才能教导我们认识善和恶。"学校德育作为培养学生高贵品质和高尚人格的神圣事业，不仅需要教育工作者满腔的热情和坚定的信念，而且需要理性的精神和思想。学校"自觉教育"理念下的德育要严格遵循教育原则和道德原则，将学生德性素质的培养建立在学生的独立性、主体性基础之上，充分发扬学生主体的负责精神，使学校德育能够在良性、稳定的基础上进行。学校既要着眼于学生德性素质的"最近发展"，又要着眼于受教育者的终身生活和持续发展。

"自觉教育"理念下的学校德育应该是一种以道德实践为基础的有计划、有目的的实施德育的过程，这就要求学校德育应该纳入学校教育计划之中，以避免德育活动在组织过程中出现随意性问题。同时，学校德育由于面对的是学生品德的终身发展问题，也需要在德育的过程中有明确的目标引领，有严密的执行计划，有符合学生发展需要的德育内容，有科学的考察和评价方式。因此，从"自觉教育"理念下的学校德育本质出发，学校德育应以课程的方式运行，制订课程计划，安排任课教师，完善考察和评价形式。正是这种对学校德育本质的深刻理解，我们提出了课程化的要求。我们所实践的德育模式也是一种基于课程的自觉德育模式。

（2）"自觉教育"理念下的德育必须是生成的教育

传统的学校德育，一般都是利用学校控制的教育资源，使用统一的模式对学生的德行素质进行塑造。而"自觉教育"强调的是生成性功能，即在学生自我需要的基础上，充分体现学生的自主选择性、自我意识和自主能力的形成性。一方面，学生的道德素养是在持续不断地"内省""内化"基础上，由他律向自律的水平转化；另一方面，良好的道德习惯需要不断地自我学习和巩固应用；此外，学生道德素养的生成过程，不是一种现代人道德水平整体素质的复制过程，而应该是自适应性的螺旋上升过程。

因此，德育的生成性功能上看，主体性是有明确目的的，它包括基础、发展、卓越三个过程。学生道德意识和道德能力发展的都应该依从身心发展规律，呈现层次性发展。这就要求学校德育不能仅仅是枯燥的德育课程，也不能是支离破碎的德育活动，而应该是有计划、有目的地使学生能够充分地发展自己的道德个性，吸收和消化道德营养，体验温暖、欣慰、愉快、满足、友爱、尊重等道德情感的德育课程。

（3）"自觉教育"理念下的学校德育必须是持续发展的教育

"自觉教育"的目的，就是促进学生道德意识、道德行为、道德习惯、道德精神的养成，帮助和引导学生成为一个真正有道德的人。因此，"自觉教育"理念下的学校德育目的，是培养学生成为自觉约束自己以服从社会道德规范，主动从事道德性活动，做一个在自我意识指导下的具有"道德情怀"的人。学生德育素养的形成，要经历由道德意识向道德行为的转化，道德行为向道德习惯的转化，道德习惯向道德精神的转化，从而完成德育主体的德性素质成长，成为一个逻辑、生成、持续的发展过程。

学校德育是一种有着严密德育逻辑的德育模式，这种严密的德育逻辑来源于学生品德发展的内在规律和学生内心真正的道德需要。这种品德培养的严密逻辑只有在课程化的运行模式中，才能保证将学生培养成一个真正有道德的人。

（二）基于"自觉教育"理念的学生发展系统组织建构

学生的系统培养和德育课程的有效实施，都依赖于学校三级德育管理系统的建构。学校一般都设有负责学生德育工作的校长。德育处和年级班主任。这样的三级管理体系看似有利于突出德育工作的层层落实，实则信息层层递减，但很多德育工作的落实最后还得依赖班主任完成。而班主任的工作越多，学校全员育人的成效越差，且容易出现责任推诿现象，导致学生的德行培养成了班主任的专属工作。

德育工作的有效开展，不仅要依赖班主任和学科教师的教养培育，而且还要通过学校搭建平台、建立机制以实现学生自我管理。学校应充分重视学生的主体性发展，以学生的自我管理、自我教育为主，以学校的制度、机制约束为辅，建立底线思维，提供多种选择，让学生在同伴互助和和谐交往中，快乐健康地成长。

1. 学校德育工作的组织结构

以学生为主的德育观，要求学校建立扁平化的德育工作组织结构，给学生和学生组织放权，让学生学会为自己负责、为他人负责、为集体负责。这样的德育组织结构，才能在学校的准社会化环境中培养学生的社会参与意识，才能在校外的社会活动中进一步增强学生的社会角色认同，逐步实现由"自然人"到"社会人"的顺利转化，达成基础教育的目的。

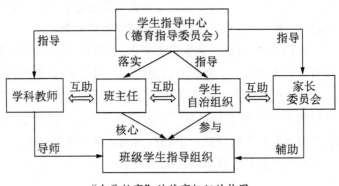

"自觉教育"的德育组织结构图

2. 学校德育工作的组织分工

学校德育工作的对象是学生。学生的道德素养是学生自主建构、生成和发展的。教师和学校在学生个体成熟的过程中，只是起到一个条件和支撑作用。学校和教师通过整合多方面的资源，组织不同类型的活动，让学生参与、体验、创生自己的道德意识、道德行为、道德习惯和道德精神，养成自己的道德情怀，从而成为有教养、有品位的自觉发展的学生。

（1）学生指导中心

学生指导中心负责学校所有的德育工作，包括负责学生发展工作的整体规划与设计、学校德育课程的实施、德育工作的四支队伍的建设、学生综合素质的评价、学校德育工作的整体评估等。

（2）班主任队伍和学科教师队伍

班主任队伍建设是队伍建设的核心，这可以参照教师成长规划的思路，建立班主任发展规划，从而与学校整体教师发展系统建立直接关联性。青年教师需经过班主任工作岗位或辅助班主任工作岗位的历练，才能成为学校的骨干教师。班主任发展规划，可综合考虑大小学科的特点，建立主班主任和辅助班主任系列，并根据学段和学科给出具体的工作目标、内容和评价标准，使班主任工作实现闭环管理。学科教师的工作任务必须包含学生发展指导的内容，包括承担的国家课程、地方课程和校本课程，建立学科教师学生发展指导工作细则，指导学科教师完成常规课堂教学中的德育指导工作。

（3）学生自治组织

学生自治组织是学生发展指导中需要着力建设的重要内容。学生自治组织的形式可以根据学段、学校等特点而各具特色，可以是学生会、学代会、团委、社团联合会整合的自组织联合体，可以是学校学生管理委员会下设的少先队、团委、学生会等组织，也可以是其他自组织形式。这些组织一般有两三级结构，即学校的学生自治组织、年级的学生自治组织、班级的学生自治组织。学生自治组织的有效运行可以使学校从管理走向治理，提升学校德育工作管理水平。

（4）家长委员会

家长委员会是学校指导中心建立的家校合作的重要纽带。家长委员会一般有三级结构，即学校家长委员会、年级家长委员会和班级家长委员会。学生指导中心还可以在三级委员会的常设组织中建立主题教育项目组、家长学校、家长志愿者协会、家长艺术团和家长自愿联合的各类非正式组织，将家长对学校教育的理解、建议和帮助及时落实到学生发展的系统指导工作中，形成民主、开放的办学环境，助力学校的可持续发展。

（5）班级学生指导组织

以往的学生发展指导，主要集中在班主任的工作中。而现代学生的发展处在一个极其复杂的环境系统中，学生的自觉教育不能自动发生，他们需要在一个能形成合力的环境中得到全面的指导，成为一个能自觉发展的生命个体。为此，我们要在学生学校生活的主要场域——班级，建立学生发展指导组织：以班主任为核心，班级学科教师和家长委员会成员组成协作体，学生管理者可以参与涉及学生自治组织的内容。班级学生指导组织，可以就班级教育的主题进行工作规划与指导：举办学生教育沙龙，进行学生发展诊断，邀请家庭教育专家进行现场指导，组织具有班级特色的学生活动。我们不是只在期中和期末的家长会上才组织三个群体的集合，而是将学生发展指导贯穿于学校教育的全过程，让每位家长都能与班主任和学科教师面对面地讨论孩子在学校的发展情况，建立家校联动的发展指导计划，进行不间断的学生学情分析与问题联合诊断，及时解决学生发展中出现的问题，实现学生校内与校外、课上与课下互动的泛在化教育指导。

学校可以有效利用微信、微博等现代技术手段，开展班级学生发展指导，用务实、科学的学生指导工作，走进学生的生活，走进家庭和社会的视域，改变学校德育工作的苍白说教，发挥学校教育的整合功能，成就学生自觉发展的智慧人生。

（三）基于"自觉教育"理念的学生发展系统课程建构

我们把"自觉教育"理念下的德育课程的内涵做如下界定：在教师创设的德育情境下，学生自主获得的经验或体验的一组有计划、有目标的德育范式。即在尊重国家和地方课程体系的基础上，注重学校"自觉教育"的核心理念，关注学生自主开发、自主参与、自主体验的课程。根据核心素养中学生自主发展维度的基本要旨和"自觉教育"的"四自"目标，我们建构了"自觉教育"德育课程。

1. 德育课程建构的理论基础

哲学、心理学和教育学等理论为"自觉教育"德育课程的开发提供了坚实基础。马克思认为："人是一切社会实践活动的发动者、组织者和承担者，是认识世界与改造世界的主体。"这里的"主体"是指有认识与实践能力的人，是能够自觉运用一定的物质手段和精神手段有目的、有意识、有计划地从事认识与实践活动的物质承担者。而主体性则是作为主体的人在认识、改造自然与社会时所表现出来的自主性、自觉性、为我性及超越性等本质属性，是人的一种内在规定性。主体性是人的本质特征。

人的主体性主要体现在四个方面，即人的自主性、人的自觉性、人的为我性、人的超越性或创造性。人的全面发展学说认为，人的全面发展和个性发展是相对的，是从一个相对不全面到相对全面、相对不自由到相对自由的过程。从教育和发展的角度讲，全面发展和个性发展是在教育的作用下，实现人从"类生命"走向"自由个性"再到更高层次的"类生命"的螺旋式发展过程。这是一个连续的、相互渗透的、不可分割的过程。人的全面发展和个性发展的矛盾是人发展的基本动力，只有通过教育实践将矛盾的对立面统一在一起，才能从根本上推进中国教育改革的深化和发展。

发展心理学、人格心理学、积极心理学等理论都从不同的角度丰富了我们对"自觉教育"德育课程建设的认识，前文已有系统解读，这里不再赘述。"自觉教育"的德育课程是学校课程系统中的重要组成部分，是对身心健康、交往与实践、生命与规划三个领域的课程的进一步整合，体现了"自觉教育"德育课程的整体性和衔接性，体现了"自觉教育"对人的主体性的关照。学校也可以将以下结构中的课程，进行校本化调整，突出学校在课程建设的自主开发能力和校本化内涵特色。

2. "自觉教育"理念下的"四维"德育课程结构

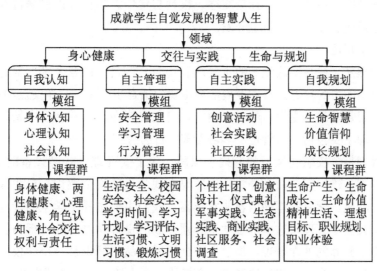

"自觉教育"的"四维"德育课程结构

3. "自觉教育"德育课程结构的解读

"自觉教育"的课程体系是国家课程、地方课程和校本课程的结构化表达。横向上，它是通过不同"领域"来保证学生发展的全面性；纵向上，它是通过层级体现课程的丰富与选择性，保证学生可以选择适合自己的课程。"自觉教育"德育课程，是建立在学科课程体系整体结构的基础上，关注学生主体的自主、自觉、自为和创造性。它以"成就学生自觉发展的智慧人生"为理念，以培养"丰厚文化素养、自觉发展意识、创新实践能力、明辨笃行品格的适应未来社会发展的合格公民和优秀人才"为目标，建立了四个课程模组，包括自我认知、自主管理、自主实践和自我规划。

（1）自我认知

自我认知是学生身心健康领域的重要内容。与"四自"的各个维度都有关联，核心与"四自"中的自我意识发展相关，包括身体认知、心理认知和社会认知模组。

从发展心理学的角度看，身体认知主要是学生对自身生理结构和功能运行的了解，这是学生心理和社会认知发展的物质基础。只有充分认识生理结构的发育和成熟规律，才能更好地悦纳自己，自觉地保护自身生命安全。学生的心理认知主要涉及学生的智力和人格的发展；社会认知是学生道德的发展、社会关系、公民的权利和义务等。从学校教育的发展阶段性看，我们选择了6个模块，即身体健康、两性健康、心理健康、角色认知、社会交往、权利与责任。学校可以根据自身的发展需要，自主选择或适度调整，自主开发。

（2）自主管理

自主管理是交往与实践领域的重要内容，与"四自"的各个维度都有关联，核心是学生自主能力的培养。自主发展能力主要包括自主学习、自主交流和自主管理。其中自主学习管理是自主学习的核心内容，自主交流在学习和活动中始终贯穿。因此，自主管理主要包括安全管理、学习管理、行为管理。

安全管理是学校顺利运行的前提和保障。除了要处理好各类设备的安全防护、建立安全制度、建构安全课堂外，学校还要重视学生的安全意识、自我保护意识和自救能力的养成。学习管理的内容非常丰富，我们主要选择了学生的计划管理、时间管理和自我监控管理，这些都是学生必须养成的良好学习习惯。行为管理是将行为看成是学生教养的外在表现，是学生综合特质的品牌标识是一个学校区别于其他学校的重要指标。为此，我们选择了9个模块，即生活安全、校园安全、社会安全、学习时间、学习计划、学习评估、生活习惯、文明习惯和锻炼习惯。

（3）自主实践

自主实践是交往与实践领域的重要内容，与"四自"的各个维度都有关联，核心是学生自信品格的培养。自信品格包括自我需要、自我满意和自我激励。学生的自主实践主要包括创意活动、社会实践和社区服务三个模组。

自主实践活动是校园生活的主旋律，包含学生的社团活动、特长运动、节日活动（体育节、艺术节、科技节、文化节、读书节、创意大赛、合唱比赛、戏剧展演、新年音乐会等）、社会实践（军训、农村社会实践、工厂体验等）和社区服务和社会调查（商业社会调查、环境调查、历史文化考察、民俗文化考察等）。学校的实践活动越丰富，选择空间越大，每位学生参与度就越高。学生总能找到适合自己的领域展示自己，学生的自我需要、自我激励的动机也因此得到激发，自我认同感增强，自我成就的机会加大，自信心得到提升。

自主实践模组主要包括个性社团、创意设计、仪式典礼、军事实践、生态实践、商业实践、社区服务、社会调查八个模块。学校可以自主选择、自主开发。

（4）自我规划

自主规划是生命与规划领域的重要内容，与"四自"的各个维度都有关联，核心是培育学生的自强精神。自强精神的培育包括自我规划、自我提高、自我超越。因此，自我规划包括生命智慧、价值信仰、成长规划模组。

学生的发展不仅要有自我激励的需要与动机，自主发展的能力与基础，还需要有精神的引领，从而培育丰沛而深刻的心灵。学生应该敬畏生命，理解生死，体悟生命的由来、成长与发展，寻找生命的意义和生活的价值，反省"我"之为"我"的原因，正确认识自身、认识他人与社会，认识世界与自然。只有对自我生命的发展有比较清晰的认知，学生才能确立自我的发展方向。尽管学生发展的不稳定性使得学生的自我规划很难完全按计划执行，但建立规划本身就是学生精神洗礼的过程。只有不断积累生命智慧个体才能完成由自发到自觉的健康成长和自我超越。

自我规划模组主要包括生命产生、生命成长、生命价值、精神生活、理想目标、职业规划、职业体验七个模块。学校可以自主选择，自主开发。

总之，学校德育课程化是培养学生核心素养的重要途径。学生全面而有个性的发展，不仅需要德育课程，还需要学校整体课程的实施。"自觉教育"的德育课程体现了"自觉教育"核心内涵的实施路径。只有通过课程化的实践，我们才有可能评估"自觉教育"的落实成果。每所学校都可以在"四维"课程总体框架下，进行自主设计和实践开发，特别是学校品牌课程的开发，这将助力学校的优质化发展。

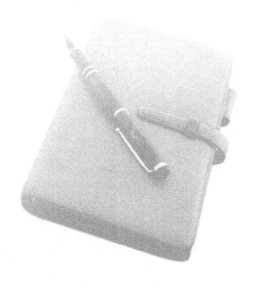

我的教育实践

　　"自觉教育"是从学生主动发展、个性发展和全面发展的角度对素质教育展开的一种校本解读，这种解读源于东北师大附中的历史文化传统，也体现了学校对当下教育的思考与把握。我们把学生的发展作为学校发展的终极目的，但要实现这一目的，还需要我们科学、理性地建构学校的发展规划，设计学校的教育教学活动，提高教师的师德水平和执教能力，整合学校的环境与资源，从而促进学生的自觉发展。

　　"自觉教育"的校本实践源自东北师大附中的管理实践。在近7年的管理实践中，我的思考主要聚焦于优质学校的"自觉教育"管理范式的研究。通过开展"自觉教育"理念下的课程、教学、教师、学生、文化五个维度的内涵式发展实践，积累优质学校特色化发展的经验，我们使学校在原有的高平台的发展基础上，实现目标导向的新发展。7年的实践，成果丰硕，不仅我个人对学校管理有了系统的经验积累，而且学校在国内外的影响力也逐年扩大，学生的发展得到了社会各界的广泛认可。东北师大附中不仅是北京大学、清华大学等知名高校的重要生源基地校，而且连续两次被马里兰大学评估中心评为中国高中第四名；学校每年有近百名学生到世界排名前100的名校就读，学生升入重点大学的比例高达85％以上，学校还是获得吉林省政府嘉奖的省先进单位。

　　在东北师大附中的学校管理实践的基础上，我又将这一理念和管理范式在北京的东北师大附中朝阳学校进行了新建学校的校本化建构。在"自觉教育"理念的指导下，结合北京市朝阳区的区域要求和寄宿制学校的特点，我们对学校的课程、教学、教师、学生和学校文化进行了整体设计。在建校的第一年，我每月有一个星期在学校进行实地指导，和学校的领导班子研究学校的发展规划，对学校的教职工进行相对应的培训，初步形成了基于"自觉教育"的管理范式；我离开附中之后，朝阳学校继续坚持"自觉教育"的理念，结合学校的发展实际，又创生和深化了寄宿制学校的"自觉教育"的管理内涵，并进行了更深入和具体的实践，取得了丰硕的成果。

　　2016年，我从吉林省教育考试院离开，到长春净月高新技术产业开发区进行公办义务教育委托管理的创新实践。我在附中和朝阳学校实践的基础上，进一步梳理了"自觉教育"的理念和管理范式，对实践路径进行了适度的调整和简化，在改进四所农村薄弱学校的过程中大胆探索。经过一年半的实践，这些都取得了一些成果。

这些成果，增强了我对学校管理经验进一步推广的信心，也让我感受到基于学生发展规律的学校改进实践所产生的深远意义。这是我职业生涯的又一次正确选择。将一所学校做好，是不难的事情；帮助更多的学校走向优质发展的道路，则是耗费心血、耗费精力的难事。但我们应该坚持走下去，因为选择教育事业，坚守教育事业，是源于我们热爱它，并感受到了自己努力付出后的成就。这激励我们不断完善自身，期待在更广泛意义上的优质学校建设中，继续进行实践路径的探索。

一、东北师大附中基于"自觉教育"的课程实践

每一所学校都是一个历史性的存在。不了解本校历史，我们就无以承继学校的传统，更无以把握学校的未来。东北师范大学附属中学坐落于长春——一座中国科教文化名城。作为东北三省基础教育的第一张名片，东北师大附中经历了六十余年的风雨砥砺，也进行了六十余年的不懈追求。附中以"坚持理想、追求卓越、勇开风气、兼容并包"为学校精神，秉承"为学生一生奠基，对民族未来负责"的理念，为学生全面而有个性的人生发展奠基。附中尊重师生自由，崇尚包容与责任，努力营造一种开放的环境，提倡一种减少压抑、增加快乐、尊重个性、关注健康、懂得感恩、鼓励追求个人成长价值感的适合学生发展的教育，并积极帮助学生构建基于考试、高于考试且融学习内容、学习方法与学习规律于一体的个性化学习体系，让每个学生成为自身发展的主宰者。学校的办学理念和培养目标，在课程建设中得到了最好的体现。

课程是学校的核心。自建校至今，学校一直以一种超前的理念和高端的占位，全力进行课程建设，大胆开展课程实验，在各个时代都成为引领国家基础教育课程改革的一面旗帜。多年的实践让附中人深刻体会到课程是学校培养目标得以落实的主要途径。学生的发展能否体现其主动、个性与全面发展，关键在于学校给学生设计了怎样的发展通道。

我们将"自觉教育"理念贯穿在学校课程建设中，以培养学生的自主性、能动性和创造性为基本准则，将学校课程规划与开发放在学校所有工作的核心地位，建立以目标导向为原则的课程体系。我们克服学校课程建设的"山寨化"倾向，在调研学生需求的基础上，根据学校人才培养目标和课程目标的定位，坚持目标优先、

计划先行、体系科学的原则，开展学校的课程研究。

　　"自觉教育"的课程设计核心是培养学生的自主发展能力。人们对"自主发展"的认识是在实践中不断发展的：最初把它看作一种教育目标，注重教育对独立人格和创造品质的培养；后来又把它当作一种教与学的策略，注重在教与学过程中学生主体地位的尊重和主体性的发挥；目前的课程设计中，发展学生的自主能力已成为重要的研究取向。基于学生自主发展的学校课程的建设必将为我们提供一条促进学生自主发展的更加开阔的新路径。

（一）基于学校"自觉教育"理念指导下的课程模型

　　每门课程都有促进学生自主发展的价值，但是基于"自觉教育"的课程要素都应直接有效地服务于学生自主发展。因此，其模型的构建应从目标、路径、选择性和效能四个方面进行考量。

1. 目标

　　根据泰勒（Ralpha W. Tyler）的目标优先性原理，基于学生"自觉教育"的课程构建，首先要设定学生自主发展的目标。这个目标应该包括学生学习活动的自觉性培养、学生社会责任感和世界观的形成、学生自我意识的发展三个基本要素。具体而言，它应该提升学生自我规划与管理的能力、创造力、批判性思维、实践能力、合作与团队精神与组织能力等基本能力，以及培养学生信息素养、语言素养等基本素养。

2. 路径

　　促进学生自主发展，要着眼于不同形式课程的功能的发挥。自主发展需要综合能力，因此我们要在当前分科课程的基础上，建设体现知识综合性的综合课程；自主发展是一种能力本位的发展，因此我们应该注重学生经验的利用与获得，要在当前学科课程注重探究能力培养的基础上，开发活动课程。

3. 选择性

　　并非所有的课程都能够实现促进学生自主发展的目标，只有高效能、高品质、有针对性的课程才能在这一目标的实现过程中产生价值，而建设高效能、高品质、有针对性的课程必须从课程的数量、品质和层级三个角度入手。我们在开齐国家必修课程的基础上，还要开设全国家选修课程，特别是要开发一定数量的校本课程作为补充。在选修课程总量上，学校既要保证学生全员选课，开设具有现代性和国际性品质的课程，也要考量学生群体的差异性，开设不同层级的课程。

4. 效能

课程评价是对课程目标实现情况的检验和进一步调整的基础，因此，学校要进行"基于学生自主发展课程"效能的评价，考察这种课程是否真正地或在多大程度上促进了学生自主发展。

课程效能评价是指在一定条件下，对课程给学生发展产生影响程度的价值判断，主要采用"增值"思想和"净影响"思想。

（二）基于学校"自觉教育"理念指导下的课程结构

基于学生发展的课程模型（OWSE 模型）是一种比较理想化的状态，在实践中需要一定的灵活性。另外，受限于当前的发展水平，我们对课程效能方面的探索仍未能达到预期目标，但这是今后发展的重要方向。东北师大附中的课程虽然体现了基于学生发展的诉求，但还不是一个严格意义上的基于学生发展的课程模型。

基于学生发展的课程模型（OWSE 模型）

要素	项目
目标（Objective）	自主发展需要的情感态度价值观、过程与方法、知识与能力要素
路径（Way）	借助发展学生自主探究能力的学科课程；借助体现知识综合性的综合课程；借助服务经验的利用与获得的活动课程
选择性（Selective）	数量、品质、层级
效能（Effectiveness）	"增值"思想、"净影响"思想

1. 确定的目标

目标优先性是东北师大附中课程建设的出发点。基于对东北师大附中的学生应具有怎样的素质，我们培养的学生究竟与其他学校培养的学生有何不同（异质性）等问题的思考，立足全球化背景，基于国际化、复合型、创新型的人才需求，东北师大附中把**"培养具有良好习惯、认真态度，善于独立思考、和谐交往，富有多元素质、创造潜力，擎具国际视野和天下情怀的优秀学生"**作为学校的培养目标。培养目标中提到的八项要素也就是东北师大附中学生要具备的八项基本素质。

2. 实施的路径

（1）课程模组与课程结构

课程模组是一个校本化概念，是指具有相同功能的一个课程群，其理论基础是学习领域划分和多元智能理论。学校从人才培养目标出发，在整合国家课程和校本课程的基础上，开设了身心素养、艺术素养、语言与文学素养、数学素养、人文与社会知识素养、科学素养、技术素养、交往与实践素养八个课程模组。

课程模组是学校课程开发和学生课程选择的重要参考维度，是学校课程结构的重要支撑。课程开设要各模组兼顾，课程选择要跨模组选修，目的是保证学生知识结构的全面性，促进个性发展。

模组的概念与国家课程的领域相近，但略有不同，这体现了我们对国家课程、地方课程与校本课程在"自觉教育"理念指导下的学校重建。这样整合后的课程，我们称之为学校课程。课程的发展是开放性的，我们借鉴了"蓝海战略"的设计，国家必修课程是基础，也是指定性课程，用红色表示；国家和校本的学科拓展性选修，是学生自主性的有限发挥，体现了对学生自主性的培育，用有生命力的绿色表示；而综合性和学术性的课程，则完全是开放性的，是面向高校、社会和未来的课程，用蓝色表示。

将领域、模块和学科融合后形成的"目标—模组—层级"式课程结构，较清晰地体现了我们对课程设计的校本思考。学校在模组的设计下，加强了学科课程群的层级开发，即基础课程群建设、学科拓展课程群建设、学科为主的跨学科课程群或多学科融合课程群开发的三级开发策略，使模组的设计落实到学科。同时，对多学科融合的身心素养模组和交往实践模组又集中体现了"四自"理念的落实。

（2）主导性课程与补充性课程

课程是一种现实也是一种理想，它载负着办学主体的价值诉求。学校要培养什么样的人，就开设什么样的课程。校本课程的开发主体是学校，主导性课程最鲜明

培养目标

培养具有良好习惯、认真态度，善于独立思考、和谐交往，富有多元素质、创造潜力，擎具国际视野和天下情怀的优秀学生。

内容难度与组织方式 ｜ 修习限制

高级水平（研究性、先修型）｜ 丰富水平 ｜ 基础水平

身心素养模组 ｜ 艺术素养模组 ｜ 语言与文学素养模组 ｜ 数学素养模组 ｜ 人文与社会知识素养模组 ｜ 科学素养模组 ｜ 技术素养模组 ｜ 交往与实践素养模组

校本选修（蓝色）｜ 国家、校本选修（绿色）｜ 国家必修（红色）

学习领域与多元智能

学科课程 ｜ 分科课程 ｜ 综合课程

活动课程 ｜ 知识获取 ｜ 内容组织

东北师大附中"目标—模组—层级"式课程结构体系

地体现并落实着学校的价值诉求。因此，我们可以把一些直接促进学生身心健康发展、道德品质提升和实践能力增长的课程优先开设出来，并将这些课程作为学校的**主导性课程**进行重点建设和不断完善；而其他一些不能直接体现学校价值诉求却符合学生兴趣的课程则可以作为学校的**补充性课程**进行开发。国家课程都属于主导性课程。校本课程不能完全是主导性的，这样过于理性化，过于学校本位，补充性课程可以在一定程度上保证学生在课程建设中的主体性。

课程模组与主导性课程

课程模组	主导性课程示例
身心素养模组	**语文、英语、政治、历史、体育** 自我砥炼系列课程：成长导航、拓展训练、篮球、足球、田径、棋牌协会、耳语星空心理协会、校园心理剧、心理学案例分析 自觉修养系列课程：党校或团校学习、国学、交际与礼仪、理财初步 自主规划系列课程：学业规划（入学、过程、高考）、职业生涯规划

续表

课程模组	主导性课程示例
艺术素养模组	**音乐、美术** 蜡染与扎染艺术、书法艺术、音乐演唱技巧、舞蹈与形体训练、魔术、乐队、舞蹈队、瀚林苑书画协会、蜇声传媒联合协会、T—5舞蹈协会
语言与文学素养模组	<u>**语文**</u>**、英语** 汉语语法知识、英语演讲与口才、电子词典辅助式学习课程、粉墨青春实验话剧团、一格文学社
数学素养模组	**数学** 数学史与数学文化、数学奥林匹克竞赛、数学同步拓展
科学素养模组	**物理、化学、生物** 学科竞赛系列课程、DI、化学"手持技术"、人类遗传与遗传病、高中化学创新微型实验、物理简史、物理思维与数学应用
人文与社会知识素养模组	<u>**政治、历史**</u>**、地理** 关东三千年、世界格局与中国的发展、中外通史精讲、区域地理、大师与经典——文化涵养视频课程、阅读天下——电视新闻短课
技术素养模组	**信息技术、通用技术** 陶艺、厨艺、服饰设计、青春领域网络协会、EP节能车、机器人、航模、无线电测向、单片机、PS图片
交往与实践素养模组	自主管理系列课程：LO课程、学生团队管理实践（学代会、学生会、团委、值周班）、活动策划与组织实践、个人生活管理 自主实践系列课程：研究性学习、社会实践（学军、学农、学工，三省三校夏令营）、社区服务、校内实践（学生实验超市、艺术节、体育节、科技节）、MUN、剑桥大学技能拓展（SDP）

说明：

●8个课程模组按课程目标中预设的学生专项素养而确定，整合了国家、地方和校本课程。

●黑体字内容系国家课程。

●加下画线内容系属于两个课程模组的课程。

（3）课程形式

借鉴国际课程通常的分类方法，学校课程在知识的获取方式上分为**学科课程**和**活动课程**；在课程内容联系上分为**分科课程**和**综合课程**。例如，2011—2012学年第一学期，学校开设学科课程50门，活动课程34门。学校尝试开设综合课程"阅读天下——电视新闻短课""大师与经典——文化涵养视频课程""物理思维与数学应用""剑桥大学技能拓展课程"等。不同类型的课程可以给学生提供不同的学习体验，使学生获得不同方面的能力的锻炼，使课程发挥更大效益。

3. 选择性的保障

（1）数量

课程的数量要求主要指开齐必修课程，开全国家选修课程，开够校本课程。校本课程首先数量要充足，要满足学生的选择需求。选修课的数量一定程度上体现了学校的教育水平。中小学生的选课与大学生不同，不能一部分学生在上选修课，而另一部分学生无课可选或无人管理。为避免混乱，第一，学校必须实现选修的共时性，这便需要数量保证。第二，课程的数量是实现课程选择的前提，是学生个性化发展的保证。2007—2012年（吉林省实行新课改以来），东北师大附中总共开设校本课程891门次，381门类，每个年级人数1800人左右，年级每学期平均开课量达50～60门次。2012年，2011级运行校本课程84门次。

（2）品质

①课程的现代性和国际性。课程建设的现代性和国际化是课程的重要品质诉求，也是教育和人才发展在国际化的趋势下的需要。随着国内高校自主招生以及美国、澳大利亚、日本、新加坡等国家和香港等地区的高校在东北师大附中招生的需求的扩大，学校开始积极应对，注重学校课程与国内高校、国际高校的接轨，注重学校课程建设的现代性和国际性。比如，我们开设了托福、雅思、AP课程、剑桥大学技能拓展课程、头脑奥林匹克课程（DI）、建筑模型设计、EP节能车、中学生模拟联合国等国际认可的课程。我们改革研究和学习方式，并将其列为以"感知研究方法，形成创新能力"为目标的高级水平课程。

这些课程理念先进，内容前沿，对培养学生语言能力、团队精神、自主研究的能力起到重要作用，为学生发展搭建了更广阔的平台。很多学生通过修习这些课程和参加相关比赛而获得了加分和择优录取的资格。

②课程自主设计性。课程的自主设计性是学校课程品质的体现。学校根据学生自主发展的需要设计适合的课程，实现由"课程开设"向"课程设计"的转变。如：

超市经营与管理。为使学生在实践中了解商品经营、市场竞争、人力资源管理、财务管理、股份制度、卫生管理等知识，学校创办了国内第一家由中学生自主创办、自主管理的学生超市——东北师大附中学生实验超市，并以此为依托开发和超市经营与管理相关的课程。该课程从 2009 级开始运行。

阅读天下——电视新闻短课。该课程是针对信息时代信息的杂芜多元以及中学生与主旋律新闻信息的疏离问题而开设的。它借助新华社的权威信息资源，通过学生"自选、自编、自评、自看"的方式运行。它是一门通选课程，每位同学都要从高一收看到高三的上学期。每周一次，一次 30 分钟。该课程从 2009 级开始运行。

大师与经典——文化涵养视频课程。该课程涵盖文史哲领域的内容，以文化大师与文化经典为内容，以视频形式播出。每周一次，一次 30 分钟。

国学课程。该课程以国学知识为基本范围，以儒家文化为主要内容，由校内教师和校外专家组成教师团队进行教授。它旨在使学生了解传统文化，涵养健康人格，属于高一学生通选课程。该课程从 2009 级开始运行。

主体性德育课程。该课程由原有的党团教育活动、学生德育活动和国家的综合实践活动课整合而成。德育的职责是培养和塑造，是对个体生命的尊重。它是分层次的，从行为规范、道德原则逐步提升到道德理想。学校要科学规范不同年龄及各学习阶段道德教育的具体内容，形成不同的侧重点，逐步提高道德教育的广度和深度。东北师大附中整合了国家部分必修课程和学校的德育活动，把德育教育活动归属于自我砥练、自觉修养、自主规划、自主管理和自主实践五种系列课程，使学校的德育教育更加系统化。

主体性德育课程

系列课程	课程名称	课程内容
自我砥练	身心砥练课程	拓展训练、成长导航、耳语星空心理协会、体育拓展

续表

系列课程	课程名称	课程内容
自觉修养	品行修养课程	交际与礼仪、国学、阅读天下——电视新闻短课 主题班团班会、主题活动（绿色信息、无人监考）、 主题仪式（成人宣誓仪式、青春宣誓、百日誓师）
	政治修养课程	党的知识学习、访问杰出党员、开展社会考察和调研活动，按党员要求自我设计，社会服务与实践
自主规划	学业规划课程	校史、校情了解，学习环境、学习观念和方法的自我适应、文理分科准备、报考准备、高考准备、毕业系列活动准备、大学生活交流会
	职业生涯规划课程	认识自己、认识将来的职业、学习与职业的关系、在社会实践中获得职业信息、做出职业生涯决定
自主管理	个人生活管理课程	生活习惯养成、个人理财、个人形象设计
	团队生活管理课程	学代会、学生会、团委、校内值周工作实践、校园活动策划与组织
自主实践	研究性学习	开题报告、研究综述报告、结题报告或论文
	社区服务课程	了解社区、服务社区、建设社区
	社会实践课程	学军实践、学农实践、学工实践
	校内实践课程	学生实验超市、生存训练、学生社团活动、公益慈善活动

（3）水平层级

学校课程在整体上分为基础水平（Basic Level）、丰富水平（Enriched Level）、高级水平（Advanced Placement）三个层次。基础水平的课程主要指必修课程和初级校本课程；丰富水平的课程主要指国家选修课程和部分中级校本课程；高级水平的课程主要是校本课程，内容为大学先修课程和研究型课程，如某些与国内外高校相衔接的竞赛课程、语言课程、学生的研究性学习等。

三级课程结构照顾到了所有学生的共同基础和不同学生的不同基础，为学生多样化选择和个性化发展提供了可能。它使基础薄弱的学生有课可选，弥补知识的不足；使学习能力较强、学习进程较快的学生追求更高的发展目标；同时，这些课程

数学、理科课程群
微积分、计算数学、电磁学、大学化学
学科竞赛基础
自主招生专题拓展
　　高级课程　　　国家限定选修（数2、4；理3；化3、4、
　　　　　　　　　5；生物1、3；等等）
　　　　　　　　　国家任选、学段专题拓展
　　　　　丰富课程　　　国家必修
　　　　　　　　　　　　必修专题拓展与兴趣类
　　　　　　　　　　　　初高衔接
　　　　　　　　　　　　基础课程

英语课程群
IB、AP、SOP
托福、SAT、雅思
大学英语专题拓展
　　高级课程　　　国家限定等选修（6-11）
　　　　　　　　　多语种：德语、法语、西班牙语、韩、日语等
　　　　　　　　　学段专题拓展（写作、语法、原版阅读）
　　　　　丰富课程　　　国家必修（口语）
　　　　　　　　　　　　必修专题拓展与兴趣类
　　　　　　　　　　　　初高衔接
　　　　　　　　　　　　基础课程

人文与社会学科课程群
中国古代通史、中国古代文化、
地球科学概论、哲学选讲、
城市规划、经济与金融等专题拓展
　　高级课程　　　国家限定选修（旅游地理、战争
　　　　　　　　　与和平、经济学常识等）
　　　　　　　　　国家任选、学段专题拓展
　　　　　丰富课程　　　国家必修
　　　　　　　　　　　　学科兴趣与热点
　　　　　　　　　　　　初高衔接
　　　　　　　　　　　　基础课程

三级课程结构图

也可以帮助学生开拓新的升学发展通道。

　　在三级课程结构中，学校对高水平课程进行了深度设计与开发。高级水平的校本课程包括五大学科竞赛课程、中国大学先修课程、"三三"贯通培养课程和自主招生课程。

　　为使学校课程弹性化、培养目标个性化、学生发展多元化，东北师大附中多年来都非常注重开拓高中学生的培养途径，开设了高中数学、物理、化学、生物、信息学五大学科竞赛课程，并编写了相关的校本教材。

为使基础教育与高等教育顺利衔接，培养拔尖创新人才，东北师大附中与北京大学合作开设了中国大学先修课程（APUC），与中国教育学会合作开设了中国大学先修课程（CAP）。这是按照大学标准开设的常规基础课程，强调大学知识的全面、基础和系统。首先，学生从个人兴趣出发，提前体验、了解大学的课程内容，为更好地完成大学阶段的学习做准备。其次，学有余力的学生提早开始接触大学课程，为将来理性地选择大学相关专业奠定基础。最后，有准备地学习自己感兴趣的领域的更广、更深的内容，增强面对挑战时的自信和探究未知世界的能力。截至2014年，附中已开设13门大学先修课程，46名教师先后承担主讲教师，是我校课程体系中高级水平的校本课程。

东北师大附中大学先修课程

学科	大学先修课系列	开设课程名称	开课教师人数	总计
语文	APUC	中国古代文化	5	6
	CAP	文学写作	1	
数学	APUC	微积分	3	10
	CAP	微积分	5	
		线性代数	1	
		概率统计	1	
英语	CAP	通用学术英语	3	3
物理	APUC	电磁学	6	9
	CAP	物理力学	2	
生物	CAP	普通生物学	1	1
化学	APUC	大学化学	5	5
历史	APUC	中国通史（古代部分）	4	4
地理	APUC	地球科学概论	3	3
政治	CAP	微观经济学	3	3
信息	APUC	计算概论	2	2

为了探索初高中课程与大学课程衔接的有效途径、贯通培养的有益模式以及优质教育资源的整合途径，东北师大附中初中实验部启动了"'三三'贯通培养课程"。该课程引进了具有现代性、国际化的优质课程，充分利用高中、高校的优质课程资源，促使部分高级课程分阶段延伸下移，既实现国家课程的优效运行，又充分发挥优质校本课程对人才培养的作用。初中实验部教师在充分理解学校教学方向和原则

的基础上，科学地研究了初高中贯通的课程内容，并在实践中不断探索，大胆进行整合和创新，使之真正适合实验部的贯通培养，最终形成了一套科学的课程方案和教学制度，有效地指导了后续的各学科教学。

"三三"贯通培养课程

功能模组	初中学段			高中学段			修习限制
	7	8	9	10	11	12	
综合创新思维	头脑奥林匹克			头脑奥林匹克		大学先修课程（弹性开设、学生自选）	自选
				剑桥大学技能拓展课程			
数学与科学	数学奥林匹克竞赛课程			数学奥林匹克竞赛课程			
	物理拓展课程			物理奥林匹克竞赛课程			
	化学拓展课程			化学奥林匹克竞赛课程			
	生物拓展课程			生物奥林匹克竞赛课程			
	信息学奥林匹克课程			信息学奥林匹克课程			
				物理学中的数学方法			
生活与技能	简易机器人设计和制作			算法与编程、航模、机器人设计和制作			
		美厨工坊		陶艺与家政			
人文与社会	书法礼仪修炼			现代礼仪			必选
	国际理解			阅读天下——电视新闻短课			必选
				模拟联合国		大学先修课程（弹性开设、学生自选）	自选
				学生实验超市			
	国学概论（初级）			国学概论（中级）			必选
语言与文学	文学文体写作			学术文体写作、ACE、SAT、TOEFL、IELTS、AP			自选
身体健康	心理健康教育			成长导航			必选
				拓展训练			自选
兴趣特长	戏剧表演			学生社团课程			

　　为了使更多优秀的学生能够在大学自主招生中掌握技巧、高效应战，获得更多的录取机会，学校组建了自主招生辅导教师团队，为各类课程实验班系列的优秀学生开设自主招生课程。

（三）学校课程的系统开发

1. 课程开发的原则

　　在学校顶层的"目标—模组—层级"的课程结构引领下，学校通过成立专门的课程管理机构，组织和动员全校教师申报课程，采用分批渐进、主辅相济、改进原有、吸纳先进、独立设计的开发策略，致力于多模组领域下的学科内基础水平、丰富水平的课程开发。在国家普通高中课程结构基础上，东北师大附中的课程开发兼顾了不同课程类型之间的均衡，以及学科内部内容与经验的组织、难度水平的组织。

　　（1）主导性课程和补充性课程的均衡

　　主导性课程包括国家课程和主导性校本课程，具有较强的针对性，各个年级共同使用，可以反复开设，鲜明地体现并有效地落实了学校的价值诉求。补充性课程是从课程目标出发，根据学生特定的兴趣和学习需求，以及年级教师的特长开设的校本课程，是对主导性校本课程的丰富和补充，更注重学生个体的学习需求，具有一定的灵活性，开设比例约为1∶3。

　　学校鼓励学科教研室组织骨干教师围绕学科特色和培养目标集中开发学科课程群，并给予充分的项目支持，形成相对成熟的主导性优质校本课程；学校同时鼓励教师，根据自身专业特点、学生需求和学校目标，开发补充性校本课程。补充性校本课程的运行由学生的选课意愿决定，选课人数达到20人即可开课。如果教师开发课程的水平高，学生选课意向强烈，学科将给予专业指导，补充性校本课程向主导性校本课程过渡。我们希望将学校特色建设课程化、常规化，凸显课程对学生发展的指导功能，并完善校本学分管理体制，将学分管理与课程运行、综合评价和毕业推荐相结合，促进学生的自主发展。

　　（2）学科课程与活动课程的均衡

　　学科课程是根据各种不同的学科分类设计的学校课程。活动课程是从学生兴趣和需要出发，以学生活动为中心设计的课程。截至2014年3月，东北师大附中总共开设学科校本课程873门，活动校本课程381门，体现了开设比例与开设数量的均衡。高一学生在周二参加两节学科校本课，高二学生在周四参加两节学科校本课。学校还在周六开设两节活动校本课，体现了开设时段的均衡性。学科校本课程是学生的必选课，活动校本课程是学生的任选课，体现了课程的选择性和修习方式的均衡性。

东北师大附中 2013 级活动类校本课程

序号	学科	课程名称（周六下午 4：00—5：20）	授课校区	授课具体地点
1	技术	创意生活——家居饰品设计与制作	青华校区	通用技术教室
2	技术	EP 节能车队	青华校区	通用技术教室
3	音乐	"炫舞飞扬"高中生街舞与形体训练	青华校区	青华地下
4	美术	POP 的学习与创作	青华校区	青华地下
5	美术	手绘漫画技巧	青华校区	三楼 3-006
6	美术	书画理论、技巧及实践	青华校区	三楼 3-002
7	体育	足球	青华校区	操场
8	体育	羽毛球	青华校区	青华地下
9	体育	羽毛球	青华校区	青华地下
10	英语	师大附中模拟联合国	青华校区	五楼多媒体
11	地理	中学生领导力	自由校区	高一（16）班
12	技术	陶艺创作与鉴赏	自由校区	C 座二楼
13	技术	智能机器人	自由校区	C 座四楼
14	科技	定向、测向和户外运动	自由校区	C 座一楼
15	体育	男生乒乓球	自由校区	体育馆地下
16	体育	高一篮球	自由校区	体育馆三楼
17	体育	瑜伽	自由校区	体育馆二楼
18	体育	乒乓球	自由校区	体育馆地下
19	体育	男足球	自由校区	操场
20	体育	健美操	自由校区	体育馆二楼
21	体育	羽毛球入门	自由校区	体育馆三楼
22	外请	宇宙掠影	自由校区	15
23	外请	服饰设计与工艺	自由校区	C 座四楼
24	外请	中西餐烹调与饮食文化	自由校区	C 座二楼
25	外请	魔术	自由校区	高一（18）班
26	音乐	器乐排练	自由校区	体育馆二楼
27	英语	师大附中模拟联合国	自由校区	高一（17）班

东北师大附中 2013 级青华校区学科类校本课程

序号	学科	课程名称（周二下午第八、第九节）	授课校区	授课具体地点
1	地理	天文爱好者之旅	青华校区	计算机房
2	化学	物理化学初步	青华校区	高一（10）班
3	化学	化学解题策略——元素化合物专题讲座	青华校区	高一（2）班
4	技术	电子作品制作（单片机与 C 语言）	青华校区	物理实验室
5	历史	世界格局变化与中国的发展	青华校区	高一（13）班
6	生物	生活中的营养学	青华校区	高一（8）班
7	生物	生物数字化实验校本课	青华校区	生物实验室
8	生物	现代生物科技专题	青华校区	高一（5）班
9	数学	高一数学（下）思想方法精讲	青华校区	物理实验室
10	数学	数学拓展	青华校区	高一（3）班
11	物理	物理模型	青华校区	高一（9）班
12	物理	物理模型	青华校区	高一（1）班
13	物理	物理模型	青华校区	5 楼多媒体教室
14	心理	社会心理学理论及应用技巧	青华校区	高一（4）班
15	英语	词汇的奥秘	青华校区	高一（11）班
16	语文	我要有文化——中学生必备国学常识	青华校区	高一（7）班
17	语文	《左传》中的奇人逸事	青华校区	高一（14）班
18	语文	中外影视文学赏析	青华校区	高一（12）班
19	政治	经商之道	青华校区	高一（6）班
20	国际部	日语	青华校区	物理实验室
21	国际部	德语	青华校区	物理实验室

（3）必修课与选修课的均衡

按照修习限制，东北师大附中的课程分为必修、通选、任选、自修四种类型。必修课主要指国家必修课程。通选课包括选修Ⅰ中吉林省省内要求通选的课程，选修Ⅱ中部分关于学生品格养成、身心健康等方面的主导性课程，这是学生必须选修的课程。任选课指学生根据自己的兴趣需要自主选修的课程，主要包括学科基础、学科拓展、兴趣特长、生活技能等方面的内容。自修课指学生根据自己的兴趣需要自主选修的课程，主要包括学科基础、学科拓展、兴趣特长、生活技能等方面的内容。

2. 学科课程群的系统建构

为了让学校整体课程结构体系在各学科中有个性化和特色化的诠释，15 个学科教研室都建设了各自学科的课程结构树，在梳理学科已有课程的基础上划分了学科课程的类别和层级，明确了如何解决课程建设质量不高或门类缺乏等问题的改进方向。下面仅以高中语文课程结构表、生物课程结构表为例，更形象生动地说明这一问题。

东北师大附中高中语文课程结构表

语文课程结构											
年级	高一				高二				高三			
学段	学段1	学段2	学段3	学段4	学段5	学段6	学段7	学段8	学段9	学段10	学段11	学段12
国家课程	必修1	必修2	必修3	必修4	必修5	必选1	必选2	必选3	必选4			
使用教材	人教版《语文》必修1	人教版《语文》必修2	人教版《语文》必修3	人教版《语文》必修4	人教版《语文》必修5	人教版选修《中国古代诗歌散文欣赏》	人教版选修《中国文化经典研读》	语文教研室自编《语文》（选修）	语文教研室自编《语文》（选修）	高考语文总复习		
校本课程	约8门（含一门主导性选修课程"中学汉语语法常识"）	约8门（含主导性选修课程"中学汉语语法常识"）	约8门（含一门大学先修课程"中国古代文化"）						1. 高考语文系列讲座 2. 高校自主招生考试语文辅导			
使用教材	主导性选修课程使用校本教材《中学汉语语法常识》，其余自编讲义	主导性选修课程使用校本教材《中学汉语语法常识》，其余自编讲义	大学先修课程使用北京大学《中国古代文化史》教材，其余自编讲义					自编讲义		自编讲义		

续表

语文课程结构											
年级	高一				高二				高三			
学段	学段1	学段2	学段3	学段4	学段5	学段6	学段7	学段8	学段9	学段10	学段11	学段12
语文晨读	1. 中外名诗选读 2. 课内背诵篇目读诵 3. 新闻短课"朝闻天下" 4. 大师与经典——文化涵养视频课程		1. 古典诗歌选读 2. 课内背诵篇目读诵 3. 新闻短课"朝闻天下" 4. 大师与经典——文化涵养视频课程		1.《论语》选读 2. 课内背诵篇目读诵 3. 新闻短课"朝闻天下" 4. 大师与经典——文化涵养视频课程		1. 高考必背古诗文读背 2. 新闻短课"朝闻天下" 3. 大师与经典——文化涵养视频课程					
语文类研究性学习	语文老师指导语文类研究性学习课题											
语文类社团	语文老师指导下列社团：1. 一格文学社 2. 国学社 3. 楹联学会 4. 粉末青春话剧团 5. 蜚声传媒协会											

东北师大附中高中生物课程结构表

东北师大附中生物教研室校本课程树						
类		高一（上）		高一（下）		高二上
学科前沿	1	生命科学史				
	2	生物系统分类学				
	3	生物数字化实验课				
	4	无土栽培及组织培养技术	1	生物数字化实验课		
	5	细胞的秘密	2	无土栽培及组织培养技术	1	生物技术实践

续表

东北师大附中生物教研室校本课程树					
类	高一（上）		高一（下）		高二上
与生活联系	1	趣味生物实验	1	生物趣味实验	
	2	微生物与人类生活	2	生活中的营养学	
	3	健康成长——青少年营养知识普及	3	你身边的生物化学实验	
	4	生物与人体健康	4	基因与人体健康	
	5	常见植物识别	5	常见植物识别	1	生命的本源——血液
	6	健康与疾病（常见疾病简介及预防）	6	健康与疾病（常见疾病简介及预防）	2	健康与疾病
学科基础	1	高中生物基础知识与习题巧解				
	2	生命科学基础（适应必修模块Ⅰ）				
	3	初中生物知识梳理			1	高中生物基础知识与习题巧解
	4	身边的生物科学	1	高中生物基础知识与习题巧解	2	高中生物基础知识梳理及拓展
	5	生物竞赛入门	2	趣谈生物进化	3	生物学史上的代表人物及其典型实验
	6	生物实验与生活	3	高考中的遗传问题	4	影视中的生物技术

3. "四自"培养目标的模组落实

学校课程建构了绿色通道，包括16条主干道和若干条辅道。"16条主干道"即自主规划、自觉修养、自我砥炼、人文素养、科学素养、艺术素养、乡土知识、技术能力、学科竞赛、体艺团队、兴趣社团、自主创新、天下视野、自主实践、自主管理、隐性校本课程等16个课程模组。

其中自主规划、自觉修养、自我砥炼三个模组的课程主要培养学生的自我意识，通过心理分析与成长导航，帮助学生深入了解自我，明确自身的生理和心理特质，并结合学校的期待，进行学生发展的目标引领。

人文素养、科学素养、艺术素养、乡土知识、技术能力、学科竞赛等模组课程，主要进行学生自主能力的培养和完善人格的培育。自主能力侧重学生独立学习能力、独立自我管理能力、独立自我监控与评价能力等方面的培养，特别强调贯穿常规课程实施中的品德教育、理想教育、科学态度与方法教育、人文精神教育、行为习惯养成等，它们整合了国家、地方和校本课程，通过具体的"主导性课程"直接有效地落实了学校的课程目标和人才培养目标。

体艺团队、兴趣社团、自主创新、天下视野、自主实践、自主管理、隐性校本课程等模组，主要通过团队活动、社团活动等多样化的特色体验活动，加强学生与学生、学生与教师间的交流与合作，让学生在多选择的课程中实现自身特长的发展，突出优势智能，并内化为学生自信、自立、自强的精神气质，为学生终身发展奠定了人格基础。

4. 非高考科目的弹性选修

新课程最大的亮点就是强调课程的选择性。为了适应社会对多样化人才的需求，为了满足不同学生的发展需要，每一名学生在高中阶段都能够享受到系统的、高水平的素养教育，每个人都能有一项专长，都能身心健康、和谐发展，东北师大附中强调在保证每名学生达到共同基础的前提下，要分类别、分层次设计多样的、可供不同发展潜能学生选择的非高考选修学科课程内容。

体育、音乐、美术、信息技术、通用技术学科开创性地采取了改变时长、捆绑运行、模块选修、单元走班的弹性教学模式，真正充分地满足学生的自主选课需求。这取得了非常好的教学效果，受到了广大同学的热烈欢迎。通过在网络课程平台选课，高一年级和高二年级的每名学生都在这五门学科中选定了一门自己感兴趣的模块课，学生的学习课表个性化、同中有异，学生的学习内容不再千人一面。

非高考学科的选修模块示例

序号	音乐模块	美术模块	信息技术模块	体育模块	通用技术模块
1	歌曲演唱	绘画	信息技术基础	健美操	陶笛创意制作
2	民族舞	设计	多媒体技术应用	跆拳道	建筑模型的设计与制作
3	陶笛演奏	书法	算法与程序设计	瑜伽	彩灯的设计与制作
4	吉他演奏	摄影	网络技术应用	足球	文化衫创作
5	LOCKIN	动漫	数据管理技术	篮球	铁艺的设计与制作

序号	音乐模块	美术模块	信息技术模块	体育模块	通用技术模块
6	戏剧表演	剪纸	人工智能初步	乒乓球	扎染与蜡染工艺
7	葫芦丝演奏	名作解构		羽毛球	轻轨站模型设计与制作

（四）课程实施制度的建立以及课程实施条件的完善

为了保障课程结构得到顺利实施，学校在管理制度、评价制度、条件保障方面进行了相应的努力。

1. 制定完善的校本课程开发、申报、审定制度，确立校本教材的编写、出版和管理原则

为了使校本课程建设符合学校课程建设的整体要求和目标需求，进一步强调课程建设的效益，培育课程文化，东北师大附中制定了校本课程申报、审定制度，明确了校本教材的开发条件和原则，明确了编写、出版、管理校本教材的办法，规定了申报校本课题须符合教研室的校本课开设计划。校本课程可以跨年级、跨校区申报，但学科类和活动类校本课上课时段原则上不可混开。东北师大附中编写并出版了丰富的校本教材，供学生上选修课时使用。

2. 开发、改进、完善课程管理的数字化网络平台

随着科技的发展，课程管理平台实现了高效的管理功能。通过信息技术进行课程管理可以使课程运行更加系统化、规范化、自动化，更多高效地满足学生、家长、老师的需求。东北师大附中课程管理平台的一期工程已经具备了课程申报、课程审核、选课分班、过程管理、课程评价、成绩统计等功能，二期工程已经实现了研究性学习的学生分组、课题选题、文案评审、论文提交、外审评价、学分管理等功能，三期工程研发了常规课程的考勤、成绩和学分管理；课程纸笔测试和质性评语评价；学分登录、统计与查询；学科教师成绩单、班级选课信息表、全息发展评价报告单等功能。

3. 建立校本课程星级人气指数评价制度

为了及时反馈校本课程教学效果，促进校本课程改进，学生对校本课程的评价采取星级评价制度。以人气指数的方式对教师的课程教学进行感受性的模糊评价，既兼顾了对开课教师的正向激励，又实现了对课程各要素的反馈分析。

校本课程星级人气指数评价表

赋星维度		赋星考量	赋星数量				
			10星	7星	5星	3星	1星
课程内容	价值性	你认为修习这门课程是否有收获、有启示、受锻炼					
	系统性	你认为这门课程的内容是否章节完备、知识系统					
	科学性	你认为这门课程的内容是否科学、合理					
教学过程	岗位职责	课堂教学准备充分，无迟到、早退现象；对学生管理认真、严格、负责					
	课堂管理	能够营造良好的学习环境，教学活动组织有序，课堂氛围活跃而不失秩序					
	尊重学生	赞赏学生独到、新颖的见解，尊重学生不同的意见；平等、公正地对待学生；依规保护学生的权益不受侵犯					
	内容讲解	能抓住知识主线，层次分明，思路清晰，重点突出，组织严密					
	教学手段	符合教学和学生的实际需求。板书工整、清晰；多媒体运用合理、适当					
	知识素养	精通本学科的基础知识，了解本学科的动态和发展，善于将学科知识与生产、生活或科技发展相结合					
	方法使用	灵活多样，有趣有效，注意启发学生思维，培养学生能力					
得星总数							

4. 制订《全息发展课程评价方案》

为了深入贯彻党的教育方针，全面推进素质教育和新课程改革，完善学校课程体系建设，提高教育教学质量，促进学生全面发展，学校在课程修习评价方面全面实行了从唯一走向综合、从静态走向动态、从封闭走向开放的全息发展课程评价方式。课程修习全息发展评价细则如下表所示。

课程修习全息发展评价细则表

评价项目	权重比例		评价内容	评价方法
出勤表现	5%		学生在一学期的出勤（包括迟到、早退）情况	教师赋予一个出勤表现综合评定分值
课堂表现	10%		学生在课堂中的听课、发言、注意力等常规表现行为	教师赋予一个课堂表现综合评定分值
平时作业	10%		学生在一学期中对该学科布置作业的完成情况	教师赋予一个平时作业综合评定分值
阶段测试	20%		月考纸笔测试	学科成绩
模块结业或期考	40%		模块结业考试、期中考试、期末考试、高三摸底考试、高三模拟考试等纸笔测试	学科成绩
综合评价	自评	5%	一学期该学科的综合表现	学生给自己赋予一个评定分值
	互评	5%	一学期该学科的综合表现	学生之间由代表赋予一个评定分值
	教师	5%	一学期该学科的综合表现	教师给学生赋予一个综合评定分值
	评价	综合评语		教师根据学生在本学科的学习优长，进行综合质性评价
学期总评	100%		该学科各方面的综合得分	各项分值的总和
特色加试	百分制		特色实验班进行的单独加试	学科成绩
学分赋予	学分制		学期总评得分	总成绩 60 分以上为合格，可以获得学分，其中 80 分以上为优秀。补考通过的，只能记作合格

全息成长记录法是基于发展性学生评价的一种全息评价方法。以学生为中心，以师生互动建构为基础，以促进学生全面发展为根本宗旨，以重视评价多元性、过程性和情境性为特征，通过对学生的出勤表现、课堂表现、平时作业、阶段测试、模块结业或期考、特色加试等信息样本的采集，配合学生自评、学生互评、教师评语等评价方式，将量化评价与质性评价相结合，进行学期总评，并赋予相应的学分。具体来说，课程修习全息发展评价的过程可以用如下图表表示。

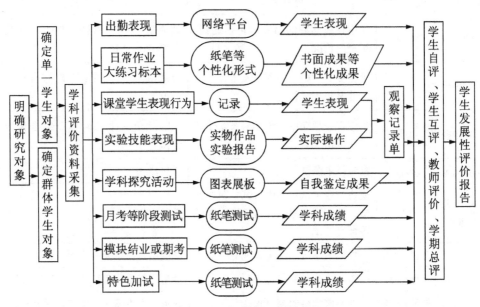

课程修习全息发展评价流程图

系统化的评价流程，可以多维度地参与对学生从主观思想到行为习惯、从动脑思维到动手操作、从学习知识到掌握方法、从科学素养到科学情感的记录，呈现了学生的发展与成长现状，并形成一份个性化的全息发展评价报告，全面帮助每一名学生在学习生活中愉快、自信地获得成功，促进学生未来的可持续发展。

课程建设是指导学校教育教学的主要组成部分，在立足校本课程开发的成熟经验的基础上，东北师大附中引进了英国剑桥课程和国际通行的国际预科证书课程，在学校的国际部运行国际课程。学校在国际课程运行的实践中，不断地学习与借鉴，并结合高考不变的现实，在现有的国家与校本课程体系中，引进世界元素，整合或改进已有课程，设计与探寻既适合中国本土文化传统又能面向世界及未来发展的学校课程体系，将学校课程建设由课程开发向课程设计转变，全面提升学校的办学水平。

二、东北师大附中基于"自觉教育"的教学实践

东北师大附中自建校以来，始终以教学为根本，以科研为依托，视质量为生命，深化教学改革，开展教学研究。20 世纪 50 年代，学校将当时的小学、初中、高中实行一体化管理，进行"一条龙"教学改革实验。进入 80 年代，学校以"以激发学习动机为前提、以知识结构为基础、以思维训练为中心、以六个结合为原则、以多种器官协调活动和多向信息为过程"的"五以"教学思想为指导，积极推进课堂教学改革，并开展了影响广泛、延续至今的"教学百花奖"竞赛活动。20 世纪 90 年代以后，学校又在高中开展了系统化、个性化的教学改革实验——分层次教学，在探索素质教育的运行机制方面进行了有益的开拓性尝试。

"教是为了不教，学是为了会学"，东北师大附中总结历史经验，借鉴国内外先进教育理论，在"自觉教育"理念指导下，深入探索"优效教学"的实践路径，通过对学科本质的研讨，将关注点落到课堂教学中学生自主学习能力的培养上。学校结合各学科特点，在课堂教学中不断探索有效的教学方法，提高课堂教学质量。

"优效教学"以学生自主发展为核心，以"效果最好、用时最少"为目标，精选了科学合理的教学内容，由高素质的教师做引导，采用恰当的教学模式和教学方法，创造了愉悦的课堂教学氛围，调动了学生的学习积极性，使学校的课堂教学从"有效"走向"优效"。

（一）"三环节"优效教学模型

"三环节"优效教学模型将课堂优效教学扩展到课前和课后，实行教学的全过程闭环管理：以课前优效备课为课堂教学的准备，形成引导学生自主学习的"自学案"，帮助学生实现课前预习；以课堂教学的优效标准为指导，课堂观察为手段，培养学生自主学习能力为目标，进行学科优效教学的深度课例研究和基于学科本质的

多样化教研活动，实现学生学科素养的有效提升；以优效的测试和多元评估，反馈教师教学和学生学习的问题，建立反思性的教学质量监控体系，提高学校各学科的整体质量水平。

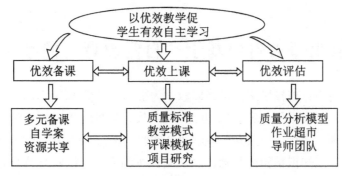

"三环节"优效教学模型

"优效教学"不是单纯的课堂教学模式，而是更广泛意义上的学校教学管理范式。它规定了学校的常规教学流程，也为学科教学提供了研究的实践框架。

学校深入推进优效教学观念，全面推进以转变教学观念为核心、以改变教学方法为重点、以先进教学手段为保障的课堂教学改革。学校通过常规课堂"全息开放式"深度教研、主题教学研究、翻转课堂等研究形式，不断提高常规教学的效益和质量；借助课堂观察等研究方式，建立学科优效教学评估框架，提高学科整体教学水平；通过课堂教学中师生的良性互动，鼓励学生主动学习。通过师生间课堂互动、研讨和切磋，学生主动获得学习方法，发展学科思想，提高学科问题解决能力，提升自主学习能力，实现主动发展。学校创建之初，时任东北师范大学校长、我国著名教育家成仿吾同志提出"附中应办成先进中学"。学校始终以教学为根本，视质量为生命，以科研为依托，深化教学改革，开展教学研究，形成了一整套科学、高效的教学范式。

(二)"三环节"优效教学实践

1. 优效备课

（1）编写附中"教学指导纲要"

学校常规教学的质量，很大程度取决于学校的学科备课质量。学校的学科备课活动也是学科重要的教研活动，是学校教学质量保证的核心环节。如果学校能坚持规范、优效的集体备课，聚焦课堂教学的学科核心问题，探讨学科课堂的生本化教学组织，建立针对性强的差异化学习指导，学生的学业质量就有可能提升。为此，东北师大附中从 1950 年建校伊始，就遵循集体备课制度，60 多年来从未间断，而且随时代的变迁而不断优化。

"自觉教育"理念指导下的集体备课模式与已有的集体备课有所不同。前者强调对学生的"四自"培养，不是仅在课程体系和结构化的学校课程中体现，更重要的是抓住学生人格、能力与行为养成的主阵地即学科课堂，在每天的常规教学中，进行学生全人格的培养。学校通过学科知识的学习，建立开放的、互动的、自主的和生成性的课堂；从建立学生学科学习的自信心开始，逐步提高学生的自我认知、自我管理、自我反思与自我实现的水平，以学科学习的目标激励学生的自我成就动机，强化学生的自我效能感，养成自强不息的精神气质，这也是东北师大附中学生与其他学校学生最不同的特质。

为了实现为学生终身发展奠基的核心价值，每门学科的集体备课都要进行三轮以上的内容研讨。为了能优化课时和单元的教学质量，学校组织主要学科的教师编写了基于课程标准的学校教学指导纲要，为学科备课提供了可借鉴的校本化教学标准，而且每个新年级都要结合上个年级的运行情况，对学科教学指导纲要进行修订和补充。

教学指导纲要不仅规范了常规教学的备课质量，还体现了备课组间的资源共享，实现了教学的衔接性和发展性；而同一备课组内的编写工作，使大家在学期教学开始之前，就对学期工作有了整体认识；讨论纲要的内容，使得不同层次、不同水平的教师既有平等的分工，又有共同的研讨，体现了教研活动的开放性和包容性，也为青年教师的成长提供了良好的平台，这是最好的教研共同体的活动。

（2）协同备课

①同一年段的三轮备课。备课一般要组织三轮备课过程。第一轮是独立备课，即根据课标和学期教学计划，教师要根据自己得到的备课任务，准备备课材料和"导学案"，这部分内容一般在假期有基本的准备，临近教学进度的前两周要进行补充和修改；第二轮是小组备课，即由主备教师就教学目标、教学重难点、教学组织、教学测试和存在的问题等内容和小组其他成员进行讨论，形成一致的意见后，由主备教师进行修改，再发给备课组的其他教师，作为其他教师的教案参考；第三轮备

课是每位教师在共同研讨的教案的基础上，根据自己班级学生的实际情况和个人的教学风格，进行自我加工和处理，形成自己的教案。

②跨年级的协同备课。跨年级的备课多在学期初或学科教研活动中进行。学期初一般要邀请上一个年级的备课组长到新年级与学科教师共同研讨学期教学的安排，并将该年级过去一年中的教学得失和学生的问题反馈给新年级的教师，做到问题的靶向性聚焦，通过对教学问题的反思，给出建设性意见，为新年级的起始教学指明方向。教研活动中的备课一般是上课教师负责主要备课，同年级组教师协同备课，其他年级组教师参与备课讨论，形成组内问题解决式的主题备课。这样的群体教研活动，植根于教师的专业生活中，对教师的学科教学能力提升和学科整体教学水平的提高，起到了四两拨千斤的作用。

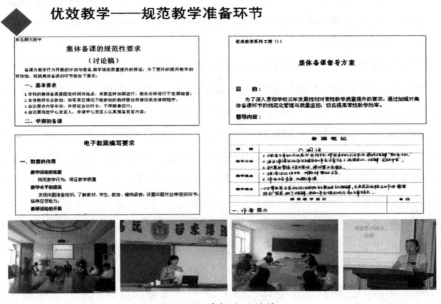

与优效教学相关的材料

多轮备课，可以有效提高备课质量，规范教学准备环节，明确学生课内和课后练习的基本要求，提高教学的针对性和时效性，建立互助的教研共同体，实现教学资源的交互与共享，同时也能提高青年教师对课堂教学的整体把握能力，是教师专业成长的最主要平台。

 优效教学——课堂教学行为改进

与优效教学相关的方案

（3）学生"优效学习"的课前指导

东北师大附中基于"自觉教育"理念，以"宽基础、重能力、优特长"为目标，注重激发学生的学习兴趣，提倡课堂的开放灵活和师生的平等交流。为使学生养成独立的学习习惯，学校系统开发了体现学校教学特色的"自学任务＋自学内容＋自主检测"的"自学案"，并先以项目推进形式，由教研组自愿申报，进行课题研究，全方位进行教师、学生使用情况调研；再在学期中和学期末通过统计数据进行分析，有针对性地推进了服务于自主学习的自学网络平台建设，促进了学生学习方式的转变。

备课组通过自学案、单元复习图表、分层作业、专题作业、多形式自选作业等，为学生自主学习提供了优质而适宜的资源。

以高一阶段生物自学案为例：

高一生物自学案设计的重点在于对学生已有知识的"课前评价"。导学案的设计分为"自主预习""课堂互动"与"巩固训练"三个主要环节。

①自主预习——在课前进行有效的预习指导，并对学生的已有知识进行检测

首先，根据课标要求，学校设定了每节课的学习目标。学生要在课前完成自主预习，主要包括预习指导与预习质疑。教学前，教师随机选取部分学生的学案进行检查，以便及时了解和掌握学生的预习情况，在课前评价的基础上更有针对性地组

织课堂教学活动。

②课堂互动——采用正向激励的课堂评价，建立模范效应，培养学生学习的主动性

在基础学段，课堂互动环节以学生自主完成为主。课上的小组合作是一种常见的形式，最后会由学习小组和教师共同评选出优秀者。通过这种激励方式，教师在课堂上建立了模范效应，以鼓励学生发挥学习的主动性，养成自主建构学科知识体系的学习习惯。

③巩固训练——落实基础，对学习有困难的学生进行课后检测与评价

教师一般会在巩固训练环节中设置一些较为基础的题目，这些题目对于大多数学生而言难度很小，可以利用课堂时间完成。教师会对完成本环节存在困难的学生给予关注，分析其出现问题的原因，并给予有针对性的指导和帮助。

基础学段常规教学的导学案实例

各学科在项目推进的过程中，不断探索，总结经验，逐渐形成了不同年段导学案的基本体例和编写规范，取得了很好的实践效果。

2. 优效上课

东北师大附中从"自觉教育"理念出发，坚持"教是为了不教，学是为了会学"的追求，将教与学有机结合，从教师层面提高教育教学的自觉性，从学生层面建构自主、独立的学习风格。全体教师积极探索课堂教学改革的途径，促进学生学习方式的转变，提升学生的自主学习能力。

课堂教学改革的关键是教师观念的转变。为此，学校积极拓展教师培训的渠道，采用"请进来、走出去"的方式，依托华东师范大学、北京师范大学、东北师范大学等高校举办了多期中青年教师研修培训活动，鼓励教师学习先进的教育教学理念，反思和改进教学行为，不断提高课堂教学的实效性。针对文科和理科课堂的不同特征，东北师大附中的教育工作者积累了丰富的实践经验。

东北师大附中在学科教学的引领中，始终坚持将教师教育教学观念的转变放在重要位置，强调基于标准而高于标准的教学，强调所有的教学行为必须指向学生的学习，以学生的自主学习建构为核心，调动一切有利的因素，为学生的优效学习提供支撑和帮助。好的课堂不是教师"满堂灌"的课堂，而是给学生充分自主权的课堂。学生可以探究、讨论、质疑、自练自讲、自学后讲，也可以进行自主学习、小组合作学习、研究性学习、项目学习、挑战性学习。只要有利于学生的学习，教师的教学组织就可以因内容、情境、场地、设备而发生改变和调整。考虑到学科的差异、教师的差异，学校没有设定统一的优效教学模式，而是给各个学科提供了自主研究的指导。各学科的优效教学实践，既充分体现了学校的理念，又鲜明地呈现了学科特点，活而不乱，实而灵动，让学生们记忆深刻，回味无穷！

（1）理科课堂——精讲多练，在问题解决中培养思维

在理科教学中，教师要创设能够引起学生好奇心的教学情境，让学生带着问题去学习，培养学生提出问题、分析问题、解决问题的能力。在教学实践过程中，教师应紧密贴合教材的基础知识提出问题，要发挥学生在学习中的主体作用，培养学生自主学习的能力，由学生自己从解决实际问题的过程中发现问题、分析问题，从而构建知识基础。学生在提出问题、分析问题、解决问题的过程中，要充分发挥主观能动性，养成自主学习、自主思考的习惯。这不仅体现了学生的主体价值，也让学生在实践的过程中提升了综合能力。

化学组教师高晓伟老师在参加东北师大附中青年骨干教师华东师范大学高级研

修班之后进行了教学实践，并记录了自己的教学感悟——

向课堂40分钟要效益是每一位教育人都在苦苦思索的问题。但是何谓"有效"呢？对什么有效呢？这"有效"背后的价值参照系是非常重要的。真正的"有效"，不仅包括对考试而言的课堂教学的有效，更重要的是对坐在具体教室里实实在在的学生个体自主学习能力的培养有效。

现行的考试侧重于考查学生对知识的接受与再现能力，因此在大班教学的现实情况下，讲授式的课堂教学自然成了当下高效的教学模式，但这种模式不利于培养创造性的人才，也不利于学生个体的发展。实际上，如果一直都是教师在单向地向学生传递信息，学生大脑就容易因在有限的时间内处理大量信息而出现认知负荷超重的现象。因此，一堂课中，尽管教师讲了很多内容，但是真正被学生接受的却很少。学校要想有效培养学生的自主学习能力，则必须通过削减教师的系统讲授时间，给学生更多的自主学习空间来实现，简言之，就是要"少讲多动"。那么，哪些内容应该"少讲"呢？

首先，少讲从教材或网络中能直接得到并被理解的内容。

现在的社会已经彻底进入了信息化时代，人们对信息的获取早已摆脱了"口耳相传、经验积累"的传统信息接收模式。学生问教师的问题，通常情况下都是教师们通过上网查阅或到书籍中查阅而得到答案，那为什么不可以把这个过程适当地还给学生呢？

在课堂教学中，教师要学会删掉一些教学内容，有意识地培养学生的自主学习能力。但在处理这些不讲的内容时，教师还要额外地多花些心思。这学期我的课堂很少有40分钟都在系统讲课的情况，基本上我都是通过一个个核心问题引发思考，促使学生自己学习。作为教师，我们一定要明白一个简单的教育哲学：在课堂讲授过程中，教师把课讲得明明白白，学生是在学习；如果教师经过精心备课，适当地不讲一些内容，让学生因产生疑问而去自学也是一种学习，如果处理得当甚至意味着学生更高效地学习。

其次，少讲规律、总结、感悟、注意事项等内容。

以往的教学模式是"教师讲——学生反复练"，学生的学习效果通常要靠反复的习题操练来加以保证。习题训练对学生理解深入、全面掌握知识要点肯定是必不可少的，尤其是学生从习题训练中获得的感悟和反思更是教师无法替代的。从这个角度来看，教师在平时的新课教学中应尽量减少对知识点的规律、总结和注意事项等的讲解，而多让学生自己去领悟；在习题课的教学中也应尽量减少自身的感悟和反思，而是多通过有价值的问题促使学生自己去反思，增强他们自身的体验。

只有少讲，精讲，才能为"多动"提供时间和空间。"多动"是指通过有效的问题设计增加师生之间、生生之间的思维互动，在思维互动中捕捉学生的已有资源、增强学生的自学能力、合作能力。有效的问题设计是保证思维互动的首要前提，有效的作业设计为"少讲多动"提供足够的提升空间，学生的错误为"少讲多动"的课堂提供了重要的反馈资源。

（2）文科课堂——耳濡目染，在活动中提升素养

苏联教育家苏霍姆林斯基曾说："追求理想是一个人进行自我教育的最初的动力，而没有自我教育就不能想象会有完美的精神生活。教会学生自己教育自己，这是一种最高级的技巧和艺术。"东北师大附中的办学理念是"为学生一生奠基，为民族未来负责"。未来的社会发展需要各种各样高素质的专门人才，他们既能站在世界科学技术的前沿，又能深深地扎根在人文学科的文化土壤里。人文学科作用于人的内心世界，讲究积累、涵泳、感悟，中学教育则要重视学生基础性、整体性的发展，重视学生内在的主体价值。为此，中学的人文学科要体现丰富的人文价值，培育学生的人文素养。"经师易得，人师难求"，附中教师以教育者的情怀培育万千附中学子，对他们的成长发挥了潜移默化的作用。

东北师大附中基于"自觉教育"理念，突破了传统的灌输式和被动式的教学行为。人文学科的课前演讲深化了思维，提高了学生的语言表达和语言运用能力；课本剧表演、诗歌朗诵节等也为学生的潜能提供了释放空间。

2010级（28）班学生王一丹曾这样描绘她的语文老师孙立权。

我们的"权爷"

推门声划破了晨读的琅琅书声。黑亮的头发、墨色的眼镜、黑胡子、黑色的皮衣、黑裤子、黑皮包，还有双黑鞋。难道是"黑"社会老大光临？还好，刚和孔夫子对过话（晨读正在读背《论语》），增加了智慧和淡定——这明明是孙老师嘛！说实在话，

现如今我们已不习惯称呼亲爱的语文老师为"孙老师"。那叫什么？权爷是也！

究其缘由，"有派"是肯定的了，不过这只是冰山一角。

刚开学时，许是由陌生产生的羞涩吧，许是在初中时便已久闻孙老师的远名吧，许是一时还不能适应他新奇的讲课方式吧，语文课常常面临着无人回答提问、缺少互动的窘况。而孙老师偏不要干巴巴地灌输，非要让我们自己说、自己提问。于是，一条条极具权爷特色的经典语录也由此诞生：

"同学们，不要怕说错，没有对错，随便说。孙老师的语文课堂是'解放区的天，明朗的天，解放区的学生好喜欢'。"

"在这个时代，张不开嘴你就迈不开腿。"

"你们提问是从群众中来到群众中去。我一个人讲是从领导中来到群众中去，这样不好。"

……

一节课、两节课，一星期、两星期，一个月、两个月，我们的拘谨和胆怯终于被这位执着的斗士打碎了，语文课堂日渐活泼起来。与孙老师日渐熟悉的过程中，语文课成为了一种享受和期待。期待什么呢？期待他的妙语连珠，期待他充满激情的朗诵，期待他对时事的独特见解……

"权爷"这个名号也日渐传开，其中毫无不敬之意。他却教我们要质疑——质疑书中的注释，质疑权威的言论，质疑古人的文法，当然，也质疑他——我们信赖的权爷。于是，课堂上便出现这样的景象："老师，我觉得这篇古文层次不太清晰。""我觉得《游褒禅山记》写得一般，有些空洞，要是这样就好了……"

权爷很擅长"篡改"经典，用他自己的话说便是"化神奇为腐朽"。我们的任务自然是批判他的"杰作"。这种幽默的讲课方式总是令我们印象深刻。

权爷的朗诵，每一次都能得到全班的掌声。千军万马之势、秋风落叶之悲、雄奇峻拔之状，全读得出来。记得有一次，权爷还把苏轼的《江城子》唱了出来，凄恻婉转，诚动听矣！

权爷的爱憎，跃然课中。他是极尊重鲁迅先生的，因而称呼时总不忘加"先生"两字在其后。讲《蜀道难》时，他不仅读了课文，更是详尽地介绍了李白。而讲到杜甫，他却说，我们只有到了他这个年龄才能真正体味子美的诗作。

权爷是极喜爱酒的。一日讲到"胜"字含义，以"不胜酒力"举例后，他不忘加一句"这可不是指我啊"。言毕，欣然笑，众亦乐。由是足见权爷之真性情也。讲至《孔雀东南飞》中，刘兰芝身赴清池而亡时，权爷又凄然曰："同学们，这真是可以令人掉泪的啊。"想必其曾数次为之神伤垂泪。

一日忽而谈及"范跑跑"之话题，权爷慨然而曰，若即刻地震来袭，定将立于门口而令学生先逃之。全班即以掌声应之，我们信。

他说："教师不是天然的高尚，是这个职业使他不得不高尚。履行责任可能是不令人愉快的事情，却是不得不做的事情。"盖其真性情之故，实感权爷不似教师，倒更似文人。

卢梭曾说："做老师的只要有一次向学生撒谎撒漏了底，就可能使他的全部教育成果从此为之毁灭。"

"道德教育的核心问题，是使每个人确立崇高的生活目的。人每日好似向着未来阔步前进，时时刻刻想着未来，关注着未来。由理解社会理想到形成个人崇高的生活目的，这是教育，首先是情感教育的一条漫长的道路。"这是苏霍姆林斯基对道德教育的高度肯定。但由此我们可以看出道德教育的重要和艰难，教师要使学生实现"崇高的生活目的"，日常生活中的"潜移默化"的影响是不可或缺的。王一丹心目中的孙老师在潜移默化中影响了她的世界观和人生观，使她成为了可以对"未来负责"的优秀的附中人。

东北师大附中人文学科基于自觉教育的理念，突破传统的灌输式和被动式的教学行为，开发了丰富多彩的教学实践活动。语文组的课本剧表演已经成了校园文化的一部分。高中新课标教材必修四第一单元是戏剧单元，所选的三篇课文既有中国元杂剧的代表作——关汉卿的《窦娥冤》，也有英国戏剧大师莎士比亚的代表作——四大悲剧之一的《哈姆雷特》，还有中国现代话剧里程碑式的作品——曹禺的《雷雨》。基于此，在这一单元的教学中，高一语文组把整个单元作为一个整体，以教授戏剧知识为依托，以学生表演话剧为重点，让学生主动去读、去悟、去演、去评，学而优则演，在读中学，学中悟，悟中演，演中评，从而促使学生在最短的时间内，品味戏剧人生，感受人文魅力。

以下是语文组冯银江老师对学生话剧表演活动的记录和感受：

在必修四教材学习之前，我就对本学段的语文实践活动做了精心的布置和热情的动员，把两个班级各分成四个小组，每个小组责成一到两名同学为负责人，要求每位学生都必须参与到活动中来，从选剧本、选演员，到做导演、改编剧本，甚至借道具、租服装，"人人有事做，事事有人做"。在经过反复的争论和认真的取舍之后，在经历了选角的风波和导演的更迭之后，学生终于进入重头戏——排练。虽然我没有参与到排练之中，但我知道，为了演出成功，同学们付出了太多太多：组长和导演自不必说，光是时间上的安排就会令人无从下手，有限的排练时间仅限于午休和晚课前的休息时间，而且没有固定的场所；演员们也是十分不易的，不仅要去记忆那些久远的生涩的台词，还要去揣摩人物的内心世界，去表演各类角色的动作和表情，其难度可想而知。但付出必有回报，在对好了台词换好了戏服之后，在画好了海报做好了准备之后，两个班级精心准备的话剧终于在同学们的期盼中次第登场了。

作为第一观众——每一场演出的亲临者，我身临其境，感同身受，感受着学生的真情演出，感受着学生们的默契配合，感受着学生们的分工合作，感受着学生们的群情激昂……一次次，一遍遍，我在观看时融入其中，在快乐中分享成功。因为这样的一个演出，我记住了你的名字，角色的精到诠释让你一鸣惊人；因为这样一个演出，我知道了你的不凡，片头的精美设计让人过目不忘；因为这样一个演出，我了解了你的人品，你甘做人梯，整场演出下来没有台词，只是一个道具；因为这样一个演出，我看到了你的付出，你默默奉献，演出结束后快速地整理桌椅，打扫教室……

演出之后两周，两个班级的两个标志性成果也出炉了——一个是记录学生们演出实况的光盘，一个是记录学生们演出心得的书。为了这张光盘，负责摄像的同学精心剪辑，通于贯穿，演出的每一幕、幕后的小花絮，也许就将成为你高中生活最精彩的瞬间；为了这本书，每一位同学都认真写了自己的演出心得，多名同学投入心血编辑校稿，每一段文字、每一张剧照，也许就将成为你未来时光中的美好回忆。

"从课堂中提高效率，在活动中提升情趣"，活动育人，学而优则演。把学子变成才子，让理科竞赛生成为文学爱好者，是我担任这一届理科竞赛实验班语文老师的一个设想。随着班级语文活动的蓬勃开展，我已隐约看到了未来的前景。

　　"从课堂中提高效率，在活动中提升情趣"，活动育人，学而优则演。多么精辟的教育理念！在中学阶段，政治、历史、地理学科对于学生人文素质的培养有着非常重要的作用。附中的政治、历史和地理课堂强调关注社会和人类面临的问题，培养学生的社会责任感，在人文课堂教学中，注重联系社会实际。

　　历史教学——把死知识变活，把活知识变灵，在生活中培养历史意识。史学使人明智，诗歌使人聪慧，数学使人缜密，哲学使人深邃，伦理学使人庄重，逻辑与修辞使人善辩。习近平总书记在纪念毛泽东同志诞辰120周年座谈会上的讲话中也指出："历史就是历史，历史不能任意选择，一个民族的历史是一个民族安身立命的基础。"在历史教学中，怎样实现学生在历史课堂中的自主学习，一位历史老师提交了一份这样的答案：

　　"教育是学生离开校园多年却仍旧讨论的东西。""一节好课不是教案的顺利实施，而是学生真正获得心智的成熟。"非毕业年级每周的历史学科课时数为两节，如何能把每周80分钟的历史体验渗透到学生的日常生活中，让学生在潜移默化中形成历史意识、增强人文素养是我一直探索和努力的方向。

　　2010年开始，我结合家族史研究的新视角，开设了"正说中外历史八大家族"和"大家族大历史"两门校本课程，引发了学生对历史上著名家族，尤其是对自己家族史研究的热潮。不仅如此，学生还把他们在生活中遇到的好资源拿来与我分享。比如，学生从台湾游学带回来的蒋家人的传记、台湾原版《两蒋父子档案解密》视频资料；从香港中文大学出版社书店带回来的原版《邓小平时代》以及美国中学历史课程资料《美国：我们的故事》（*America：The Story of Us*）等。在指导学生阅读这些历史资料的过程中，我看到了学生的收获和成长。

　　2012年，钓鱼岛问题引发了国内打砸日系车的现象。针对部分学生的不理智心态，我将《中学历史教学参考》中《爱国不需要理由但需要理智》一文印发给学生，希望他们阅读后学会理性爱国。

　　当看完李安导演的《少年派的奇幻漂流》后，我意识到这是一份引发思考的好资源，但我并没有直接把剧情透露给学生，而是把我观影后初期的困惑说给他们听，希望感兴趣的同学看完后和我交流。后来，当我们利用弗洛伊德分析人格结构的"本我、自我和超我"理论来参透这部电影的精神内涵时，学生脸上的成就感和满足感不言自明。

总之，教学是一门艺术，只有不断地用心揣摩，以平等的心态倾听学生发自内心的表达，坚持自觉修为，教师才能真正做到教学相长，与学生共同进步。

地理教学——引导学生利用地理视角看世界、想问题。对于大多数中学生（包括很多成人）来说，地理学就是"地名＋物产"的学问，就是如何在世界地图上找到相关的城市、国家和河流的地理位置。但其实这不是真正意义的地理，这只是常识。地理一定要讲"理"，"理"是原理、规律。地理科学是自然科学、社会科学、技术科学三大科学体系交叉汇合的产物，是一门兼有自然科学性质与社会科学性质的综合性科学。地理视角的形成是学习地理的重要方法。作为一名地理教师，在实际教学中，怎么样去设计和把握课程才能让学生体验、认识地理视角，是非常具有挑战性的一个课题。地理老师吕清林讲了他的感受。

某年的一月下旬，我和几位老师带领一些学生去台湾游学。去之前，导游按惯例先介绍赴台的注意事项。当说到需要带四季衣服（包括羽绒服）的时候，可能其他的老师听后记住就完了，但我是学地理的，我想起前年也是这个时候我们去夏威夷，当时穿的是Ｔ恤和大短裤，台湾和夏威夷都位于北回归线附近，为什么同样的月份温度却相差这么大呢？这是在相同的时间不同的空间出现的差异。虽然它们都是岛，都处于一个纬度上，但它们的海陆位置不同，一个紧靠大陆，一个深处海洋内部，还有它们的面积、平均海拔也不同，所以它们的气候不一样。其实在思考和分析这个问题的时候，我已经运用地理的时空视角了。地理学科从时空尺度的变化和联系两大角度分析、解决问题是其独特的视角，是区别于其他学科最主要的学科思想和本质特性。

运用探究性问题，可以引导学生从地理角度深入思考问题。比如：

问题一：资源型城市尤其是资源枯竭型城市该不该大力开采其优势资源？

学生在听到这个问题的时候，第一个反应肯定是不应该，还能说出一堆理由。但让学生翻阅教材，看到以山西省为例介绍能源基地建设的具体措施中明确写着"扩大煤炭开采量"的时候，他们就糊涂了，是不是教材说错了？其实这里面就涉及到空间尺度的转换。如果单纯从山西省的可持续发展考虑，扩大开采量是不合适的，应该适量开采，但如果把山西省放到全国范围内，对于全国的可持续发展策略而言，山西省就需要这样做，只有这样才能促进我国经济的可持续发展。换句话说，只有我国保持可持续发展，才会有山西省的可持续发展。所以，从宏观的、全局的角度来看是"应该"的。这是遵从"大区域可持续发展"原则。

问题二：我国西北地区荒漠化防治措施中该不该"植树造林"？

这一听就是应该呀。这是最常见的生态措施呀。但我给学生们讲了一个真实的案例后，他们就不吱声了。我说，过度植树可能"种"出沙漠。南非曾大量引进外国松树和桉树以增加河流流量，结果却事与愿违：河流流量不仅没有增加，反而下降了3％，为此南非又不得雇用4万人拔除大批树木。

在干旱、半干旱地区，蒸发强烈，如没有草本层的有效覆盖，将会造成更严重的干旱。而树木的生态耗水远大于灌木和草本（著名地理学家黄秉维院士就非常形象地将干旱、半干旱地区的树比喻成"抽水机"）。另外在这样的环境下，树木还很难成活，即使活了，也只能长成"小老头树"。如果我们硬要大面积种树，会导致地下水位下降，河流干涸，加剧本已日益严重的沙漠化问题。所以此种做法违背了"因地制宜"原则。干旱、半干旱地区应该种草本植物或灌木类植物。

这时，我又把教材中举过的以色列滴灌农业的例子拿了出来，让同学分析，它又遵循了哪些原则？我先向同学们介绍了以色列的情况：这个国家大部分地区属于地中海气候，水资源奇缺。但就在这样的地方，葡萄园、果园到处可见。生产的粮食、蔬菜、水果不仅能自给，还大量出口。这都得益于他们发明了滴灌技术，把水和肥料通过密布在全国范围内的田间管道网，直接送到植物的根部，而且还由计算中心调控，按照确定的给水量、给水时间实行最佳自动灌溉。有人统计过，如果全世界都按照以色列现在的节水效率生产的话，地球可以多养活3倍的人口。

通过引导，学生们明白了以色列遵循了因时制宜、因地制宜、可持续发展等原则。

（3）非高考学科——实施模块选修，为发挥学生潜能提供可能

教育家陶行知曾提倡，要解放孩子的头脑、双手、脚、空间、时间，使他们充分得到自由的生活，从自由的生活中得到真正的教育。为发挥学生潜能，对体育、音乐、美术和技术四个非高考学科，东北师大附中开创性地采取了改变时长、捆绑

运行、模块选修、单元走班的弹性教学模式，学生们可以根据兴趣自主选课。

体育学科包括篮球、排球、羽毛球、健美操、乒乓球、足球、跆拳道、瑜伽等，音乐学科包括歌唱、爵士乐、器乐演奏、戏剧等，美术学科包括绘画、书法、设计、摄影、动漫、剪纸等，技术包括信息技术、基础多媒体技术、应用算法与程序设计、网络技术应用、数据管理技术、人工智能初步、建筑模型的设计与制作等。

通过实践活动，每名同学都有了一项比较专业的特长，都学会了用现代思维的方式认识世界，用高品位表现的方法表达自己的思想情感，实现身心健康、和谐发展。体育教研室主任张鹏老师在弹性教学实施的基础上对这种教学组织形式进行了总结和评估。

在我国青少年身体素质连续20年持续下降的急迫形势下，青少年健康问题已经得到全社会自上而下的全面关注。健康的生活习惯是我们体育教育工作者能够给予学生的最大财富。身体素质的提高，健康的生活习惯的养成，都离不开坚持不懈地体育锻炼。所谓终身体育，一个人能否做到终身体育，是否具有稳定的体育兴趣是最大的决定因素。青少年处于世界观、人生观、价值观形成的关键时期。能否抓住这个关键时期，帮助学生形成健康的生活理念，找到体育兴趣，是关系到我们整个民族未来的大事。我校为全面推进素质教育、增进学生身心健康水平、促进学生体育优长发展、培养学生终身体育习惯做出了尝试。相对于常见的按性别合班分组教学的组织形式，按照学习内容合班分组的优越性主要体现在学生的学习兴趣得到了显著的提高。对比研究表明，按教学内容合班分组教学在培养学生体育兴趣方面的作用明显优于按学生性别分组，其更加关注学生个体的需求，能够满足大部分学生的兴趣需求。同时在体育兴趣的引领下，学生所选择内容的学习效果也更好。这更有利于学生掌握一到两项可以长期参与的体育特长，为终身体育打好基础。

3. 优效评估

学校通过常规课堂"全息开放式"深度教研，主题教学研究、翻转课堂等研究形式不断提高常规教学的效益和质量；借助课堂观察等研究方式，建立学科优效教学评估框架，提高学科整体教学水平；为了建立促进学生学习的多元评估机制，建立了学生课程修习全息发展评价。同时学校积极完善学生学业评估方法，通过外联命题、分层次独立命题、跨层次综合命题等多种方式，不断加强考试诊断功能，并建立起基于数据的学生学习质量分析评估模型。该模型被应用到不同年段，取得了显著效果。

优效评估是学校教学质量管理的重要一环，主要包括三个方面的内容：常规教学质量检测、学生作业和练习的质量监控、学校考试和命题的质量监控和考试的质量分析。通过三个兼顾过程与结果、质性与量化的质量评估方式，学校的教学质量管理水平得到了提高。教学评估始终秉承全面质量管理的理念，参考 ISO9001 的相关管理理念，通过全程、全面、全员的质量观，制定学校、年级、备课组三级质量管理文件，建立备课、上课、批改讲评、辅导、考试与分析的教学管理流程要求，使学校的教学核心管理科学、规范、有序，保障了学校优效教学目标的实现。

（1）学校常规教学质量检测

通过学期初的教案网上检测，了解教师的教学准备工作；通过专家委员会的课程审核，确定高水平课程的开设申请，确定学生的选课方案；通过起始课的抽查，了解学科组备课情况；通过学期中的教案抽查、试卷抽查、批改抽查，了解学科教学的运行情况；通过复习课的抽查、复习教案的抽查，了解学期结束前各学科教学进度的完成情况。

常规教学检查按周进行，一对一反馈。对教学问题比较严重的教师，由学科专家和管理专家组成教学诊断小组进行集中听课和学生访谈，了解教学中的问题和原因，进行针对性的诊断、补偿性的辅导和约谈式的反馈，以提醒教师学生的学习问题和需求，帮助教师改进教学过程，提升教学质量。如果连续两学期学生的教学测评意见比较集中，教师将调减工作量或做转岗安排。

（2）作业和练习的质量监控

教学需要"举一反三"，但关键是要找到学生需要的"一"。学校一直坚持打造最精华、最精练的教学材料，给学生"高营养"的学习食粮。学校的同步训练题、中高考模拟题，坚持以原创和选编为主，原则上不允许使用整套的练习卷和印刷的外来试题。学校的所有练习都有统一的试卷格式，明确试题命制的责任人；所有试卷都有命题人和审题人的名字。学校对速印的纸质试卷都有登记和存档，做到试卷质量的可追踪和可回溯。学校会不定期地对单元检测题的难度、试题的科学性与准确性、题量等方面进行调研，并将结果反馈给学科组，让学生在有限时间内，做好题、出思路、讲方法。

学校从总体上控制作业的数量，给学生适当的自主学习空间，鼓励各学科依据学科特点布置特色作业，增加作业的层次性与选择性。学校对日常作业测评采取定期调研的做法，将作业量、作业形式与学生学业成绩之间的相关性反馈给教师，并给出指导建议。

①成绩与作业投入时间的相关性研究

研究结果表明：化学、物理、数学、生物这四科的作业用时与学生期中成绩之间有明显的正相关关系。

语文、英语这两科，作业用时与期中成绩之间有明显的负相关关系。

可以看出，理科作业用时对学业成绩的正向贡献率大，通俗地讲是学的时间长成绩就好。而文科的负相关，简单理解为成绩越好，用时越少。训练对理科来讲，是提高学业成绩的有效方法，而对文科则不明显。

学科与作业的相关性系数表

学科	语文	数学	英语	物理	化学	生物
皮尔森（Pearson）相关系数	−0.033	0.048	−0.008	0.051	0.070	0.026

②学生课后投入时间与班型之间的关系

由图可见，各班平均投入时间为 1.5～2 小时，普通班中自由校区各班级平均比青华校区各班级投入时间多。但班内差别明显，就四分位数而言，用时多与用时少的大体差别在 1 小时以上。由此可知，学生的自主学习习惯会体现在课后作业用时上面，进而会影响学业成绩。

③整体控制作业数量，实施分层次作业要求

以高一年级作业布置要求为例。

周一至周五，当天有课的学科布置家庭作业，作业时间以 30 分钟为宜。周一至周五，年级统一布置学科大练习作业，练习时间以 40 分钟为宜。

周五统一布置周末的作业，每个学科的作业时间以 30～60 分钟为宜。

寒假各学科都需制定差异化的作业要求。

高一年级英语寒假作业

A：10 套作业卷（40 分钟/套）

必修 1、必修 2 的词汇复习巩固

听力每天 1 套（20 分钟，听力素材在班级群共享）

B. 10 套作业卷（40 分钟/套）

6 张报纸（写阅读卡片）

阅读训练每天 1 篇或听力每天 1 套（20 分钟，听力素材在群共享）

C. 听 TED 演讲，选取内容和难度适合的 3 个视频，听写出英文原稿

读一本英文小说或者看一部美剧，并写至少 800 字评论

高一英语寒假作业单

（3）考试命题及质量分析的质量监控

为了实现有效的闭环管理，东北师大附中在教育活动中精益求精，严谨命题，并进行了科学化的质量分析。

期中、期末考试是学生学业质量评估的重要手段。学校非常重视考试命题的科学化管理和成绩的可视化分析，通过多种数据工具的使用，学校、教师、学生和家长都可以知道学生学习的真实情况，从而进行精准的学业诊断和差异化的教学辅导。

①利用双向细目表，进行科学规范命题

关于考试，教师总能遇到这样的问题：考完后，常会发现卷子出得太难、太简单、该考好的学生没考好、成绩偏态分布等情况。这其实在一定程度上说明考试命题出现了问题，当然类似的问题不可能完全杜绝，但我们要想办法尽可能地减少。双向细目表的意义或作用，基本体现在以下几点：

a. 规范命题过程

实际命题中，命题人很容易一下钻到微观的题目中去。全卷要考哪些知识点，是否已经重复，难度是否适当，这很难从宏观上把握。等回顾整份试卷的时候，命题者才发现有一些题要换掉，但这很浪费时间。命题的双向细目表就可以帮助命题人有的放矢地选编试题，减少盲目动作，看似是在增加工作量，其实是在提高命题效率。

b. 集中全备课组智慧，制定考查目标

考查目标不应是从试题中提炼出来的，而应该是用考查目标指导命题，考查目标应是全组智慧的结晶（因为个人受主观因素的影响大）。命题人通过制作量表和试

卷，实现考查目标。预定目标达成度越高，试卷的效度越高。

　　c. 便于质量分析，便于审查试题的效度，优化命题工作

　　教师可以将学生成绩反馈出的难度系数与设定的难度系数进行比照，如果有很大误差，则可以深入分析是学生对于该内容的学习有问题还是教学过程有问题，"发现问题"才是质量分析的作用所在。另外，大的误差也可能是命题质量问题，这一点有利于命题教师发现命题存在的问题，提高命题能力。

　　d. 便于智慧的传承

　　命题人为接下来的年级进行该部分内容的命题时，本细目表是一个很好的参考，可以说，本细目表越往后做越准确，命题者的工作效率越高。

（　）科年级期中考试命题双向细目表　　　命题人：

	知识块或题型			知识块或题型			知识块或题型			知识块或题型			知识块或题型	
小计															

考试命题双向细目表及考试命题质量分析报告单

②试卷评价

试卷评价的主体包括教师本人、学科组、教务处和学生。学科组将得到的分数加权进行统计评定，撰写试卷命制评价报告，并评选出每次大型考试的优秀试卷。下面是一份详细的考试命题评价报告：

表1　高一年级 2009—2010 学年下学期期中考试命题指标统计

指标	语文	数学	英语	物理	化学	生物
客观题难度拟合度	0.25	0.75	0.57	0.25	0.45	0.72
卷面整体实际难度	0.76	0.78	0.86	0.72	0.76	0.76
区分度	0.40	0.35	0.35	0.37	0.47	0.41

基本术语解释及数据分析：

a. 设定难度与实际难度拟合度

●设定难度与实际难度拟合度计算方法：

$P=I/T$

P 为设定难度与实际难度拟合度，I 为实际难度与设定难度完全拟合的题目数，T 为总题数，试卷难易程度与难度系数分段对应关系见表2。设定难度与实际难度拟合度的评价标准见表3。

表2　学生实际得分反映的难易程度对应的难度系数分段

试卷实际难易程度	难度系统区间
难	[0，0.4]
中	(0.4，0.7]
易	(0.7，1]

表3　设定难度与实际难度拟合度的评价标准

难度拟合度	评价
0.50 以上	非常良好
0.30～0.49	良好，如能改进更好
0.20～0.29	尚可
0.19 以下	劣，需要加大对学生知识能力状况的了解

●数据分析

客观题的"设定难度与实际难度拟合度"分析数据显示，客观题普遍存在拟合度较低的情况，原因可能是第一次使用"双向细目表"指导命题，命题教师对此不太了解，填写有误；也可能是对学生现有状况的把握不够准确。

鉴于我校学生水平整体优秀及教师命题水平较高的实际情况，此次命题工作就难度把握来讲整体适当，但个别学科偏易，请学科组就统计数据做具体分析。

b. 区分度计算

●计算方法

$$D=\frac{H-L}{n\ (X_H-X_L)}$$

将受测群体按题目得分的高低排列，取高分人数的 27% 为一组，低分人数的 27% 为另一组，用 D 表示区分度，用 H 表示高分组得分总和，用 L 表示低分组得分总和，用 n 表示高分组（低分组）人数，X_H 表示该题的最高得分，X_L 表示该题的最低得分。

极端分组法计算的区分度评价标准

区分度	评价
0.40 以上	非常良好
0.30～0.39	良好，如能改进更好
0.20～0.29	尚可
0.19 以下	劣，必须淘汰或改进以提高区分度后方可使用

●数据分析

此次考试，从数据分析看，卷面整体区分度较好，但个别学科较低，可以从以下几个方面分析原因：

A. 难度偏大，被测群体整体得分低而导致区分度低；

B. 难度偏小，被测群体整体得分高而导致区分度低；

C. 个别题目难度极大或极小，产生无效题目，有效题目群整体难度偏大或偏小产生以上 A 及 B 情况。

③基于数据的学生考试成绩质量分析

每次考试，各年级和教务处都会组织教师进行学生个体和班级考试成绩的质量分析。通过多年实践，学校形成了质量分析的基本范式。

通常情况下，进行考试质量分析前，教师应先做一些数据统计。而这些数据可以是整体的，也可以是抽样的。班主任既需要整体的数据，也需要每个学生的个人数据。整体数据包括各科的平均分、标准差、离差、各分数段人数、优秀率、及格率、各小题得分率等。个人数据包括历次考试的成绩对比、名次的波动情况、单科的成绩波动情况等。

a. 整体数据

●一次考试成绩的分析

针对全班学生的成绩，统计各科目的难度系数、平均分、最高分、最低分、及格率和优秀率。

难度系数反映试题的难易程度，即考生在一个试题或一份试卷中的失分程度。从难度系数的角度判断学生在难题和容易题中的答题情况，才能给予学生恰当的指导。难度系数计算公式为：$L=1-X/W$，其中，L 为难度系数，X 为样本平均得分，W 为试卷总分。难度系数的值在 $0\sim1$，当 $L=0$ 时，试题的实际困难程度最大；当 $L=1$ 时，试题的实际难度最小。在一般的教学质量检测中，试题的难度系数在 $0.3\sim0.7$ 比较合适，整份试卷的平均难度系数最好掌握在 0.5 左右。如满分 150 分的试题，考生平均得分 108 分，平均失分 42 分，则试卷对于他个人而言难度系数为 $42/150=0.28$。

平均分能反映出班级学生成绩的整体水平，最高分和最低分反映出班级学生在学科中的差距，及格率和优秀率反映班级学生中学习成绩的优秀、一般和差的百分比。

另外，教师还要统计全班学生各个分数段的人数，为以后的工作做积累，判断各次考试中各分数段的人数变化情况，反映各次考试中的班级总体动态情况。

●多次考试成绩的比较分析

教师还要统计各次考试成绩的各个名次段的人数波动情况，判断班级学生整体成绩的升降，判断优秀、一般和差的三类群体的人员变化情况。

b. 个人数据

●做出个人成绩单，列出各科成绩及各科成绩的排名情况（见表 4）。从成绩单中，我们可以看出学生个人成绩在整体考生中的位置，还能看出各学科的优劣势，从而为下一步的复习指明方向。

表 4　学生个人成绩单

考号	姓名	语文分数	语文名次	数学分数	数学名次	英语分数	英语名次	政治分数	政治名次	历史分数	历史名次	地理分数	地理名次	文综总分	文综名次	总分	班级名次	年级名次

当然，作为班主任，下发成绩单之后要及时与学生沟通交流，交流成绩中的变化情况，鼓励优秀突出的地方，分析失误的环节，并给出指导性建议和意见。

●纵向比较各次考试的成绩，关注学生几次考试中成绩的波动情况。以一名学生成绩单为例（见表 5）。

表 5　某高三文科学生在一次考试中的成绩单

	考号	姓名	语文分数	语名名次	数学分数	数学名次	外语分数	外语名次	政治分数	政治名次	历史分数	历史名次	地理分数	地理名次	总分数	班名次	年名次
第1次			120	114	92.5	93	130	26	76	60	85	1	82.5	22	586	1	37
第2次			121	8	101	67	123	22	68.5	65	75	6	73	56	561	3	21
第3次			118	97	102	99	139	5	81	30	76	26	91	3	607	1	24
第4次			118	115	118	53	134	38	63	84	72	43	80.5	65	586	3	50
第5次			119	50	122	16	127	83	65	10	80	4	76	63	592	1	7

通过数据分析，我们可以判断科目名次的变化情况，也就可以看出学生成绩是否稳定。为了直观判断，找出薄弱学科，我们还可以做出条形图，让单科成绩和总成绩对比，学生哪一科目的成绩始终位于总分之下，说明这一科目成绩有待加强。以一名学生的 10 次考试总分排名情况为例（见下图）。

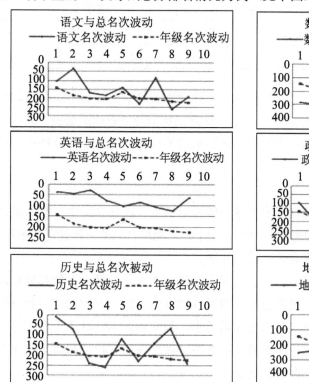
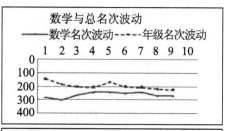
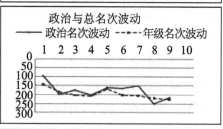
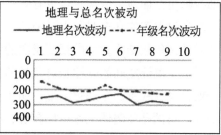

某生成绩波动曲线图

从该生六门学科的名次波动曲线中可以看出：该生的数学学科和地理学科的名次始终在该生的年级名次之下，说明该生的数学和地理学科亟须加强，这两门学科应该是该生非常薄弱的学科。相反，英语学科在历次考试中都在总分的名次之上，说明英语学科的优势比较明显，成绩较稳定。其他学科的波动性较大。这样，针对学生成绩的现状，班主任可以协助学生开展新的学习计划，保持优势学科，在薄弱学科上多投入，找出学科成绩产生波动的原因，从而使各学科成绩趋于稳定，并稳中有升。

●做出学生单科成绩细目单，以便掌握单科中的失分原因。以某学生数学学科成绩为例（见表6）。

表6　某高三文科学生在一次模拟考试中的数学学科得分细化单

学号	姓名	总分	客观分	主观分	必做题						选做题					
					13题	14题	15题	16题	17题	18题	19题	20题	21题	22题	23题	24题
		136	60	76	5	5	5	0	12	12	12	10	5			10

从成绩单中可以看出，该生总分属于优秀，选择题满分，主观题中填空题的最后一题失分，20题的解析几何的试题丢2分，21题的函数与导数的试题丢7分，说明在难题上，该生需要强化训练，增加平时训练试题的难度，从而让总分再进一步提高。

④学生的综合评估

学生的学业质量评估，不仅包含学生学科学习的情况，还包含学生在校的整体发展情况。学校在学科学习情况的数据分析基础上，采用综合的学业质量评估手段，帮助教师更全面地了解学生，更有效地进行教学。

教学测评工作在东北师大附中已经进行了十几年，由单纯的量化评价到量化评价与质性评价相结合；又由纸面层次的涂卡和问卷调查发展到网上的测评与意见征询，增加了测评空间的弹性和对家长的最原始需求。教学测评不断对评价指标进行指标项目及其权重的合理化调整，弱化或淘汰普遍分值较高的指标，侧重了问题点的指标，目的是使测评工作更加客观、准确。

有人对东北师大附中的课堂教学进行了考察与总结，认为其教学策略包括以下几个方面。低起点：以学生现有的认知能力为起点。小台阶：倡导降低难度，循序渐进，拾级而上。体验成功：让学生在教育实践中体验成功的喜悦，建立成长的自信。促进发展：提升学生的主人翁责任意识，变被动学习为主动发展。基于此，东北师大附中创设了有生命力的课堂、多样化的课堂、体验式的课堂和生成性的课堂。

学校定期通过教学测评和家长会向学生与家长进行调研与反馈，除了有指向明确的教学意见调查外，还有开放性的建议征询，全方位地倾听学生和家长的声音，使其都能主动地参与到学校的管理中，体现了民主、开放的教学理念。

优效教学——促进学习的学生评估

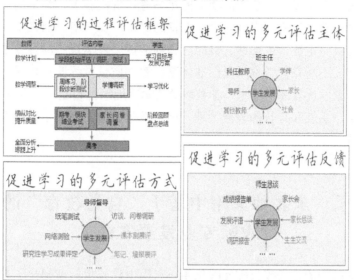

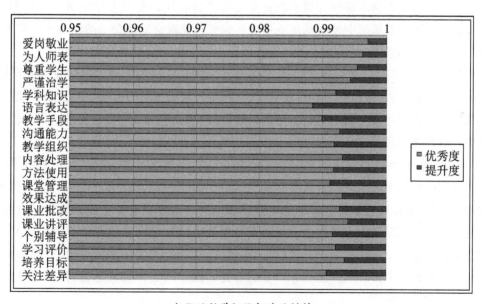

与优效教学评估相关的材料

　　我们始终认为学生自我发展水平提升的关键是我们的常规课堂质量的改善。为此，我们开展了丰富多彩的学校活动，但在高考评价机制下，学生的学业压力难以减轻，提高学习效率与质量应该是学校教育的出发点和归宿。而在学习活动的全过程中，学生应具自主性、主动性、目的性和创造性。教学观念的转变是教师教育自觉的前提。学校不断完善教学质量标准体系、教学质量过程监控体系、学生学业评价体系、学科教学优效评价体系、学校教学资源管理平台和题库、自动组卷系统等，力求通过科学、系统和有效的教务管理，提升教学质量，促进学生的全面、主动和个性化的发展。

三、东北师大附中基于"自觉教育"的
教师专业发展实践

　　东北师大附中的首任校长陈元晖先生，在附中建校伊始就提出了教师要做教育家的理念，与今天全国普遍开展的教育家培育工程相比，要早大半个世纪。附中的教师教育工作，秉承附中发展的历史传统，为"自觉教育"理念下的教师专业发展，提供了很多可供借鉴的经验。

　　20世纪50年代，学校就严格选拔优秀大学毕业生和东北师大优秀青年教师到附中任教，加强教师的理论学习，设立教学小组，鼓励教师潜心研究教育教学规律；要求每一位附中教师认真制订切实可行的教学计划，讲一门大学专业课，并写教学手记，以此提高教师的自觉性。

　　20世纪60年代，东北师大附中又创办了《附中教学》不定期刊物，制定了领导听课与检查制度；举办教育教学经验交流会、展览会，修订《各科基础知识教学纲要》，每周都给教师安排业务进修时间，还组织一部分理科骨干教师到大学听课，补学新兴学科基础知识。学校还采取以老带新等办法，帮助新教师迅速提高独立备课和讲课的能力。各学科组都制定教师培养提高规划，把教师队伍建设作为战略任务来抓。学校采取多种形式鼓励教师钻研业务，设定固定的教师进修时间和进修小组，并创立教学研究室。

　　20世纪80年代后，为提高教学质量，学校加强日常的教学工作。学校在每学期

首任校长陈元晖先生及其题字

部署工作计划时都对备课、讲课、批改作业和实验等教学环节，提出较高的要求。学校要求教师要"精心设计每一节课，上好每一节课，珍惜每一分钟，提高45分钟的效率；要求教师上课要努力做到：重点突出，知识准确，语言精练，启发思维，当堂理解。具体而言，学校要求教师讲授新课不超过35分钟，课堂教学要有过程、有环节、有讲有练，要上好单元复习课，做到知识段段清、段段落实。对每堂课的内容，要有75％左右的学生能够较好地掌握，10％左右的学生能够基本掌握。"学校还提出教师要研究在教学过程中如何培养学生爱学、会学、善于自学的问题。围绕上述要求，各教研组都要举行汇报课、观摩课、研究课，探讨上一堂好课的标准。

在教师发展实践中，我们一直坚持的历史优良传统，结合学校"自觉教育"的新发展理念，进行了系统性的教师教育活动设计。我们认为教育大计，教师为本，教师大计，师德为本。学校所有教育教学目标的实现，都需要教师优先了解和体会，并贯彻始终。没有优秀的教师团队，任何一所学校都不可能实现自主发展。学校既要保证教师的基本物质需求，同时也要引领教师的精神成长。

（一）"一体两翼"式教师专业发展范式

1. 教师的教育自觉是学生"自觉教育"的前提

"自觉教育"理念下的教师发展，其核心是教师的自主发展和自觉修为，即实现教师的教育自觉。教师的教育自觉，应当是教师责任意识的具体体现。教师基于对教育本质与教育规律的自觉认识，负责任地从学生发展的阶段性规律出发，将自己的发展体验与学养修为上升为一种事业追求，满怀人性的敬畏与爱心去引导、影响学生的自觉发展。

一位好教师就是学生心目中理想自我的模板。高中阶段是学生形成理想自我的关键期，教师和父母如果能成为他们理想自我的榜样，就会对学生产生积极地正向引导作用。这时的学生对教师的评价已逐渐脱离初中时以感情依恋为主的状况，进入理性思考与评估。他们要求教师不仅要学识渊博，而且要尊重学生、个性幽默、认真负责，能从学生的角度换位思考，给出中肯的建设性评价等。

因此，教师如果单纯做个教书匠，已经不能满足学生自我发展的需求了。学生要在教师的言行举止之间感受生活的态度、人生的意义和理想，要把幻想性的理想转化为可以看得见和摸得着的行为方式和处事风格。在此意义上，任何一名忠于职守的教师天然承担着人生哲学家的角色，职业性质促使他们进行人生意义的思考，从现实工作中感受自身价值，并将自我的价值判断通过对学生表现的评价传递给学生，影响学生一生的发展。因此，教师的德行是影响学生自觉意识发展的关键。

林崇德教授认为师德就是教师的职业道德，也可以说是教师的职业理想。教书育人就是传授科学文化知识的同时，培养学生的思想道德。关爱学生就是严慈相济，尊重、爱护、保护学生，这是教师热爱教育事业的表现，也是教师社会责任感的体现。严谨笃学就是树立良好的学风和教风，刻苦钻研业务，不断学习新知识，探索教育规律，改进教学方法，提高教育科研水平，提高教育教学质量。为人师表就是以人格魅力和学识魅力教育和感染学生，成为学生健康成长的指路人和引路人，教师要有健康的情感、坚强的意志、稳定的态度、积极的兴趣、刚毅的性格和良好的品行。淡泊名利就是自尊自律，教师要有清净安宁的心态，廉洁从教，依法执教。可见，成为一名好教师，重在教师能自觉提高自身的品行修养，提高自己的专业水平和执教能力。从本质上讲，这也是一种自我价值实现的自觉改善与自我超越的过程。

2. "一体两翼"式教师专业发展模型

（1）"一体"指常规教学。学校的学科课堂教学是所有教育教学工作的核心，离开课堂教学谈教师的专业发展，是无源之水，难以取得实质性的效果。教师的教学认知一般来自课堂教学的体验。这种体验是从教师入职初期的模仿开始，通过不断地听课、磨课，向老教师和优秀青年教师学习，结合自己的体悟逐步形成自己的课堂教学规范。新手教师一般需要三年的时间，才能对课堂教学的基本流程熟练掌握；五年以上教龄的教师已经不再满足简单的听课与上课，而是在模仿听评课中寻找自己的教学风格，有选择地参与听评课，更多的是自己查找资料，独立备课，积极参加各种教研活动，寻找自我发展的方向；十年以上的教师已经比较成熟，他们更希望通过丰富多样的提升性活动提高自身的理论素养，形成自己的教学特色，反哺常规教学，提升常规教学质量。

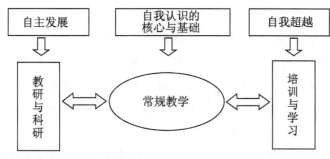

"一体两翼"式教师专业发展模型

学校要立足课堂，开展教师专业发展的系列活动，如各级各类教研活动、岗位练功、课堂观察、师徒带教、学科特色研究等。学校可以以激发教师学科教学的职业认同为切入点，举办系列性教研活动，提升教师的自主发展意识，激发教师自主发展的动力，为教师课堂教学之外的专业拓展奠定基础。通过教师课堂教学的质量提高，成就学生的自觉发展。

（2）"两翼"是指围绕常规教学延伸的教师自主研究和自主学习的实践活动，包括课题研究、学科拓展课程和大学先修课程的开发、学科项目研究、学术沙龙、经验分享、学历教育、主题培训、实践培训、海外培训、拓展训练、社会实践等。这些活动的设计，让教师开阔视野，丰富学养，探寻学科教学的意义和价值，反省自己的实践，激发成就自我和超越自我的内在发展动力，将教师的职业发展转化成一种成就事业的生活和学习方式，让自主发展的意识成为附中教师精神生活的核心价值选择。"自觉教育"理念在每位教师心中凝聚为附中文化的精神内核，这有效地推动了学校的持续发展。

教师的所有专业发展实践都紧紧围绕这三个方面逐项深入展开和不断深化整合，形成了学校教师发展的系统范式，为学校发展提供了根本的质量保障。

（二）"一体两翼"式教师专业发展实践

1. 以课堂为核心的校本教研

校本教研是以学校为基地，以教师为研究主体，以教师在教育教学中存在的问题为研究对象，以促进教师的专业发展、提高学校教学质量为主要目的的教学研究活动。

基于自觉教育理念的校本教研，是指教师自觉成为教育教学研究的主体，主动发掘教育教学中的问题，立足学科课堂教学主阵地，自主开展教育教学研究，提高学校教育教学质量，促进教师的教学发展和学术成长。它提倡教师以一种主动追求的精神状态，以一种高扬的主体意识和自觉意识参与教研和培训。

（1）坚持推陈出新的"教学百花奖"活动

"教学百花奖"活动是东北师大附中基于课堂教学主体而开展的持续时间最长的教研活动，始于 1984 年，至 2014 年已经成功举办了 30 届。"教学百花奖"活动，开始是课堂教学的观摩活动，主要是为学科教师的成长提供模板，参与活动的教师既有中青年教师，也有经验丰富的老教师；进入 21 世纪，活动功能也在不断发生变化，逐渐以体现学科课堂教学研究成果和学校课堂教学研究方向为主。学校每次都提前一学期确立研究主题，围绕学期或学年工作，开展学科课堂教学研究。学科在研究课、观摩课后，遴选出突出的课例，在"教学百花奖"的对外展示活动中进行呈现。每次活动都是两三个场地同时进行文理不同学科的教研开放活动。观课教师来自全国各地，规模达近千人。我们不仅对外呈现课例，还尝试对外开放学科主题与特色活动、集体备课观摩等。每次教研活动，我们都邀请国内学科知名专家、课程教学论专家、教材编写专家等一同观课、评课和进行主题演讲的分享，将教研活动作为教师专业发展的平台，帮助教师开阔视野，提升专业能力，从而深化常规课堂教学的改革，提高学生的学业质量。

东北师大附中第31届"教学百花奖"活动方案

"教学百花奖"活动是东北师大附中独具特色的课堂教学改革活动。从1984年开始至2014年，我校共举办过30届，累计推出研究课610节。"教学百花奖"活动，深化了课堂教学研究，促进了教师专业发展。

从2008年的第26届"教学百花奖"开始，学校进行了基于课堂观察的教学行为研究，并积累了丰富的行动研究素材，涌现出了大量优秀的研究成果，将研究逐渐推向探寻优效教学深层规律的方向。本届"教学百花奖"活动在之前课堂研究的基础上，将充分考虑学科特点与学科组发展特点，深入研究教学有效性提升的核心要素，促进学科优效教学评估标准的形成。

届时，我们将进行旨在促进教师教学行为改进与促进学生学习的教学研究，该研究依据两条线索展开（具体操作路径另附）。

1. 展示课观察与评估

由英语、物理、政治三个学科教研室推出6节研讨课。学科教研室围绕"学科问题解决方法的多样化与灵活性"的活动主题确定观察维度，并以此进行分组；依据研究方案进行合作式观察研究，发布观察和分析结果。相关学科教育专家将和与会教师共同进行教学研讨。

2. 展示课与常规课教学行为对比研究

学科教师按选定维度，对授课教师的常态课与"教学百花奖"展示课进行对比研究，通过问卷调查与量表评价等手段，探寻常规课中的低效行为，制定有效行为的强化策略。

一、活动目的

深化优效教学行为研究，探寻促进学生学习的课堂评估方法

二、"教学百花奖"展示活动形式

1. 课前会议：授课教师阐述课堂设计思路
2. 课堂展示：按研究维度分小组进行观察研究
3. 课后研讨：小组观察研究报告、专家点评

三、活动主题

学科问题解决方法的多样化与灵活性

四、活动时间

2013 年 11 月 16 日（周六）

五、活动地点

英语学科——自由校区图书馆四楼多功能报告厅

物理学科——教学楼 B 座五楼小礼堂

政治学科——教学楼 B 座五楼多媒体教室

东北师大附中第 31 届"教学百花奖"高中部教研活动各部门分工

序号	工作内容	完成时间	负责人	备注
1	●提交授课教师个人信息、授课内容、上课班级、试讲时间及地点 ●组织学科教研室的全体教师围绕活动主题——"学科问题解决方法的多样化与灵活性"确定研究维度，进行课堂教学观察量表的设计与制作 ●确定邀请的专家评委名单及简介，提交教务处 ●发放专家邀请函（教务处协助）	第 12 周 （10.28—11.3）	教研室主任	"教学百花奖"活动需要各部门的相互协作
	●确定组内试讲时间与校内试讲时间，组织学科教师集体听展示课的试讲，并参与评议 ●利用组会时间进行观察维度分析、观察人员分组和课堂观察培训 ●组织学科教研室全体教师进行课堂教学行为的模拟观察 ●完成观察量表的修订	第 13—14 周 （11.4—11.16）		
	●正式上课 ●与校办协调专家和评委活动当天的午餐以及住宿安排 ●分会场的接待、评课阶段的主持及安排相关教师进行会议记录	第 14 周 （11.16）		
	●教研活动结束后，学科教研室主任形成总结报告一份，并收集本学科教研室全体教师的观察报告，提交教务处	第 15 周 （11.18—11.24）		

序号	工作内容	完成时间	负责人	备注
2	●确定活动方案 ●研讨、修订"教学百花奖"活动方案 ●召开展示课对应学科教研室主任与上课教师的会议，明确教学研究任务	第10周 （10.14—10.20）	教务处研究室	
	●对参与展示课的教师进行随机常规课堂录像 ●下发授课教师要求 ●课堂观察指导 ●制作邀请函，发放学校邀请函（名单呈校长审定） ●整理授课教师、授课班级简介 ●形成授课课表 ●提交"教学百花奖"教案格式 ●制作并发放专家邀请函	第12周 （11.28—11.3）		
	●会标、路标、分会场标志、活动日程的文字部分与喷绘 ●准备及制作宣传标语和条幅的文字 ●收集授课教师教案和班级座位图 ●协调授课教师试讲时间，通知相关教学部门听试讲课 ●收集评委材料	第13周 （11.4—11.10）		
	●与各年级协调"教学百花奖"上课班级的串课事宜 ●印刷与装订课表、教案 ●筹备会（会场布置） ●准备三个分会场的实物投影、大屏幕、胸麦、手持麦克风、录像等设备，并调试 ●活动当天组织协调 ●活动期间场地的协调（具体分工由教学处组织） ●活动期间教辅人员的调配 ●申领并发放评审费	第14周 （11.11—11.16）		

续表

序号	工作内容	完成时间	负责人	备注
3	●相关信息的对外发布（发邀请函之后）	第13周 （11.4—11.10）	信息中心	
4	●制作邀请函、准备及发放学校宣传材料 ●安排"教学百花奖"相关接待工作（午餐、住宿）	第14周 （11.11—11.16）	办公室	

东北师大附中第28届"教学百花奖"教研活动现场

除了传统的"教学百花奖"活动外，为了进一步开阔教师眼界，锻炼教师队伍，推出名师，形成区域教研中心，带动学科整体发展，学校还组织跨区域的大型教研活动。如东北师大附中合作体教研活动，三省四校青年教师观摩活动，语文、数学等学科的区域教研联合体等。此外，学校还支持各类教师参加国家级、省级、市级教学比赛与教学研究，且每年都有几十名教师获得各种荣誉，提升了学校的品牌。

（2）探索基于学科教学本质的学科特色研究

学校从"自觉教育"理念出发，坚持"教是为了不教，学是为了会学"的追求，将教与学有机结合，从教师层面提高教育教学的自觉性，从学生层面建构自主、独立的学习风格。为此，我们强调在已有经验的基础上，结合新课程改革，将学科研究本质化、对象化、学科化、专题化，提升学科研究含量。学校特别强调教师要在深入了解学科思想、学科发展历史等学科内容体系建立的基本依据的基础上，选择具体的学科教学内容进行授课，并坚持在学科教学中进行学生的学习指导。这种以学科的本质与特色为着力点，培养学生的学科素养和学科学习能力的做法，是有我们自己的考虑的。一方面，这有利于高中阶段的学生进行自我的学科取向归类，在不同学科内容的基础上，抽取相似的学习方法，建构独特的学习风格，以支撑整体学习成绩的提高；另一方面，脱离学科本质与特色的学习指导，很难取得实效，因为一般的心理学和教育学意义上的学习指导，如果不能与具体学科内容结合，学生就不能形成持续的刺激—反应机制，因此也就不可能从技能水平上升为自动化的自觉能力养成。

学校强调学科建设在常规教研活动中的核心地位。从学科的规范管理到学科备课组长、教研组长的职责定位，再到基于学科本质和特色的学科发展研究，都体现出学校对学科建设的重视。负责教学的领导们每学期开学前都会一起审核每个学科的学期工作计划，每学期结束前也会一起听取各个学科的工作总结。学期中，他们与学科教研室主任一起研讨学科发展问题，探索解决的路径与方法，让学科专家认同学校的办学理念和管理方式，保持学科工作与学校整体工作同步深化，使学科成为学校内涵发展的核心支撑点。没有学科的持续深入研究，学科课堂教学很难实现改变，因为会出现一部分人参与改革，一部分人观望改革的情况。学科教研室主任如果不能与校长面对面地研讨学校的理念与实践策略，就不能从思想上与学校的改革保持一致。因此，学科与年级在学校管理实践中同等重要。学科侧重教学的专业发展指导，年级侧重教学的流程与环节管理，只有两者同步，互补互助，学校的课堂教学才能有质量保障。

学科特色建设示例

序号	学科	学科教研室建设理念	特色的学科活动
1	语文	1. 以自养为主、外塑为辅的教师发展 2. 带领语文教师走语文教育的民族化道路	1. 外请专家举行系列讲座 2. 师徒同台授课的教研活动 3. 读书沙龙系列活动

续表

序号	学科	学科教研室建设理念	特色的学科活动
2	数学	1. 渗透数学思想方法的教学 2. 培养一支优秀的青年教师队伍	1. 分层次、有梯度、系列化的学案设计 2. 专题教学的学科内培训
3	英语	"团结协作、务实创新"的团队建设	1. 集体备课模式 2. 英语试卷命制模式的研究 3. 强化基础性的学科教学研究
4	物理	"务实、创新、进取、和谐"的团队建设	学科课件库的建设与共享
5	化学	围绕学科教研、教师发展、学生发展开展学科建设	1. 研究课活动的对比 2. 反思性教学的研讨 3. 集体备课模式的探讨
6	生物	主题研究、过程积累、团结协作	1. 注重新课程理念的教学研究 2. 系列学案、课堂小卷的设计与整理 3. 集体备课的研讨
7	政治	注重高考研究，注重队伍建设	集体备课模式的探讨
8	历史	贯彻"教给学生有生命的历史"的教学思想	毕业年级学科教学的系列研究
9	地理	与常规教学紧密联系，切实解决教育教学过程中的关键问题	关注学科价值的新课程培训
10	体育	注重教师能力发展、注重学生个性发展	1. 学科常规教学机制的改革研讨 2. 学生特色队伍的建设

基于学科本质与特色的学科建设，已使一部分学科成为省内一流学科，特别是语文、英语、历史、化学等学科因特色鲜明，研究成果丰厚，得到了广泛关注。

（3）开展基于"课堂观察"的课例研究

"课堂观察"是 2008 年我就任东北师大附中校长开始，在学校常规教学中进行的研究活动，着力点是提高教师对课堂教学行为的观察质量，建立教师心目中优效教学的评估模型，不断探讨学科教学的评价模式，以此提高教师常规教学的自觉革新意识。

我们为学科提供了一份优效课堂评估的讨论稿，由各学科参照着进行修改，要求每个学科都要有自己的观察表和评价单。教师在学科教学的课例研究中，通过协同观察、互动研讨、建构模板、上课实践、反复修改等多个环节的互动，达成学科层面的"一节好课"的基本评价。教师在教研活动的共同讨论和反思中，自觉将好课标准内化为自己的教学价值、教学内容、教学方法、教学组织形式和教学评价的选择依据，精心设计自己的教学方案，逐步达到提高每一节常规课的教学有效性的目的。

优效课堂评估维度（讨论稿）

为深入课堂教学研究，准确发现与凝练教学中的有效点、高效点，查找与消除低效、无效乃至负效点，教务处在"自觉教育"视域下，着眼于学校未来发展，拟定了以下课堂教学研究的维度。希望不同学科组选择某些维度进行课堂有效性研究，并制定学科课堂教学评估指标，确定优效课堂标准。

一、学科教学能力

1. 学科核心思想、知识体系、基本理论方法、基本技能的掌握与驾驭

2. 学科问题的解决方法的多样化与灵活性

3. 对学生学科学习状况的敏锐觉察能力与个性化培养能力

4. 教学语言的科学、严谨、准确、简洁、艺术性

5. 学习氛围的营造与教学秩序、进程的调控能力

二、教学过程

1. 课堂导入与学习氛围营造

帮助学生建构新旧知识的关联性，激发学生学习兴趣等。

2. 学习目标的确定与体现

学习目标明晰、科学、适切，具可常量性。课堂充分体现目标的统领性。

3. 教授内容的适切性与科学性

适合学生发展层次与需求，符合学科知识建构规律，科学严谨，准确无误。

4. 师生、生生有效互动

熟练灵活地把握交流（提问）策略，及时准确地捕捉学生发展信息，为学生提供有效的引领与指导，帮助学生实现高效学习。

5. 板书与多媒体使用的有效性

6. 训练落实与目标达成

依据学生发展特点选取重点知识，灵活运用多种策略进行训练落实与总结，高效地完成既定的学习目标。

三、学习过程

1. 学生课堂参与

积极主动参与课堂学习，主动建构知识。

2. 学生学习收获

不同层次的学生都有所收获，有所提升。

四、教学特色

言语风格、思维风格、教学方法、技巧风格、情感风格等。

"课堂观察"量表的开发，为学科组有针对性地提升教师学科教学能力提供了科学的依据。教师开始学会用证据说话，而不是凭感觉模糊地描述。教师深入学生之中，通过对学生课堂学习行为的变化，深刻体会到自己在课堂中出于主观意识的控制欲。教师很多时候沉浸在自我的教学预设中，并没有太多关注学生的学习状况，离学生的实际学习状况差距较大。要建构以生为本的课堂，教师就必须先站在学生的角度，认识教材，读懂学生；没有同理心的教学，是教师自己的表演，不是师生互动的课堂；而课堂观察，为教师提供了新的视角，让教师可以更专业、更客观地看待课堂中发生的一切，自觉主动地转变自己的教学观念和教学行为，这也是深度课例研究所经历的基本过程。

以下是物理学科的课堂教学观察量表。

东北师大附中第 26 届"教学百花奖"物理学科观察量表

授课教师	性别	年龄	教龄	职称	课题		综合评价	
授课班级	男生人数	女生人数	观察教师		教龄	职称		

课堂观察的中心内容		师生互动							
观察内容		问题1	问题2	问题3	问题4	问题5	问题6	问题7	……
教师提问类型	描述性问题								
	判断性问题								
	论证性问题								
学生提问类型	理解性疑惑								
	判断性疑惑								
	实证性疑惑								
互动类型	师生互动								
	生生互动								
	师班互动								
教师对互动过程的推进	以问题推进互动								
	以评价推进互动								
	以非语言推进互动								
言语互动过程计时	30秒以下								
	30秒以上								
教师对学生提问的态度	热情								
	冷漠								
	忽视								
互动管理	有效调控								
	放任								

第26届"教学百花奖"课堂观察之体会

张凤莲

观察小组：张凤莲、付桐

观察课程：陈维栋：高二物理选修（3—2）第四章第7节《涡流　电磁阻尼和电磁驱动》

张勇：高一物理必修（1）第四章第2节《实验：探究加速度与力、质量的关系》

观察内容：学生学习——倾听

观察体会之一：观察前要有理论准备

在课堂观察之前，我们进行了理论学习，知道了要观察课堂必须先解构课堂；知道了课堂观察的框架包括四个维度、二十个视角、六十八个观察点；知道了学生学习维度主要关注学生怎么学或学得怎样的问题。学生是课堂学习活动的主体，是课堂学习的积极参与者、主动建构者，学生的有效学习是课堂成功的决定性因素。

在课堂观察之前，我咨询了东北师范大学物理学院的侯恕教授，详细了解了课堂观察发展的概况以及量表制作的种类和方法。

在课堂观察之前，我上网查阅了大量资料，针对物理组分配给我的"学习维度——倾听视角"任务尝试制定观察量表。

观察体会之二：量表的制定在预测中有修改，但依然不完善

①试讲中演练

学校安排周五第一节课听陈维栋老师的试讲，并对量表的使用进行预测。我发现，初次设计的记录每2分钟观察时段内不同倾听状态的学生人数，是非常不适用于现场的观察分析的，因为班级内有56名同学，每2分钟内分出来的各种状态的学生人数是很难在一瞬间就确定的。

②量表的改进

之后，我改进了量表。观察的中心内容是学习维度的倾听视角，观察点是观察学生的倾听状态，纵列分成"学生听老师"和"学生听学生"。"学生听老师"包括学生听老师讲解知识、学生观看老师做演示实验、学生观看老师提供的视频或动画、

学生和老师积极讨论问题。"学生听学生"包括学生听小组同学发言、学生和小组同学做实验、学生和小组同学积极讨论问题。横行是以1分钟为一个计时单位，在方框内以打"√"的形式记录学生的状态。经测试，改进后的量表的实用效果非常好。

③数据的分析

我们选取了其中的两组数据进行重点分析。(a) 学生看老师提供的视频和动画：陈维栋的课中有一段8分钟的视频。视频创设了情境，开阔了视野，使抽象的知识形象化，极大地吸引了学生的注意力，教学效果很好。(b) 实验部分：陈维栋的课上，学生看老师做实验5分钟，学生共同做实验6分钟；张勇老师的课上，学生和小组同学做实验10分钟。学生的动手能力得到了充分的锻炼。

④存在的问题

量表还应在"学生和老师共同实验、学生看学生演示实验、学生质疑老师、学生质疑学生"等方面进一步完善。陈维栋老师和张勇老师的课在学生自评、互评和课堂教学发展性评价方面还有待进一步研究。

观察体会之三：观察小组老师的评课发言非常准确、客观、全面

我最初最担心的问题是我们自己的老师不能够指出我们组里这两节课的缺点，但结果证明这种担心是多余的。物理组的11位观察小组老师不仅观察详细、认真，还能够公正客观、毫不掩饰地指出这两节课的优点和缺点，充分展示了物理组实事求是的组风和严谨务实的态度。我受益良多。

观察体会之四：课堂观察量表操作中的问题和困惑

听说课堂观察领域的专业人士和有关部门是在投放大量的人力、物力、财力的基础上才对一节课进行观察的。每节课录制完后，相关工作人员先进行多次回放，再进行矩阵分析，最终才能得出结论。我们要在完成听课和现场观察后，立刻拿出数据和结论是很不现实的，因为我们根本没有时间统计数据和处理数据，更不能从数据结果中挖掘到一些深层次的教学问题。课堂观察如果只能停留在"就事论事"的层面，便不能深刻地影响课堂教学的改革。

课堂观察重要的是观察，但更重要的是分析。观察点的分析应以点带面，从"一斑"中见到"全豹"，从"点"中看到"面"，甚至看到"体"，从某个观察点看到整个的课堂世界。课堂观察的分析必须调动观察者的全部教育学素养。这对我们非专业研究的老师来说是非常困难的。

轰轰烈烈的量表制定结束了，它的后续价值在哪里，如何能发掘它的研究价值，发挥对师大附中常规教学发展的促进作用，恐怕是需要全体附中人共同思考和解决的问题。

(4) 开展具有学科特色的岗位练功活动

东北师大附中的教师岗位练功活动，是学校的常规教研活动，目的在于强化学科教师的基本功，夯实专业发展的基础，打造有学科专长的特色教师。学校每学期都有学科岗位练功活动，活动内容非常丰富。针对不同年龄的教师，岗位练功的内容还有所不同：有关于教学基本技能的内容，如语文、英语学科的朗读、书写，理科的实验设计，地理、历史的徒手画技能，艺术、体育、技术的专业技能等；也有学科必备的答百题、限时编题、说题，教学设计和微课展演等。这些都体现了学校对教师"内功"的要求。

东北师大附中第12届青年教师教学能力岗位练功活动方案

一、活动目的

1. 坚持青年教师教学能力的岗上培训，是我校教师队伍建设工作中的优良传统。这项活动将积极地激发青年教师继续学习的动力，提高青年教师的业务能力，为青年教师的成长提供相互交流、学习的平台。

2. 我校青年教师的继续学习以自我学习、自主发展为主。同时，学校也会以组织练功与验收考核等形式，促进青年教师业务提高，提高学科教学技能。

3. 培养青年教师的创新精神和实践能力，使教师养成终身学习的意识，更快地适应新课程对教师的要求，建构新课程下的教学理念，在课堂教学实践中实行主动、探究、合作的教学方式。

4. 加强教师的校本培训，全面提高青年教师的教育教学能力，建设一支高质量的教师队伍，提高课堂教学质量。

二、活动内容

1. 笔试

内容分配：满分100分，新课程基本理论（30%）、英语阅读（选做10分）、学科新课标（20％）和学科知识（50％）四部分组成。

时间：2005 年 2 月 25 日（2004—2005 学年第二学期首周周五）上午 8：30—10：30

形式：闭卷，笔试。由教务处统一组织命题、安排考务。

要求：阅读《走进新课程》和相关学科的高中新课标。

2. 学科教学基本功

满分 100 分，考核内容由学科核心组教师共同命题，突出学科特色，重视学科课堂教学。形式可以有说课、板书、板图、演讲、演示、操作、知识竞赛等。

各学科安排如下：

序号	时间	学科	内容	备注
1	3 月 9 日（周三）下午第八、第九节	语文	学科知识竞赛	全校观摩
2	3 月 14 日（周一）组会时间	英语	英语演讲、词汇考查、现场问答等	学科组观摩
3	3 月 23 日（周三）下午第八、第九节	政治 历史 地理	板书、板图（画）、演讲等	学科组观摩
4	3 月 30 日（周三）下午第八、第九节	音乐 美术 体育 信息技术	现场操作、演讲等（分学科进行）	学科组观摩
5	开放日第一天	数学	演算、板画、知识问答等	对外观摩
6	开放日第二天	物理 化学 生物	实验操作、板画、知识问答等	对外观摩

三、评委人员

高中部学校领导、教学专家、咨询委员会教师、处室主任、年级主任、教研组长、学科核心组教师。

这种基于学科特色的岗位练功活动对青年教师的成长起到了较好的引导作用。教师在专业成长中，不仅需要扎实的专业知识，也需要娴熟的教育教学技能。技能的形成不是一朝一夕的事情，也不是靠行政命令能完成的事情，它需要教师对学科教学有明晰的认知，也需要学校有内养为主、外塑为辅的协助。只有持之以恒地坚持做下来，教师对教育教学改革的适应力和教师的综合能力才能得到提高。

通过这些基于课堂教学的充满活力的教研活动，学校打造了一支德行兼备、专业精深、乐于学习、合作共赢的教师队伍。

2. 基于教师专业发展规划的"元晖工程"

2013年，东北师大附中整合以往的教师专业培养理念和实践经验，提出了旨在完善教师专业发展体系、提升教师专业发展水平的"元晖工程"。元晖工程的基本思想是以陈元晖先生的教育思想为附中教师专业成长的奋斗目标，引导教师对专业生活进行阶段性规划，把教师的个人目标与学校的发展目标有机地结合起来，以教师的教育自觉引领学生的自觉发展，实现教师学术性成长与学校持续发展的互利双赢。

"元晖工程"的基本实践策略为：构建校本教师分阶段培养课程体系，改革教师评价机制。具体实施路径有以下几条。

（1）制定校本教师分阶段评价标准，实施教师专业成长规划

教师的专业规划是教师专业生活管理的核心，教师专业生活管理能够把教师的个人目标与学校的发展目标有机地结合起来，对教师专业生活进行阶段性规划，这是实现教师学术性成长与学校持续发展双赢的重要手段。一般来说，教师专业发展规划的制定需要四个步骤：第一步是自我分析，教师需要全面充分地认识自己的优势和不足，明晰个人的发展意愿；第二步是环境分析，了解和把握教育教学的发展方向、学校整体发展目标、教研组发展目标；第三步是确立个人目标，明确个人发展愿景；第四步是设计行动方案。

要保证教师专业发展规划的系统化、科学化，就要为教师的专业发展规划提供参照系。为此，学校根据伯林纳（Berliner）的五阶段发展观，结合学校的实际情况，把教师的专业发展划分为五个阶段：工作1年以内的为入门教师；2～5年为胜任教师，可以参加"青蓝工程"；6～10年为成熟教师；11～20年为骨干教师，可以参加"志远工程"；20年以上的为专家教师，可以参加"卓越工程"。同时，参照国

家的中小学教师专业标准，结合学校的具体工作目标和实际情况，学校为每一阶段的教师制定了校本的专业评价标准。评价标准包括三个维度：专业品质、专业知识和专业技能；涵盖了六个方面的具体工作：常规教学、课例展示、校本课程、教学竞赛、教育科研和培训进修。

东北师大附中"元晖工程"示意图

每位东北师大附中的教师都可以根据自己所处的发展阶段，逐一比照该阶段的标准和要求，了解自己存在哪些长处和不足，从而明确自己的努力方向。教师可以根据个人的特长和意愿，确定自己优先发展的目标。在教研室和学校的统筹下，教师的个人发展意愿可以和学校的整体发展目标有机结合，实现个人和学校发展的共赢。

同时，教师的分阶段专业标准也为教师的长期职业发展规划指明了方向。需要明确的是，教师的专业发展阶段的年限划分是相对的，各个阶段的教师专业标准才是衡量教师专业发展的关键。学校鼓励优秀的青年教师实现跨越式的发展。

东北师大附中"元晖工程"
——教师学术性成长专业规划方案

东北师大附中成立于1950年，首任校长、中国现代心理学家、教育学家陈元晖先生，在附中教师队伍建设中，十分重视教育理论的学习，他曾提出"附中教师应要做教育家，不要当教书匠"。他要求教师既要有先进的教育理论作指导，又要有创造精神，在教学与学习中，强调理论与实际相结合，继承与创新相统一。陈元晖先生的教育思想成为附中教师专业成长的奋斗目标。

　　教师的专业规划是教师专业生活管理的核心，教师专业生活管理能够把教师个人与学校的发展目标有机地结合起来。对教师专业生活进行阶段性规划，是实现教师学术性成长与学校持续性发展的重要手段。

　　为了引导教师确定专业发展目标，学校制定了阶段性专业规划，并设计了相应的行动计划，从制度层面和实践层面创造了条件。根据德国教育家伯林纳的教师职业发展阶段理论，学校制订了教师学术性成长专业规划校本方案。为纪念陈元晖先生100周年诞辰，学校特将此方案命名为"元晖工程"，引领附中教师学术性成长。

一、教师学术性成长阶段培养方向及目标

培养方向	培养阶段	培养目标	备注
入门教师	入职1年内	学会分析教材内容，初步了解学生，初步掌握科学的教育方法和有效的教学技能	方案中所提出的"胜任教师""成熟教师""骨干教师"和"专家教师"是学校期望教师达到的专业发展目标。教师可根据个人情况制定更快的专业规划，提高自己的发展速度
胜任教师	入职2~5年	学会分析教材内容，并逐步把握学科知识体系；从初步了解学生，到逐渐系统深入地了解学生特点；初步掌握科学的教育方法和有效的教学技能，并逐渐熟练化	
成熟教师	入职6~10年	科学地把握学科知识体系，系统深入地了解学生特点，熟练掌握科学的教育方法和有效的教学技能	
骨干教师	入职11~20年	研究学科的本质和思想方法，深入了解并应对学生的差异，实现教学方法的多样化、艺术化	
专家教师	入职20年以上	开展教育教学研究、改革和实验；总结反思教学经验、思想和风格，并努力使之系统化	

二、教师学术性成长阶段目标的行动路径

培养方向	常规教学	课例展示	校本课程	校本培训	科研论文	课题立项	岗位练功
入门教师	掌握规范，练习技能	入门课	暂不开设	岗前培训、学期中培训	暂不做要求	暂不做要求	参与

续表

培养方向	常规教学	课例展示	校本课程	校本培训	科研论文	课题立项	岗位练功
胜任教师	独立工作，灵活行动	观摩课	2～3年尝试开设；4～5年要求开设	高校"学术之旅"	形成问题意识、尝试撰写论文	参与校级课题	参与
成熟教师	突出重点，稳定成熟	展示课	要求开设	高校"学术之旅"	掌握研究方法、发表论文，并与他人交流	主持校级课题	观摩
骨干教师	问题意识，研究状态	研究课	建议开设主导性课程	海外研修	在中文核心期刊发表论文	主持市、校级课题	评委
专家教师	批判思维，个体建构	精品示范课或专题报告	建议编著校本教材	海外研修	形成独特的教育教学思想、出版学术专著	主持市级以上课题	评委

三、"元晖工程"对教师学术性成长的具体要求

入门教师（入职1年内教师）

实践路径	具体要求
常规教学	（1）课堂教学 ①教学语言准确、简洁、清晰 ②能够规范、合理地使用板书、教具、多媒体等手段辅助教学 ③具有基本的课堂调控能力 ④能够关注到学生的学习行为并进行指导、反馈 （2）集体备课：积极参与、认真倾听 （3）教案撰写：手写详细教案 （4）听课要求：要求听同一年级的资深教师的每一个教学阶段的课 （5）命题要求：尝试命制学科常规练习题
课例展示	（1）课例名称：入门课 （2）授课安排：新教师入职2个月内（每学期一节）

续表

实践路径	具体要求
校本课程	(1) 开设要求：入门教师以国家必修课为主要教学内容，校本选修课可暂不开设 (2) 开设建议：学校建议处于此阶段的教师要注意寻找与学生发展及教师专长相契合的校本选修课的开课方向，并做好授课资料的收集整理工作
校本培训	(1) 培训时间：从新教师入校报到至入职1年期满 (2) 培训内容：学校概况、师德师风、教学要求、德育工作、教师素养、生涯规划、命题规范等 (3) 培训要求：学校在校本培训方面实行学分管理制度。入门教师只有按要求达到一定的校本培训课时并完成各项培训要求，方可获得相应的学分。能否获得学分将作为入门教师转正的重要条件之一
科研论文	经常有意识地反思自己的教学，形成教学反思习惯
课题立项	了解学校、学科核心课题的研究方向
岗位练功	(1) 练功教师：入职1~5年的教师 (2) 练功内容："百题竞赛""学科教学技能达标竞赛" "百题竞赛"主要在每学年上学期的高考学科中举办，由学校统一安排时间进行考查，考查内容主要以学科专业知识为主，出题方向贴近高考要求 "学科教学技能达标竞赛"主要在每学年下学期的所有学科中举办，由各教研室在组会时间分别进行考查，考查内容主要为各学科教学基本技能 (3) 评价标准：由各教研室中心组成员根据练功的具体内容设置并评判

胜任教师（入职2~5年教师）

实践路径	具体要求
常规教学	(1) **课堂教学** ①教学语言准确、精练、生动 ②能够规范、合理地使用板书、教具、多媒体等手段辅助教学 ③具有一定的课堂调控能力，完成预定的教学任务，并处理好预设与生成的关系 ④能够观察学生的学习状态，倾听学生的发言，给学生表达困惑和想法的机会，对学生的表现及时反馈 ⑤积极引导学生自主学习，体现学生学习的主体性 (2) **集体备课**：能够主持集体备课 (3) **教案撰写**：手写详细教案 (4) **听课要求**：要求听同一年级资深教师的每一个教学进度的课 (5) **命题要求**：科学命制学科常规练习题，尝试命制校级大型考试试题

续表

实践路径	具体要求
课例展示	(1) 课例名称：观摩课 (2) 授课安排：至少每学年 1 次
校本课程	(1) 开设要求：学校建议入校 2～3 年的教师尝试开设校本课程，入校 4～5 年的教师必须开设校本课程 (2) 开设建议：在此阶段的"胜任教师"主要开设"补充类校本课程"，在授课过程中注意明确今后校本选修课的开发方向，积累授课素材
校本培训	(1) 培训时间：每学年的假期阶段 (2) 培训内容：赴华东师范大学等国内高校进行"学术之旅"，学习教育科研方法、课堂教学艺术、教师专业素养、德育工作策略等教师专业发展的核心内容 (3) 培训要求：参加华东师范大学等国内高校举行的"学术之旅"的教师必须完成"4 个 1"的培训任务方可获得相应学分，即撰写 1 篇学术论文、展示 1 节观摩课、完成 1 份学业总结、进行 1 次专题报告。教师以此为载体呈现在"学术之旅"过程中的收获。能否获得学分将作为评职晋级以及是否有资格参与海外研修的重要指标之一
科研论文	(1) 具有问题意识，能够梳理工作中遇到的问题并尝试进行解决 (2) 有 2～3 篇在各级会议上交流或获奖的论文 (3) 有 1 篇论文在学术期刊杂志上公开发表
课题立项	(1) 学习课题确立与实施的基本方法 (2) 参与学科核心课题 (3) 运行个人研究课题
岗位练功	参见入门教师的岗位练功要求

成熟教师（入职 6～10 年的教师）

实践路径	具体要求
常规教学	（1）课堂教学 ①教学语言精练生动，有亲和力，能体现课堂应变能力 ②能够适时、得当地应用板书、教具、多媒体等手段辅助教学 ③能够根据学生的表现，及时进行强化教学重点、难点，根据学生学习情况有效调控教学内容和节奏 ④认真倾听学生发言，及时反馈，调动学生积极性进行教学互动 ⑤能够较为有效地引导学生自主学习，确保学生学习的主体地位 （2）集体备课：能够主持集体备课，并对内容提出合理化建议 （3）教案撰写：教案撰写不可略于简案 （4）听课要求：能够开放常规课堂以供青年教师观摩学习 （5）命题要求：尝试命制原创试题
课例展示	（1）课例名称：展示课 （2）授课安排：每学年 1 次
校本课程	（1）开设要求：学校要求"成熟教师"均开设校本选修课 （2）开设建议："成熟教师"的校本选修课应形成明确的开发方向，教学内容丰富，教学素材多样，逐渐形成 1～2 门特色鲜明的校本选修课程
校本培训	参见胜任教师的校本培训要求
科研论文	（1）能够聚焦教学中的具体问题，并通过多种方法（观察法、调查法、文献法等）进行深入研究 （2）有 3 篇以上的论文在各级会议上交流、获奖 （3）有 2 篇以上的论文在学术期刊杂志上发表
课题立项	（1）熟练掌握课题确立与实施的基本方法 （2）独立主持学科核心课题

骨干教师（入职 11～20 年的教师）

实践路径	具体要求
常规教学	(1) 课堂教学 ①课堂教学富有激情，语言表达富有感染力，具有自己的教学特色 ②具有果断的教学决策能力，能根据学生学习情况灵活调整教学的内容、顺序和方法 ③高度关注学生的学习表现，敏锐捕捉教学中的关键问题，灵活处理生成性问题 ④关注学生个体差异，善于因材施教，进行分层指导 (2) 集体备课：主持集体备课，并对内容提出科学指导 (3) 教案撰写：教案撰写不可略于提纲 (4) 听课要求： ①经常走进青年教师课堂听课，并进行科学指导 ②能够开放每一节常规课以供青年教师观摩学习 (5) 命题要求：科学命制原创试题
课例展示	(1) 课例名称：研究课 (2) 授课安排：各级各类公开课、教研活动研究课，至少两年 1 次
校本课程	(1) 开设要求：学校要求"骨干教师"均开设校本选修课 (2) 开设建议："骨干教师"的校本选修课应逐渐由"补充类校本课程"发展为"主导类校本课程"，并能够编写配套的校本教材
校本培训	(1) 培训时间：每学年的假期阶段 (2) 培训内容：赴国外高校进行"海外研修"，对中西教育文化进行比较，了解发达国家教育发展的历史、现状、改革趋势及中学运行的体制机制，学习先进的教育管理、学科课程、教育教学实践理念与方法 (3) 培训要求：参加国外高校"海外研修"的教师必须完成"4 个 1"的培训任务方可获得相应学分，即撰写 1 篇学术论文，展示 1 节研究课，完成 1 份学业总结，进行 1 次专题报告。教师以此为载体呈现自己"海外研修"的收获。能否获得学分将作为评职晋级以及竞聘校内荣誉教师的重要指标之一
科研论文	(1) 善于提出并解决教育教学中的重要问题 (2) 每年有 1 篇科研论文在各级会议上做主题发言 (3) 有 1 篇以上论文在中文核心期刊上发表
课题立项	(1) 能够开展教育教学改革试验，深入研究教育教学规律 (2) 能够独立主持和运行市级、校级精品课题

专家教师（入职 20 年以上的教师）

实践路径	具体要求
常规教学	（1）课堂教学：参见骨干教师课堂教学要求 （2）集体备课：参见骨干教师集体备课要求 （3）教案撰写：参见骨干教师教案撰写要求 （4）听课要求：参见骨干教师听课要求 （5）命题要求：参见骨干教师命题要求
课例展示	（1）课例名称：精品示范课或专题报告 （2）授课安排：各级各类教研活动观摩，至少两年 1 次 （3）授课要求：参见骨干教师授课要求
校本课程	（1）开设要求：学校要求"专家教师"均开设校本选修课 （2）开设建议："专家教师"的校本选修课应为"主导类校本课程"，并有配套的校本教材
校本培训	参见骨干教师培训内容
科研论文	（1）形成独特的教育教学思想，研究成果具有广泛的辐射作用，并得到同行的关注、讨论和认可 （2）科研论文在各级会议上作为中心发言内容 （3）有多篇论文在学科核心期刊上发表或出版专著
课题立项	（1）能够引领团队进行专题研究活动，使团队成员受到启发并产生把研究成果运用到工作的动机 （2）能够独立主持和运行国家级、省级、市级科研课题

学校已经形成了结构合理、专业素养深厚、综合素养高、实践能力强的教师队伍。截至 2014 年，高中在岗教师中，毕业于"双一流"建设高校的本科生占比 77.06%，研究生占比 61%；有特级教师 11 人，高级教师 142 人，占比 43.3%，一级教师 95 人，占比 32.8%，二级教师 71 人，占比 20,4%；省级学科带头人 25 人，省级骨干教师 52 人，市级骨干教师 119 人，占高中教师的 62%。

（2）分享教育教学智慧，建立教师学习型组织

①师徒带教。入职之初，学校为每一位新教师配备有经验的优秀教师作为指导

教师。这种"师徒带教"制的实施使青年教师与有经验教师之间结成最紧密的学习共同体。有经验教师对青年教师的指导和培训做到常态化，对青年教师的成长和附中的文化传承起到至关重要的作用。

②青年教师研究院。除了传统的"师徒带教"的模式之外，东北师大附中还成立了青年教师研究院。每学期举办一次的青年教师学术论坛，为青年教师总结提升教育教学经验和理念、分享教学智慧提供了平台，对形成学校的教育教学研究氛围也起到了积极的促进作用。

③学科核心组。为了充分发挥骨干教师的引领作用，传承附中的教育教学思想，各学科遴选骨干教师成立学科核心组。核心组教师作为学科专家，承担为学科发展和建设建言献策、引领学科教师专业发展的职责，在学科大型教研活动和课题研究中发挥重要的指导作用。

④名师工作室。为了充分发挥名师群体在学校教育教学中的辐射作用，引领青年教师的成长、促进学校的可持续发展，学校还推出在一线教学岗位的特级、学科首席教师主持的名师工作室，吸纳学校内外具有发展潜力和发展意愿的中青年教师，组成教师专业发展的共同体，进行高质量的教育教学实践研究。这对学校的教学改革，特别是课堂教学改革起到了更加积极有效的指导和示范作用，从而更大限度地发挥了名师工作室的作用，培养了一批在吉林省能够起到示范带头作用并能参与到区域内交流合作的名师，促进了学校之间的交流，实现良性互动和共同发展。除此之外，学校还有高考试题研究小组，微课题研究小组等多种教师学习组织形式，鼓励教师在交流和研讨中提升专业发展水平。

3. 进行分级课堂管理，提高教师的研究能力

学校采取"以团队课题为主导，个体课题为补充"的策略，通过重点课题的招标制分解进行落实，带领骨干教师全员参与其中。学校建立了完善的科研管理网络化平台，实行与大学科研评估相近的三类四级课题管理模式，分类立项制度，有国家级、省级、市级、校级精品、校级课题分类管理及经费资助；实行学期教科研成果网上认证制度，通过评价机制的改革，激励学科教研室带领学科教师开发校本课程群，拓宽学术视野，提升学科素养，使教师获得长足发展。

东北师大附中各级课题分级管理示意图

东北师范大学附中校级科研课题管理办法总则

一、实施目的

推进优效教学研究和实践，激发教育科研热情，总结提炼教学成果，提高教育科研效益，进一步完善科研课题管理制度。

二、课题研究基本原则

立足课堂教学实践、为学生发展服务，以"低起点、小台阶、微型化、重实用"为原则，倡导问题研究和行动研究。

三、课题分类

校级科研课题分为校级精品课题、学科核心课题、个人研究课题三类。

1. 个人研究课题：由教师根据个人关注的教育教学问题申报的课题。

2. 学科核心课题：由各教研室、年级组或教师团队根据教育教学发展的实际情况或共同关注的问题申报的课题。

3. 校级精品课题：由学校研究室根据学校当前发展的核心问题组织申报的教育科研课题。

四、课题管理基本原则

1. 原则上每人每学年参与的课题研究不超过1项。

2. 校级课题实行课题组组长负责制。

3. 结题课题作为教师科研业绩进行相应的量化赋分。

4. 课题经费用于图书资料、评审费、调研费、咨询费、复印费等。

5. 课题力求具有原创性和开拓性，应用对策研究要具有针对性和可操作性。

6. 荣誉教师主持课题参照相关规定执行。

五、学校校级课题管理的具体要求

（一）个人研究课题管理细则

1. 立项

（1）教师或工作人员以个人名义随时提出申报。

（2）课题申报人填写《东北师大附中个人研究课题备案申请表》。

《备案申请表》包括以下几部分内容：

①基本情况：课题负责人、部门单位、职称等。

②研究问题：简要阐述要探索或解决的实际问题。

③研究方法：简要说明课题研究所使用的主要方法。

④研究计划：简要阐述问题的提出、研究进程和研究预期结果。

⑤预期成果：研究成果的呈现形式。

《备案申请表》一式三份，分别由课题组负责人、教研室、研究室备案。

2. 管理方式

课题负责人自检研究进展。

3. 结题评审

课题负责人向研究室提交研究成果备案。

以下方式任选其一：

①1 篇心得体会，至少 2000 字；

②1 篇论文，2000～3000 字；

③邀请教学主管部门、教学专家观摩课题研究成果展示课 1 节；

④教研组内做经验交流。

4. 运行时间和经费支持

运行时间不超过 1 学年，每项课题的立项经费为 300 元。

（二）学科核心课题管理细则

1. 立项

（1）立项时间：每年由研究室组织集中申报。

（2）立项单位：教研室、年级组、学科组或教师团队进行集体申报。原则上，每个课题组由 3～5 名成员组成。

（3）立项办法：课题负责人填写《东北师大附中学科核心课题立项·评审表》，

经教研室学科专家组评议后，对通过评议的课题组织学科教研室内部的开题。

《立项评审表》包括以下几部分内容：

①基本情况：课题负责人、主要参加人、参加人部门、职称等。

②论证报告：课题研究的目的、意义与主要内容。

③研究方法：课题研究过程中采用的主要方法。

④研究计划：开题、中期验收和结题时间。

《评审表》一式三份，分别由课题组负责人、教研室、研究室备案。

2. 管理方式

由研究室和教研室组织联合抽检。

3. 结题评审

由教研室组织学科专家进行组内结题。

以下方式任选其一：

(1) 1篇体现课题研究成果的论文，发表在《争鸣·教育期刊》或以上级别的其他学术刊物上。

(2) 1次教研组内或校内的专题报告。

(3) 1节组内或者校内的课题研究成果展示课。

4. 运行时间和经费支持

运行时间不超过1学年，每项课题的立项经费为1000元。

(三) 校级精品课题管理细则

1. 立项

(1) 立项时间：每年由研究室组织集中申报。

(2) 立项单位：教研室、年级组、学科组或教师团队进行集体申报。原则上，每个课题组由5~10名成员组成。

(3) 立项办法：课题负责人填写《东北师大附中精品课题立项·评审表》，由研究室组织学科专家组进行集中评议后，对通过评议的课题由学校组织校内的集中开题。

《立项申请表》中包括以下几部分内容：

①基本情况：课题名称、负责人、主要参加人员、部门单位、职称等。

②论证报告：阐述课题研究的基本内容、重点和难点，国内外同类研究的现状，课题研究的意义等。

③研究方法：说明课题研究所使用的主要方法，以及采用这些方法的理由。

④研究计划：包括课题研究的时间，人员分工，分阶段研究目标、实施办法、预期研究成果（要求具体到以月或季度为单位），以及研究成果的呈现形式等。

《评审表》一式三份，分别由课题组负责人、教研室、研究室备案。

2. 管理方式

（1）中期检查主要由学校研究室和学科教研室负责组织，根据需要聘请校内外教学专家参与。

（2）检查内容主要围绕课题的进展情况进行，要求课题组提交课题活动记录表、中期报告和相关成果的附件。中期检查报告及其附件交教育研究室备案。

3. 结题评审

（1）由研究室和教研室联合组织校内外学科专家组成专家评审小组，进行会议鉴定。

（2）课题组需要提交课题结题报告。结题报告要对课题的提出、课题研究的指导思想、课题研究的目标、课题研究方法、课题研究过程和成果、课题成果及其分析等做出详细的阐述。

（3）课题组需要提交相关附件。附件包括相关论文（正式发表或未发表）、研究专著、实验报告、调查报告等。

（4）不能通过结题评审的课题，根据实际情况选择延期或终止。

4. 运行时间和经费支持

运行时间1学年，每项课题的立项经费为3000元。

全国教育科学"十一五"规划教育部重点课题《基于课程的主体性德育的理论与实践研究》开题报告会

学校课题研究成为教师自主发展的常态。学校每年组织校级课题立项，鼓励教师主动申报；同时学校还组织国家课题、省级课题、市级课题的集中申报，对申报成功的课题进行课题经费的对等投入，鼓励教师与高校和科研所、兄弟学校组成合作研究的共同体，以此推进学校的学术性发展。

截至 2014 年，学校已结题省级市级课题项目 15 项、校级课题结题 58 项；已申报长春市教育科研 2014 年度规划课题 13 项，申报吉林省教育学会"十二五"课题12 项，申报 2014 年教育部人文社科规划课题 1 项。其中《"目标—模组—层级"式课程结构体系及校本课程建设》获国家首届基础教育成果二等奖，《中学教学全面质量管理体系的建设与实践》获吉林省教育科学成果一等奖。

4. 重视学历教育和在职培训，坚持教学与学习同步发展

实践证明，学科专业化程度高的教师发展潜力大，后劲足，因此学校严把进人关。近些年来，学校积极引进国内外综合大学毕业的专业学位的硕士研究生来优化教师队伍。

（1）提高学历水平，优选毕业生入职。现有高中教师中，拥有研究生学历的教师已经占 61% 以上，而且绝大多数是专业硕士。学校对新入职教师的选拔非常严格，要组织学科面试、学校笔试、学校专家面试三轮选拔，入选的教师是由学科专家、学校专家质询委员会委员、学校管理专家三方投票决定；教师的起始学历、本科院校的学分绩点、专业课成绩、英语水平、专业拓展技能和综合实践素养都在考察范围内。学生还需要在教学设计和微课讲授中展示自己的学科功底。每年新教师录取的比例都要近 100∶1。以此，附中教师的学历结构得到了持续优化，为学校的长远发展提供了充足的人才储备。

学校同时积极鼓励所有教龄 3 年以上的教师攻读硕士或博士学位，为他们提供时间、政策和经费上的支持。硕士毕业的教师，工资晋升一级；博士毕业的教师，工资晋升三级。同时，如果教师就读东北师大的硕士学位，学校为其减免 50% 的学费；一些专业共同课有时开设在寒暑假或校内，方便教师的学习。这些措施，在校内营造出了不断进行自我学习的氛围，鼓励青年教师自主发展，扶持教师的自主研修与专业提高，为教师的学术性成长提供了学科方面的专业保障。

学校还坚持学历教育优先的原则，依托吉林大学和东北师范大学，培养学历硕士和博士；此外，学校根据教师专业发展的需求，分批选派教师到东北师范大学、北京师范大学、华东师范大学等高校进行业务研修。

（2）坚持学历教育与岗位培训结合，校本培训与高校研修相结合的方式。不同形式的教师在职培训贯穿教师学术性成长的各个阶段。对于入门教师，学校采取了以培训为主的培养方式，新入职教师在一年内要接受学校有计划的系列专题培训，主要内容为学校办学理念与办学思想、学校常规教学基本要求、学生教育管理基本要求、新教师如何命制一份好试题、如何开好家长会、如何有效地进行考试成绩质量分析等。为了保证培训的针对性和实效性，学校在新教师培训需求调查的基础上，设计培训专题，并在全校范围内公开招聘培训教师，充分发挥了附中校内宝贵的教育资源，更好地传承了附中的经验和理念。

（3）对于中青年教师，学校依托吉林大学、东北师范大学、华东师范大学，开展教师继续教育，实行带薪休假，并根据教师专业发展的需求，分批选派教师到高校进行短期业务研修，让教师对教育学和心理学的知识、课程中观层面技术理论等有一个整体了解，促进有一定教学经验的教师反思自己的教学实践，探索更有效的教育教学方式。同时，这些活动也增加了学科组间教师的交流与合作，增强了学校的团队凝聚力。为了促进校际交流，提高校际交流的实效，学校实施学科组名校考察培训项目，每学期期中考试前后五天，教研组可以任选各省的两三所名校进行考察，建立一个跨区域的教育联合体，组织同一学科的教师进行思想碰撞，开阔课堂教学的思路。

（4）提升学科教师专业学习能力。英语教师出国研修的人数不断增加。从2010年开始，学校又启动非英语专业教师赴国外研修的计划，分批分期派学科骨干教师赴美进行短期教育专项培训。通过这种参与式的课程与教学培训，教师学习和了解了课程与教学方面的最新理念和实施策略，在改变观念的过程中，变革自己和学科组的教育教学行为，真正以学生的发展为己任，唤醒学生的自我认知，发展学生的自主能力。

（5）学校还定期举行全员学习系列活动，邀请国内知名的教育教学专家对教师进行培训。这些举措对于创设学校的学术氛围，提升教师的教育理念，开阔教师的视野都起到了积极的作用。

（6）学校与东北师范大学研究生院、教务处沟通后，选派有经验的骨干教师到大学做兼职教师和硕士研究生指导教师。教师回到大学的教学指导实践，提升了骨干教师的综合素养，更新了教师的学科专业知识体系，提升了教师的教育学、心理学的理论素养，使优秀教师走上能教、能研的学术性成长道路。

5. 倡导行动研究，提升教学技能，在反思实践中发展

校本教研强调以实践为主，重视行动研究，促使教师在实践中不断反思，在反思中不断提高教育教学技能，更新教育思想，逐步成长为胜任教师、成熟教师、骨干教师乃至专家教师。

如前所述，学校每年举行的青年教师岗位练功、"教学百花奖"活动、"课堂观察"活动，三省四校青年教师观摩活动、东北"三省十一校"协作体研究课活动等实践性研究，都提高了学科教师的合作教研能力和学科研究水平。

为了促进专家型教师的成长，学校依托大学的力量，以项目研究带动教师的专业化发展。如东北师大附中与东北师范大学教育学部合作实行"学校改进合作研究规划"，与东北师范大学研究生院合作实施"实践研究型专家教师联合培养项目"。项目的具体内容包括研究名师的教学模式，总结教学思想，提炼教学模式；聘请名师为东北师大学科教学相关专业的博士研究生开设专题课程，探讨高中学校教育改革前沿问题，为本科生开设中小学教学方法相关内容的课程等，在项目研究的过程中推动东北师大附中专家教师对教育教学工作进行深入反思，使附中优秀教师从"技术熟练者"成长为"反思性实践家"。

学校改进与教师专业发展合作研究签约仪式

6. 改进名师工程，构建多元教师评价体系，实行评价制度改革

（1）发展性教师评价。学校一直在进行教师评价制度的探索与改革，从单一的学生评教，到全校教师的民主评议、学科组内教师的民主评议和教师自我评议与成果认定，努力建构多元化的发展性教师评价机制，以此促进教师德行的修为、学问的精深和发展的自觉。学校从以学生评教为主，发展到多元评价，由教师、学生、专家和家长，通过量表、质性问卷、调查访谈等多种方式，对教师进行发展性评价；评价结果实行一对一反馈，不进行选拔和淘汰，重在反思和自我提高；学校还开发了电子化的评价软件，让教师自主进行自评和互评。很多学生的质性反馈让教师深受感动，评价搭建了师生情感互动的平台，教师对学生的关爱得到了进一步的升华，也提升了教师的职业幸福感。

（2）实施"名师工程"。学校通过改进"名师工程"，加大对骨干教师的政策扶持力度，设立专业发展通道，设立学科首席、学科带头人、学科骨干和学科新秀四个层次的校内荣誉教师序列，每个层次都以前一个层次作为资格，并与省内教师专业发展挂钩，增加教师的发展机会。每个级别评选都由学校学术评审委员会负责审定，保证评选的公正与公开。

（3）荣誉教师序列和职级评价挂钩，实行学分制的教师学术成长。如某教师要报评省里的职级，他必须先在校内获得资格，这样学校就有一批人是省级的骨干。同时，把职称评聘和荣誉序列挂钩，把职称评价变为过程性评价，提前一年公布评聘指数并公布达到这个分数的人数，符合条件的自主申报，变被动评选为主动评选。学校取消了人为方面的评估因素，向能力本位倾斜，引领教师专业成长，弘扬学校的正气。

学校实施教师读书工程，建设书香校园。学校定期邀请国内外一流专家来校做学术报告，定期组织读书节，校长和教师借助校园网络推荐"好书目"，开展读书报告会，提升教师的修养与文化。

朱永新教授认为，一个好教师的成长，最重要的有三条：专业阅读、专业写作和专业发展共同体。专业阅读是站在大师的肩膀上前行，专业写作是站在自己肩膀上攀升，专业发展共同体是站在集体的肩膀上飞翔。我想学校还要在教师专业发展共同体上下功夫，重点放在教师的自主发展上。完善教师激励机制和多元评价机制，与大学联合成立教师研究院，聘请骨干教师到大学兼任教育硕士指导教师，提升学科研究能力；鼓励名师建立省内学科教研基地，建立开放的群体教研氛围；吸引东北师大教科院和继续教育学院的教授带领硕士生和博士生到学校指导教师进行课题研究等。而这些举措要想逐步落实，一方面要给教师减压，有充分的时间提高自己，另一方面要缩小学额，提高师生比，让教师有可能实现岗上带薪休假，但外在的压力与条件都必须与教师内在的发展需求相适应，培育教师的教育自觉，唯此，才能使教师的发展具有可持续性。

时代的发展对教师专业化水平的提高不断提出新的要求。正如叶澜教授所说，今天的教师正在"从谋生走向发展；从奉献走向创造；从被动、执行、传递走向主动；从掌握教育教学的技能走向提高教育智慧"。好教师的评价标准正在从"技术熟练者"转向"实践反思家"。60多年来，附中教师在实践反思的过程中不断寻求突破与创新，虽然距离实现陈元晖校长的期望还很远，但是胸怀教育者的使命与教育家的梦想，我们从未停下前行的脚步。

四、东北师大附中基于
"自觉教育"的学生发展实践

东北师大附中六十余年的发展，始终坚持素质教育的方向，将实施素质教育作为学校突出的特色，坚持不懈地探索青少年德育的有效途径。经过系统化、科学化的建构，学校逐渐形成了以"自觉教育"为核心理念的主体性德育模式，已经完成的全国教育科学"十一五"规划教育部重点课题《基于课程的学校主体性德育的理论与实践研究》使学校主体性德育工作得到了系统的梳理和提升。

道德教育是植根人心的教育，是学生自我发展的核心内容。这也是学校德育工作先行的根本原因。每所学校的德育工作都不能游离于教学工作之外，真正的德育是每位教师都能通过言传身教，激发学生的主体性和能动性，培育学生自省、自律的品性。道德教育不仅要使学生心悦诚服，还要鼓励学生坚持知行统一，充分发挥学生自身的主体性，强调学生的自主、自觉，通过丰富多彩的活动体验，增强学生的自我教育能力，最大限度地实现德育的实际效果。

（一）主体性德育的学校实践

1. 主体性德育的理论建构

（1）德育的实质和功能

①德育的实质是育德

德育的"德"是指品德。广义的品德包括思想品质、政治品质、道德品质等。德育是思想教育、政治教育、道德教育的总称。

我们可以从内容、过程、目的三个方面对德育概念进行综合认识。首先，从德育的内容上讲，我们所倡导的德育是一种基础的德性素质获得，包括思想政治意识、伦理道德、民主法治、情感情操、意志品质、审美意识、心理健康、生命教育、价值观教育、竞争与合作意识教育、效率意识教育、民主法治意识教育、开拓创新意识教育、生态意识教育、和谐意识教育等多方面的内容；其次，从德育的过程上讲，我们强调德育是一种学生德性自主生成的实践活动，它是教育者的价值引导与受教育者的自主建构的辩证统一过程，即教育者传递的德育内容经由学生的自我觉解得以内化，生成个体德性，并外化为个体的德性行为的过程；最后，从德育的目的上讲，现代的学校德育，作为一种培养人的德性素质的社会实践活动，应该坚持以人为目的，其根本任务在于唤醒人的道德自觉意识，提高学生判断和选择道德行为的能力，提高学生的道德主体意识，使学生成为能够在道德上进行自我教育、自我管理的社会主体。

综上所述，我们定义的"德育"是以学生应该具备的所有道德素养为内容，以学生德性生成为过程，以道德主体的形成为目的的一种道德教育，其本质应该是一种主体性的德育。

②学校德育的内涵界定与外延拓展

学校德育，主要是指以学生为教育对象的思想教育、政治教育和道德教育。一方面，就性质来说，德育是一种规范性教育，引导学生追求美好的人生，在规范性教育中使人产生自觉的信与行，主要作用于人的意识、理性的层面；另一方面，就社会功能来说，德育主要着眼于调整和规范社会中人与人之间的关系，通过一定的政治和道德机制，使人与人之间有序、有范、有礼。

（2）学校主体性德育的概念界定及内涵表述

我们所倡导的主体性德育，是指在充分尊重教师和学生主体性地位的前提下，一种把唤醒学生的道德主体意识、激发学生主体性、培养学生自信精神和自强品格作为终极目的的教育实践活动。

这种主体性德育活动具有三个典型特点：第一，它是建立在教师和学生的主体地位得到尊重和主体性得到发挥的基础之上的，这为主体性德育的确立提供了前提和基础；第二，它把受教育者的主体地位和主体性的发挥作为德育实践活动的最终目的和终极目标，凸显了德育实践活动的本质和核心，即让人的主体性和精神生活质量不断完善和提高；第三，它把教育者和受教育者之间的关系看成是平等、和谐和合作的关系，从而使德育真正成为人与人之间的心灵的交流活动，使德育从传统的"独白"走向对话，从"灌输"走向交往。

（3）主体性德育的实践目标

①以"自觉教育"为主体性德育的核心内容，以国家必修课程和校本选修课程为载体，以常规教育活动为途径，建构一个可以激发学生主体意识、促进学生自主发展的操作性强且科学合理的德育模式。

②通过对影响主体性德育有效性的主要因素进行分析，结合教育主体的实际，不断改进德育工作的内容和方法，通过一系列的主题教育活动及评价体制的改革与实践，实现德育实施策略的最优化。

③了解与掌握现代高中生的身心发展特点，研究优秀学生的成长轨迹，实施以学生传统品格、现代思维、国际视野和综合能力目标的主体性德育课程结构的研究，建构基于课程的主体性德育创新型实践范式。

④充分发挥学生的个性与特长，使学生具有自我认识能力、自我规划能力、自主学习能力和自我教育能力。

（4）主体性德育的实践原则

①发展性原则

发展性原则主要指适应受教育者的时代性特点与需求、适应受教育者个性发展需求、适应未来社会的发展对人才的需求。

为践行东北师大附中"为学生一生奠基，对民族未来负责"的办学宗旨，学校积极培养素质全面、满足未来社会需要的发展型人才，开展具有特色的、对学生发展切实有益的、具有广泛可参与性与实际可操作性的学生活动，激发学生的创新思维，培养学生的团队意识、崇尚科学的精神及社会责任意识。

同时，学校应注意避免活动设计过程中潜在的择优意识，使教育面向所有的受教育者。每位中学生身上都有着隐性或显性的兴趣、特长，不同的受教育者有着不同的个性发展需求，学校的主体性实践必须以满足这一需求作为重要的原则之一。另外，活动的设计要充分考虑到学生自觉学习能力的培养，为其"终身学习"奠定基础；同时提供更广阔的平台，为其提供接受差异教育的机会与空间。此外，学校还注重对学生人生观与世界观的教育与引导，因为任何教育归根到底都是"人"的教育。

②可操作性原则

以前很多的主体性实践活动呈现出"名目化、形式化、不可持续化"的问题，而这些问题分析归结起来，就是缺乏可操作性。鉴于此，心理与情感、知识与能力、课业压力与综合发展成为东北师大附中主体性实践可操作性的主要考量内容。

以"东北师大附中'才俊杯'校园艺术家选拔赛"为例。活动以学生个体或自由组合的小团体为参赛单位，以相应的学生社团组织为初选评委，分设书画、音乐、舞蹈、主持、器乐、话剧表演等项目。这类活动的开展，打破了学生活动以班级为单位的传统模式，使学生对所参加的活动具有选择的主动性，同时保证了学生个体的能力表现。以小团队形式参与比赛增强了学生的伙伴意识和协作观念。同时，在对课堂造成最小影响的前提下，这也营造了浓厚的学生参与校园文化活动的氛围。在这些原则指导下，主体性实践活动便于准备、组织灵活、参与方式简单、涉及层面广泛，因此深受学生欢迎。

③阶段性与层次性原则

中学主体性实践活动的阶段性与层次性原则具体包括：参与与创新、协作与领导、梯队性学生组织和深层次学生活动。

东北师大附中高中部两个非毕业年级是梯队性学生组织的主要参与者和深层次学生活动的主要策划者。高一年级，学生组织为学生提供"随入随出"的方便之门。只要个人提出申请，并经家长与班主任同意，学生就可以自由加入任何一个学生组织的任何一个部门成为部员或协会成员，参与学校各项活动的策划与组织，感受校园文化，向学长学习工作经验，培养与锻炼自己协作沟通的能力。高二年级，学生自动形成精英团队，并通过竞聘确定主要学生干部的工作职务，这时的学生干部则主要培养自身的创新思维与领导能力。与之匹配的，是"东北师大附中四节两周"等大型活动，这些活动为学生提供参与的机会与展示的平台，兼具实践性与选拔性、参与性与示范性作用，既强调了活动的广泛性，又满足了"精英化培养"的要求。

主体性实践不应是少数人或"优秀群体"的教育实践，而应使所有受教育者在实践中受益。从实践主体上看，主体性实践活动应该满足绝大多数学生的参与需求，参与过程有创新性，能有效培养基于协作前提的领导力。为保证这一阶段性发展，学校必须建立梯队性的学生组织，满足不同层次学生的参与需求与发展需求。深层次的学生活动则是其显性的外在表现形式，同时也必然反作用于主体性实践的阶段性发展思想。

2. 主体性德育的课程建构

（1）主体性德育课程化的理论思考

从理论的角度讲，哲学、人性论、心理学和教育学为主体性德育课程的开发提供了丰富的理论基础。主体性哲学主要解决主体性德育课程开发的合法性问题，即主体性德育课程的开发要以人的主体性存在为基础；人的全面发展和自由个性理论主要解决主体性德育课程的开发合理性问题，即主体性德育课程的开发应避免走入主体性丧失和主体性无限扩张的误区；积极心理学理论解决的是主体性德育课程构建的科学性的问题，即主体性德育课程的开发要符合学生内在品德积极发展的心理规律；自觉教育理念主要解决主体性德育课程的实效性问题，即主体性德育课程的开发要以激发学生的品德自觉意识、获得品德发展能力、树立自信和自强的精神为终极目的。

（2）主体性德育的课程模型

主体性德育是在主体性哲学、全面发展理论、积极心理学理论和自觉教育理念的坚实基础上，构建以主体性德育内容为核心，以学校在长期的德育实践过程中设计的德育课程为载体，以学生的品德的自觉发展为目的的一种理论上科学、实践上可行的德育模式。

这是一种以教育者与受教育者之间的主客体双向互动关系为基本要素，旨在充分发挥学生的积极性、主动性和创造性，尤其是强调在尊重学生的主体地位基础上发展学生的主体人格，培养受教育者成为具有独立性、创造性、能动性等"主体性道德素养"的主体性德育模式。简言之，就是以学生的道德需要为起点，以学生的全面发展为目的，根据受教育者已经形成的道德思维习惯、道德认知方式、道德价值倾向等，有目的、有计划地规划和组织各种主体性德育课程，通过激发受教育者的主体意识、发展受教育者的主体素质、提高受教育者的主体能力，最终促使个体自觉地完善主体人格、塑造主体形象，以积极的姿态去适应环境、改造环境。

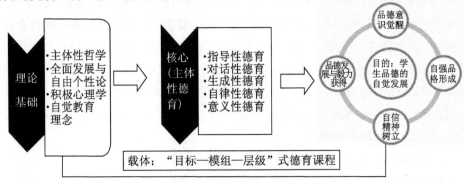

基于课程的主体性德育模式

（3）主体性德育的课程内容选择

①以身心素养为基础的认知性内容

身心素养是思想道德素质教育的载体，它涵盖了思想道德教育内容的全部基础成分，良好的身心素养是良好的思想道德素质和业务素质的重要基础。学生的身心素养水平是学生形成良好的道德品质的内在基础，这就要求学生在德育过程中掌握以下两方面的内容：

a. 掌握中华民族优秀的传统文化中的道德内容

中华文明源远流长，有着非常丰富的优秀传统文化。传统文化中的仁爱、礼仪、智慧、信义、孝悌等道德观念在当代仍然具有时代意义，在当今社会中仍然是学校教育必须强调的重要道德内容，也是我国学生必须具备的基本道德素养之一，特别是民族的传统美德与体现时代要求的新的道德观念相融合而产生的新道德观念，是我国公民道德建设发展的主流，也是主体性道德建设的重要的基础内容和源泉。

b. 具有世界视野下的开放的人文情怀

现代社会的学校德育，如果想鼓励学生在高尚的道路上走得更远，就需要学生以宏观的道德视域面对社会，就需要学校将民主、合作、公平、正义等世界性的文明素养作为一个基础性的内容引入主体性德育内容中。这是一种宏观的德育视野，是一种面向人的世界性存在的德育内容。它最终实现的是学生的人与人的认同、人与世界的认同、人与自然的认同。

②以道德实践为基础的体验性内容

从本质上讲，道德不仅仅是道德规范的认知过程，更重要的是道德习惯和道德行为的实践过程。而道德行为或道德习惯的形成，需要学生在道德情境中，一次次自主选择道德行为和自我评估道德效果，在反复的实践中得以巩固。

经过多年的德育实践和探索，东北师大附中摸索出了一系列自主性德育课程。根据这些课程所要达到的德育目的，学校把这些德育活动主要分为三方面内容。

a. 社团活动系列课程。它包括模拟联合国、瀚林苑书画协会、粉墨青春实验话剧团、蜚声传媒联合协会、T—5舞蹈协会、一格文学社等，主要发展学生的自主选择能力、组织能力、创造能力等。

b. 自主管理系列课程。包括学生领导力课程、学生团队管理实践（学代会、学生会、团委、值周班）、活动策划与组织实践等，主要培养学生的自主判断能力、自我管理能力、自我监控与评价能力、自信和自强的精神等。

c. 自主实践系列课程。包括研究性学习、社会实践（学军、学农、学工，"三省三校"夏令营）、社区服务、校内实践（学生实验超市、艺术节、体育节、科技节、文化节）以及艺术、体育和技术学科的模块课程等，主要培养学生独立学习和研究的能力、主动参与和探究的能力、公民意识和坚强的意志等道德品质。

学校经过系统化、科学化的建构，逐渐形成了以"自觉教育"为核心理念的主体性德育模式，强调学生德育养成的目标性和过程性，明确年段教育目标：将高一定位为学生自我发展的习惯养成阶段，高二定位为学生自我发展的理想引领阶段，高三定位为学生自我发展的卓越实践阶段。学校以此规划每个年级的学生管理目标，设计学生活动，并逐步形成了"主体性德育实践课程体系"。

学代会、学生会、团委、社团联合会四大学生组织构成了东北师大附中学生自治组织的网络系统。学代会积极参与学校的管理和建设，监督学生会等学生组织的工作，是表达学生声音和诉求的重要途径。学校重视对学生会、团委两大学生组织的活动模式的改革，强调家校共同培养、学生自主流动，探索英才培养策略，建设品学兼优、领导力突出的学生团队。

当然，以学生为主体的自觉教育，并不意味着完全放任自流，而是强调学校管理的刚柔相济，弹性处理。处在身体和心理成熟期的高中生，非常重视自身的独立性和私密性，其对自尊、平等、公正的需要，尤为强烈，这就要求教师在管理学生的过程中，更多地要从"管"向"理"转变。

③以自我提升为基础的渗透性内容

根据主体性德育的"环境—主体"的二维划分，环境既可以表现为学校和教师人为设置的德育情境，也可以表现为学校的隐性德育环境，即环境文化、制度文化、仪式文化、行为文化、团队文化。这些隐性文化的建设也是主体性德育课程的一个重要内容，在学生德育的过程中起到重要的熏陶和渗透作用。它的重要性表现为两个方面：

a. 隐性课程的示范作用。例如，在隐性文化中，教职工的工作态度和精神风貌等"软环境"都对学生道德人格的成长有着直接而深远的作用。学生心目中的教师和学校管理者，在价值取向、行为方式上呈现出来的团结协作的团队精神、现实生活中"爱校如家，献身教育"的奉献精神、教学工作中严谨的治学精神和勤奋的科研态度，都对受教育者有着潜在的引导和示范作用。在一个有着良好师德的校园环境中，教师积极向上的精神面貌、高尚的人格示范可以让学生在形象直观的教育中，领悟和掌握正确的道德行为方式。同时，隐性文化的引导和示范功能也表现在情感体验中。师生之间进行真诚、友爱、平等的情感交流是十分重要的。教师只有寓理于情、以情动人，让学生在情感方面产生共鸣，才有可能使道德情感成为稳定的强大的内部动力，以产生预期的道德行为。

b. 隐性课程对受教育者德行的引导和养成作用。德性从来都不是外在的强加，而是每位学生内心中对价值的自我选择。在有效的环境机制中，首先，德性被以制度化、规范化的形式表现出来，然后被表征为德行。其次，环境机制为德行的养成提供了方便、可行、有利的"机制供给"。如集体活动的设计应能吸引广大学生积极参加；公共场所的设计与规范要求要有利于引导同学们"德行经验"的"内省"与德行的"体会"。因而，道德制度、规范的形成要有利于学生的道德需要的满足及道德品格的发展，保证学生的美好倾向与愿望能够有效地转化为德行。最后，"环境机制"具有极强的"放大效应"。在校园的小环境中，群体的精神风貌和行为特征具有"传递性"。特别是在当下的社会转型时期，互喻文化（同辈人之间的文化传递）成为社会文化交流的主要形式，同辈群体影响甚至决定着同代人的心理和道德结构。因此，校园环境的"传染"功能需要引起注意。对于好的习惯与品行，学校应通过适当的方式继续扩大"受益群体"；对于坏的品行与习惯，则应及时、彻底地加以疏导和遏制。

3. 主体性德育的校本实践

（1）主体性德育的实践途径

主体性德育的实践途径主要包括四个维度，有学校内的常规教育活动和规定的校本选修课，如心理和主题班会、主题讲座等；有学校的特殊教育活动，如生涯指导、活动指导、学业指导等；有学校的社团选修课和综合实践活动等；还有校外的家长学校、社区活动等。

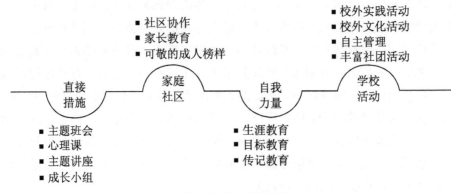

主体性德育的实践途径

（2）主体性德育的实践措施

要提高德育的有效性，我们必须对德育目标重新定位，从社会实际、学生心理出发，遵循学生的道德发展规律，增强道德教育的科学性，让道德教育走下"神坛"，回归德育的本源，实现平和的德育，提高德育时效性。

①主体性德育实施的组织机构改革及功能调整

a. 德育领导小组是一个指导、决策、监督机构，由校长、主管校长、学生处、团委、主管学生工作的年级副主任组成，实行周例会制度。

b. 学生处、团委、专业训练处三个负责学生教育的指导协调部门之间职责明确，相互协调，共同推进。

学生处主要负责各项常规的学生教育和管理事务、班主任培训、家长学校活动的安排。

团委除了负责"四节两周"（科技节、体育节、艺术节、文化节、社团活动周、读书周）及学校其他大型学生活动外，还负责选拔和培养学生干部，建设以"学生领袖工程""自主管理意识"等为核心的校级学生干部精英队伍。此外，它还负责科学有效地发展基于课程的东北师大附中学生社团，设计并实施"东北师大附中学生综合素质特别工程"。

专业训练处主要负责规划专业和特色队伍的运动员的成长和发展计划，组织、管理学校专业和特色队伍教练员的选拔、聘任、培训工作，负责学校高水平专业队运动员的招生、训练和管理工作，结合训练实践，创造性地开展学校体育、科技等特色活动，组织专业队及其他特色队伍参加市级、省级、国家级乃至世界性的体育和科技竞赛活动。

c. 学生教育的年级核心组负责落实对学生的各项教育和管理工作，负责对班主任常规工作的考核、管理和评价，协助各职能部门组织学生参加各项大型活动。

年级核心管理组织机构图

d. 发挥评价在班主任队伍建设中的正向激励功能。学校强化班主任队伍建设和培训，加快优秀班主任队伍的建设，加大班主任评价在教师发展中的评估指数；坚持班主任的主题培训和开放式培训相结合，提高班主任的自觉教育意识、能力和水平，提升班主任队伍的战斗力；改进班主任评价机制，把"功勋班主任认定制度""特色班主任评价制度""见习班主任培养制度"的落实和实施作为教师专业化发展的一个重要维度。

②发挥课堂教学的主渠道作用，让道德与智慧互补

主体性德育的改革已在东北师大附中开始系统实施。在改革的过程中，学校一直试图寻找有效的操作模式，其中重要的途径之一就是将德育活动课程化，即以课程为载体增加主体性德育的实效性，拓宽研究与改革的范围，实现学生传统品格、现代思维、国际视野和综合能力共同发展。

德育课程化的含义有三个层面：一是在国家必修课和选修课中加强学生的德育指导，即教师在学科课程的教学中，结合学科内容潜移默化地对学生的德行和品格开展教育；二是结合校本课程，通过身心健康模组、交往与实践模组、隐性课程模组的选修课程，对学生进行有目标、有组织、有计划、有内容、有活动、有评价的系统培养；三是结合学校的社会实践基地，开展校外综合实践活动，保障全体学生都有机会参与课程实践活动。

a. 在常规的学生活动中开展自觉教育的实践与研究。发挥学生的主体性，将学校主题系列教育活动、国防教育活动、农村社会实践、社区服务、社会调查等学生常规活动纳入学校课程计划，规定好课程时间、课时安排和课程实施基地，实现德

育课程化、系列化和规范化，形成适合学生主体性发挥的活动与课程实践模式。

b. 校本活动和校本课程中开展自觉教育的活动实践。探索学生自觉在学生主体性发展中的地位与作用。学校主要通过值周班管理，加强学生自主管理的效能；通过学生自主管理联合体组织的"精英培养工程"，实现学生自主完成学校大型活动的策划、组织、实施与管理，充分发挥他们的组织才能和示范作用；通过建立必要的工作制度，使学生真正成为学校德育的主要力量之一。

学校立足于课程，开发了德育系列校本课程，每门课每周 2 课时，赋 2 学分，计入学校课程计划中的选修 2 系列。这种以课程为载体的主体性德育的实施可操作性强，且具有科学性、系统性、规范性。学校现在已经开发的德育校本课程门类覆盖面广，参与人员多，特色鲜明。

c. 以社区、家庭、社会实践基地为载体引导学生进行自觉教育的改革与实践。学校在调查了解上述载体在学生成长过程中的地位与影响的基础上，总结出了一套与社区、家庭、社会实践基地协调一致、行之有效的体验、引导、自为式的实施模式。学校在高一和高二年级分别开设了社区与家庭、社会实践等课程，建立了多元化的课程实施基地，集中课时组织学生去体验与实践，每门课程为期5 天。

4. 主体性德育的课程实践活动

社会对学生道德主体性的关注和学校自主权的发挥都达到了一个前所未有的高度，所以高中的课程管理和课程实践正在走向决策分享或决策民主化。东北师大附中在德育课程建设方面，形成了"目标—模组—层级"式德育课程结构体系，其核心特征是，根据多元智能理论和课标对学习领域的划分，把为培养学生某种品德或某种专项素质的功能相近的课程群设定为一个模组。该体系在层级上，分为基础水平、丰富水平和高级水平；在开发向度上，分为主导性课程和补充性课程；在知识获取方式上，分为学科课程和活动课程；在课程内容联系上，分为分科课程和综合课程；在修习限制上，分为必修、通选、任选和自修课程。

德育课程建设是学校德育工作的核心。学校以"自觉教育"理念统领德育课程建设，以培养学生的主体性、能动性、目的性和创造性为基本准则，将学校德育课程规划与开发放在学校所有工作的核心地位，建立以目标导向为原则的德育课程体系。

经过广泛调研、科学论证和深入探索，东北师大附中逐渐形成了特色鲜明、科学完善，具有现代性和国际化的"目标—模组—层级"式德育课程体系。其中，自我规划、自觉修养、自我砺炼等模组课程，主要唤醒学生的自我意识，通过心理分析与成长导航，帮助学生深入了解自我，明确自身的生理和心理特质，并结合学校的期待，进行学生发展的目标引领。而人文素养、科学素养、艺术素养、乡土知识、技术能力、学科竞赛等模组课程，主要进行学生自主能力的培养和完善人格的培育，自主能力侧重学生独立学习能力、独立管理能力、独立监控与评价能力等方面的培养，特别是贯穿于常规课程实施中的品德教育、理想教育、科学态度与方法教育、人文精神教育、行为习惯养成等，它们整合了国家、地方和校本课程，通过具体的"主导性课程"直接有效地落实了学校的课程目标和人才培养目标。体艺团队、兴趣社团、自主创新、天下视野、自主实践、自主管理、隐性校本课程等模组，主要通过团队活动、社团活动等多样化的特色活动体验，加强了学生与学生、学生与教师的交流与合作，让学生在多选择的课程中实现自身特长的发展，并内化为学生自信、自立、自强的精神气质，为学生终身发展奠定人格基础。

（1）身心素养课程模组

①自我砺炼系列课程包括拓展训练、心理健康教育等，主要目的是促进学生形成健康的自我认识、坚强的意志品质和坚韧的挫折耐受力，发展健康的情绪和情感，建立和谐的人际关系，增强获得幸福的能力，提升社会责任意识，追求高尚的生命意义。

东北师大附中的心理健康课是全体学生的必修课，每个年级都由相对固定的心理老师进行讲授。心理老师不仅通过课程让学生认识自我、发现自我，建立良好的自我同一性；同时也为学生、家长和学科教师提供专业的心理咨询和指导。他们是学生心灵的守护者，是学生烦恼的倾听者，更是学生心理问题的解决者。

②自觉修养系列课程主要包括党校和团校学习、国学、阅读天下——电视新闻短课、交际与礼仪等课程，目标是培养学生的人文素养和天下情怀。

③自主规划系列课程包括职业生涯规划、成长导航等课程，主要目的是帮助学生了解自身的职业兴趣、能力倾向和个性特点，培养学生职业发展规划的意识和能

力，帮助学生了解大学专业信息与社会职业需求以合理规划升学与就业目标，有效减轻学生在职业生涯方面的困惑。

（2）道德实践课程模组

①社团活动系列课程丰富多彩。东北师大附中学生社团始建于1998年，是由学生自主建设管理、指导教师专门指导的学生组织，所有社团组成社团联合会，由自联体社务协理理事长和社务司负责。学校共有一级社团22个、二级社团35个和三级社团40余个，选聘指导教师27名，有固定社团活动场地9处，配套校本活动类课程12门，注册社团成员4000余人，参与社团活动近5000人次。社团每学期举行纳新活动，每年开展社团活动周。其中，蜚声传媒联合协会、粉墨青春话剧社、T—5舞蹈协会、High Point健美操协会、绿色天空合唱团等在运动会、科技节、教师联欢会、圣诞节派对、文化广场汇演、校庆等大型活动中均有精彩表现；东方之音模拟联合国社团、智能先锋机器人协会、EP潜动力节能车队等在各大比赛中取得了优异成绩；一格文学社、恰恰用学生超市、瀚林苑书画协会等作为特色社团，极大地丰富了同学们的校园文化生活。

现在，学生社团工作处于成熟与蓬勃发展的阶段，社团工作由学生自主管理联合体社务司负责，校团委组织制定与社团发展相关的章程及制度，如《东北师大附中社团章程》、《东北师大附中社团指导教师聘任制度》（与职称评聘挂钩）、《东北师大附中社团管理制度》、《东北师大附中社团注册及成果验收制度》、《东北师大附中社团日常考核制度》等，同时各社团均需制定本社团的章程、管理制度、标识、旗帜等。各级社团每学期进行一次社团注册和成果审核。

东北师大附中实施三级社团机制。一级社团由学校给予场地、资金、指导教师等方面的支持，并可代表学校参与重大活动；二级社团在社务司统筹下，由年级负责并给予各项支持；三级社团由学生自发组建、自主发展，学校和年级均不给予支持，资金由学生自筹，活动由学生自主组织，获得显著成果后可升级为二级或一级社团。

②自主管理系列课程包括学生领导力课程、学生团队管理实践（学代会、学生会、团委、值周班）、各类活动的策划与组织等，主要为了培养学生的自主判断能力、自我管理能力、自我监控与评价能力以及自信和自强的精神等。

真正的"学生组织"与高度的自治，是东北师大附中学生主体性活动的基础与保障。由学代会、学生会、团委、社团联合会四大学生组织形成的学生自治组织网络，既以其明晰的培养目标与职能定位体现了附中学生活动的教育诉求，同时也以其科学性、规范性、有效性、广泛性的活动为广大大学生提供了锻炼与发展自我的平台。

2011年开始，学校进行了学生干部组织改革，将原来的学代会、学生会、团委、社团联合会合并为"东北师大附中学生自觉教育自主管理联合体"，其目的在于去干部化、去行政化，强调职责与协作。学校通过民主选举产生了第一届自联体成员，并在三年内发展了四届学生自主管理联合体组织。通过对自联体成员科学有效地管理与培训，自联体的组织建设不断得到整合与完善，并逐渐走向成熟。前四届联合体学生干部参与组织并策划了那几年所有的重大学生活动，得到了充分锻炼，并迅速成熟。自联体负责整合资源，统领学校的各级各类学生活动，并放权给学生，让学生的自我管理能力得到了有效的锻炼和提高。

学生自联体的成立，是附中"自觉教育"理念提出后学生自主管理的一次组织变革。学生自主管理的实践主要体现在以下几方面：

第一，自知是自觉的基础与前提。"四节两周"为框架的广普性活动的开展使附中主体性实践从科学、艺术、体育等方面覆盖了几乎所有有特长或有特长发展需求的学习，鼓励他们从兴趣激发、尝试探索、实践反思等方式了解自我。

第二，自治是自觉的体现与保障。学生组织的高度自治，使每一位走入附中的学生都有参与自治的机会，并鼓励他们从广泛参与的层面向自我精英化培养的层面发展，这都为其自觉教育观的形成提供了保障。

第三，自评是自觉的外显与升华。学校以《东北师大附中学生综合素质评价体系》《东北师大附中素质教育531工程》《东北师大附中品学能形象代言人评选》《"才俊杯"校园艺术家评选》等文本作为学生自评的基础，使学生参与学生活动与实现自主发展的方式由自发转向自觉。

第一届学生自觉教育自主管理联合体理事长李嘉亨这样回忆道：

毕业已经整整一年半了，一年半应该算是一段很长的时间了，有些记忆已经变得模糊了，但是总有一些回忆，或者说一些学到的知识，却像烙印一样刻在自己的脑海里。

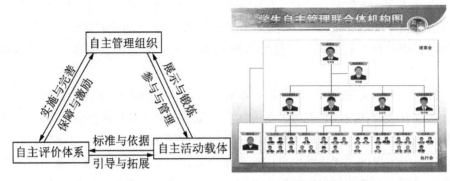

学生自主管理组织结构图　　　　学生自主管理联合体机构图

我们作为曾经附中学生会的一员，是极其幸运的，幸运在于我们见证了学生会转型的一个重要的时刻，并且参与其中。当全国的中学都还在沿用着部门制度的时候，学校能够着眼于发展，引领这样一场变革，其本身就是一种超越。

那一年，我们的学生会、团委、社团联合会、学生代表大会统一整合成为第一届学生自觉教育自主管理联合体。整个系统由理事长到副理事长，再到协理理事长及下属的九个司组成，系统的层次性更加明晰，每个人所负责的行政范围进一步缩小，这有助于整个组织的高效运行。每个司都有自己本身的常务工作，精确的常务分工又会减少人力等资源的浪费。然而，在大型活动的筹备及进行阶段，所有自主管理联合体的成员又都会参与其中，避免了以往部门之间因严格的界限所导致的人手不足、无法进行有效合理安排的限制。这种安排有助于提高士气，减少不必要的资源浪费，以较少的投入换来更好的效果。

因为我在香港读大学，所以对香港大学生的社团文化有比较深入的了解。参与其中，我发现附中现在所采用的模式或多或少地同香港学生组织的管理系统有相似之处。在香港的学校里面，一个行政团体被称作一个"莊"（即"庄"的繁体字），一个庄相当于一个行政委员会，主要负责该团体的事务。多数的庄实行内阁制，通常由主席、外务副主席、内务副主席、财政秘书、福利秘书、总务秘书、康乐秘书、宣传及出版秘书等一系列秘书构成。而一个学校的学生会则采用三权分立的制度，立法权交由仲议会，司法权交由评议会，行政权交由干事会，而每个会都相当于一个行政团体，有他们自己的庄及庄员，以保证整个学生组织的有效运行。

这种模式代表了一种高度的学生自治与责任对应。我认为，这也是我们附中自联体可以借鉴与参考的一种辅助发展的模式，拨开其外表的装饰，内在的价值在于学生对自己的一种掌握，一种对自己负责的态度，一种对他人的服务意识，一种对公平民主的争取。

说到在附中得到的经验与知识，它们都算是我的一种优势与动力。走出高中的校园，进入大学这个大熔炉，我突然间发现，有些东西再也追不回来，唯有勇往直前。有人说大学就是一个社会的缩影，我认为这种说法在某种程度上是正确的。大家从五湖四海汇聚过来，有着不同的身世、不同的背景、不同的经历，也许还讲着不同的语言，有着不同的信仰，具备不同的技能，怀揣着不同的梦想，憧憬着不同的未来，行走着不一样的道路。我们可能面对的，也不再是那些波澜不惊的日子了。我们要自己独立生活，独立地处理一切与自己的学习、生活有关的事情，不再会有爸爸妈妈给予我们帮助，不再会有车接车送，不再会有他们的亲力亲为，他们所能给予我们的，也许只有一声鼓励。一切的一切都需要我们有多种的能力，包括人际交往能力、抗压能力和辩证思维能力等，而这些能力都不是天生就有的。如果能够先于他人获得这些进入社会所需要的能力，那么，我们就已经赢在了起跑线上。

以上所说的这些能力，很多都可以在我们高中的各种活动参与中得到培养。其中有四点我认为是更重要的。

第一，自信。

一个好的形象建立在发自内心的自信基础上，而这些自信的来源很多来自娴熟的经验或者说来自一次次的成功甚至是一次次的失败。没有这样的过程，自信只能算是脆弱的自我肯定；而只有经历了这些，我们才能真正拥有自信的气质。

第二，责任感。

一个学生团体，核心参与的人数可能不在多数，那么以少数的服务者去服务广大的学生群体，责任感是必不可少的。同学和老师选择了我们，就代表他们对我们多了一份期许，多了一份信任，而我们以一种负责任的态度去工作才是对他们最大的回报。一个有责任感的人和一个没有责任感的人在第三者看来是很容易辨别的。举个大学的例子，在大学里，我们会有很多以小组形式进行的作业，在大家刚刚进入大学且彼此不了解的时候，组队是很随机的一个过程。但是在经历了一个学期的磨合之后，哪些队友"靠谱"，哪些队友"不靠谱"，大家会有一个公允的评价，如果我们不想成为那些谁都看不起的人，那只有一点，努力让自己去践行每一个诺言，去主动的履行自己的义务。

第三，人际交往及沟通能力。

在学生会的锻炼中，最显而易见的提高莫过于人际交往能力与沟通能力了，因为组织各种活动的过程也是一场交往的过程。无论是与团队内部的沟通，还是与广大受众的沟通；无论是与上司沟通，还是与下属沟通，我们都要展现不同的沟通技巧与交往方式。因为双方往往有着不同的立场，不同的关注点，能否有效地解决问题，就看我们对这种关注点的掌握。同时，这种不断的沟通与交往可以在很大程度上提高一个人的口才。大到面对几百人、几千人的演讲，小到一次小小的讲解过程，都是彰显一个人口才的时刻。而这种口才，具体来说是一种阐释问题的交际技巧，这是一个人进入社会，从事各种工作所必须掌握的。任何工作，都有可能需要我们传递某种信息，而传递信息的效率与准确度往往决定了我们工作的成效。

第四，抗压能力。

在高中，我们面临着很强烈的学习压力，这是每一个同学都知道的。要在这种高强度的学习压力下利用有效时间来处理学生会的相关事务，会导致一种更大的精神压力。其他同学休息的时候，我们可能要开会，其他同学学习的时候，我们可能要处理学生会的事务；其他同学放松的时候，我们可能在组织活动。有的时候，短短的十分钟课间，我们可能既要发一个通知，又要找另外一个同学商量活动细节，还要去交某些文件。就是在这种高强度与多任务的处理模式下，我们才锻炼出了一种足以应付任何挑战的能力。当进入大学的那一刻，大家就会明白这是一种多么宝贵的经验，因为在大学，我们不仅要面对学业，还要面对各种各样的校内事务或者社会事务，一种在压力下的时间管理能力与多任务处理能力是必不可少的。

附中的自觉教育，真心实意地说，的确在全国高中教育中走到了前列，它是一种真正从对学生一生负责的角度所提倡的素质教育。高中，作为一个人最青春的年龄阶段，不应该在死气沉沉的氛围中荒废，而是应该在一种充满时代感的培养中，为日后的脱颖而出做最深厚的积累，我相信这也是所有附中人的期待。

最后，祝附中的自联体与学生活动更加多彩，祝所有的附中人永远有着为自己梦想付出的执着。

经过多年的摸索和改革，经过学生们的历练和发展，东北师大附中学生干部队伍精英辈出：原校学生会副主席胡慕实同学以优异的成绩成为2007年吉林省文科高考状元，原学生会主席高传炬同学在高中就读期间以优异表现获全国正泰品学奖特等奖，原团委副书记王璐同学获得"全国优秀青少年"称号。2009年以来的北京大学、清华大学及各知名大学的校长直推名额中，校学生干部一直占据较大比率。80%以上的校学生干部获省优秀学生干部、省三好学生、省优秀团干部、省优秀学生等荣誉称号。在校期间加入党组织的总人数中，有60%的学生为校学生干部。这些优秀的附中学子，在进入各大知名高校之后，其发展优势更加得以彰显，有的人凭着综合素质优势任清华大学学生会主席、北京大学学生会副主席等职，成为附中的骄傲，也成为附中在各大高校的"名片"。

③自主实践系列课程包括研究性学习、社会实践（学军、学农、学工，三省三校学生领袖夏令营）、社区服务、校内实践（学生实验超市、艺术节、体育节、科技节、文化节）。特别是在音乐、美术、体育、技术四个学科的国家必修与选修模块教学中，学校增强了学生选择的自主性，重视学生的自主实践能力的整体培养，学生独立学习和研究的能力、主动参与和探究的能力，以及公民意识和坚强的意志等道德品质都得到了有效提高。

a. 校内实践

由"东北师大附中科技节""东北师大附中体育节""东北师大附中艺术节""东北师大附中文化节""东北师大附中社团活动周""东北师大附中读书周""三省三校学生领袖夏令营"为内容的"四节两周一营"活动，是学校主体性德育的主要活动类课程，也是附中学生主体性与自我管理能力培养的成功典范。这七项活动均属校级大型学生活动，活动采取学生自主策划、自行组织、自主评价的活动模式进行开展，学校则以物质保障、教师协助、专项指导等方式予以支持。无领导讲话、无教师号令、学生唱主角的大型学生活动成为东北师大附中的一大特色，这充分体现了学校对学生的信任与利用一切可能机会为学生提供锻炼与展示的机会的良苦用心。

●体育节的主要目的在于培养中学生的"自我体育能力"。体育节的内涵极其丰富，学校体育节的主要活动为一年一度的东北师大附中运动会。从项目的设置，开幕式、闭幕式的安排，大会主席团、裁判员、组织工作人员等工作均由学生自联体完成，全部过程都由学生组织策划。

●截至 2014 年，我们已经举办了八届科技节。结合当今时代发展的需求和学生发展的需要，自 2013 年开始，科技节由两年一届变为一年一届。科技节已经成为附中学生课余的饕餮盛宴，是我们全校师生共同感兴趣的活动。学校以"科技"为主题为全校学生开设活动平台，充分体现了知识性、趣味性、参与性的原则。每届科技节都不断创新科技活动项目，其中有学习成果的展示、发明创造的评比、科技思维的竞技等。学生自主管理联合体在科技节中全权承担了各类比赛活动的策划与组织，如纸模型承重大赛、DI 头脑创新大赛、科技节知识竞赛、科技发明展示、板报评比活动、电子控制作品展、学生原创"微电影"展、学生"菁英讲坛"、技术与设计桥梁模型展、科学家专题报告等。

●学校艺术节为广大学生搭建了一个尽情展示自我的舞台。已经成功开展了多届的"才俊杯"校园艺术家系列活动内容极其丰富，包括金话筒主持人大赛、歌唱、舞蹈、声乐、书画、达人秀、文艺汇演等。整个活动面向全休，重在普及，在普及的基础上又重在提高，从而真正展现了全校师生放飞个性、展示风采的精神面貌和文艺素养。同学们勇于且乐于参加能够展现自我魅力的活动，因为在活动中，同学们可以自由地发挥想象，展现自身最具魅力的特长，或者对自己的非强项发起挑战，以完成某种程度上的蜕变。

●从 2013 年开始，学校创办"校园文化节"。东北师大附中"校园文化节"以人文学科特点为基点，在"志存高远、文须博深"的活动主题指导下，设计了"书香校园""文化之旅""同台切磋""感受经典""聆听大师"五大系列活动。附中通过自主参与的形式，把课堂学习与课外实践活动有机结合，设计并开展了多种喜闻乐见、宽松适宜、趣味横生的活动。这些活动给学生创设了自我展示的机会，实现了思想松绑，使学生们感受并实践自己课堂以外更多的文化内容，从而获得独具特色的文化洗礼。通过这种方式，学校把"为学生一生奠基"的理念，落实在了教育教学实践中。

●读书周活动着眼于提高学校教育质量和促进学生全面发展，以形成"人人好读书，人人读好书"的终身学习目标为方向，开展了一系列丰富多彩、灵活多样的读书学习活动，收到了较好的效果。

读书周活动丰富多彩。捐赠图书、建立班级"书虫营养吧"举行班内的好书交换活动，使学生们形成了好书先读为快的愉悦的读书氛围；召开主题班会、交流读书经验、诵读古诗词、推荐好书，让学生们在和谐的同伴关系中领略阅读的乐趣；"书香家庭"的创建与"读书小博士"的评比等，让读书之风吹进家庭，实现了家长与孩子共读共长，共育优生；以"好书伴我成长"为主题的名言诵读活动，使每位学生意识到了"乐读好书，净化心灵，启迪人生"的意义。通过读书，学生学会反省自我、提升自我，并逐渐成为一个自觉提升修养的人。

●社团活动周，主要是开展社团展示和纳新活动。学校的一级社团是纳新的主力军；学校的二级社团和学生自己组织的小社团也都在这一时间招兵买马，能否招到有实力的新生加入，对社团活动的成败至关重要。与此同时，学校的指导教师也会参与到学生社团的招聘选拔中，给学生以专业化的指导。

李恒旭同学谈到社团工作的感受时写道：

你也许不曾知道，在你与好友畅谈或共进午餐的时候，社务的我们正在开会商议社务这一阶段的计划；你也许不曾知道，在你深埋题海，抱怨课业繁重的时候，社务的我们正在整理社团档案，记录分数；你也许不曾知道，在附中每一个社团能井然有序地开展活动的背后，都有我们社务人的汗水与智慧。是的，社务司，就是这样一个让社团在附中闻名，自己却不会被记住的部门。即使如此，我们仍然无怨无悔。

每天晚上写完作业，我都会上网查收一次高一新社团的章程。字里行间都透露着高一学弟学妹们对社团的热爱，看得出他们的字斟句酌，想得出他们在电脑桌前的蹙眉凝思。每次鼓励他们的时候，他们都会很感激地回复我一些内容。霎时，我觉得自己也被鼓励了。

社务就是这样，有辛酸和不平，有时候因为忙着登记社团评分而忘记写导学案，导致上课被罚站；但也有幸福与充实，心灰意冷的时候总有战友和司员们给予我鼓励。我爱社务，仅此而已。

● "一营"是指东北三省三校师生夏令营,这项活动缘起于1978年。1978年,东北师范大学附属中学、辽宁省实验中学、哈尔滨师范大学附属中学三校会盟于普教工作协会会场,畅想交流、合作、共享的方式,创建了跨省的校际合作夏令营。活动开展以来,三校联合,每年轮流作东道主,从未间断,将不言之地理读成历史,把粗粝品成佳肴,于细小生成大美。

夏令营是起点,这里只有开营,没有闭幕。从德育互补到校级的全面合作交流,从学校领导之间的定期互访到青年教师的汇报课,从东北三省名校协作体到三省三校高考模拟考试,点滴之开始,不断升华主题内涵,成就了国内校际交流的典范。

b. 校外实践

高一年级入学起始阶段的学军活动、高一下学期和高二上学期的学农活动、高一至高三年级的自主社会实践活动都已经实现了课程化、制度化和基地化。

课程化:按照国家活动课程指导意见开设,由学生处、团委、研究室编制课程规划,负责过程评价与学分管理。

制度化:实践活动有明确的内容与日程安排,并开展评优奖励。活动结束后,通过实践记录表和学分记录学生的社会实践情况。

基地化:1979年,确定高炮旅为我校学生军训基地,至2014年已经整整坚持了34年。1984年,确定双阳区劝农山乡为学生农村社会实践基地。2009年,学校在吉林省新农村示范村——农安县合隆镇陈家店村建立现代农业实践基地,并开展"青春田园"系列农村实践活动。中国第一汽车集团有限公司、长客集团、中国科学院长春应用化学研究所、光机所等都成为学生科技实践基地。

●学军活动:除基本军事训练内容外,学校还开设了国防教育课程、新生入学教育课程和安全教育课程。新生入学教育主要是引导学生利用训练的空闲时间,学习《新生校园成长导航》,对校风校史、校规校纪、课程设置、校本选修、奖优扶贫等进行了解;安全教育主要包括发生地震、火灾时如何应急避险逃生、触电时如何脱险,以及一些基本的包扎与救生技能等。

●农村社会实践活动(又称"学农活动")。第一阶段:2000年以前,实践为期五天,学生与教师到农村,和农民吃住在一起,参与农业生产活动;第二阶段:2000—2009年,由于学生总数增加过多,基地容纳能力有限,改为分两批前往,当日返回,并增加对农村、农业家庭的社会调查,通过主题班会及展板形式拓展学农教育成果；第三阶段：从 2010 年新农村社会实践基地建立以来，学校又与吉林省农业科学研究院建立联系，增加农业科学方面的内容。

●自主社会实践活动。学校组织学生通过参观访问、社会调查、社会实践等活动，了解社会、认识社会、服务社会。2009 年以来，学校组织了大型社会实践及调查活动三十余次，其中包括到敬老院、图书馆进行的服务与调查，也包括到中国第一汽车集团有限公司等本地大型企业的社会实践。

（3）隐形课程模组

隐形课程模组包括环境文化、制度文化、仪式文化、行为文化、团队文化等课程，主要通过环境的渗透作用培养学生高尚的人格和良好的品德。

学校的典礼文化是校园文化的一个重要组成部分，开学式、毕业典礼、高三毕业生离校仪式、优秀毕业生表彰大会、升旗仪式、成人礼活动等学校的大型典礼，彰显了学校的文化传承。

与学生在高三年级毕业离校仪式上的合影留念

学生自主建立了校园公约、班级公约、值周班制度、"直面校长日"制度、学生代表大会制度、班级干部轮换制等一系列约束和激励制度，且可以通过学代会和团代会、年级学生分会、班会进行民主协商、共同讨论、集体修改。修改后的制度都要公示，若无异议，则成为大家共同遵守的制度约定，也是学生的行为准则。

东北师大附中学生校园公约

为了加强学校的管理，维护学校正常的教学、学习和生活秩序，保障学生的正当权益，根据《中学生守则》和《中学生日常行为规范》，结合各班制定的班级公约，特制定本条例。本条例适合在校在读学生。

[公约总则]

一、热爱祖国，拥护党的领导，以民族伟大复兴与实现伟大"中国梦"为己任。

二、做遵纪守法公民，接受与传递社会正能量，有真诚善言，懂得协作，乐于助人。

三、努力学习，诚信自信，健康心理，强健体魄，尊敬师长，团结同学，传承师大附中文化，培养国际视野与独立人格。

四、秉承东北师大附中校训：志存高远，学求博深。

五、自觉培养高尚审美情趣，自觉加强审美观教育，仪容仪表大方得体，符合当代中学生形象。

六、拒绝脏话，排斥不雅言行，爱护公共设施，自觉维护社会公约公俗，敢于高尚自我，乐于高雅人格。

七、学会关爱，学会宽容，善于与人沟通交流，理性解决矛盾冲突；

八、遵守社会秩序，维护校园安全，提高自我保护意识，"君子不立于危墙之下"。

九、珍惜学习时间，把握学习机会，理想远大，意志坚定，不自我放逐，不虚耗光阴。

[公约细则]

基本着装仪表公约：

第一条：不染发、烫发，不留特殊造型；男女生一律检常规发型。

第二条：不化妆、不戴眉，面眼结。不穿奇装异服，不穿高跟鞋。

第三条：不戴耳环或耳钉，不配戴项链、戒指、手链等饰物。

[违反公约教育措施]：即时由家长带回整改，整改后学生处认定合公约要求方可恢复上课。同时为所在班级扣一分。

基本行为礼仪公约：

第四条：不说雅话，坚持文明用语。

第五条：爱护学校公共设施（包括不乱涂乱画）。

第六条：不在教学楼内吃零食，不乱丢垃圾。不在教学楼内玩球或做其他不宜运动。

第七条：不迟到早退或逃课。

第八条：男女生正常交往，杜绝交往过密行为。

[违反公约教育措施]：校内通报批评。同时为所在班级扣一分。

校园安全保障公约：

第九条：不乘坐电梯。

第十条：不在教学楼内追逐打闹。

第十一条：不得撬自攻。

第十二条：不得私自进入学校特殊空间。

第十三条：远离消防设施玻璃门窗，避免破碎割伤。

第十四条：不携带贵重物品上学。

[违反公约教育措施]：校内通报批评，同时为所在班级扣2分。

杜绝行为公约：

第十五条：吸烟、饮酒。

第十六条：故意破坏学校公共设施。

第十七条：打架斗殴。

东北师大附中学生校园公约

东北师大附中的空间有限，但学生的创意无限。走廊横梁上挂的是学生制作的各类灯饰，墙壁上贴的是学生的书画和科技作品，公共空间的墙上还装了镜子以方便学生中午练习街舞。我们始终坚持学校不仅是学生学习的场所，也是学生生活的空间。学校在设计和使用校园空间时理应融入学生的生活状态，并将学习渗透于生活。

隐形课程模组，体现了学校自觉教育的文化自觉，也体现了学校对学生主体生命的充分尊重和包容。我们相信只有民主、开放、包容和创新的学校文化，才能真正实现学生的自觉发展。

（4）学生评价多元化和指导科学化，为学生插上腾飞的翅膀

让德育评价成为调整德育目标、改进德育方法、优化德育过程、提高德育效率的基本保证。遵循"以发展性为主，诊断性为辅"的原则，追求在一种生动自然的

生活情境中捕捉真实的德行信息，进行教育性的评价。

完善基于多元智能理论构建的多元评价体系与综合素质评价体系，丰富"品""学""能"形象代言人评选。

学生自主发展评价体系

评价类别（主要项目）	评价特点	自主教育目标
《学生综合素质评价体系》	细化类别层级 适用对象广泛	激发潜能 全面发展
《素质教育"531"工程》	强调自我策划 凸显个性优长	自我认知 自我激励
《"品""学""能"形象代言人评选》	正确价值引领 突出榜样作用	彰显自我 重视协作

东北师大附中以科学规范、公正有序、重在激励、强调自主为原则，开展了"东北师大附中学生综合素质531工程"评价活动。

所谓"1"，即指五个"1"活动内容。包括：参加1次社团活动（对外展示类），撰写1份活动方案并组织一项参与人数在3人以上的社会活动，担任1次社会义工，发表1篇文章或主编1本校（班）刊和拥有1项科学创新实践成果。

所谓"3"，即指完成其中任何3项方有资格获得附中毕业证书。

所谓"5"即指完成全部5项方有资格获得《东北师大附中优秀毕业生证书》。

"531工程"强调自主实践活动的针对性，同时给予学生充分的自主选择权，避免了刻板单一的教育方式，在明确教育目标的同时又体现了形式的灵活性。

5."三结合教育"形成立体德育网络

（1）提升教育工作能力，增强民主法治观念和心理健康教育意识，交流成功的教育案例，解决班级工作中的困惑。

开展优秀班主任的先进经验交流会，组织班主任外出游学、培训。定期组织班主任岗位练功大赛，以现场问答、应急问题处理、教育理论考核等方式考核班主任的工作能力。

截至 2014 年，班主任队伍中，在附中工作 8 年以上、具有中学高级教师职称的班主任接近班主任总数的 50%。此外，每个班级都配备副班主任或见习班主任，实行科任教师全员育人导师制，每个学科的教师负责班级中固定学生的成长导航。

（2）学校教育、家庭教育、社会教育是一个整体，学校以"三结合"方式实现一致性教育。

学校搭建家校联谊桥，实现了家长和学校的双向沟通，大大加强了学校和家庭之间的联系。家长走进了学校，学校走向了家长，受到家长好评。

学校注重家长学校的建设。办好家长学校，提高家庭教育水平，完善家长委员会制度是学校努力的方向。学校通过家长会、告家长书等形式对家庭教育的内容、方式、方法进行指导，同时特别重视单亲家庭、离异家庭、贫困家庭等特殊家庭家教工作的指导和该类家庭学生的教育和管理。

学校还开设"家长课堂"，由学校领导、优秀班主任、家长代表、教育学和心理学专家等以面授形式做专题讲座。每次活动前，学校会向家长通报活动主题、主讲人、时间和地点，家长凭家长学校活动入场券入场。同时，学校还以校园网、家校通、座谈交流等形式，向家长推荐家庭教育方面的书籍和音像资料等。

（二）基于"自觉教育"的学生发展指导系统

在主体性德育实践的基础上，结合学校的"四自"培养目标，2013 年，我们提出了"学生发展指导系统"的实践路径。这个路径与主体性德育课程化并不矛盾，是在课程化实践的基础上，考虑到学生发展的主体性、能动性和创造性特点，从学生成长的角度，将课程镶嵌进学生发展的全过程，使我们从课程的视域转化成学生发展的视域，更加体现了学生个体与学生群体的全面而有个性的发展样貌。

"学生发展指导系统"，从广义上说，是东北师大附中长期教育实践的总结与提炼，是一个正在形成的过程体系，也是一个不断完善、不断深化、不断升华的提炼过程；从狭义上说，它是基于东北师大附中提出并倡导的自觉教育理念，践行学校"为学生一生奠基，对民族未来负责"的办学宗旨，以"追寻生命意义，做自觉、自主、自为的附中人"为教育目标的德育为先、整合学校教育活动资源，在主体性德育基础上，聚焦学生个体成长的校本教育体系。

　　基于以上认识，我们将东北师大附中"学生发展指导系统"的核心理念确立为"追寻生命意义，做自觉、自主、自为的附中人"。我们可以从两个方面对这个核心理念进行理解。第一，"追寻生命意义"是附中"学生发展指导系统"所要实现的终极目标。也就是说，附中的学生发展指导教育是要使学生具备感悟生命的能力，因为对于生命意义的追寻能力的缺失正是现代教育的最大失败所在。诚如，正是缺乏了对学习意义的理解，学生才陷入了苦学的境地。因此，将附中学生培养成能够体悟生命的拥有人文情怀的人是附中学生发展指导系统的核心所在。第二，"做自觉、自主、自为的附中人"，是学生能够追寻生命意义的基础和前提，也是"学生发展指导系统"的直接目标。"自觉教育"体现了对学生体悟能力的培养，人有才情高低之分，但是"自觉"的能力却是人人皆可获得的，这也是对意义追寻的根本途径，因此对学生感悟性的培养是附中"学生发展指导系统"的关键所在；"自主"体现了对学生主体性的培养，尊重学生的主体地位、充分调动学生的主体积极性是学生主动追寻生命意义的保障；"自为"体现了对学生创新性的培养，生命的意义并不是先天固有的，而是在学生发展的过程中逐渐生成的，因此勇于创新、不断开拓是学生让自身生命的意义更加丰富多彩的保证。

　　综上，东北师大附中学生发展指导系统是以"追寻生命意义，做自觉、自主、自为的附中人"为核心理念，以"促进附中学生素质全面健康发展，培养学生积极向上和自觉、自主、自为的发展品质，促进学生潜质的充分发挥，促使学生获得步入下一阶段学习、生活、工作的能力，成为适合社会发展需要的人才"为主要目标，以"维护学生健康的心理素质；培养学生健康生活、生涯规划的意识和能力；促进学生学习动机，改善学习方法，提高学习能力；培养学生形成正确的人生观、世界观、价值观，树立远大的理想；预防学生在理想、心理、学业、生活和生涯等方面出现的问题和困扰；培养学生在遇到相关问题和困扰时的求助意识，减少其对学生发展的不利影响"为主要任务的系统。

1. 学生发展指导系统"五维""三级""四途"的内涵

（1）学生发展系统的模型

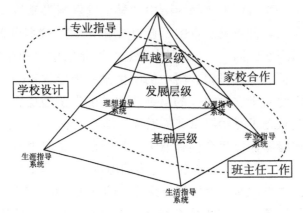

东北师大附中学生发展指导系统

（2）**基本内涵**

①五维：主要指学生发展的横向维度和覆盖面，包括理想指导系统、心理指导系统、学业指导系统、生活指导系统和生涯指导系统。五个维度的系统与主体性德育课程相衔接，更能反映学生学校生活的全貌。理想指导系统贯穿所有课程，身心模组重点体现在心理指导系统；学科课程体现在学业指导系统中；交往与实践和隐形课程主要体现在生活指导系统和生涯指导系统中，这样更能凸显大德育观在学校教育中的先导作用。

②三级：主要指学生发展的纵向维度，即发展的层级化。学校根据学生的年龄和身心发展规律，把学生发展分为基础层级、发展层级、卓越层级。

高一为基础层级，侧重学生入学适应、同伴关系、师生关系、心理发展等方面的指导；高二为发展层级，侧重学生学科学习方法、生涯探索、理想规划等方面的指导；高三为卓越层级，侧重学生的抗压能力培养和升学与就业指导。

③四途：指五个指导系统在三个年级的具体实施途径，主要包括学校设计、专业指导、班主任工作、家校合作。学校设计主要指发挥学校在德育工作中的引领作用，整合各类资源，服务学生发展；专业指导是指聘请校内外有经验的专家和教师，为学校各学科教师、班主任和教辅人员进行专业辅导，同时根据学生身心发展规律，

给出学校德育工作的专业建议；班主任工作和家校合作是德育工作的核心，学校一直大力支持。

2. 东北师大附中"学生发展指导系统"操作路径

●理想指导系统

（1）构建以课程体系为依托的中学生理想信念教育模式

①构建以必修课程和选修课程为依托的学生理想教育显性课程体系

a. 必修课程部分。在学校的常规课程开设中，针对学生的理想教育开设必修课程，引领学生行为规范的养成，帮助学生树立不同成长阶段的奋斗目标。

b. 选修课程部分。针对学生理想教育培养、职业生涯规划指导的校本课程正处在起步阶段，后期会进一步深入推进。通过设置管理学、心理学、人生规划等模块，扩展课程的范畴，对学生健康给予积极的引导，为学生职业理想的树立做好必要的铺垫。

c. 专题报告。学校定期邀请国内外著名专家学者、企业负责人做专题报告，拓宽学生的视野，帮助学生明确理想。

d. 学生自主论坛。学校定期召开类似于中学生沙龙的学生论坛，让学生在与朋伴的讨论中，开阔思路，拓展能力。

②构建以社会实践为依托的隐性课程体系

a. 榜样激励法。中学生大多具有独立的判断能力，社会精英的模范行为和优秀人才的成长事迹，不仅能增强他们积极向上的动力，而且能成为他们行动的指南。

b. 自我教育法。这是体现理想教育的主体性原则的有效方法。学生自己组织学习小组，通过小组活动，对日常行为规范进行自我监督、自我管理和自我教育。

c. 主题活动法。围绕一个主题，学生自己设计、筹备、组织、开展教育活动，如"主题班会""社团文化节""阳光体育运动"等。这样的方法特别能激励学生创造性充分发挥，使他们在自我教育中得到思想的升华。

d. 实践锻炼法组织学生参加校外各界各类社会实践和志愿服务活动，带领学生参观科研院所、高等院校、工厂车间、政府机构等，使学生了解自己感兴趣的职业。

e. 环境感染法在学校环境中，通过"文化长廊""真人图书馆"等的布置和文化氛围的营建，注意突出先进人物对学生追求理想的榜样示范作用。

（2）搭建以校园文化活动为载体的中学生理想信念教育平台

①促进学生形成正确的世界观、人生观、价值观

a. 以开学初军训为载体，利用入学教育，向学生明确高中在人生中的位置和高中教育的主要目的。

b. 通过介绍历史人物事迹，尤其是考虑到高中阶段对整个人生成就的影响，让学生真切地感受到高中阶段的重要性。

c. 通过主题班会形式，引导和培养学生形成正确的人生观、世界观和价值观。

d. 充分利用学生领袖工程，以学生自主管理联合体等学生干部组织，发挥学生干部的引领示范作用。

e. 通过开展体育节、艺术节等活动，锻炼学生技能，培养学生综合素质，提高学生社会生存能力。

f. 通过开展科技节、文化节、读书周等活动培养学生的科学素养，提升文化底蕴。

②提升学生的公民素养，培养学生的社会责任心

a. 通过组织社会公益类实践活动，（如走进养老院、孤儿学校等），提升学生的公民素养，培养学生的社会责任心。

b. 通过参观企事业单位等社会实践基地，了解社会、服务社会，培养就业意识，增强社会责任感。

c. 通过家长委员会、家长学校等家校合作形式，寻求家校合力，有效培养学生。

d. 通过建立学生志愿者协会，开展社会服务活动，让学生了解社会、服务社会。

e. 以团员代表大会等组织为依托，增强学生的民主参与意识，提升学生的公民素养，培养学生的社会责任心。

f. 组织"五四运动""国庆""一二·九运动"等纪念日主题教育活动，让学生以史为鉴，培养学生的民族意识，提升社会责任感。

g. 充分利用三省三校夏令营、国际国内游学活动等，开阔学生视野，培养学生的团队合作精神，增强学生认识社会、服务社会的意识。

③引导学生树立远大理想，将个人理想与社会需求、国家发展相结合

a. 通过开设《阅读天下》新闻晨读课程，帮助学生了解国内外时事，培养学生的国际视野，引导学生树立远大理想，将个人理想与社会需求、国家发展、世界形

势相结合。

b. 通过社会公众人物的典型示范和讲座论坛等，以榜样激励机制教会学生如何树立远大理想。

c. 通过各级各类学生社团组织的建立和发展，以聘任指导教师进行科学的指导和培训的方式，引导学生树立远大理想。

●心理指导系统

东北师大附中学生心理指导系统以积极心理学理论为基础，从课程化和非课程化两方面构建了四位一体的心理健康教育模式。

(1) 充分发挥心理课程的心理健康教育主渠道的作用。按照三个年级的教学内容组织原则，结合高一、高二、高三学生的不同心理特点，将心理学课堂的教学内容做出如下规划：

首先，为了解决高一学生面临的环境适应、自我定位和人际关系三个方面的问题，心理教研室计划在高一开设新生适应，新生心理测评，自我意识探索（气质、性格、学习风格、认知风格），学法指导（科学用脑、有效记忆、专注力、积极暗示），人际关系分析（人际交往效应、合作与竞争、人际吸引力　有效沟通）等基础课程，共16课时。

其次，为了解决高二学生学习成绩分化、缺乏理想规划等问题，心理教研室计划在高二开设学习目标、需要与动机、责任感、计划与执行、爱情、人生规划与幸福、情绪管理等发展型课程，共16课时。

最后，为了提高高三学生的感悟能力和人生规划能力，心理教研室计划在高三开设以职业兴趣测评、职业生涯规划、学习的意义、品格塑造、家庭规划等主题为内容的卓越型课程，共8课时。

(2) 充分发挥心理知识宣传的辅助作用。以"5·25心理健康日"为契机，开展丰富多彩的心理健康教育宣传活动，例如心理情景剧展演、心理沙龙、创办心理报和创建心理咨询网站等。

(3) 提高学生心理咨询辅导的针对性。为解决学生心理问题的个体咨询，心理教研室开展了网上心理辅导、电话心理辅导、学生来信心理辅导、心理咨询室辅导等多种渠道的心理辅导，保证学生有畅通的绿色心理通道；在团体咨询中，根据学生心理特点及出现的问题，心理教研室多次组织团体咨询与团体心理训练活动，及时解决学生面临的具有共性的心理问题。

（4）充分发挥心理档案对学生发展的规划功能。心理教研室计划为每位附中学生建立包括心理健康水平评估、气质和性格分析（高一）；认知风格和学习风格分析、人格（高二）；职业兴趣分析（高三）在内的多层次、立体性的心理测评档案，使每一位学生对自己的心理现状和未来发展都有一个全面的了解和全新的把握。

●学业指导系统

（1）组建"学长帮帮团"，充分发挥学长的榜样作用，让在校的高中各学段学生共享附中毕业学子的学习经验：一方面，利用开学初（或其他关键时段）的班会，组织学生进班进行面对面沟通；另一方面，利用网络平台或智能手机应用软件，实现沟通。另外，学校还会搭建其他平台，促进高学段学长对低学段学生的榜样引领作用。

（2）年级或学校组织的大型考试前的考前动员教育，及考后面向全年级学生的考试质量分析和分层次质量分析，也有利于学生学业发展。

（3）利用学校网上平台，发挥学校资源优势，鼓励教师录制视频课程、命制专题练习，在寒暑假分享给学生，并采用网上授课、网上答疑等方式，指导学生学习。

（4）全面推行"全员育人导师制"和"跟进式导师制"。

（5）组织分层次的常规教学，为学生量身打造适合自己的课程（体系）。

（6）仪式教育：充分利用高中三年的开学典礼（或开学式）、成人仪式、高三高考"百日誓师"大会、毕业典礼等活动，激发学生学习动机、提高学生应对压力的能力。

（7）东北师大附中学子游学活动。在高一、高二阶段的寒暑假，组织学生到国内外的知名大学访学，并进行游学成果的展示和汇报，激发学业发展动力。

（8）开展丰富的学科竞赛活动，满足学生学业发展的个性化需求。

（9）以多元智能理论为基础，深入发掘课程资源，开设丰富的课程，形成特色的课程体系。如坚持开设"通用技术""活动类校本课""研究性学习"等课程，让学生在"做"中"学"，培养学生"学"与"研"的意识与能力，凸显基础知识和理论的实践应用能力。

（10）开展附中优秀毕业生"情系母校"活动。

●生活指导系统和生涯指导系统

（1）"自然人"教育系列之一："青春田园"农村社会实践活动。发展指导目标：

热爱自然、了解自然、亲近自然、走进自然，培养学生与大自然和谐相处的意识，体验播种的希望与收获的喜悦的劳动之美，进而组织相关主题的美育活动。

（2）"自然人"教育系列之二："EQ 人生"情感道德主题教育活动，该活动通过名家讲座、班团队会、亲子互动等方式开展。发展指导目标：培养学生正确的家庭观、爱情观、亲子观，结合中国传统中"百善孝为先"的概念，强化学生情商方面的教育及培养。

（3）"高尚人"教育系列之一："青春军营"学军社会实践活动。学军社会实践活动要在重视军事训练、培养良好习惯与坚强意志的同时，通过走近战士、了解战争等角度，让学生感受高尚与光荣的内涵，思考生命的价值与意义，指导其未来生活方式与生涯选择。

（4）"高尚人"教育系列之二："触手可及的德育"教育活动，加强《东北师大附中学生校园公约》的宣传教育活动，定期进行班级环境卫生检查和学生仪容仪表检查。坚持走动式管理，发现学生违纪行为及时教育，以利其更好的发展。以学军社会实践活动为起点，高尚人的教育不但要能"高"上去，还要能"低"下来，结合传统文化中"勿以恶小而为之，莫以善小而不为"的先人之训，继续大力推动"触手可及的德育"教育活动。

（5）"未来人"教育系列之一："职业模拟"活动试验。引入并借鉴心理课程中"自我意识探索"基础课程与"职业兴趣分析"，开展"职业模拟"活动试验。

（6）"未来人"教育系列之二："走近精英"教育活动。充分利用社会资源，带领学生走进知名企业、走近各界名人、了解社会与科学发展前沿，了解未来社会发展趋势与人才诉求。

（7）"未来人"教育系列之三："面对过来人"教育活动。强化学校"家长委员会"的效能，成立"家长学校讲师团"，做好家长的培训工作，让家长成为教育学生的最有力的配合者。请家长"以身说法"，通过谈个人的事业发展经历与体验，以"过来人"的姿态、从得与失的双角度给学生以直观体验，以期引发学生对生活与生涯的思考。

（8）"未来人"教育系列之四："榜样在身边"教育活动。积极推进"品学能代言人"评选活动；优化三好学生，优秀学生干部评选办法；建立"学长帮帮团"，以老带新，发挥优秀学长的传、帮、带作用；邀请优秀校友到校座谈，引导学生树立未来人生的目标。学校设立了三个维度的学生榜样及选择办法：同年级优秀学生（通过综合素质评优产生）、优秀毕业生（在近期优秀毕业生中邀请）、优秀校友（视频及事迹介绍、寄语）。

（9）学生发展教育"三段论"。高一侧重"自我觉解、自发发展"。在该阶段，除年段系列化教育措施外，学校强调充分发挥文理分班前的多元智能理论下的自我学能觉解，充分发挥学生在学校社团活动过程中的个性特长自我觉解。在这一阶段，学生的"发展"主要是基于兴趣与浅层的自我了解下的"自发"发展。高二侧重"自我管理、自觉发展"。在该阶段，除年段系列化教育措施外，从"学生自主管理联合体"到"年级学生会"，再到"班委会"，乃至个体学习目标与计划，学校充分发挥学生自主管理的传统，学生在比较、权衡和利弊选择的过程中，逐步实现由自发向自觉发展的过渡。高三侧重"自主选择、明确发展"。基于高三年级的学情特点，这一阶段结合心理课程中的"高三总动员""职业兴趣分析""高考志愿填报指导"等让学生将学习与生活、当前与未来、生涯与生活相结合进行思考，进而不同程度地完成人生阶段性的自主选择，明确适合自己的人生发展方向。

（10）建立学生发展成长档案。科学开展学生理想、心理、学业、生活与生涯方面的测量与评估，将数据呈现与学生成长行为记录相结合。

东北师大附中的主体性德育理论与实践是在附中已有德育实践经验基础上的体系化提升。"自觉教育"理念下的主体性德育，是在理论指导下，对学校德育的全内容进行了顶层的课程化设计，在学校课程总框架下，突出了主体性德育有效实施的课程路径，特别是对"自觉教育"内涵的"四自"目标达成，效果显著。学生发展指导系统的建立，更希望从学生发展主体出发，从学生身心发展涉及的主要维度更清晰地刻画学生的成长。但因为我已于2014年离开东北师大附中，这个模型的具体实践没有完全展开，期待有机会在新的高中管理实践中进一步丰富和完善。

五、东北师大附中基于"自觉教育"的文化实践

文化自觉是由费孝通先生最早提出并进行系统论证的。费孝通先生认为文化自觉是指"生活在既定文化环境中的人对其文化的'自知之明'，也即对文化的来历、

形成过程、所具有的特色和发展趋势的了解，以加强对文化转型的自主能力，取得决定适应新环境、新时代文化选择的自主地位"。由此可见，文化自觉，贵在自知之明，贵在责己，贵在自我更新。它要求我们向内省察，反求诸己，发现和培育自己的内在优势，从向他方求经学习转向激发自身的活力和创造力。因此，我们既要对学校的历史与文化有自觉的认识，还要自觉地把握学校的发展脉络，顺应时代发展潮流，自主选择学校的发展战略，使学校文化体现社会发展的主流价值并成为生活在其中的师生共同遵循的行为方式和价值选择。

（一）文化管理的学校理解

当学校发展进入一个新时期，我们常常会追问这样一些问题：我们是一所什么样的学校？我们希望把学校建成一所什么样的学校？我们希望培养什么样的学生？我们想成为什么样的教师和管理者？政府、社会、家长、学生的需求与期望是什么？我们通过什么途径与策略实现我们的目标？外界环境和内部条件给予什么样的支持与限制？也许要回答这些问题有一定的难度，也许老师们会认为那是校长要考虑的问题，而我所期望的是每一位身处其中的教职员工都能从问题的本质出发，运用哲学的思维考虑我们正在做和将要做的工作。这其中首先要考虑的就是我们的教育理念是什么，学校的培养目标是什么。

1. 学校的教育理念

教育理念是我们对教育规律的本质思考，也是对教育价值的根本追求。1993年，受《教育评论》委托，张文质先生采访了著名哲学家黄克剑先生。黄克剑先生在对话中提出了教育的三个价值向度：授受知识、开启智慧、点化或润泽生命。雅斯贝尔斯在《什么是教育》中指出，全部教育的关键在于选择完美的教育内容和尽可能使学生之"思"不误入歧途，而是导向事物本原。教育活动关注的是，人的潜力如何最大限度地调动起来并加以实现，以及人的内部灵性与可能性如何充分生成，换言之，教育是人的灵魂的教育，而非理智知识和认知的堆集。教育不是控制和训练，更重要的是爱与交流。

东北师大附中的办学理念是"为学生一生奠基　为民族未来负责"，附中的校训要求我们"志存高远　学求博深"。我们也在努力培养"理想远大、知行统一、善于创造、全面发展的追求民族进步和社会发展的栋梁之材"。这样的培养目标应当涵盖了素质教育的主要维度。

如何为学生的一生奠基，需要我们思考高中阶段学生的身心发展规律、学科知识规律、社会对学生未来发展的期待。只有系统思考后，我们才能比较清晰地回答"奠什么基"的问题。未来社会对学生发展的需求有很多维度，我们的理解即"让每个学生都得到适合自己的发展"。因为每个个体的差异是绝对的，而彼此的共性是相对的。我们要满足不同学生的发展需求，就必须为学生开发高选择、宽基础、重体验、精现代的课程体系；要使学生得到适合自己的发展，就需要帮助学生认识自我、认识社会、认识世界，把自己放在现在的时代中规划未来，激发本体的发展欲望，创造关爱、和谐、奋发向上的求学环境，使他们在附中的三年中健康成长，奠定人生发展的坚实基础。

这样的理念虽然朴素，但要求很高。我们不仅要教会他们共同的知识，还要根据个性特点和个体的已有基础，帮助他们形成能力，开启智慧，珍重生命，关爱他人。如果每一名教师都能在每一节课和每一次活动中都坚持心中有学生，眼中有交流，口中有欣赏，我们就能实现学校的发展目标。

从学校发展的一般规律来看，学校文化建设就是学校发展建设。华东师范大学陈玉琨教授认为，从学校管理的角度，校长、制度与文化是学校发展的三个关键因素。在学校发展的第一阶段，学校的管理主要依靠校长的观念、人格与能力，一个好校长就是一所好学校；在学校发展的第二阶段，学校管理主要依靠一种完善的管理制度和机制；在学校发展的第三阶段，学校管理主要依靠校园文化与校园精神。

2. 学校的文化管理经验

东北师大附中从 2000 年开始尝试文化管理的理念和实践，积累了较为丰厚的经验，也铸就了附中人自强不息、创新发展的代际传递。每一位新校长的就任，都不是另起炉灶，而是学习历史，承继创新，追寻文化的脉络，研究发展的方向，从而形成自己的校本化办学思想体系。我的"自觉教育"既有附中深厚的历史滋养，也有孙鹤娟校长留下的文化管理理念的宝贵财富。若舍弃这两者，学校发展难以取得新的成就。

孙鹤娟校长提出了人本管理的理念。她坚持以师生为中心，通过尊重、关心、依靠和爱护等方式来调动师生的忠诚心、积极性和主动性，以人的全面发展和个性解放为目的，使学校管理成为教育人、发展人、培养人、改造人的过程。人本管理，就是一种对人的人文关怀，通过营造一种精神乐园，激发大家工作和生活的激情，让东北师大附中教师团队的内驱力、凝聚力得到较大提升。

学校坚持尊重人、激励人、发展人的原则，需求为先，机制配套，发展为本；用文化管理的理念统领学校精神，引导价值追求，培育团队文化；用学校发展目标影响教师的价值选择、生存观念转变、人文境界提升、现代教养培育，使学校目标与个体价值追求理性整合，使教师由自发进入自为状态，实现学校与个人的自觉而全面的发展。

在共同价值观的引领下，学校建立了教学专家咨询委员会，成立了教师代表大会和家长委员会，建立了学校民主管理的机制；建立了教师全员聘任制和中层以上管理干部竞聘制，改革分配制度，实行校内结构工资制，实行公开的教师招聘制度，实施教师职称的越级聘任，为教职员工提供了公平、公正、公开的发展机制；实行教学评价的一对一档案袋反馈，建立教师岗位的流动制，提高了教师职业的认同感和责任心；实行老教师、离退休教职员工慰问制度，教师海外培训工程，为教师送温暖、开视野，提高了教师对学校的归属感和认同感。

历经半百的风雨洗礼，学校逐步将教师的被动发展转化为基于教师事业追求的自主发展，用学校的文化引领教师的发展，将教师与智慧传递给学生，用学校文化濡染教师，使教师能自觉领悟学校的发展目标和培养目标，并内化为教师的自觉行为，创造性地投身于学校的教育教学中，从而促进学生的全面发展。学校已取得长足的发展。学生的质量和水平逐年提高，学校成为省内基础教育的排头兵，成了全国基础教育的一面旗帜。

（二）文化管理的校本实践

2008 年，我成为附中新的校长。学校一校四部，有学生近 2 万人，这样大的管理体量，是对我管理能力的严峻考验。学校如何坚持高平台上的高位发展，不仅需要管理者的勇气，更需要管理者的智慧。附中近 60 年的办学经验和一直坚持自主发展的优秀教师队伍是一份宝贵的财富。

我坚持以学校的文化管理为特色，进一步在"自觉教育"理念的指导下，从物质文化、制度文化、行为文化、精神文化等主要维度强调学校的核心价值，坚守以人为本、以学生发展为本的基本理念，继续秉承"为学生一生奠基，为民族未来负责"的指导思想，坚持"理想远大、知行合一、善于创造、全面发展的追求民族进步和社会发展的栋梁之材"的培养目标，继续坚持弘扬"坚持理想、追求卓越、勇开风气、兼容并包"之学校精神，强化尊重人、激励人、发展人的原则，开展学校的教育教学活动，以教师优先发展，促进学生全面、主动而有个性的发展，从而实现学生、教师、学校三位一体的和谐发展。

1. 学校物质文化的建设

东北师大附中高中部有两个校区，校区占地总面积不足 5 万平方米，且学校的运动场远离教学区。在这样的学校环境中，有 5 千多名学生同时就读，学校的硬件环境与绝大多数优质学校比，差距较大。我们力求在有限的空间内，增加学校建设的文化内涵，让学校的每一处景致都有教育意义，每一处标识都体现学校的特色，将学校建设成学生喜欢的学园。

（1）学校的班级走廊和班级内的布置由学生自己做主。学校给每个班级外的走廊安装了绿色的软布装饰栏，给班级内安装了同样的自主学习栏。班级公约是每个班级固定的展示内容，栏内的其他内容由各个班级的学生自己确定，一学期要换两到三次，每个班级结合自己班级的学期活动主题，安排适当的内容。一般而言，班级内的内容与学科学习有关，走廊上的展示内容与学生课内外的实践活动有关，学期末一般要张贴班级的"品""学""能"优秀学生事迹介绍，高三的走廊是一道复习的风景线，以学生的试卷、学生对心仪高校的介绍、学生的高三励志话语、学生抓拍的教师上课的特色照片等为主要内容。走在学校之中，我们能感受到的是学生学习生活的全景呈现，而非生硬的口号与标语。这些学生作品，体现的就是学生自我教育的内容，即让学生从同伴中汲取养分，滋养自己，快乐而自信地度过自己宝贵的高中生活。

（2）学校的公共走廊统一展示学生的话语和学生的作品。学校整体的文化布置由团委和美术教师负责，要求是不能将商业化的设计放到学校，学校展示的应该是教师和学生的作品与活动。经过反复的讨论和征求学生意见，学校在高中部的 1～4 层楼放置学生的美术与书法作品、学生在通用技术课上制作的桥梁模型、彩灯模型的照片，在大厅展示每一届校长直推的优秀学生照片和介绍、荣誉教师光荣榜，在楼梯转角处张贴向学生征集而来的提示语，在三楼的走廊展示院士寄语。大部分的内容都会随学年的变化而被替换，只有院士寄语是我们到各个高校征集来的，一直没有变动。

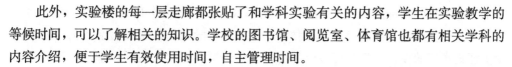

此外，实验楼的每一层走廊都张贴了和学科实验有关的内容，学生在实验教学的等候时间，可以了解相关的知识。学校的图书馆、阅览室、体育馆也都有相关学科的内容介绍，便于学生有效使用时间，自主管理时间。

（3）在学校有限的公共空间内，尽可能安排出学生活动的场地。自由校区的体育馆地下室，学校安排了学生轮滑场地、乒乓球活动场地、跆拳道训练场地、汽车模拟训练馆；青华校区的地下场地有近 1 万米，不仅建有学生食堂，还安排了羽毛球训练场地、乐队训练场地、学生表演的小舞台、即兴表演的三角钢琴、街舞表演的落地镜、学生捐献的漂流书架、学生的"恰恰用"超市等。这种场地设置充分利用了学校的空间，为学生的自主发展搭设了很好的平台。

（4）室外的空间不多，但是要干净、整洁、有情趣。我们将工字形环绕的校外空间都铺成了绿色的人造草坪。学生可以在春、夏、秋三个季节进行各种户外活动，我们总能在课间看到学生三五成群地席地而坐，但绿地上常年看不到一张纸屑。我们在校区有限的临街区域里设置了鹅卵石小径、原木凉亭和松树与灌木，春天鲜花盛开，夏天绿树环绕，从而让学生能有些许自然的体验，也为学生的摄影课和毕业照提供了最佳的拍摄场地。

（5）我们规定了学校的各种标识和色系，如绿色系是学校的标志性颜色，学校的课表、班牌、标识几乎都是绿色的；学校还统一印制了宣传册、通知书、信封、信纸、教师和学生使用的手册、宣传袋、纪念品、学生各年级的校服等，这都体现了学校的文化特色。

（6）校园电视台、广播台和学生记者站在每天的中午和晚间设计了学生喜欢的节目，这些节目都由学生自己组织、编辑和播放。上下课铃声设为动听的音乐，课前一分钟进行温馨提示，课余时间播放轻松欢快的轻音乐或校园歌曲，让师生在其中得到美的享受。

（7）学校努力构建数字校园，与"学科网"一起开发学校的管理平台，精心设计校园网的需求架构，建立符合教师行为习惯的管理页面，每天有兼职信息员提供信息，学校信息中心及时更新内容，及时发布学校发生的事件和师生活动最精彩的故事，丰富信息流量，学校站内信即时到达每位老师的电脑，传输资料和共享教案非常方便。学校后续开发了电子化的课程管理平台、教师教科研评估平台、教师人事和工资管理平台、学生报名系统、成绩管理系统等，为学校跨校区管理提供了方便。学校同时创办了学术性的校刊《争鸣》和文学性的杂志《铎音》，为校内外的人们搭建交流平台。

（8）学生还创造性地设计了各种活动的徽标。学校在每次大型活动前，都会向学生征集徽标的设计；每个班级也都有自己的班徽、班旗和班刊；学生还设计了穿上校服的吉祥物，在每年的毕业季，向毕业的同学出售，这得到了很多学生的认可。

学校尽可能在有限的空间内，给学生平淡的生活增添亮色，让学生体会到学校生活的丰富多彩。学校尤其注重给有专长的学生提供发挥的平台和空间，让每个学生都能在学校中找到自己存在的价值，由此提高学生的自我认同，增强自信心。

学校的装饰是学校文化流动的符号，体现了学校的关注点，也体现了学校的精神追求。我们始终坚持以人为本的办学目标，将学生放在学校的核心地位，学校所有的设备、装饰装修都应该体现这样的出发点，以此，让学生感受到学校追求卓越、兼容并包的精神内涵。

2. 学校制度文化的建设

现代学校制度建设是优质学校建设的核心内容。《国家中长期教育改革和发展规划纲要（2010—2020年）》第十三章"建设现代学校制度"中的第（三十八）条明确指出："推进政校分开、管办分离。适应中国国情和时代要求，建设依法办学、自主管理、民主监督、社会参与的现代学校制度，构建政府、学校、社会之间新型关系。适应国家行政管理体制改革要求，明确政府管理权限和职责，明确各级各类学校办学权利和责任。"

我们实施"依法治校、自主管理、民主监督、社会参与的现代学校制度"，使学校从管理走向治理。学校自主管理的课程制度、教学制度、学生管理制度和教师专业发展制度在前面已有详细论述，这里不再赘述。在学校制度建设中，我将重点介绍学校依法办学、民主办学和开放办学的制度建设。

（1）学校的开放办学制度

①学校实行校务公开制度。所有的工作一般实行周例会制，有学校集体办公会、各分管系列的部门工作例会、学科教研组会、备课组会等；跨校区的办公例会一般每月一次，主要统筹校区活动，解决跨校区的问题。学校办公例会实行集体决策制，每周的纸质办公会纪要需要校级领导签字备案，同时备存电子稿，便于检查和督导。

凡涉及师生的大事，需经过教代会审议，集体投票决定。学校同时成立了专家咨询委员会，负责与教师专业发展有关的评定，如职称晋级、教师选拔、校本课开发、教师专业的推优、管理干部的竞聘等。学校还成立了班级、年级、学校三级家长委员会，负责协调各级家长对学校办学的意见反馈。

②学校开放制度。学校设置了教学开放日、分管校长学生接待日、校长家长接待日和网上信息举报平台，接受社会各界的监督和指导。学生和家长也可以就自己关注的问题，提前预约校长或分管校长，进行面对面的讨论和研究，寻找解决问题的有效办法。学校还在每年的招生季举行家长见面会，宣讲学校各方面的工作，让家长了解附中，认同附中的办学理念，选择附中就读。

学校每学年都会为全国重点高校组织面向省内考生的招生咨询会、自主招生考试和面试活动，在让省内更多的学生和家长了解附中的同时，为高校做好招生服务工作，让高校认同附中的办学理念和相信附中学生的综合素质，为附中学生提供更多元化的自我选择。

③国际交流制度。学校的国际交流项目覆盖五大洲，每年选择出国的学生近200人，主要流向地为美国、加拿大、英国、澳大利亚、新西兰、新加坡、日本等。学校成立了国际交流中心和IB国际课程项目部。学校不仅接待固定的国外生源基地校的招生宣讲，还和多伦多大学、罗格斯大学、明尼苏达大学、早稻田大学等国外高校建立了学生直推的升学绿色通道。学校与狄邦教育合作，成功运行了IB国际课程，成为公办学校国际项目运行最好的学校之一，得到社会的广泛好评。

这些举措都将学校放在社会各界的大视野中，既拷问自己的办学能力，也为社会参与学校办学提供了交流互动的平台，为学校赢得了持续性的品牌声誉。

（2）学校的人事和分配制度

学校的人事管理实行校本聘任制。东北师范大学给了附中充分的办学自主权，附中每年向大学申请编制，在大学人事处的监督下，面向社会招聘新教师。

①招聘公开制。招聘公开制实行民主决策，改变校长"一言堂"模式，实行三级招聘管理，充分尊重学科专家的意见，使招聘而来的教师学科背景多元，综合素质优异。首先，学校的学科教研室组织初步的面试，考察应届毕业生的教学观念、教学基本功等基本素质；其次，学校组织符合报名条件的应届毕业生参加笔试，根据笔试和学科面试的综合成绩，确定参与学校面试的候选人；最后，学校层面的面试，由学校的管理专家、一线学科专家和专家咨询委员会的跨学科专家组成面试小组。应届毕业生的最终成绩由三方面的专家分别投票，按系列计票确定，得票总数

最高的学生才可能成为附中的新教师。这样的选拔方式隔绝了非相关因素的干扰，实现了客观、公正地选拔教师的目标，保证了新入职教师能较快地认同附中的文化与附中的管理理念，能不断进行自我激励，力求将工作做到自己首先满意，然后才是学校满意。这也是学校人事管理的基本原则。

②结构工资制。教师的工资实行与工龄、职称、学科教学工作量、职务、拓展性教学等工作挂钩的结构工资制。结构工资方案须先向全员征求意见，由教师代表、学校管理者、教代会代表共同审议，反复讨论，经由行政办公会通过并再次提交教代会审议后，才能具体实施。结构工资的分配向一线倾斜、向工作量多的教师倾斜、向班主任倾斜，体现"按劳取酬、优劳优得、同岗同酬"的分配原则，提高了教师的工作积极性，促进了学校各项工作的有效落实。

③教职工全员竞聘制。学校进行教师岗位聘任制度，实施全员进行岗位责任管理。每年六月，教师要进行学科述职，并提出新学年应聘的岗位申请；教研室根据教师的述职和他在这一学年中的学科教学表现提出整体评价和专业意见；年级组根据教师的工作表现、责任心和年级常规教学环节管理的评估，结合学生和家长的反馈意见，给出年级层面的教师的整体调整意见；学校领导结合两个维度的意见，最后确定教师聘任的岗位。

学校的教师实行岗位流动制，如不能连续三个学期完成学校的基本教学任务，学校将会对教师的岗位进行调整，或调离原岗位，实行跟岗进修；或调入教辅岗，负责教学辅助工作；或调离学校，自寻新的就业岗位。这种动态的岗位管理制度，解决了懒人怠岗的问题。这不仅适用于教师岗，职员和工人岗同样实行岗位责任制，进行岗位流动，从而保证了教学的全方位优质服务。

④管理干部岗位竞聘制。学校不拘一格，大胆选拔和聘任年轻干部。以"公平、公开、竞争、择优"为原则，全面实施副校长、工会副主席、处室主任、教研室主任、年级主任的校内公开聘任上岗机制；实行能力本位原则，向教学、管理双岗双责过渡；选拔一批师德高尚、业务过硬、执行力突出的教师，就任学校的各个核心管理岗位。满足条件的教师，可以自愿申报，经民主测评、公开答辩等学校聘任的基本流程后，行政办公会在民主的基础上，实行集中讨论，意见集中的就选择聘任，如果意见不一致，差距较大，就选择先聘任，再考察。干部的使用充分体现了民主集中制的原则，这为学校的后续发展培养了一大批管理干部。

东北师大附中干部管理条例

现代学校发展，以完善的制度管理为基本保障，而完善的管理制度以有力的执行为主要目标。为推进学校可持续发展，提高管理层干部的管理能力、服务意识、效益观念和自我反思能力，现拟定以下管理条例：

1. 适用范围

学校学科组长、教研室正（副）主任、处室及年级正（副）主任、校级领导、党工团支部书记以上干部。

2. 聘任办法

（1）党工团干部：个人按相关条件自愿申请，党委委员统一考核后组织任命，聘期三年。可视工作需求，由党委委员会统一调整。

（2）校级、处室、学科教研室干部：每三年组织一次竞聘。学校公布各岗位管理干部指数与评选条件，在岗在编教职员工自愿申报，学科（部门）与全校分别测评，评聘委员会组织考核与答辩，提交校务办公会讨论确定。副校级干部，提交大学常委会讨论确定。

（3）年级主任、学科组长：每三年组织一次按年级与学科的民主推荐，参考个人申报意愿，专家咨询与评价委员会考核审议，提交学部办公会讨论确定。可视工作情况，每学年适度调整。

3. 基本要求

管理干部需按岗位聘任要求，提交三年工作目标和学期执行目标与计划，并在部门主管领导的组织协调下，完成学期工作任务；学期结束后，对工作进行总结与反思，并每学年提交工作总结，在校报和学校内网公示，接受教职员工的评价与监督。

4. 评价方式

（1）学校每学期进行部门层面和学校层面的工作满意率测评，由部门主管领导提出改进建议。

（2）连续两学期工作满意率不达标的干部，部门将征求个人意见，提出调整申请，由学校或学部办公会讨论，确定调整意见或解除聘任。

（3）有重大责任事故或严重违规行为的干部，由校务办公会免除其管理职务。

5.特殊情况

学校建立的新校，筹建期与建校前三年内，可根据学校实际情况，由主管校长提出建议，学校或学部办公会讨论，确定主要管理干部；学校建设步入正轨后，需按照学校管理制度组织相关聘任。

（3）学校的学术性专业管理制度

教师的职称竞聘、荣誉教师的评选、教师的推优、教科研的奖励、校本课的审核等与教师专业发展有关的工作，都主要由专家咨询委员会参与决定，这既充分体现了学校管理的学术性，也体现了学校对教师专业工作的高度尊重，还体现了学校激励教师不断超越自我的卓越引领。

①教师职称晋级制度。传统的评职晋级办法的实质是"论资排辈"，教师发展的台阶只靠量的堆砌而不靠质的升华完成，其根本弊端是严重束缚了教师的主动性和积极性。这种机制所培育的是人的惯性、惰性和保守性。学校实施教师职称的越级聘任（低职高聘或降级聘任），职称评聘不拘一格，使教师可以实现个体的超越，以创新精神和实践活动构筑自主发展的平台，让每一位教师都在群体的评价中完成自己的教育教学工作，促进教师的教育自觉性。

学校科学核定各序列教师的评聘指数，每两年举行一次教师评聘工作，实行教师评聘的校本化，评聘结果报东北师范大学人事处和吉林省人力资源和社会保障厅备案，为教师的职级晋升搭建了持续性评选的机制。

②荣誉教师评选制度。职称管理的校本化是指在原来教师的档案职称的基础上，实行了低职高聘和荣誉职称聘任制度。学校设置的荣誉教师评聘序列，有效缓解了教师职称评选的压力。学校在荣誉序列聘选中设置了发展性的条件，每个级别对应省级和市级的荣誉教师的评选序列，只有具备学校的同级别荣誉序列资格的教师，才能报名参选国家级或省市级的荣誉序列，为教师的专业发展搭设了更具专业性的发展通道。学校设置的荣誉序列，包含评聘学科首席教师、学科标兵教师、学科骨干教师和学科新秀教师。

学校建立的这些教师专业发展激励机制，引领了教师精神发展的需求，大多数优秀教师受聘为学科标兵教师、特级教师、学科首席教师。

（4）学校的后勤社会化服务制度

学校实行后勤社会化管理，保洁、保安、基建维修等采取统一招聘制，设备和大宗材料采取大学审计部门全程参与的采购招标制，资产采取统一平台和台账管理制，资金实行校内预算管理和年终第三方审计制，食堂实行内部统筹管理制等。学校的后勤社会化管理经验得到了兄弟学校的广泛认可，为学校的优质发展起到助力和保驾护航的作用。

3. 学校精神文化的建设

学校的精神是学校发展的内驱力，鲜明地打上了学校的特色。学校的每位教师和学生都是学校精神的创造者，也是学校精神的践行者，他们也必然丰富着学校的精神内涵。附中建校的初衷，是要建立大学的实验基地，要坚持研究性和实践性的统一。学校研究的自觉、学术的自觉、责任的自觉，是附中几代人坚守的精神内核。每位附中教师都将这种精神与自己的学科工作紧密相连，使其屹立如山，常在常新。

（1）坚持师德建设优先。学校和党委始终将师德建设放在首位，坚持评选师德标兵、学生最喜欢的教师、学校最受欢迎的职工、优秀党员、优秀党支部、标兵教师、标兵班主任等，在学校里树立了大量爱生、爱教、爱校的典型。这些先进事迹让榜样的力量彰显学校的核心价值，鼓励教职工对学校工作倾力付出，表达了对学生的全方位关怀。

（2）坚持师生团队精神建设。学校开展了多形式的文体活动，如新年联欢会、篮球赛、足球赛、排球赛、羽毛球赛、乒乓球赛、春游、秋游等。同时，学校也鼓励学科教研室组织有学科特色的活动，如历史文化古迹踏查、环境生态考察、化学化工基地考察等。拜师活动、支部送温暖活动、节假日给老教师慰问活动等，则让师生在活动中感受到快乐，感受到温暖。为了对学生进行道德观教育，帮助学生树立正确的世界观、人生观、价值观，学校每年定期进行"品""学""能"形象代言人评选①、"才俊杯"大赛、校本剧展演、"一二·九"大合唱、离校仪式、成人仪式、面向社会的学生文艺汇演等活动。通过这些活动的开展，学校营造了和谐的人际环境，使学校

---

① "品""学""能"形象代言人的评选中，"品"代言人更强调学生的人格与品质，鼓励协作奉献意识和团结互助精神；"学"代言人侧重学习成绩和学习态度，或讲求学习方法并乐于与同学分享，当然，学生成绩只是参评的参考因素之一，进步幅度、学习态度等相关因素也被列入考量范围。"能"代言人侧重评选综合能力强，在某些方面有突出特长的同学。

"品""学""能"形象代言人评选活动，改变了类似"三好生""五好生"的"捆绑"式评价（有些学生因为学习成绩的短板，往往无法获得应有的激励机会），从评比类型上强调了中学生自觉发展的三个主要指标，从评选资格上扩大了可能的对象范围，使更多学生个体的个性得到凸显，同时因为是为本班代言，客观上又培养了学生的集体荣誉感和团队观念。

形成人与人之间互敬互爱、和谐共处的儒雅之地。

（3）建立师生健康预警制度。完善心理咨询工作，关注师生心理健康，为教师和学生提供贴心的咨询与辅导。比如，学校购置了放松理疗椅、沙画和沙盘，引进了心理测试量表以进行师生健康状况调查，为学校的决策提供科学依据。

学校高度重视对特殊生的引导教育。每年都有一些特殊学生因为家庭原因、学习压力和交往障碍而发生各类心理问题。学校坚持尊重、包容的理念，为遇到问题的学生提供力所能及的帮助。比如，建立一对一的联系和帮扶计划，注意保护学生的个人隐私，正向引导与群体帮扶携手，为其形成宽松的环境氛围，让其正确的认识自我，树立积极的人生观和价值观，建立目标导向的活动引领，帮助当事人顺利渡过困难期。

此外，学校还建立了学生体检制度和教师体检制度。教师的体检地点有 2～3 个，体检的项目在基础指标上可以自己添加，每年体检后对有问题的教师，工会会联系医院进行进一步的会诊，安排教师及时就医，使教师整体的健康状况得到较好的监控。

（4）营造书香校园。读书启迪心智，读书滋养心灵，读书涵养人生。学校扎实开展师生阅读活动，让师生通过读书走进名家伟人的精神世界，与他们进行心灵对话，陶冶自己，提升自己，以读书丰富校园文化，营造书香校园。学校每学期都让教师推荐书籍，为学生拟定读书目录，并组织"读书周""读书分享会"等活动。阅读已成了附中师生的习惯。

4. 学校行为文化的建设

学校的行为文化是学校物质文化、制度文化、精神文化相互作用的表现形式，它是学校师生员工在教书育人、学习生活中表现出来的做事方式和处世态度。

（1）学校的仪式和典礼活动

学校的仪式和典礼是学校行为文化的重要组成部分，他们培养了学生良好的行为习惯，创设了积极的活动体验，使学生成为有教养的附中人。

学校每周都会举行升国旗仪式，安排护旗手和升旗手，并组织送国旗、唱国歌、国旗下讲话等活动。升旗仪式以班为单位，所有班级都要参与，学生在这样的仪式中提高了国家意识和民族归属感。成人仪式是学生走向独立的重要仪式。学校每年的成人仪式都会选择校内外的不同地点，以成人仪式帮助学生树立远大的理想，规划自己的人生。学校各年级的开学式、高三离校仪式、毕业典礼、高三优秀学生表彰大会、军训、学农实践、生存拓展训练、三省三校夏令营、科技节、艺术节、体育节、文化节、合唱节、学生新年联欢、教师节、"教学百花奖"、三省四校青年教师汇报课、教师新年文艺演出等传统的大型活动以各种各样的形式形成了附中丰富多彩的文化风景线，也为附中师生创造了美好的回忆。

（2）学校的值周班制度

学校的日常行为管理，由值周班负责。每个班级都有机会作为值周班进行为期一周的学校管理。学校所有活动场地的卫生检查、学生课间的纪律检查等，都由值周班学生负责。此外，负责学生管理的学校领导每天都会在大门口迎接学生，对着装、仪表不符合学校要求的学生进行提醒。

（3）学校的主题德育教育月活动

学校将安全教育、卫生教育、国防教育、爱国教育等内容融入主题教育活动中，通过展板、视频、现场演练、专题报告、广播讲话等形式，让学生树立底线思维，明确行为控制的出发点和落脚点，提高学生的自我约束力，规范学生的行为。

（4）学校公约和班级公约

每年新生入学后，班主任和新生会共同制定"班级公约"，这是附中自觉教育的一道风景。《东北师大附中学生校园文明公约》就是在一份份班级公约的基础上，综合学生们的意见，整合而形成的。

东北师大附中的每一个班级，都在显眼的地方张贴着由各班学生自行拟定的班级公约。这些公约有的严肃、有的诙谐、有的面面俱到、有的提纲挈领，极富个性，绝无雷同，已成为附中特有的校园文化。班级公约和校园公约对学生的行为规范起到了约束作用，帮助学生较快地建立了良好的行为规范。

（5）学生社团和社会实践活动

学校在多元智能理论基础上，开发的"目标—模组—层级"课程体系为学生提供了多元选择空间，既有面向全体学生的非高考科目弹性选修的国家课程，也有学科拓展类课程，还有为学生的个性发展提供的各类社团课程。学校还精心组织了丰富的社会实践和社区服务活动，既有消防演习、生态之旅等体验式教育活动，也有学生喜闻乐见的讲故事大赛、演讲比赛、朗读比赛、征文比赛、人文知识竞赛等活动。这些活动既让参赛学生看到了自己的潜能，又让非参赛学生看到了选手的优秀表现。同伴的互动和交流，对学生行为养成具有重要帮助。通过活动，学生开始发现自我、悦纳自我，并从中找寻到自我发展的动力和方向。行胜于言，只有不断优化的行为，才能彰显学校文化的涵养魅力。

东北师大附中经历了六十余年的风雨砥砺，也进行了六十余年的不懈追求。历经六十余年凝聚而成的附中力量在此绵延，传承六十余年沉淀下来的深厚文化底蕴在这流淌。附中的精神如山，使东北师大附中于千峰竞秀之中恒久屹立；附中的文化似水，让东北师大附中在百舸争流之中勇往直前。

东北师大附中，以山为骨，势如长白，坚韧超拔，弘扬"坚持理想、追求卓越、勇开风气、兼容并包"之学校精神，积土成山，强大而深沉；她，以水为魂，上善若水，厚德载物，秉承"为学生一生奠基，对民族未来负责"之办学宗旨，源远流长，温润化物。在东北师大附中"精神如山，文化似水，创造如歌，发展为行"的发展历程中，一代代附中人携手并肩，垒肩成梯，紧握梦想之藤奋力攀援。

一路前行的附中人始终坚持素质教育与文化管理特色，秉承大学精神，尊重学术自由，崇尚包容与责任，努力营造一种开放的环境，向社会提供一种减少压抑、增加快乐、尊重个性、关注健康、懂得感恩、拥有个人成长价值感的适合学生发展的教育，为学生全面而有个性的人生发展奠基，让每个学生成为个体发展的主宰者！

六、基于核心素养的"五自"教育路径的实践

东北师大附中朝阳学校实践案例

东北师范大学附属中学朝阳学校，是一所寄宿制公立完全中学。学校由北京市朝阳区教委和东北师大附中合作创办，坐落在北京市朝阳区金盏金融服务园区。作为北京市朝阳区引进的优质资源校之一，学校按照市级示范校标准建设，由朝阳区教委建设高标准校园，由东北师大附中选派管理团队和骨干教师，二者合力打造高质量、有特色的优质资源学校。学校于2012年投入使用。

学校以"高起点、高质量、有特色"为目标，积极寻求适切的路径，努力为每个学生提供最适合的教育，让每一个孩子都能体验成功的喜悦。学校坚持"五自"教育，即自主规划、自主管理、自主学习、自主创造和自主评价，重视唤醒自觉意识，即真正让优秀成为习惯。朝阳学校的"五自"教育是附中"自觉教育"理念下的新实践，也可以看成是一所新学校在"自觉教育"学校管理范式基础上的校本选择与创新探索。

经过五年多的实践，"五自"教育已成为学校鲜明的办学特色之一。通过前瞻性的整体设计，科学规范的有效落实，高素质教师队伍的支撑，学校已成为北京市朝阳区的一所知名优质学校。

（一）自主规划

对于中学生而言，所谓自主规划，就是指学生作为主体，在教师、家长、专家等指导下，理性认识和分析自身现状，并结合自身情况对自己将来的学习、生活和发展做出科学合理的规划。自主规划在学校中主要体现为学生通过学校生涯发展指导课程，了解自我，发现渴望，科学规划，扬帆起航。因而自主规划是自觉教育理念的一个重要环节。

1. 自主规划·理念

学校教育要帮助学生初步了解学习与职业、学习与人生、学习与社会的关系，提高学生对生活意义和生命价值的理解，减少由于人际关系、学业失败等因素所带来的挫败感，预防人格发展中易出现的"角色混乱"，协助学生树立积极的人生态度，初步明确自我发展的目标。

自主规划的前提是自己具备了规划的知识体系和方法体系，简单地说，就是不能盲目地规划，而是掌握了生涯规划的理论和方法。自主规划在朝阳学校自觉教育系统中，主要表现为学校生涯发展规划指导课程，该课程知识体系的核心内容包含三个方面：自我探索、职业探索、生涯选择。通过相关课程任务群的驱动来引导学生了解自我，发现渴望，科学规划，扬帆起航。

课改新方向以及考试评价方式的变革，为学生选择适切的发展目标和发展路径提供了新机遇。随着选考选课制的推进，针对学生自主规划能力的培养越来越成为学校教育的必要任务，这也给学生确定符合自我发展特质的人生规划提出了新挑战。学生自主规划能力的形成一般需要经历五个阶段：第一，引领学生能够初步认识自我，使个人特质具体化；第二，认识职业与社会发展，提升职业理解和生活计划的能力；第三，认识职业与个人发展，引导学生思考个人价值实现与社会价值实现的关系；第四，选择并确定发展目标，引导学生思考个人特质与职业偏好的一致性；第五，制定规划并付诸实施，发展自我概念和决策能力。

2. 自主规划·课程

课程通道，规划着学生的成长路径。朝阳学校自主规划领域的实践路径主要包括初中学段"生涯导航"与高中学段"生涯规划与管理"。学校根据学段分年级推进实施自主规划课程。"适应"和"自主意识的培养"是七年级发展的关键词，本阶段旨在帮助学生了解并适应初中生活，唤醒自主规划意识，提升独立生活和自主管理的能力，引导学生开阔眼界，关注更多的职业世界；八年级规划目标是了解更多的职业世界，将自我了解与外部世界探索相结合，明确发展目标；九年级以中考为核心，帮助学生了解中考政策、设立合理目标、制定实现路径、完成志愿填报；高一年级规划目标是了解并适应高中生活，明确高中生涯在人生生涯发展中的重要地位，引导学生寻找自己的生涯发展方向，开阔眼界，关注更多的职业世界，培养高中学科学习能力，并有意识的与生涯发展相结合；高二年级意在引领学生了解更多的职业世界，关注大学与专业，关注专业与职业的关系，引导学生树立正确的价值观和形成健全人格，培养生涯发展需要的关键能力；高三年级以高考为核心，帮助学生了解高考政策、设立合理目标、制定实现路径、完成志愿填报，尤其注重在学习方法、时间管理、心态调整等方面的引导。

学校七年级和高一年级的生涯规划与管理课程教学计划

时间	年级	主题	年级	主题
第1周	七年级	美丽的邂逅	高一年级	开启心中的梦想
第2周	七年级	校园大寻宝	高一年级	我的生涯线
第3周	七年级	我身边的资源	高一年级	生涯测评
第4周	七年级	梦想的星空	高一年级	职业兴趣探索
第5周	七年级	多彩兴趣	高一年级	如何进行职业访谈
第6周	七年级	社团如何选	高一年级	职业访谈1
第7周	七年级	能力大发现	高一年级	性格探索
第8周	七年级	性格自画像	高一年级	职业访谈2
第9周	七年级	优点大爆炸	高一年级	职业能力探索
第10周	七年级	我的学习风格	高一年级	职业访谈3
第11周	七年级	探索多彩的职业世界	高一年级	价值观探索
第12周	七年级	家庭职业树	高一年级	职业访谈4
第13周	七年级	我的生涯角色卡	高一年级	时间管理
第14周	七年级	有效管理时间	高一年级	职业访谈5

续表

时间	年级	主题	年级	主题
第15周	高一年级	情绪管理	七年级	发展个人领导力
第16周	高一年级	我的生涯规划书	七年级	我的人生舵盘

基于生涯发展的初中主题系列班会

时间	七年级	八年级	九年级
9月	设计梦想旅程	中考政策解析	高中学习预备式
10月	我的兴趣特点	如何选课与选考	我的初三计划
11月	如何进行兴趣探索	我计划的中考方案	学长经验谈
12月	了解自己的学习风格	兴趣类型探索	学习计划及经验分享
1—2月	家庭职业图探索	职业体验	假期计划制订
3月	家庭职业图探索分享	寒假职业体验分享	时间管理
4月	我的不同人生角色	学习理性决策	情绪管理
5月	寻找你的性格优势	如何制订计划	考试焦虑放松训练
6月	职业探索方法分享	我的生涯彩绘	考试经验分享
7—8月	暑期职业体验		

基于生涯发展的高中主题系列班会

时间	高一年级	高二年级	高三年级
9月	过好我的高中生活	暑期职业体验分享	高三生活初体验
10月	高考政策解析	职业信息收集大比拼	如何收集专业和高校信息
11月	我的兴趣探索	能力探索	认识大学和专业
12月	我的能力优势	家庭职业期待	学习计划及经验分享
1—2月	职业体验	职业体验	假期计划制订
3月	寒假职业体验分享	寒假职业体验分享	高考志愿与专业定位
4月	职业世界探索方式	职业探访报告	拥有自信，超越自我
5月	职业探访报告	模拟招聘会	考试焦虑放松训练
6月	选课与选考	我的学涯计划	高考志愿模拟填报
7—8月	暑期职业体验		

学校还开展了"我的手艺"义卖、"模拟职业招聘"、校课职业榜样励志演讲、"生涯彩绘"等系列活动课程，丰富学生的课程体验，帮助学生习得自主发展、自主规划能力，培养学生未来发展所需要的基本素养，指导学生进行自我探索、职业与教育环境探索，并在此基础上，综合多方面信息，合理规划学业并进行指导。

3. 自主规划·机制

中学阶段是个人自我调整的关键时期，学校教育要通过相关机制，系统地为学生指导人生规划、制定学习和成长目标、激发内在的学习和成长动力。该机制的核心是三类支持系统的建立：

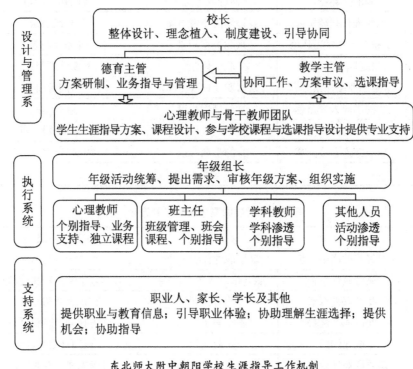

东北师大附中朝阳学校生涯指导工作机制

（1）设计与管理系统

该系统的主要职能是完善各项指导工作的制度，包括生涯指导课程建设制度、全员导师制度、学科渗透教育教学制度、家校联系制度等。该系统的另一职能是促使各部门联动，使学校内部协调配合，共同为学生自主学习、自主发展服务，为生涯指导工作提供支持。学校将自主规划指导教育落实在学生入学到毕业的全过程，对每个学段的生涯指导工作进行合理设计与实践。学校由专人开设独立生涯课程，作为必修课排入课表，课程涵盖生涯发展的基本理论和实践技能等，满足学生生涯发展的基本需求。

（2）执行系统

建立由年级组长、学科教师、班主任和心理教师参与的执行系统。通过导师制等制度的运行，履行管理育人、教书育人、服务育人职责。教师深入挖掘学科核心素养，通过学科学习及渗透指导，培养学生核心素养，引导学生在自主探索、自主学习基础上，在学习和社会生活中发现问题，通过亲身实践和研究获取经验，总结规律，得出结论，不断提高解决实际问题的能力。导师与学生定期进行有效沟通，通过学生生涯发展档案记录其发展过程，鼓励学生将个人理想内化在学科学习、专业选择、职业选择上。

（3）支持系统

在导师制、选课制、走班制等各种制度，以及游学、研学和综合实践等各类生涯指导工作的基础上为全体学生发展建立支持系统，将学科的发展历史、科学家的成长经历及教师指导内容融入学科教学，以榜样人物的故事增强学生的生涯体验，鼓励学生积极参加与学科学习相关的职业体验，巩固学科知识，提高规划能力。

4. 自主规划·评价

在实施自主规划过程中，学校要协调、控制目标动态平衡，组织各部门、年级、班主任及导师按目标进行自主规划的管理和评估，随时检核目标实现情况，从而调整和改进目标和相应评价标准。该部分内容主要包括三类评价方式：

（1）年级组月评价机制

年级组每个月组织教师、学生自评及互评，检核教师及学生对各项指标的执行情况。这样的阶段性评估，使每个人都被置于外力和内省中，及时发现问题，采取相应措施进行调整。

（2）专项小组评估制度

对自主规划各项指标的评估，学校采用专项评估制度，每学期一次检核目标达成情况，为下一阶段提出明确方向，并打下坚实的基础。

（3）学生及家长自评制度

学生可以根据每天的"自我管理日志"中的反思盘点，给自己评定三个等级，即优、良、及格，周自评和月自评也类似。家长可以根据孩子的表现及班主任的反馈等多种途径，给孩子在自主规划效果上评定出进步、保持、有待改进等。

隐性评价主要体现在活动类课程实施过程中，如在 3D 打印、厨艺课、茶艺课等校本课实施过程中，针对学生道德礼仪、实践与创新、文化与审美、经验与思维等，均可围绕认识自己、认识职业与认识社会等进行形成性评价。

5. 自主规划·工具

教育要面向全体、尊重差异。朝阳学校在自主规划的实施过程中，开发了一系列工具以支持课程推进和学生发展。以"梦想起航"工具的开发及使用为例加以说明。

《梦想起航》（成长手册）是为高一学生开发的工具，开学初学生可以整体浏览手册，对学校的理念、课程、活动、社团、宿舍等进行全面了解，这有助于学生尽快适应学校生活，初步树立规划意识。学生要在梳理个人经历和了解可用资源的基础上填写"我的信息页"和"制定高一年级成长目标"。学年中期，学生要填写"记录我的成长足迹"和"欣赏每一点进步"，从身体、学习、生活、社团、实践等方面进行梳理和总结，从而发现自己的进步，不断进行自我超越，享受成长的喜悦。学生可以根据自己的学习进程，填写"学习进程的自我评价"，从而进行自我监控和及时的自我调整，提高学习效率。学年末，学生要填写"记录我的成长足迹"来对一学年生活进行梳理和总结。

系列工具的开发与使用，集指导性与过程性记录为一体，将学生自主规划和学校"自觉教育"的理念密切结合，帮助学生树立了规划意识，对学生的发展和成长指导发挥了引领作用。

（二）自主管理

自主管理即学生在教师积极引导下自行发现自我价值、发掘自身潜力、确立自我发展目标，通过习惯养成教育和学生团队建设，引导学生自我监督与调节，强化学生个体对自己的行为、活动和态度的调控，提高时间管理、行为管理、活动管理、情绪管理意识，增强自我发展的责任感，形成适应社会发展和推动个体与社会发展的意识和能力。

自主管理全过程充分注重人性要素，注重学生潜能的发掘，注重学生的个人目标与班级目标、学校目标的内在统一，在实现整体目标的同时实现学生的个人追求。

在自主管理的理念下的学生既是教育的客体，又是教育的主体。

1. 自主管理·理念

自主管理注重管理的主体性，通过习惯养成教育和学生团队建设，引导学生自我监督与调节，强化学生个体对自己行为、活动和态度的调控。学生在教师的引导下主动发现自我价值、发掘自身潜力、确立自我发展目标，提高时间管理、行为管理、活动管理、情绪管理的意识，产生自我发展的强烈责任感，形成适应社会发展和推动个体与社会发展的意识和能力。自主管理全过程充分关注人性要素，充分注重学生潜能的发挥，注重学生的个人目标与班级目标、学校目标的内在统一，在实现整体目标的同时实现学生的个人追求。基于自主管理理念，学生既是教育的客体，又是自主管理的主体。

自主管理要求教师把学生视为学校和班级的主人，让全体学生进入工作的决策过程，无论是制订计划、贯彻执行，还是检核监督、总结评比，都让学生参与，使其了解班级工作的所有环节，明确自己应该承担的各种义务。只有这样，学生才会具有主人翁的意识，才会把应该完成的工作当作自己的使命，学会做班级、学校的主人。

2. 自主管理·课程

基于自主管理，学校教育不断深化研究，"自主管理"对学生基本素质的核心诉求包括：自主管理的心理素质——自主管理的态度和动机，这是自主管理的内在动机；自主管理的知识基础——符合学生自主管理要求的相应知识和经验储备，这是自主管理的基础；自主管理的智力基础——观察力、思维力、联想力、记忆力等，这是自主管理能力的重要组成部分；自主管理的方法技巧——独立的管理步骤与方法，这是自主管理能力的技能要素。

学校在实践中不断完善相关课程，课程内容主要包括：时间管理、生活管理、常规管理、习惯管理、日志管理、社团管理、研学管理、情绪管理、压力管理九大类，九类课程涵盖了学生在校生活的各个方面，从不同角度为学生提供了自我管理的路径。

自主管理是一种管理思想，其核心是让学生真正成为自己学习和生活的主人，实现自我管理。学生在经历自主管理的模式时，其自主管理能力必然能够得到有效发展和提升，这也是学生自主能力培养的关键渠道之一。因此，自主管理不仅能够培养学生对学习的管控力，也能促进学生自我教育水平的有效提升。

3. 自主管理·机制

自主管理的有效推进，主要依托课程小组、实施小组、评价小组、成果展示小组、学生自主管理联合体。课程小组主要负责自主管理的培训体系的建立，特别是培训课程，主要是九大课程体系。课程小组要对课程体系进行课程研发和实施，同时也要在一些重要时间点上的课程进行设计，比如在入学教育、中高考激励教育等。

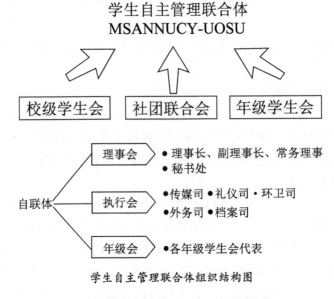

学生自主管理联合体组织结构图

学生自主管理联合体的岗位职责与要求

部门	职务	人数	岗位职责	岗位要求
理事会	理事长	1名	全面负责"学生自主管理联合体"的自主管理工作，并根据工作需要分管相应部门；制订学期工作计划；负责全体学生干部日常工作的统筹分配，监督和考核；学校大型学生活动的设计、组织、调度、评价。	学业成绩优秀，综合能力出众，在年级乃至全校师生中有一定的群众基础，尤其具有团结协作和统筹驾驭全局的能力。
	副理事长	1名		

续表

部门	职务	人数	岗位职责	岗位要求
档案司	司长	1名	负责记录详细的自联体大事记，进行相关会议记录、相关文件存档，以及制作自联体成员档案。	具有一定的文字功底，能够熟练操作 Word 和 Excel。
	副司长	1名		
传媒司	司长	1名	主要负责宣传、活动主持等校内传媒工作。	具有较强的传媒工作能力，熟悉基本的相关传媒技术，并具有一定的组织协调能力。
	副司长	1名		
礼仪司	司长	1名	负责学校大型活动开闭幕式筹划，及相关的礼仪、引导工作。	具有一定的组织协调能力，形象、气质符合当代中学生的蓬勃健康的精神风貌。
	副司长	1名		
外务司	司长	1名	负责自联体对外事务的协调和学生意见的收集、反馈工作。	具有较强的问题分析、归纳、总结能力。
	副司长	1名		
环卫司	司长	1名	负责值周班的领导、培训、监察，以及协助学校相关部门筹划校园环境建设等工作。	详细了解学生值周工作，具有一定的组织协调能力，并对我校文化有较全面的了解。
	副司长	1名		

实施小组主要负责落实课程体系下可以培养学生的自我管理能力的措施，落实一些自我管理工具的研发、操作和检查方面的工作自我管理日志、常规自查量表、微阅读、值周等。评价小组主要负责落实学生自我管理能力变化和提升方面的评价，让学生通过评价认识到自我管理的价值和意义，提升学生对自我管理的认可；学习评价小组主要落实"班级十星"评选任务，通过评选让学生找到榜样和标杆。成果展示小组主要负责发现在展示自我管理方面有突出表现的个人和集体，形成以自我管理为美的校园氛围；该小组还负责校园环境、媒体宣传、活动展示等的设计，让校园中充满自我管理的氛围，让自我管理真正走进孩子们的生活和内心。学生自联体作为一个独立的学生工作机构，是学生参与学校管理和促进自身成长的重要机构，也是学生自我管理的重要平台。

4. 自主管理·评价

针对学生自主管理能力的评价首先定位于时间管理，时间管理的目的是充分、有效、科学地管理时间，提高时间的利用效率和学习效果，总原则就是把时间分配给重要的事情，而我们可以按照重要性和紧急性两个维度，把任务分为四类。其次是"学习管理"评价，评价内容主要包括结构化预习能力、自主独立学习能力、小组讨论学习能力、展示对话学习能力、工具训练学习能力、高阶思维学习能力、问题生成学习能力、多元拓展学习能力、回归评价学习能力和团队评价学习能力。

自主管理评价特别注重学生的内省式自我评价，为此，学校在学生的自我管理日志中，设计了"三省吾身"式的自我追问：我最擅长的学科是什么？有哪些成功的学习方法可以借鉴到其他学科？我提高空间最大的学科是什么？最需要解决的问题是什么？上次测试在年级的排名是多少？我对这个名次是否满意？付出与收获的相关性如何？下个阶段各个学科的提升目标是什么？实现此目标的路径有哪些？

此外，寄宿校学生自主管理评价维度中还关注了生活管理评价、纪律管理评价和习惯管理评价等。

5. 自主管理·工具

朝阳学校始终贯彻引导学生自觉成长的育人目标，让学生形成自我管理的能力和优秀的习惯，让学生的成功成为可能，而如何帮助学生形成这样的意识、能力、习惯是学校长期以来努力的方向。学校开发了"自我管理日志"以引导学生合理规划时间、主动规划学习目标、及时反思。

"自我管理日志"分两部分：一部分用于在校期间日常自我管理，包括今日关键词、反思盘点、今日任务完成情况及明日目标四方面；另一部分用于周末和家长沟通，撰写家书，家长看后进行书面回复，使学生和家长就在校生活、心灵成长和某些话题进行沟通，同时增进相互之间的了解。

《常规自查量表》也是自主管理有效实施的重要工具。学生从起床到归寝的过程分为晨读前、课间、班小会、眼保健操、课间操等10个自主管理时段，通过班级自查、年级联查、学校汇总的方式，实现学生常规自主管理。

学生日常常规检查量化表

检查班： _____ 责任班： _____ 　　　　年　　月　　日							
班级	讲台 （5分）	地面 （20分）	桌椅 （5分）	洗手盆 （5分）	门窗 （10分）	书柜 （10分）	卫生角 （5分）	总分 （100）
八年级 （1）班								
八年级 （2）班								
班级	电脑柜 （5分）	眼操 （5分）	出操迟 （5分）	出操 缺勤（5）	仪容 仪表（5）	遵守时 间（10）	午休 情况（5）	汇总 得分
七年级 （1）班								

《阅读天下》是学生喜闻乐见的阅读材料，内容包括美文、时事、英语、科技、文史等，周末版还增加家教、菜谱、休闲等内容。编辑老师精心编选、校对、排版、印刷，每周一、周三、周五出版；各年级由学生自主负责，及时快速送到学生手中。每天花费三五分钟时间，学生就会获取丰富的内容。这不仅丰富了学生的业余生活，为他们了解天下事提供了途径而且有利于培养学生自主阅读的习惯。

（三）自主学习

1. 自主学习·理念

自主学习，是以学生为学习主体的主动学习，它改变了传统课堂过于强调接受学习、死记硬背、机械被动的现状，倡导学生主动参与、乐于探究、勤于动手，培养学生收集和处理信息的能力、获取新知识的能力、分析和解决问题的能力以及交流与合作的能力。

自主学习能力的养成，首先，是要使学生形成强烈的学习动机、浓厚的学习兴趣，使之乐学；其次，教师角色也要发生转变，强化教师学法指导角色，使学生会学、善学，形成适合自我发展的学法、多样化的学习手段和综合的学习技术，教师要引导学生独立分析、探索、实践、质疑、创造，帮助学生克服自我学习障碍，提高自我效能，增强自信体验，实现学习目标。

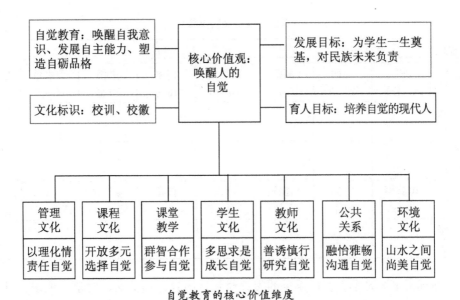

自觉教育的核心价值维度

自主学习鼓励学生自省、自励和自控，引导学生不仅把学习内容作为认识的客体，而且要将自己作为认识的客体，对自己做出客观正确的评价，从而对自己的行为进行自我激励、自我控制和自我调节，形成健康的心理品质，使自己的注意力、意志力和抗挫折能力不断提高。自主学习培养适应性、选择性、竞争性、合作性、参与性，使学生学会主动适应学习、适应生活、适应环境，允许并鼓励学生根据自己的潜能和兴趣发展自己的特长，允许学生有选择学习内容、学习方式、学习方法的权利。按照全面发展与特长发展的要求，学校对学生的偏科倾向进行科学引导，并鼓励学生发展自己的优势和特长。

2. 自主学习·课程

基于自觉教育理念，自主学习的课程实践路径致力于唤醒学生自我意识，发展学生自主学习能力。课程领域的论证和设定中，学校坚持全面贯彻党的教育方针，以立德树人为核心，以培育和践行社会主义核心价值观为着力点，结合国际化发展战略、朝阳区区情及学校实际，侧重培养学生核心素养，增强学生的民族情感和天下情怀，提升学生的创新精神和实践能力，强健学生体魄和养成良好心理素质，涵养学生健康的审美情趣和生活方式，使之最终成为"良好习惯，认真态度，善于独立思考，和谐交往，富有创造潜能和天下情怀的自觉的现代人"。

框架说明：1. 丁香花的五个瓣象征学校课程的五大领域。

2. 丁香花五个瓣从里往外呈现出各个领域课程由基础、拓展到特色的层级建构。

3. 丁香花五个瓣最里层的圆圈，标志着作为培养人基础素养的基础课程是浑然一体的；中间的圆环，象征着培养人较高素养的拓展课程；而最外层的5枚花片，则代表着培养彰显人的个性的特色课程。

学校纳汲总校课程给养，依据中国学生发展核心素养，将课程划分为道德与礼仪、健康与表现、文化与审美、经验与思维、实践与创新，每一领域又分为三个层级（基础类、拓展类、研究类）。系统的学科课程设计，提高了学生个人修养，培养了学生关爱社会的家国情怀，也促使学生期自主发展、合作参与、创新实践发展。

"目标、领域与层级式"课程体系

课程目标	课程领域	课程层级		
		基础类	丰富类	高级类
乐群	道德与礼仪	思想品德、政治、生涯规划（校本必修课）	三礼课（礼仪、礼貌、礼节）、系列主题教育活动、学校重大典礼仪式、值周班课程、社区服务	社会主义核心价值观与21世纪中学生核心素养

续表

课程目标	课程领域	课程层级		
		基础类	丰富类	高级类
砺质	健康与表现	体育与健康、心理集体指导课	1. 体育弹性模块选修（YOUCAN 篮球、击剑、旱地冰球等）、快乐晨跑 2. 学生社团（学生自主管理联合体）	领袖气质培养课程等
博雅	文化与审美	语文、英语、历史、人文地理、音乐欣赏、美术鉴赏	书法、陶艺、油画、篆刻、舞蹈、摄影、"新闻早课"、中华传统文化课、茶艺课、厨艺课等	话剧与戏剧表演、东师 TED 演讲、作词、作曲课程等
穷理	经验与思维	自然科学（物理、化学、自然地理）、生命科学（生物）、数学必修课程	自然科学（物理、化学、自然地理）、生命科学（生物）、数学选修课程	学科竞赛（数学、物理、化学、生物）、DI 课程、大学选修课程等
创新	实践与创造	通用技术、信息技术必修课程	综合实战路径（社会实践与研究性学习）、学科实践课程（生物组织培养、酿造、天文观测等）	航模、机器人、无线电测向、创客课程等

自主学习的课程实践路径，重在使学生正确认识自己，尊重他人，学会交流合作，具有团队精神；使学生关注社会，具有初步参与社会实践的能力；使学生具有与时俱进的时代精神和开阔的国际视野；使学生具备健康的心理素质和坚强的意志品质；热爱祖国、热爱生活，具有鲜明的民族传统美德；追求真善美，形成正确的世界观、人生观、价值观；使学生有较高的现代教养和礼仪，养成积极健康的生活方式和审美情趣，初步具有独立生活的能力、合作学习、创业精神和人生规划能力。

3. 自主学习·机制

从教育本体论的角度看，自觉教育视野下的自主学习是生命自觉的过程，教育的使命是唤醒生命自觉，只有唤醒，方能促进学生能动地、全面而有个性地发展。如何围绕"乐群、砺质、博雅、穷理、创新"，从机制上保证并促进自主学习的发生和深化？

学校在推进学本课堂改革中探索出了以"三研两会"为特色的自主学习保障机制。"三研"即新校本教研、组本教研、团本教研，"两会"即行政团队会和学科团队会。系统性和持续优化的"三研两会"对各学科"校本教研"和学生自主学习提出了指导意见，通过机制保障了学生的自主学习。

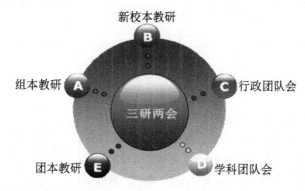

"主研两会"的自主学习保障机制

自主学习机制以元认知为核心内容，通过主体的实践活动，对学习过程进行监督和调控。以"行政团队会议"为例：

"行政团队会议"的目的及价值：①以外铄为主，养成学生预学、讨论、展讲等多元学习能力和习惯，强化团队合作意识。②完善"班主任—主任助理（班长）—小组长"的链条责任系统，解决"学不学"动力系统有效运转问题。

"行政团队会议"的核心内容：①行之有效的学习方法和制度安排。②小组学习纪律与秩序管理策略和实施效果。③责任意识和团队合力的增强。④潜能生帮扶问题。流程范式：议题呈现—交流讨论—展讲分享—拓展补充—总结归纳。

"行政团队会议"制度保障及具体要求：①参与人员：班主任、班主任助理、各组组长。协调部门：学生处和年级组。②召开时间：单周班会。③评价说明：每次"行政团会"后，参会人各填写一份"行政团会"评价表，列席人也需要填写"行政团会"评价表（见下表）。

"行政团会"评价表

角色	课前	课中	课后
学术助理	及时与学科教师沟通组织学科长检查预习、课前准备情况;组织学科长落实工具单评价;培训课堂主持人	主持或协助主持课堂学习活动;协助学科教师负责"会不会",到各组进行巡回指导;指导潜能生、弱组的学生学习;落实课堂学习目标(工具单完成情况)	定期检查各组工具单完成情况;个性化指导少数潜能生(与学科长合作);与学科教师沟通,汇报交流问题;与学科教师协商,定期召开学科团队会议
学科长	检查、指导成员的预习情况和工具单完成情况;指导展讲人员如何展讲;与学术助理及时反馈指导组内潜能生	根据课堂需要,在自主学习环节督促成员自主完成学习任务;在小组讨论环节,落实"12345+2"策略,落实组内预展;在展示对话环节,组织成员规范有效地完成展讲任务,落实"展示六字诀",增强凝聚力,提高学习效率;在团队评价环节,组织五级评价及时检查成员的学习目标达成情况	督促成员完成新的预习任务和工具单;总结和指导个别学生的讨论、展讲等能力;准时参加学科团队会议;开展组内学科学术活动

4. 自主学习·评价

唤醒自主学习意识,养成自主学习习惯,生成自主学习能力,是自主学习评价的重要维度。自主学习效果评价,侧重围绕"三研两会"展开。

学校基于学本课堂的理论和实践经验,结合学情和课堂教学实际,落实依学定教、顺学而导、以学论教自觉教育理念,构建了"三研两会"评价体系和学生五级评价策略。在实施中,这对于克服重教轻学倾向,提高学生的学习能力,促进师生的共同发展,都起到了积极的作用。具体来说,"三研两会"评价体系包括:校本教研评价、组本教研评价、团本教研评价、行政团会评价、学科团会评价；学生五级评价分别为：自我评价、同伴评价、学科长评价、小组长评价、学术助理评价。

　　列举"学科团会评价"标准：①研讨议题明确，找准当下突出问题。②聚焦学科真问题，具有针对性和实效性。③对"问题"归因精准、全面。④析清课堂问题：预习、讨论、展讲、提升能力等。⑤主讲准备充分、丰富，补充拓展真实、高效。⑥培训小组内合作学习的操作要领。⑦流程规范有实效，有一定创新性。⑧真诚交流，智慧共享，实践性强。⑨探究更加有效的学科学习方法，提升课堂效益。⑩强化团队合作意识，创建班级学习团队。

<h3 style="text-align:center">东北师范大学附属中学朝阳学校"校本教研"评价表</h3>
（"自评""他评"通用）

教研组：_____　评价时间：_____年_____月_____日

评价指标	指标要求细则	权重	评价等级			
			A	B	C	D
教研主题	1. 选题鲜明，有较清晰的学科核心素养意识	0.2	20	16	12	8
	2. 聚焦学科真问题，具有时效性和实效性					
教研内容	3. 内容适切，科学性强	0.4	40	32	24	16
	4. 聚焦课堂问题：课型、流程、工具单、潜能生等					
	5. 主讲准备充分、丰富，补充拓展真实、高效					
	6. 主题系列化，能促使学科研究渐趋深入					
教研流程	7. 流程规范有实效，且有一定创新性	0.1	10	8	6	4
教研氛围	8. 民主和谐交流，智慧共享，学术研讨味道浓	0.1	10	8	6	4
教研效果	9. 能唤醒85%以上的教师自我反思和自觉实践	0.2	20	16	12	8
	10. 能激发学生的学习兴趣，有效促进学生成长					
总评分						
过程记录						

东北师范大学附属中学朝阳学校"组本教研"评价表
("自评""他评"通用)

备课组：_____ 评价时间：_____年_____月_____日

评价指标	指标要求细则	权重	评价等级			
			A	B	C	D
教研主题	1. 研讨议题明确，有较强的中考、高考方向感	0.2	20	16	12	8
	2. 聚焦学段学科真问题，具有时效性和实效性					
教研内容	3. 内容包含"上周回顾"和"下周预授"	0.4	40	32	24	16
	4. 析清课堂问题：课型、流程、工具单、潜能生等					
	5. 主讲准备充分、丰富，补充拓展真实、高效					
	6. 作业布置适量有效，评价具体可操作					
教研流程	7. 流程规范有实效	0.1	10	8	6	4
教研氛围	8. 真诚交流，智慧共享，学术味浓和实践性强	0.1	10	8	6	4
教研效果	9. 同组教师能够做到"五统一"：课型、流程、工具单、评价、周进度	0.2	20	16	12	8
	10. 能兼顾不同程度学生的学习诉求，学科潜能生转化策略有效					
总评分						
过程记录						

东北师范大学附属中学朝阳学校"团本教研"评价表
("自评""他评"通用)

班级：_____ 班主任：_____ 评价时间：_____年_____月_____日

评价指标	指标要求细则	权重	评价等级			
			A	B	C	D
教研主题	1. 选题鲜明，符合本班学情	0.2	20	16	12	8
	2. 聚焦"学本"真问题，具有针对性和实效性					

续表

评价指标	指标要求细则	权重	评价等级			
			A	B	C	D
教研内容	3. 内容适切，具有研究含量	0.4	40	32	24	16
	4. 聚焦"学本"问题：课型、流程、工具单、潜能生等					
	5. 主讲围绕"团本教研"主题，准备充分，拓展真实、高效					
	6. 能促使"团本"研究渐趋深入，形成教育合力					
教研流程	7. 流程规范有实效，且有一定创新性	0.1	10	8	6	4
教研氛围	8. 民主和谐交流，智慧共享，团本研究味道浓	0.1	10	8	6	4
教研效果	9. 能唤醒教师自我反思和自觉实践，形成班级教育团队	0.2	20	16	12	8
	10. 能激发学生的学习兴趣，有效促进学生成长					
总评分	分数：					
评价记录						
教研主题：						
教研流程：						

5. 自主学习·工具

为提升学生自主学习能力，学校在推进学本优效课堂改革中，开发了适用于"先学后导—问题评价"教学模式的学习工具。基于"先学后导"的教学思维，师生共同追求以问题学习为中心、以评价学习为手段、以团队学习为平台、以任务驱动为途径、以思维学习为目标的评价导向。

自主学习工具主要包括：

（1）"问题发现评价课"学习方案设计，适配工具单《问题导读——评价单》；

（2）"问题生成评价课"学习方案设计，适配工具单《问题导读——评价单》；

（3）"问题展示解决课"学习方案设计，适配工具单《问题解决——评价单》；

（4）"问题拓展训练课"学习方案设计，适配工具单《问题拓展训练——评价单》；

（5）"问题综合解决课"学习方案设计，适配工具单《问题导读——评价单》

《问题解决——评价单》《问题训练——评价单》；

（6）"单元回归评价课"（单元复习课）学习方案设计，适配工具单《单元问题拓展训练单》；

（7）"能力测试评价课"（试卷点评）学习方案设计，适配工具单《问题训练——评价单》。

自主学习"问题导学"工具单是课堂上师生开展学习的载体和工具。师生共同以问题学习为主线，开展自主、合作、探究学习，单位时间内解决问题，实现学习目标。

（四）自主创造

1. 自主创造·理念

学生自主创造能力的培养要尊重学生的爱好、个性和人格，以平等、宽容、友善的态度对待学生，使学生能够与教师一起参与学习创造的过程，做学习和自我发展的主人，形成一种宽松和谐的教育环境。只有在这种氛围中，学生才能充分发挥自己的聪明才智和想象力。

学校开发了诸如"生物工厂""经典阅读""体艺空间""科技创新"等创造类课程，在课堂教学和实践活动中有意识地开展项目学习。通过合作学习，推动师生之间、同学之间的多向交流、群智合作、取长补短，使教师、学生的角色处于随时互换的动态变化中；设计小组讨论、查缺互补、集体交流等多种方法，则锻炼学生的合作能力、学习能力、创新能力。特别是一些不易解决的问题，让学生在不同的群体中开展讨论，畅所欲言，发表自己的见解，能更好地培养学生的创新能力、倾听意识和团队协作的素养。

学生自主创造能力多源于直觉思维和逻辑思维，学校可适量针对在数学、物理、化学等学科上具有智能优长的学生拓展第二课堂，为其学习过程中的自主创造拓铺出特定领域，并在这一场域中呵护学生兴趣与好奇心，发展个人天赋与特长，发现新问题和新链接，改变对失败的看法，营造创新发展的新环境。学生的每一个合乎情理的新发现、别出心裁的新视角、超越自我的新路径等都可能指向创新。

2. 自主创造·课程

在学校自觉教育理念指导下，学校重点构建了自主创造的四个核心课程：科技创新活动课程、学科竞赛指导课程、体育艺术特长课程和传统文化展示课程。自主创造向度的课程旨在提升学生科技素养、开发学生潜能、彰显学生个性和丰富学生创新素养。

基础教育融入创新思维的培养，找到好的切入点是关键。随着信息技术应用的不断深入，很多培养青少年创新思维的平台应运而生。其中，基础图形学的3D建模设计能够很好地培养青少年的空间思维能力和创新设计能力，在吸引学生兴趣的基础上，能够不断潜移默化地激励学生应用所学的数学知识，在建模图纸的设计过程中，找到知识的力量和完成创客的实践。以某一学科为支点，发展学生自主创造能力，是一种更为常态和持久的措施。

3. 自主创造·机制

为充分发挥学生的创造潜能，学校从课程机制上提供了有力保障，主要表现为增设选修实验课程。为培养学生的兴趣爱好、提高学生的创新精神和实践能力，学校在课程设置方面拓宽了实践空间，以实验动手操作为主。学校在对学生意愿进行调查后，结合实际教学需要合理设计课程，减少理论教学的课时安排以提高学生的实践能力。

机制保障的另一表现是开展探究式教学，这是培养学生创新能力和实践能力最直接有效的方法，可有效提高学生的学习效率和教师的教学效率。例如，教师在讲课过程中，将教学内容的重点和难点交由学生自主进行探究、讨论，使学生提高发现问题与解决问题的能力。在这一过程中，学生需要提出问题、做出设想、实践考证、创新发展、解决问题，最大限度发挥自身的实践能力和创造能力，教师再通过有效引导，保证学生学习效率的提高。实践类教学活动，一方面，将教学内容在活动中充分展现，增强教学的趣味性；另一方面，使学生通过活动受到启发，培养创新意识和实践能力。学校开展了科技竞赛、手工制作大赛以及社会实践等活动，充分发挥学生的创造力，使学生在动手、动脑中感受学习的乐趣，有利于全面提高学生的综合素质。

4. 自主创造·评价

自主创造需要团队合作，学校学本优效课堂特别注重评价小组合作的质量。评价维度中提倡以群智合作的方式开展学习。积极开展小组讨论，课上学习讨论采用"12345＋2"策略。即"1"是"起立"，"2"是"聚首"，"3"是"开口"，"4"是

"讨论"，"5"是"评价"，"坐立自如""行走自如"。通过组内分工，小组同学限时展开充分讨论，最后小组代表在班级里进行规范地展示和讲解；课后及时反馈，注重反思与巩固。根据能力矩阵量表来总结反思知识要点以及自己的学习收获，不仅可以帮助学生核查自己的知识是否准确地掌握，还可以通过分享了解彼此的思想和品质，培养思维和表达能力。

如在以生物学科为依托的校本课程中，教师注重理论联系实际，注重评价学生自学能力、发现问题、解决问题的能力；评价方法采用百分制，"综合成绩"由"平时成绩"和"期末考试"组成，平时成绩占课程成绩的 50%，期末考试占课程成绩的 50%。平时考核的内容包括课堂提出问题的质量和频次、回答问题的频次和质量以及考勤情况等。考核方法采用百分制，"综合成绩"由"平时成绩""期中考试成绩"和"期末考试成绩"组成。平时成绩占课程成绩的 20%，期中考试成绩占30%，期末考试成绩占 50%。平时考核的内容包括课堂回答问题、课后作业情况以及考勤情况等，学生考核总成绩必须达到 60 分。

5. 自主创造·工具

自主创造要通过学生不断地实践积累，找出事物的内在联系。以美术兴趣类补足性课程为例。

课堂上，学生以个人或小组形式参与课程，教师指导学生在课堂上获得知识，并就特定主题让学生们共同思考与探索，以激发学生自主创造思想为目的。一般每周至少有一次课，在开学初，由学校统一通知，学生自主选择和自主报名，如果报名人数超过开课数量，学校会对学生进行访谈，并优先选择对美术有兴趣和想以此为专业的学生。

根据课程内容，上课形式有教室内，也有教室外。学校还会经常提供不同的教学资源，比如以"请进来"的方式聘请校外教师，如北京师范大学教授、北京交通大学讲师、中国美协画家等；同时也以"走出去"的方式，带领学生参观清华大学附属中学等兄弟学校，促进美术兴趣类补足性课程的不断创新和完善。

美术兴趣类补足性课程的评价形式也多样，旨在为学生搭建展示自己的舞台、提供释放自我的空间，增加学生的自信心。比如学校开设美术作品展，带领学生策展和布展，全方面体验一个艺术家从创作、装裱作品到布展的全过程。学校还以现场作画的方式组织现场成果汇报展。比如，学生以 3~4 人为一组，合作一幅六平尺山水画，学生可以根据自己的想法，运用学到的山水画技法技巧，在宣纸上呈现出多幅不同想法和风格的作品。

（五）自主评价

1. 自主评价·理念

基于发展的评价，更侧重于诊断后的调整与改进。学生自主评价当属于发展性评价，其目的是促进学生全面发展，所以学校既要关心学习的结果，更要关注学生学习成长过程中的变化与发展，以及在成长与实践活动中表现出来的情感与态度。学校的学生自主评价是根据一定的标准，运用现代教育评价的一系列方法和技术，对学生的思想品德、学业水平、身心健康、艺术素养、社会实践等的发展过程和状况进行价值判断的活动。

自主评价的五个主要方面

评价是较为专业的活动，要进行有效的自主评价，首先要培养学生自我反省、自我总结的能力，鼓励学生在对自己先前学习、活动的表现和结果的自我观察的基础上，判断自己学习、成长效能。通过自主学习评价、活动表现评价等多元评价，引导学生自我悦纳和自我反思。学生在体验价值感、幸福感、获得感的过程中，不仅能够体会到个体的独特性，学会正确对待他人评价，还能够学会理性地对待自己的长处与不足，冷静地看待得与失，为进一步学习和成长调整好方向。激励学生自主评价，就是尊重学生的个性差异，从实际出发，做到因人而异、审时度势，助力学生将自己成长和学习中的缺陷转化为明晰的前进目标，增强自我提高的自觉性，从而规划自己的未来，在成长过程中不断提升规划、管理、学习、创造和评价的能力。

2. 自主评价·课程

学生在成长过程中，通过自主评价促进自我发展，这是一个自我诊断、自我调节、自我完善的过程。学校在进行自主评价时，通常建议学生从思想品德、学业水平、身心健康、艺术素养、社会实践等方面进行系统的反思与评估。

"知人者智，自知者明。胜人者有力，胜己者强。"自主评价的内容也是自觉教育的重要课程。其中的思想道德与公民素养主要包括爱党爱国、理想信念、诚实守信、仁爱友善、责任义务、遵纪守法等与践行社会主义核心价值观相关的内容。通过评价引导学生践行社会主义核心价值观，增强爱党爱国心，培养民族自豪感。学习能力与创新主要包括学习态度、知识技能、学习能力、学业成绩、创新能力、研究性学习、组织协调能力等。身心健康主要包括健康生活方式、体育锻炼习惯、身体机能、运动技能、生活态度及习惯、情绪管理、生活目标、自我调控能力、应对困难与挫折的表现等。个性特长包括审美情趣、人文修养、艺术修养、体育专长等。社会实践包括军训、党团活动、社团活动、社会工作、生产劳动、勤工俭学、学科实践、参观学习、社会调查、公益活动、职业体验等方面。

自主评价贯穿于学生的发展过程，自主评价数据的生成过程，也是学生自我反思、自我管理、自我提升、自我完善的过程，这一过程充分发挥了学生的主观能动性。

3. 自主评价·机制

学校教育要促进学生全面而有个性地发展，激发每一个学生的潜能优势，鼓励学生不断进步，机制系统的建立过程要充分体现开放性、多元化、发展性。学校自主评价的机制主要包括：培训机制、引导机制和保障机制。在自主评价的培训机制中，学校利用多种形式，向家长、学生、社会宣传国家课程改革的有关政策和新的课程理念，发放《综合素质自主评价实施细则》，向学生、家长、社区人士和实践基地宣传解读，使其熟悉并掌握各项评价体系的操作规程。学校建立学生自主评价、成长记录袋的诚信机制要求评价必须客观、公平、公正，以实际表现为依据，客观公正评价，这一机制具有一定的约束性。引导机制的实施过程是自主评价得以持续提升的关键，学校通过阅读工程，校园广播、电视、自我管理日志、星级评价等方式，提升自主评价的效果。

4. 自主评价·评价

为使学生自主评价工作能够真正得到贯彻实施，发挥其评价功能，真正体现评价结果的公开、公正、公平，确保诚信度，切实加强制度建设，学校就要建立针对评价的评价体系。该评价主要是针对学生的成长动机、成长态度、成长方法和成长结果等方面，目的是积累评价经验，改进自主评价，从而进一步推进学生自主成长的进程。

该项工作的研究小组，主要职责是研究、组织和领导学生自主评价工作，制定和改进《学校学生自主评价实施细则》，持续完善相关制度和具体操作程序，及时对评价实施的过程、效果进行监控，表彰先进，惩戒违规违纪人员；审定评价结果，受理咨询、申诉和复议申请。实施工作小组负责《学生自主评价实施方案》和相关制度的宣传工作，根据学校统一安排以班级为单位成立班级评价小组并组织各项目的评价实施，监督和指导各班自主评价工作，检查指导学生建立成长记录袋，审定上报自主评价结果和相关材料。

针对自主评价的评价维度及关键词如下。

维度1"与自己"，关键词：自省，内省，自律，自觉，自立，自治，自强，自理，自信，自控，自评，自明，自尊，自爱，自励，自觉行知，自主成长，规划，展望，提升，明理，反思，锐志，勤勉，善思，多观，卓识，向上，创新，活泼开朗，吃苦耐劳，积极进取，付出与收获，守时，正能量，快乐，恒心，毅力，勤奋，谦虚，严谨，博学，求索，笃行，质疑，取舍，积极乐观，小小确幸，感动常在，受益匪浅，我爱运动，健康，整洁，守静，守信，宁静，诗意，敢立，敢行，敢拼，敢想，敢为人先，激情，理智，慎独，实事求是，懂礼，善学，智慧，礼貌，空杯，一身正气，顶天立地，敦厚，通达，务实，励志，坚韧。

维度2"和他人"，关键词：爱家，爱集体，友谊，包容，协作，感恩，团结友善，尊重他人，诚信，合作，为人真诚，诚实友善，分享，尊师，互助。

维度3"融社会"，关键词：爱国，环境，国法，家国天下，民主，开放，共享，秩序，明礼，明德，责任，情怀，理想，博爱，家政，平凡，卓越，厚德，人本。

5. 自主评价·工具

根据寄宿制管理特点和在常规工作中的摸索与研究，学校初步形成了日检查、日反馈、周反思、月总结的自主评价工具。

《自我管理日志》确定日监督、周评议、学期评优的评价方式，让学生每天都定位自己，在探索中找到真实的自己，思考"我是谁""我从哪里来""我往哪里去"三个问题，不断矫正自己的行为，让自己成为更优秀的自己。另外，《自我管理日志》还设计了从"谁言寸草心，报得三春晖"的角度写家书的活动，让亲子活动管理融入母爱和父爱当中，让爱在学生和家长之间流淌，让家长的鼓励、肯定和引导陪伴孩子成长。

东北师大附中朝阳学校思想品德评价单

姓名		班级		学号		性别	
维度	指标			评价等级标准			
				优秀	良好活动	合格	待合格
爱党爱国	维护国家荣誉，响应国家号召，关心国家大事，具有强烈的民族自豪感。			1. 所提供的实证材料客观、原始、真实，能很好地证明其遵守《中小学生守则》和《中学生日常行为规范》。	1. 所提供的实证材料客观、原始、真实，比较好地证明其遵守《中小学生守则》和《中学生日常行为规范》。	1. 所提供的实证材料客观、原始、真实。	1. 有经常性的违纪行为，且受到学校处分尚未撤销。
	尊重国旗、国徽，会唱国歌，遵守升旗的礼仪。					2. 无违法犯罪记录，受到学校处分但已撤销。	2. 不愿意参加班级、社会公益或社区服务等活动，生活、卫生等日常行为习惯较差。
	了解家乡，关心家乡的发展，有建设家乡的愿望。						
理想信念	积极参加学校组织的业余党校培训、团课、校课及班会课，树立正确的理想信念。			2. 无违法犯罪、违纪违规的行为记录，各方面表现优秀。	2. 无违法犯罪、违纪违规的行为记录。		
	制定个人生涯发展规划，并在实践中不断完善，培养自身正确的人生观、世界观和价值观。						
诚实守信	懂礼貌，举止文明。						
	与人平等、友好相处，不随意打断别人发言，不侮辱同学。						

续表

姓名		班级		学号		性别	
维度	指标			评价等级标准			
				优秀	良好活动	合格	待合格
诚实守信	尊重他人及劳动成果，未经同意不动用他人物品。			3. 热心于班级、社会公益或社区服务等活动。 4. 具有良好的生活、卫生等行为习惯。			
	不做损人利己的事。						
	待人诚恳，不说谎、不作弊、守诺言。						
仁爱友善	关心集体，珍惜集体荣誉，维护集体利益。						
	乐于参加集体活动。						
	善于与他人交流合作，共同完成任务。						
责任义务	遵守公共秩序，维护社会公德。						
	积极关心社会问题。						
	乐于帮助他人。						
	积极参加社区服务、志愿者等社会公益活动。						
遵纪守法	遵守校规校纪，维护校园正常秩序。						
	学法、守法、用法，在社会生活用各种规范约束自己的言行。						
	不进入不适宜中学生的活动场所，不参加迷信活动，不参加各种非法组织和活动。						

东北师大附中朝阳学校学生学业成就评价单

学习领域			科目		模块		学时	
姓名			班级		学号		性别	

维度		评价标准		学生自评 得分	小组成员 互评	教师综合评定	
						得分	总分
作业 （30 分）	作业完成 （20）	缺1次扣1分，扣完为止。					
	作业质量 （10）	好	整洁、正确、独立完成				
		中	一般				
		差	潦草、抄袭、错误多				
课堂 （50 分）	课前预习 （10）	好	良好习惯，认真完成预学单				
		中	一般				
		差	经常不预习				
	课堂纪律 （10）	有以下影响教学的情形之一，每次扣1分，扣完为止。 （1. 睡觉；2. 讲废话；3. 吃东西；4. 看其他书籍；5. 听音乐；6. 吵闹；7. 故意顶撞教师）					
	学习笔记 （10）	好	专用笔记本，整洁详细				
		中	一般				
		差	随处摘录，潦草不清				
	互动交流 （20）	好	积极参与、交流、质疑、展示				
		中	一般				
		差	基本不参与				

续表

维度			评价标准	学生自评得分	小组成员互评	教师综合评定	
						得分	总分
课外（20分）	学习反思（10）	好	认真纠错、有小结、有记载				
		中	一般				
		差	基本无纠错、无小结、无记载				
	研究性学习（10）	好	积极参与，有成果				
		中	一般				
		差	基本不参与				
任课教师评语			任课教师签名＿＿＿＿＿＿ 年　月　日				

东北师大附中朝阳学校学生身心健康评价量表

指标Ⅰ	指标Ⅱ			自评	
	内容	评价要点	权重	达成度	自评分
运动与健康	生活方式	坚持锻炼身体，遵守学校的作息制度按时休息，膳食结构合理，讲究个人卫生，有良好的用眼习惯，没有不良嗜好	10		
	体质体能	具有良好的身体素质，达到国家规定的中学生体质健康标准，认真上好体育课，做好早操、课间操、眼保健操，积极参加班级组织的体育活动，积极参加运动会、长跑活动或其他体育项目的比赛	10		

续表

指标 I	指标 II			自评	
	内容	评价要点	权重	达成度	自评分
运动与健康	体育锻炼习惯	每天坚持锻炼，户外活动 1 小时以上，每年参加 3～5 次大型集体体育活动	10		
	身体机能	身体应变能力强，能适应外界环境变化，能抵抗一般性感冒和传染病，体重适当，身材匀称，动作协调，器官功能正常	10		
	运动技能	了解运动项目的基本知识和原理，掌握 2～3 项运动项目技能，在体育运动中具有一定的安全意识与能力	10		
心理健康	悦纳自己	有正确的自我观念，能了解自我，接纳自我，能体验自我存在的价值	10		
	生活态度	乐于学习和生活，保持乐观积极的心理状态，热爱生活、热爱集体，有人生目标和社会责任感	10		
	情绪管理	情绪稳定、乐观，能适度地表达和控制情绪，保持良好的心境状态。面对挫折和失败具有较高的承受力，具有正常的自我防御机制	10		
	人际交往	善于与同学、老师和亲友保持良好的人际关系，乐于交往，尊重友谊。	10		
	青春期心理	心理特点、行为方式符合年龄特征，有一定的安全感、自信心和自主性，而不是过强的逆反状态	10		

东北师大附中朝阳学校学生艺术素养评价单

姓名		班级		学号		性别	
维度	指标			评价等级标准			
				优秀	良好	合格	待合格
审美情趣	发现并欣赏自然、文学、艺术作品等的美。			1. 所提供的实证材料客观、原始、真实，能很好地证明自己在该维度目标中达到的程度与发展的状况。 2. 积极参加学校、班级组织的各位艺术活动。 3. 音乐、美术等艺术性表现活动测评为"优秀"。	1. 所提供的实证材料客观、原始、真实，能较好地证明自己在该维度目标中达到的程度与发展的状况。 2. 积极参加学校、班级组织的各位艺术活动。 3. 音乐、美术等艺术性表现活动测评为"良好"。	1. 所提供的实证材料客观、原始、真实。 2. 音乐、美术等艺术性表现活动测评为"及格"。	音乐、美术等艺术性表现活动测评为"待合格"。
	衣着等方面具有正确的观念，穿戴整洁得体、端庄大方；仪表庄重，和谐文雅。						
	情趣健康，不看不良书刊及音像制品。						
艺术活动	积极参加音乐、美术等课程的学习。						
	积极参加各种艺术活动。						
	愿意创造与表现美。						
审美表现	具有较高的艺术素养和时间能力，善于运用艺术形式创造性地表达情感和思想。						
	能以艺术的手段美化生活环境。						
	掌握1～2项艺术方面的技能。						
人文修养	对于古典文化有相当的积累，理解传统，并具有历史意识。						
	对于人存在的意义、价值和尊严，人的发展与幸福有着深切的关注。						
	承认并尊重文化的多样性，对于差异能够报以宽容的态度。						
	重视德性修养，具有超功利的价值取向，乐于用审美的眼光看待事物。						

东北师大附中朝阳学校学生社会实践活动评价单

年级：　　　　班级：　　　　指导教师：　　　　评价人：

维度	权重	评价要点	应得分	实得分
活动准备	15分	1. 选题恰当，有条件开展	4	
		2. 活动目的明确	3	
		3. 分组恰当，组长和成员任务分工明确	4	
		4. 对活动进行分析和预设。如对活动方案、安全、所需的工具和材料等进行分析和预设，做好活动前准备	4	
活动过程	65分	5. 拟订活动方案（包括主题、目的、内容、成员分工、准备、时间、步骤、活动方式、成果预计、交流等），活动方案内容具体且可行	10	
		6. 活动准备充分。例如，提前了解与活动相关的信息，做好相关的联系工作，准备好工具、食品、药品、衣物等物品	5	
		7. 积极主动利用多种途径和方法（体验、探究、实验、设计、创作、想象、制作等）参与活动	10	
		8. 紧扣主题广泛收集资料（文字、图表、音像、标本、信息等），分析、取舍和归纳资料	10	
		9. 确定成果呈现方式（如口头报告、书面研究报告、演讲、小册子、音像、模型等），总结活动成果与体会	15	
		10. 展示交流活动成果	10	
		11. 开展活动评价（自评、互评或专家评）	5	
活动效果	20分	12. 在活动中积极主动，兴趣高昂	4	
		13. 探究精神、合作精神、创新精神得到发挥，实践能力有所提高	4	
		14. 活动有始有终，成果突出	5	
		15. 及时总结、交流和评价	5	
		16. 在活动中遵守校规校纪	2	
合计得分			100	

七、建设一所"自觉教育"理念下的新优质学校

长春净月区华岳学校实践案例

长春净月区华岳学校是长春净月高新技术产业开发区教育局为实现区域内义务教育优质均衡发展而建设的一所公办学校，于 2018 年 9 月 21 日正式开学。作为承载教育优质均衡发展使命的一所公办学校，华岳学校建校之初就将办学目标定为"办一所老百姓家门口的好学校"。在不挑生源、没有额外资源、没有深厚文化积淀的情况下，华岳学校秉承"自觉教育"思想，从关注和研究学生的成长规律着手，以培养学生自主性、能动性、创造性为基本原则，以学生自我意识唤醒、自主能力发展、自信品格养成、自强精神树立为核心目标，以课程与教学为依托，以学生主体性实践活动为平台，以教师教育自觉为关键，以学校文化管理为保障，建构成就师生自主发展的现代学校教育范式，力求实现普通公办学校办学水平和育人质量的显著提升。

（一）学校基本情况

1. 办学规模

华岳学校是由长春净月高新技术产业开发区全额投资创办，由新优教育集团委托管理的一所义务教育公办学校，是具有独立法人资格的公益一类事业单位。学校占地面积 6.65 万平方米，建筑面积 5.1 万平方米，投资 2.5 亿元，满负荷运行能够容纳小学 30 个班、中学 30 个班。

2. 办学优势

（1）硬件条件优越，丰富的资源保障优质学校的创办

学校建设融入西方学校建筑的理念，采用乌托邦式的教育理念精心打造学生的学习区域、休闲区域和阅读区域，开设多功能融合的共享空间和利于多样化课程实施的多功能教室。学校建设有标准的运动场、风雨操场、学生食堂和地下停车场等公共设施。学校基础设施建设着眼于未来，通过云计算、物联网技术配备智能黑板、可触摸笔记本电脑和数字教材，实现信息技术校校通、班班通、人人通的线上线下

无边界学习场景设置。华岳学校在建筑设计上，为学生提供了广泛的开放活动空间，如宽达 7 米的过廊、半开放型的功能教室等。未来在这些空间功能的设计上，将向体现科技创新特色方面倾斜，开辟"科技创新体验区"，为学生提供更多可将创新性思考付诸实践的场所。

华岳学校地处长春市东南方向，是净月区的金融中心，交通便利，周边拥有多个成熟社区，学生家庭背景比较多元，为学校课程的开放和家校共育的实现提供了资源保障。同时，学校附近有吉林省科技馆、吉林省光学科学技术馆、中国科学院长春光机所净月科技活动中心、生态林业科普馆、吉林省博物馆、吉林省工艺美术馆等科技文化场馆，净月潭国家森林公园、南溪湿地公园等休闲旅游度假区，丰富的社区资源为学校开发实践类课程和开展社会实践活动提供了有利条件。

（2）体制机制创新，政府大力支持创办优质学校

净月区在国家供给侧改革总体思路的指导下，对区域内教育的发展实行体制机制的改革和创新。首先是公办学校实施委托管理，由新优教育集团对净月区三所新建公办学校实施全方位的委托管理，华岳学校是其中的一所。其次是对委托管理学校实行"管、办、评"分离，由第三方专业评估机构对学校的办学质量给予专业化地评估。此外，机制创新还体现在以下五个方面：一是"三位一体"的人员招聘模式，由净月区人社局、教育局和新优教育集团在内的三方协同招聘华岳学校三个层级的教师。二是教师聘任合同与华岳学校签署。为增强教师的学校归属感，净月区人社局、教育局多方努力，保证华岳学校的教师全员与华岳学校签署聘任合同，这项举措根植于教师的长远发展，保证了教师队伍的稳定性。三是薪资分配制度内部自主调整。在净月区人社局、财政局和教育局的大力支持下，华岳学校实现了教师工资总额分配到学校，学校依据多劳多得、优劳优酬的原则进行自主分配，使薪酬与工作量和教师的专业发展挂钩，建立教师发展性评估的激励机制。四是新优教育集团作为学校管理者全程参与学校筹建工作。从功能教室的设计到设备采购，使用者都参与其中并给出建议，为后续的高效运行提供了保障。五是教师岗前培训保证了教师队伍质量。全体招聘教师提前六个月上岗进行理论与实践相结合的岗前培训。新优教育集团从宏观理论、中观实践和微观操作进行了培训工作的整体规划和实施。通过以上体制机制的创新和改革，真正实现了国家倡导的教育管理走向教育治理的转化，学校的办学自主权得到了有效回归。

（3）管理理念先进，高品质引领创办优质学校

华岳学校是新优教育集团长期委托管理的第一所学校。秉承"自觉教育"理念，集团从课程建设、教学管理、学生发展、教师教育和学校文化建设等方面对学校的发展进行了周密的顶层设计。同时，以李桢董事长为首的集团核心管理团队专业性强，其中博士生导师1人，在读博士7人；管理团队具备丰富的学校管理实践经验，并积累了雄厚的办学资源，为学校的持续发展提供内外兼顾的保障。另外，新优教育集团向学校派驻以教授、特级教师为主的专家团队入校督导，对常规教学中各个环节的落实进行全流程指导和质量评估，以确保常规教学高效优质运行。

3. 面临挑战

（1）教师队伍年轻化，且工作经历多年

截至2019年2月，华岳学校有教职员工73名，教师平均年龄为33.2岁，有6人（8.2%）是应届毕业生或工作未满三年的新手教师。这是一支年轻、有活力、能够较快接受新的教育教学理念、潜力十足的教师队伍。同时，通过对已招聘教师的背景材料分析发现，教师队伍的工作经历背景复杂，规范程度不够。虽然大部分教师有工作经历，但其中有18人（24.7%）是在社会教育机构做兼职教师或管理工作，个别教师甚至没有在教育部门工作的经历。在职教师也来自不同地域、不同类型的学校，文化多元性使得教师在具体工作中与学生、家长、同事需要较长的磨合时间，这给学校的制度管理和文化建设带来了困难。

（2）生源质量差异性较大

公办学校实行就近入学政策。学区内大多是净月区发展较早的成熟型社区，人员结构比较复杂。不同家庭背景、不同受教育经历的学生给教师的教学和学校的管理提出了各种挑战，因此，学生学业水平的质量提升需要全方位的细致规划和切实落实。

（3）社会发展对教育期待较高

教育是民生之本，随着净月区的快速发展，城市规模逐步扩大，城市人口迅猛增长，净月区已经成为高端人群的集聚区，对优质教育的需求日益增强，但由于历史原因，净月区原有的教育水平难以满足需求。为推进教育优质均衡发展，科学规划教育布局，提升教育承载力，满足广大群众对优质教育公平化的强烈需求，净月区政府决定下大力气打造一批优质学校，华岳学校就是其中之一，这为

华岳学校的发展提供了良好的政策环境，同时也对华岳学校办成高品质的新优质学校提出了挑战。同时，社会对新优教育集团的首个长期委托管理学校的期待很高，纷纷计划将孩子送入华岳学校就读，这对一所新学校而言无疑是一个良好的发展契机，但同时过高的期待和关注所带来的压力也会给学校的自主发展带来负面影响。如何不辜负社会、政府、家长对学校的高期待，是华岳学校办学必须面对的挑战。

在充分分析学校办学基本情况的基础上，新优教育集团学校管理团队经过多轮研讨，将探讨基于"自觉教育"的学校管理范式确定为创建新优质学校的问题解决路径。在总结已有优质学校办学经验的基础上，结合当前教育改革与发展形势，在物联网和互联网融合的当下，借助智慧校园解决方案，提出华岳学校发展战略思路：课程自主研发、教学自主探究、学生自主成长、教师自觉发展、文化自觉创生。

（二）自觉教育理念下学校管理范式的实践

1. 愿景高位引领

通过学校办学理念、培养目标和办学目标的确立，华岳学校首先确立了学校发展愿景。

（1）办学理念与办学特色

依据《国家中长期教育改革和发展规划纲要（2010—2020年)》和《中国教育现代化2035》对义务教育阶段教育发展的相关规划，学校秉承以发展学生自主性、能动性和创造性为原则的"自觉教育"思想，以"为学生自觉发展的智慧人生奠基"为办学理念，打造以学生自我发展与完善为核心，以启发高阶思维、创设学习共同体、形成多元文化理解为路径的"1＋3"人才培养特色，让每位华岳学生都能够作为独立的生命个体，在面向社会、面向他人时，拥有足够的能力与自信，开启自我追寻的智慧人生。

华岳学校以科技创新为办学特色，尊重学生身心发展规律，坚持立德树人，搭建"九年四段"贯通培养管理框架，遵循"君子安雅智者自明"的校训，以华岳"雅·智"课程为载体，以华岳"意义教学"为依托，以促进学生发展为核心目标的综合素质评价为平台，以教师教育自觉为关键，以学校文化自觉为精神引领，建构成就师生自觉发展的现代学校教育范式，将华岳学校建设成为全国有影响、吉林省树品牌、区域内成典范的优质学校，为区域内教育的优质均衡多样化发展做出贡献。

（2）培养目标

根据"自觉教育"核心思想，华岳学校将学生的培养目标定位为培养具有"丰厚文化素养、自觉发展能力、创新实践智慧、明辨笃行品格"的适应未来社会发展的合格公民和优秀人才。

（3）办学目标

华岳学校依据国家《义务教育学校管理标准》，创设"标准引领、管理规范、内涵发展、富有特色"的良好办学局面，全面提升教育教学质量，将华岳学校办成吉林省最优质的学校之一，全国深具影响力的学校之一，并最终成为学生喜爱、教师热爱、家长信任、社会认可、政府满意的新优质学校。

2. 课程自主研发

（1）课程目标

华岳学校遵循教育发展规律和学生成长规律，在办学理念引领下，在新优教育集团课程总体方案的基础上，根据"丰厚文化素养、自觉发展能力、创新实践智慧、明辨笃行品格"的培养目标，自主建构"多领域、重融合、高效能、宜发展"的华岳"雅·智"课程体系。同时，学校为学生提供多元文化背景下的课程内容，搭建创新实践的行动平台，使学生在自主学习中发展高阶思维，在学习共同体建设中树立自信人格、形成自主发展能力、促进多元文化理解。以上也是学校育人目标的重要载体。

（2）课程结构

为实现学校育人目标，按照学生核心素养的不同发展要求，华岳学校的课程结构包含七个领域：即语言与文学、艺术与创意、交往与实践、运动与健康、人文与社会、数学、科学与技术，强调知识之间的关联性、统一性和融合性。同一课程领域的课程共同为学生核心素养服务，强调领域核心素养的培养和发展。

为了体现不同课程类别的课程优化功能，按照课程的整体统筹规划、内容均衡设置和组织方式的异同，华岳的学校课程可划分为基础课程、拓展课程和主题课程三个层级。

2018—2019 学年华岳学校课程图谱

群类别 课程领域	基础课程群 （必修）	拓展课程群（选修）		主题课程群 （限定选修）
语言与文学	语文 英语	语言："E"趣剧场、舌尖上的西方礼仪、绘声绘色、Sing with Me!、少儿口才与播音主持、青少年口才与播音主持、韵律自然拼读、英语趣配音		一、文化类主题课程 1. 首届"华岳杯"健康体育欢乐节 2. 首届华岳读书节 3. 媒体制作主题课程 二、自觉启智课程 STEAM 教育课程群 三、自我教育课程 1. 行为管理课程 2. 学业整理课程 3. 中学生领导力开发课程 4. 红领巾课程 5. 安全教育课程
		文学：遇见·最美古诗词、戏剧文学之课本剧表演、我爱绘本、悦读经典		
艺术与创意	音乐 美术 书法	音乐：夏威夷之音——Ukulele、非洲鼓表演、"音"为"尤"你、欣竹合唱		
		舞蹈：拉丁舞表演		
		美术：古风人物插画、线描装饰画、创意油画		
		书法：汉字有故事		
交往与实践	综合实践活动	实践：创意工坊、趣味黏土		
运动与健康	体育 心理健康教育	运动：精武门、排球小将、灌篮之家、功夫之星、灌篮小将、啦啦宝贝、绿荫足球		
		心理：情绪舵手、情商日记		
		健康：吃出来的健康		
人文与社会	历史 地理 道法	人文：游地访史、春季踏青之旅、博物馆课程		
		社会：国防教育课程、上海社会实践课程、爱家乡、爱净月负重远足体验课程、"扬民族精神树家国情怀"主题课程		
数学	数学	思维：数学高阶思维探索、逻辑思维探索、超脑麦斯		
科学与技术	物理 化学 生物 科学 信息技术	科学：走近科学家、汇玩科学之魔力电磁、汇玩科学之趣味制作、汇玩科学之神秘力热声、了不起的不倒翁、编程猫、走进光的世界		
		技术：神奇画师		

（3）课程实施

经过对课程开发基础情况的调研，学校进行了课程资源整合，制定了《华岳学校课程方案》，系统规划学校课程，同时制定了《华岳学校课程管理制度》，确保各级各类课程的有效实施。

①基础课程丰富化

国家课程校本化实施。学校严格按照国家课程方案规定，全面开设包括心理、书法、形体等在内的国家课程，加强课程管理，保证国家课程开齐开足开好，保证课时数量、空间容量、师资力量，并切实提高教学质量。

开展"基于课程标准的教学"。课程标准是教材编写、教学、评估和考试命题的依据，是国家管理和评价课程的基础。华岳学校依据课标、教材、学情整体规划教学，把课程标准转化为学段目标、学期目标、单元目标和指导四要素，组织专家和学科组长一起撰写《华岳学校课程指导纲要》。学校统筹安排学科学段教学，通过标准有效地教学保证课程的有序、高质量实施。

地方课程整合性实施。《长春市义务教育区域均衡发展实施细则（2012）》中规定，长春市附带教材的地方课程主要有6门：民族、家乡、安全、健康教育、心理健康、成功训练。华岳学校将6门地方课程内容化整为零，与校本化的国家课程相整合，渗透到相关学科，有效提高课程实施效能。

华岳学校地方课嵌入学科目录（2018－2019学年七年级上部分）

成功训练（七年级上）			
单元	主题	学科	章节
第一单元	我们是一家人	道德与法治	七上第一课：中学时代
第二单元	分享学习经验	道德与法治	七上第二课：学习新天地
第三单元	让想象飞翔	心理	小学心理
第四单元	口若悬河	自我管理	行为管理课程
……			

《初中健康教育》七年级			
单元	主题	学科	章节
第一单元	了解健康 拥有责任 1. 树立健康理念 促进健康成长 2. 讲究公共卫生 提高生命质量 3. 巧识别传染病 早控制阻流行	生物	
		生物	八下第八单元第三章第一节：评价自己的健康状况
		生物	八下第八单元第三章第二节：选择健康的生活方式
		生物	八下第八单元第一章第一节：传染病及其预防
……			

续表

安全教育读本（七年级上）			
单元	主题	章节	学科
第一单元	社会安全	不能进的场所	七年级上第四单元第九课：珍视生命
		在公共场所如何维护人身财产安全	七年级上第四单元第九课：珍视生命
		遇到歹徒怎么办	七年级上第四单元第九课：珍视生命
第二单元	居家安全	衣物的洗护方法	生物八年级下第八单元第三章第二节：选择健康的生活方式
		扭伤了怎么办	生物八年级上第五单元第二章第一节：动物的运动
		怎样应对食物中毒	生物七年级下第四单元第二章第三节：合理营养与食品安全
……			

《家乡》七年级上			
	主题	学科	章节
第1课	"吉林"名称的由来	历史	七年级下第十八课：统一多民族国家的巩固和发展
第2课	先民的足迹	历史	七年级上第一课：中国早期人类的代表——北京人
第3课	吉林的建制	历史	七年级下第十八课：统一多民族国家的巩固和发展
……			

中华优秀传统文化教育			
单元	主题	学科	章节
第一单元	临患不忘国	历史	八年级上第五课：甲午中日战争和"瓜分"中国狂潮
	爱国的坐标		
	蓝色的梦——纪念甲午战争百年		
	戚继光传		七年级下第十五课：明朝的对外关系
……			

　　STEAM 教育深入基础课程教学。学校围绕科创特色，与大学、科研院所合作，自主研发 STEAM 教育课程，并在三年级至七年级的常规教学中推进课程的实施。华岳学校 STEAM 教育课程并非简单的手工制作，而是将科学、技术、工程、数学等领域知识学习与能力培养相融合，以项目式学习为主要形式，兼顾与学科的融合，全面提升学生的问题解决能力和科学素养。

　　基础课程纵横双向延伸发展。结合学生能力水平的差异，学校利用"进阶课程"实现基础课程纵向发展，学生采用走班上课的方式实现个性化培养；针对提升学生综合实践能力的目标，学校开发学科统整课程；将学期全部教学内容按主题进行重新整合，结合知识在实际生活中的应用，制定 3～5 个学习主题，设计学习内容进行的项目式学习，以培养学生的高阶思维为目的。

　　②拓展课程领域化

　　拓展类校本课程强调其领域属性，学校将课程领域与培养目标建立关联，明晰每门拓展类校本课程的目标界定，提高教师的课程意识和课程开发能力，丰富课程内容和教学组织形式，使学生依托于拓展性学习激发学习兴趣和自我潜能，提高综合运用知识解决实际问题的能力，增强多元文化理解。

课程领域与培养目标的对应关系

	丰厚文化素养	自觉发展能力	创新实践智慧	明辨笃行品格
语言与文学	✓	✓		
科学与技术	✓		✓	
运动与健康		✓		✓
艺术与创意	✓		✓	
数学	✓		✓	
人文与社会	✓	✓		✓
交往与实践			✓	✓

　　2018～2019 学年第一学期，初中共开设校本课 15 门，小学一、二年级共开设 16 门，三年级开设 2 门。课程内容涵盖了七个学科领域，完成了教师自主申报、专家审核、推介课程、学生选课、课程评价，以及针对校本课上课情况的调查问卷等流程。学生和家长对学校校本课的反响和评价很高，初中的满意度达 97.24%，小学达到 88.87%。

　　在第一学期基础上，根据学生和家长的反馈，学校组织任课教师、专家进行全方位反思，修订课程方案，进一步开发课程资源、丰富课程内容。第二学期，初中开设 17 门校本课，小学开设 24 门校本课，并将部分校本课与学校特色建立关联，打造学校精品课程。

③主题课程系统化

系统规划主题课程，纵向按时间确立每学期"月主题"课程，使部分主题课程成为固定时间的固定仪式。横向按类别完善主题课程群并进行系统设计，如 STEAM 教育课程群、自我教育课程群等。学校还将体现办学特色的课程建设成精品课程。

（4）课程评价

按照评价内容和维度的不同，新优教育集团课程教学管理中心的专家、学校课程管理委员会成员、学校选课学生、学校开课教师、选课学生家长都是学校课程评价主体。其中，学生自评指向自我反思与激励；学生互评指向发挥班集体教育作用；教师评价指向发掘学生潜能，激励学生发展；家长参与指向建立家校合作机制，发挥教育优势。评价工具主要包括课堂观察、成长记录、问卷调查等。

3. 教学自主探究

学校在"自觉教育"理念指导下，建构促进师生自觉发展的学校教学质量管理系统。学校通过计划、组织、指挥、协调、评价、反馈等手段，对课前诊断与设计、课堂意义教学设计及双视角观察、课后发展性评价与补偿性学习等教学环节，进行基于"意义教学"理论背景下的系统解读和实践探索，形成"意义教学"实施管理范式，促进学校办学优质化的持续提升。

（1）组织结构

学校教学质量管理系统采取校长领导，主管小学和中学的副校长统筹，课程与教学管理中心组织实施，学科组和学部（年级）具体落实为实施系统，以学术委员会为咨询、指导和评估系统，以功能教室、信息网络和教学辅助等为保障系统的一体化运行模式。

①教学行政管理系统

学校教学行政管理系统采取以课程与教学管理中心为核心，学部（年级）管理、学科管理双轨运行的模式。根据学校的总体工作部署，课程与教学管理中心统筹安排各学部、教研组的教学工作，起到协调、平衡的指挥功能，并对工作实施绩效进行发展性评估。各学部（年级）、教研组根据学校教学的总体规划合理安排本部门工作，并对课程与教学管理中心负责。

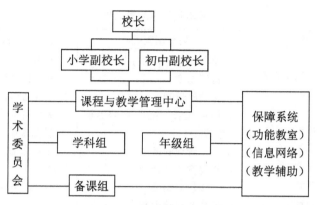

华岳学校教学质量管理系统

②教学业务管理系统

教学业务管理系统主要包括学科组、备课组等。它们主要负责组织教师开展教学研究活动，对教师进行具体的教学业务专业化指导。教学业务管理系统对学生学业发展水平负责。

③教学咨询、审议、监督系统

教学咨询、审议、监督系统由学术委员会中的不同项目组构成。学术委员会主要负责根据学校的整体要求，围绕影响教学质量的各种因素展开调研，提供咨询、建议和指导，依据学校的办学思想和发展规划，对教育教学质量、教学工作、教学管理、学生学业水平进行诊断、评估、反馈和指导。

根据学校整体工作目标，学校界定以上各组织的管理职能、岗位职责和工作绩效评估方法，以确保学校教学秩序的有效维护。

④教学保障系统

教学保障系统由功能教室、信息网络和教学辅助等组成。学校制定学校后勤保障制度手册和内控手册，明确岗位职责，做好上岗培训，自觉规范服务意识，提高服务质量。

（2）实施程序

①质量标准

学校建立全员、全面、全程的"三全"闭环式教学质量管理标准，出台全流程质量文件，组织相关管理人员对流程及其标准的执行情况进行检查和反馈，提出改进建议，促进教师教学质量和学生学习质量的全面提升。

常规教学管理质量文件

岗位职责类	规章制度类	质量评估类
1. 校长岗位职责	1. 课务、考务管理手册	1. 教案检查记录单
2. 副校长（教学）岗位职责	2. 备课制度	2. 教案评级标准
3. 课程及教学管理中心主任岗位职责	3. 课堂教学制度	3. 集体备课记录单
4. 教务干事岗位职责	4. 作业布置、批改及学生辅导制度	4. 集体备课检查记录单
5. 年级主任岗位职责	5. 题库管理制度	5. 意义课堂观察评价量表
6. 学科组长岗位职责	6. 常规教学检查制度	6. 作业布置与批改情况检查记录
7. 备课组长岗位职责	7. 合作教研制度	7. 教师辅导学生记录单
8. 各学科教师岗位职责	8. 各功能室管理制度	……
9. 教辅人员岗位职责	……	
……		

学校建立了一系列常规教学质量管理手册，包括《学期教务管理手册》《学期课务管理手册》《学期考务管理手册》《学期教师工作手册》《学期专家工作手册》等，每学期在上学期运行基础上进行迭代更新，逐步完善各项质量标准，使其更具科学性和可操作性。

华岳学校常规教学管理手册

学校每学期进行三次常规教学检查。学期初的第一次常规教学检查聚焦假期教师预备教案检查、假期学生作业完成情况反馈、学期初学生前测成绩分析、开学前两周教学秩序情况反馈等；第二次常规教学检查时间是期中考试后，检查的主要内容是教师公版教案完成情况、学生作业反馈情况、全校领导专家和教师的听课情况、期中学生学业质量监测成绩分析、学科组以及备课组教研活动开展情况等；第三次常规教学检查时间是期末考试后，主要内容包括学校办学各项工作满意度调查（教师满意度、校本课满意度、服务保障性工作满意度等）、期末学业质量监测成绩分析、复习课课堂教学质量调查、资源库建设情况反馈等。

序号	学科组	教师等级	全课时教案	全部个人主备共案	课堂观察记录	校本课过程材料科	指导教师记录	班主任工作记录	作业单资科包	阶段测试题资科包	读书心得	校内培训笔记	校外培训笔记	教学反思或教学叙事	集体备课	学科组会
														华岳学校2018—2019学年上学期第三次常规教学检查汇总表（全体教师）		
1	初中数学	√	√	√	136	√	10	52	√	√	10	13	13	8	13	12
2	初中语文	√	√	√	91	√	11	25	√	√	10	21	13	8	8	7
3	初中英语	√	√	√	122	√	10	27	√	√	9	12	16	12	4	4
4	初中综合	√	√	√	171	√	20	无	69	24	15	30	23	19	16	10
5	初中体艺	√	√	√	113	√	9	无	无	无	8	13	10	11	11	0
6	小学数学	√	√	√	157	无	10	15	√	√	10	30	27	19	8	16
7	小学语文	√	√	√	314	√	20	121	√	√	20	81	31	28	11	8
8	小学英语	√	√	√	116	√	8	无	√	√	13	24	10	18	13	10
9	小学综合	√	√	√	273	√	31	无	√	无	23	48	17	22	20	9
10	小学体艺	√	√	√	259	√	10	无	√	无	36	36	21	32	26	10
总计					1752	139	240				154	308	181	181	130	86

常规教学检查汇总表

选项	小计	比例
A.非常满意	411	77.11%
B.满意	106	19.89%
C.基本满意	16	3%
D.不满意	0	0%
E.不清楚	0	0%
本题有效填写人次	533	

学期末家长对班级管理满意度调查结果

②流程管理

基于"意义教学"的核心理念，学校通过"3＋1"生成性备课、"意义课堂"建构、"意义教学"的课堂观察、全息性诊断、靶向性指导和发展性评估六个具体流程，以"研究—实践—反思—迭代"循环的校本教研为支撑，落实"意义教学"，实现学生的认知发展、社会关系和文化价值的统整建构。

"3＋1"生成性备课。每学期的假期，教师按照预设的教学进度和备课任务分工进行个人预备，通过线上线下相结合方式进行协同共备，在共备基础上生成个性化教案，主备人上引领课，全组教师进行课堂观察、课后会议研讨等策略，完善教学设计形成公版教案上传备课平台，以备后续评估和使用。

"意义课堂"建构。"意义课堂"包括意义创设、意义联结、意义巩固和意义提升四个环节。师生在四环节教学中通过学习共同体组织方式，创设"以学习者为中心"的课堂，实现学生学习意义的提升。

案例1：教师授课课时教案（初中数学）

课题	6.3.8 商品销售中的利润问题				教师			学科	数学
课时	1课时	课型	新授课	学生	年 班	时间	年 月 日	课节	第 节
教学目标	1. 通过分析商品利润等有关知识，经历运用方程解决实际问题的过程，体会方程是刻画现实世界的有效数学模型。 2. 尝试用数学思维分析生活中的打折现象，理性消费。 3. 体验到生活中处处有数学，生活中时时用数学，要掌握数学公式和有关概念，如利润、成本价等，能在复杂的数量关系中找到相等关系，从而提高分析问题、解决问题的能力。								
重点	用列方程的方法解决打折销售问题。								
难点	准确理解打折销售问题中的利润（利润率）、成本、销售价之间的关系。								

教学过程	复习引入	1. 说说我们接触过哪些与商品利润有关的知识？ 〔成本（成本价、进价）；标价（定价、原价）；销售价（售出价、实际售价）；利润（营利、亏损）；利润率〕 2. 用所学知识解决下列问题： (1) 某商品原来每件零售价是 a 元，现在每件降价 10%，降价后每件零售价格是_____。 (2) 某种品牌的彩电降价 20% 以后，每台售价为 a 元，则该品牌的彩电每台原价应为_____元。 (3) 某商品按定价的八折出售，售价是 14.8 元，则原定售价是_____元。 得出小模型：利润＝售价－成本	了解学生基础情况
	意义创设	问题一：一家商店将某服装按成本价提高 40% 后标价，又以 8 折优惠卖出，结果每件仍可获利 15 元，如果设每件服装的成本价为 x 元，那么： 表格如下： 追问1：可以在成本价、标价、售价、利润之间找到什么关系？ 追问2：根据你找的数量关系列出方程？	创设与实际生活相联系的问题情境，引发学生注意，调动已有的知识与经验，聚焦学习的核心内容。

成本价	标价	售价	售价－成本价（利润）
x 元	$(1+40\%)x$ 元	$0.8\,(1+40\%)x$ 元	$[0.8(1+40\%)x-x]$ 元

教学过程	意义联结	某商场新进一批衣服，标价 150 元，打 8 折销售后，每件仍可获利 30 元。 （1）求这批衣服的进价是多少元？ （2）若每件获利 50 元且仍按八折销售，则应标价多少元？ （3）若每件的标价不变，打 9 折销售，则每件可获利多少元？ 问题二：（1）某种商品的进价是 300 元，售价是 400 元，则销售时的利润率为____。 （2）某种商品的进价是 300 元，销售时的利润率 20%，则售价是____元。 （3）某种商品的售价是 400 元，销售时的利润率 20%，则进价是____元。 得出小模型：$\dfrac{商品利润}{成本}\times100\%=商品利润率$ 问题三：某商场将某种商品按原价的 8 折出售，此时商品的利润率是 10%。已知这种商品的进价为 1800 元，那么这种商品的原价是多少？ 如果设商品原价是 x 元，那么： | 进价	利润率	原价	售价	售价－进价（利润）
1800 元	10%	x 元	$0.8x$ 元	$[0.8x-1800]$ 元	 追问 1：可以在进价、售价、利润率、利润之间找到什么关系？ $\left[利润率=\dfrac{利润}{成本}\times100\%=\dfrac{售价-成本}{成本}\times100\%\right]$ 追问 2：根据你找的数量关系列出方程？ 解：设商品原价是 x 元，根据题意得， $\dfrac{80\%x-1800}{1800}=10\%$， 解这个方程，得 $x=2475$ 因此，这种商品的原价为 2475 元。	建立新知识与已有知识网络的神经联结、产生意义建构的阶段。教师与学生通过经验与知识的转化、活动与体验的参与、本质与变式的加工等方式，完成基础性教学和学习任务，将知识内化为自身知识结构中的一部分，自觉提升智慧水平。其间，可采用多种教学和学习策略群，组织差异化、个性化、多元化的适宜教学形式，完成一轮或多轮的意义联结。
		归纳总结： 利润＝进价×利润率，利润＝售价－进价 售价＝标价×$\dfrac{折数}{10}$，售价＝进价×（1＋利润率）	

教学过程	意义巩固	一件夹克按成本价提高 50％后标价，后因季节关系，按标价的 8 折出售，每件以 60 元卖出，这批夹克每件的成本价是多少元？ 变式 1：那么此商品是按几折销售的？ 变式 2：某商品在原价的基础上提高 25％标价，若想调回原价，应降价的百分比为多少？	通过比较灵活的复习形式与内容，调动学生的注意力，强化记忆，将知识内化的结果外化表达，巩固联结效果。
课堂小结		本节课学习了有关商品利润的简单的问题，我们要弄清楚一下这些名词的意义：成本（成本价、进价），标价（定价、原价），销售价（售出价、实际售价），利润（盈利、亏损），利润率。还需要理解利润＝售价－成本，利润率＝$\frac{利润}{成本}\times100\%＝\frac{售价－成本}{成本}\times100\%$，以及它们的各种变形：利润＝进价×利润率，利润＝售价－进价，售价＝标价×$\frac{折数}{10}$，售价＝进价×(1＋利润率)。用数学的眼光分析生活中的打折现象，以指导我们在日常生活中理性消费。	
		1. 某交电大厦以 5000 元的价格购进一批电脑，如果将这批电脑按物价局定价的 9 折销售，可获利 760 元。求物价局的定价是多少？ 2. 某商店把一种洗涤用品按标价的 9 折出售，仍可获利 20％，若该洗涤用品的进价为 21 元，则标价为 ( ) 元。 　A. 26　　　　　B. 27　　　　　C. 28　　　　　D. 29	
意义提升		基础问题： 一、选择题： 1. 某服装店销售春款服装，一件服装的标价为 200 元，若按标价的 8 折销售，仍可获利 40 元，则这款服装每件的标价比进价多 ( )。 　A. 40 元　　　B. 60 元　　　C. 80 元　　　D. 120 元 2. 为了搞活经济，某商场将一种商品 A 按标价 9 折出售，仍获利润 10％，若商品 A 标价为 33 元，那么商品进货价为 ( )。 　A. 31 元　　B. 30.2 元　　C. 29.7 元　　D. 27 元 …… 提高问题： 20. 一批货物，甲把原价降低 10 元卖出，用售价的 10％作积累；乙把原价降低 20 元卖出，用售价的 20％作积累。如果两种积累一样多，则原价为 ( )。 　A. 20 元　　B. 30 元　　C. 40 元　　D. 50 元 21. 某商品连续两次 9 折降价销售，降价后每件商品的售价为 a 元，该商品原价为 ( )。 　A. $0.9^2 a$ 元　　　B. $1.1^2 a$ 元　　　C. $\frac{a}{1.1^2}$　　　D. $\frac{a}{0.9^2}$ ……	

续表

意义提升	拓展问题： 28. 净月实验学校七年级社会实践小组去商场调查商品销售情况，了解到该商场以每件 80 元的价格购进了某品牌衬衫 500 件，并以每件 120 元的价格销售了 400 件，商场准备采取促销措施，将剩下的衬衫降价销售，请你帮商场计算一下，每件衬衫降价多少元时，销售完这批衬衫正好达到营利 45% 的预期目标。 ……

教后反思	本节课与实际生活联系紧密，可让学生课前去超市体会打折销售的情况，使他们充分体验生活中数学的应用与价值，这样他们就有了学习的愿望，变被动为主动，这也正是我们每节课希望达到的目标。
	    在知识落实上，主要采用问题串的模式，有效针对学生接受知识的思维习惯有条不紊地进行知识的探究和掌握，引导学生进行探索，使不同层面的同学有不同程度的收获。
	    在教学实施中自始至终精心设计问题，引导学生探索、归纳，注重过程教学，如此既有利于培养学生的分析归纳能力，也真正体现了以学生为主体的教学理念。

"意义教学"的课堂观察。学校坚持有利于学生认知、能力、情感与品格一体化发展的课堂教学新理念，聚焦基于"意义教学"理念的课堂观察，组织教师利用观察量表进行专业化的听评课，帮助教师优化自身的教学行为，共同创设以学习者为中心的"意义课堂"，并依托信息技术手段的支撑，建设与"意义课堂"相适应的学科教学和学习资源库。学校针对集团提供的观察量表根据研究各学科问题研究的方向和教学内容的差异进行校本化、学科内改造，以实现聚焦教学问题解决，聚焦学生差异化辅导的功能。在量表使用之前，学校统一进行相关内容的解说或培训。课前会议中对于量表的使用需要学科组全体教师明确观察要点和任务分工，充分考虑观察者和被观察者的需求；教师在研究课、主题课、展示课中运用量表进行课堂教学观察，为课后会议研讨提供研究依据；这些活动，为教师学会专业化的观课、评课提供学习实践途径，学校同时要求教师撰写质性描述和数据统计相结合的观察报告。

发展性评估。学校根据新优教育集团制定的发展性评估流程，建立基于数据分析的发展性教学评估系统，建立各流程管理质量文件，明确课前准备、课堂教学、课后作业、阶段测试、质量分析等教学环节的质量标准。学校教学管理人员严控标准的执行情况，及时将督导结果反馈给各学部、备课组和教师本人，并跟踪改进结果，实现以评估促发展，具体涵盖教学准备评估、课堂教学过程评估、教学结果评估全流程。

③教研改进

学校围绕"意义教学"开展多种形式的合作教研活动，探索课堂教学的意义和价值，通过课例研究、问题研究、项目研究等方式，在研修互学过程中，探索教师成长的适切路径，创设共学、共研、共生的校本教研文化。

2018—2019 学年第一学期，学校进行了以"创设学共体课堂，让学习真实发生"为主题的教研活动，历时一个月时间，共有 64 位教师上课。主题教研活动期间全校教师合计上课 143 节，听课 551 节，评课 114 节。

学校通过双轮或多轮教研的深度课例研究，在教师的头脑中建立"以学习者为中心"的学科"好课"模型，并内化为教学行动的指南，激励教师在日常教学中积累教学案例，提高研究能力，促进专业发展，通过建立学科教学经典课例集，总结经验，不断优化，形成具有学校特色的学科教学风格。

本着研究不流于形式的原则，学校遵循行动转变带动观念转变的规律，2018—2019 学年第二学期，学校开展第二轮"创设学共体课堂，让学习真实发生"的主题教研活动，并将研究方向在原有"创设学共体课堂"的基础上，拓展了"意义教学"的研究内容，使教研活动聚焦课堂教学，同时建立与长春市相关教研部门的紧密联系，联合组织教研活动，不断提升教研活动的品质。

4. 学生自主成长

根据国家对义务教育阶段德育工作的总体要求、青少年的心理特点和德育工作规律，构建扁平化的德育工作组织结构，学校开发"自觉教育"理念下促进学生全面发展的一系列"自我教育"课程，建立学生综合素质发展性评价体系和德育教育资源平台，依托"九年四段"管理模式，在学校的准社会化环境中培养学生的公民素养和社会参与意识与能力，在校外的社会活动中进一步深化学生的社会角色认同和社会文化归属，逐步实现由"自然人"到"社会人"的顺利转化，实现义务教育育人目标。

根据新优教育集团学生发展工作总体方案，华岳学校构建了学生发展指导体系，其中包括建设"学生发展指导协同系统"、开发并实施"学生发展指导课程"、建立

"学生综合素质评价"实施系统。通过组织建设、课程建设和评价机制建设，学校搭建了有利于学生综合素质提高的学生发展指导体系。

（1）建立学生发展指导协同系统

学生发展指导协同系统是以学校学生发展指导中心为核心的学生发展指导共同体，包括学科教师、班主任、学生自治组织、家长委员会。

在学生发展指导协同系统中，独具华岳学校特色的是学生发展指导教师。学校建立学生发展导师制，将综合考虑全体教师的任教班级、学生特点等因素，整体规划每位教师负责若干学生的发展指导工作。学生发展指导教师主要工作职责包括制定学科课堂教学德育目标，关注所指导学生的思想、道德、行为、学业、身心健康发展等方面状况并给予适时的帮助，撰写学生指导日记，记录学生的成长历程并带动自身教育教学水平的提高。

建立"华岳家长学校"是华岳学校德育工作的另一项重要内容。加强家庭教育指导已经得到教育行政部门的广泛关注，学校通过开设家长学校课程、开放办学等形式，对家长在教育子女过程中普遍关注和困惑的问题采取与专家展开圆桌会谈、部分家长经验分享等参与的培训方式给予家长深入浅出的指导，让家长受益匪浅。

李桢校长在"华岳家长学校"开学式上讲第一课

2018 年 11 月 20 日，华岳学校第一届学生联合会产生了，这是学生实践自我教育、自我管理的重要表现。学生通过竞选演讲、才艺表演充分展示自我，彰显了责任担当的意识和自信自强的品格。同时，华岳学校开发"中学生领导力开发课程"，并组织各种学生活动，为提高学生的领导力和执行力搭建平台。

学生自治联合会竞选

学校通过建立学生发展指导协同系统真正实现全员育人，校内校外统一思想，在尊重学生发展规律的前提下，共谋有利于学生全面发展的有效策略。

（2）开发实施学生发展指导课程

学生发展指导课程是在新优教育集团德育课程整体构架的基础上，华岳学校自主研发的学生"自我教育"主题课程群。"自觉教育"理念下的学生发展指导课程是一种在教师创设的德育情境下，学生自主地、有计划地、有目标地获得经验或体验的德育范式。换言之，在尊重国家和地方课程体系的基础上，学校注重"自觉教育"的"四自"核心目标，逐步建设学生自主开发、自主参与、自主体验的德育主题课程。

学生发展指导课程贯穿于学校所有课程领域，与基础课程、拓展课程和主题课程高度融合。在基础课程中，学校注重在学科教学中落实"自觉教育"德育目标，在学科教学设计中体现"自觉教育"核心理念，在学科教学评价中包含"自觉教育"

评价维度。学校通过学科教育，完善学生人格培养，实现"全人教育"。在拓展课和主题课中，学校设置以提高学生身心健康、交往与实践、生命与规划等方面素质和能力为目标的主题课程，通过课程的实施促进学生综合素质的均衡发展。

学生发展指导课程图谱（部分）

课程领域	课程设置	修习方式
自主管理	学业整理课程	限选
	行为管理课程	限选
	入学准备课程	限选
	安全教育课程	限选
	中学生领导力开发课程	选修
自我认知	心理与生理健康课程	限选
	公民课程	限选
	"心灵乐园"课程	限选
	红领巾课程	限选
自主实践	国防教育课程	限选
	月主题课程	限选
	综合实践课程	限选
	劳动实践课程	限选
自我规划	自我规划课程	限选
	职业体验课程	选修
	特色社团课程	选修

学校根据每门课程的不同德育目标，合理选择课程内容，采取情景剧教学、视频教学、校外综合实践体验等多种方式，依托于学生发展指导协同系统进行有效的课程实施，通过过程性课程评价，促进学生综合素质的全面发展。

（3）实施学生综合素质评价

学生综合素质评价是对通过观察、记录、分析学生个体的成长过程，发现和培养学生的良好个性，促进学生全面发展的发展性评价方式，同时也为上一级学校招生录取提供重要依据。

综合素质评价反映的是学生在思想品德、学业水平、身心健康、艺术素养、社会实践等五方面的发展情况。学校采取目标导向式评价,评价指标即为发展目标。5个模块、18个维度、60个指标和若干观测点构成学生综合素质评价的指标体系。在评价内容上,学校将学生成长过程中的突出表现作为考察的重点,特别是强调通过参与相关活动情况及其成果来考察学生的综合素质状况,使评价内容可考察、可比较、可分析。

评价流程包括目标的制定、过程材料的积累、多主体评价、评价结果应用四个环节。学校对于所有评价指标全部合格(5A)的学生学期末给予奖励,颁发"华岳毓秀奖"证书,并给予相应奖励。

华岳学校月综合素质评价指标体系综合素质评价指标体系

年　　班　　姓名:

评价模块	评价维度	评价指标	观测点	学生自评	教师评
思想品德	行为习惯	爱护环境	保持班级内卫生和自己座位附近的卫生;卫生间内不打闹,不大声说话。		
学业水平	学习能力	问题意识	对自己感到好奇的事情,能够多问几个"为什么"。		
	学习习惯	爱好读书	每天阅读半小时,养成读书的习惯。		
身心健康	心理素质	健康心理	能将学校发生的小朋友互相帮助的事情或好人好事等讲给家人或老师听。		
社会实践	经历体验	校内	乐于参加学校组织的文体活动,能够听从老师的安排。		
同学给我的建议					

(4)建立学生发展指导工作保障系统

学校制定班级评比指标体系、班主任和指导教师岗位职责、各项工作督导检查制度等保障性文件,以学生发展指导中心为核心协同各学部建立学生发展指导工作督导系统,每周进行"华岳自主管理标兵班"评比,激发学生集体荣誉感,提高学生自主管理能力,实现以评价促发展的目标。

5. 教师自觉发展

学校基于教师自觉发展理念,遵循教师专业发展的内源性、社会性和整合性的特点，引导教师自主进行专业发展规划，通过由教师个体、教师群体和教学专家构成的具有生长性的教师专业发展共生体，进行"教学研"三位一体的持续实践、反思、学习和研究，在平等互动、共创共生的过程中实现教师专业品质、专业知识和专业能力的一体化发展，激发和维持教师自觉发展动力，建立一支"师德高尚、学养深厚、业务精湛、勇于创新、追求卓越"的教师队伍。

学校根据新优教育集团的《新优教师专业标准》《新优教师专业发展规划支持与指导方案》《新优教师发展基础课程方案》《新优教师晋级聘任方案》和《新优教师薪酬奖励制度》五个部分的上位文件，结合华岳学校的实际情况，系统规划学校教师发展指导工作，进行校本化实施。

（1）组织机构

督导评估。华岳学校课程与教学管理中心、华岳学校行政办公会和华岳学校学术专家委员会是学校督导评估的主要评估机构。

组织实施。学校校务办公会、学校教代会、学校课程与教学中心、学科组、备课组和项目组在不同层级进行教师的专业发展指导。

（2）教师专业标准

学校将教师专业发展分为五个阶段，从低到高依次为新晋教师、胜任教师、成熟教师、骨干教师和专家教师，并制定五个级别的教师专业标准。同时，学校鼓励教师实现跨越式发展。结合新优教育集团教师专业标准，学校制定了教师每个发展阶段的专业标准，教师对标自己的发展层级，自我规范、自我监督，学校实施过程管理，随时发现问题，随时督导反馈。学校在教师的专业评估中，鼓励教师在参照教师发展阶段的标准和要求基础上，突破纵向工作年限的限制，实现横向跨越式发展。

（3）教师专业发展基础课程

学校成立教师发展学校，开发华岳学校教师专业发展指导课程。根据教学工作实际，教师专业发展基础课程内容分为教学设计、组织实施、监测评估、培训学习和教育研究五个方面。学校根据不同阶段教师的发展需要，设计分层次的课程内容。每项课程内容根据教师的表现赋予相应的分值，教师每学期完成基础课程，但达到70分（满分）时，即为该层级合格教师。

学校根据教师发展阶段不同，分别制定新晋教师、胜任教师、成熟教师、骨干教师和专家教师的基础课程。

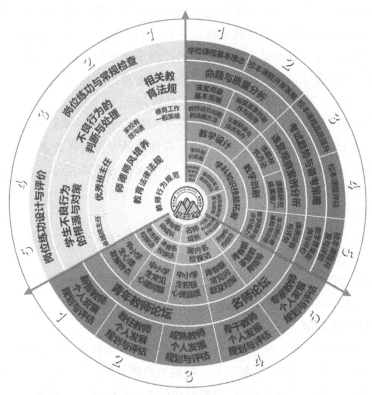

华岳教师发展学校教师专业指导课程

学校通过教师提交认证材料、审核认证材料、学分汇总、学分认定等环节，每学年进行课程修习情况评估和课程过程评价，并将结果记入教师发展档案。

（4）教师专业发展奖励积分

学校为了鼓励教师立足本职工作，不断追求卓越发展，在教师专业发展课程方案的基础上，对教师专业发展突出表现予以奖励，旨在学校管理中优劳优酬，形成积极向上的工作氛围。

（5）教师专业发展规划支持策略

华岳学校成立了教师发展学校，教师的专业发展指导与评价采用指导教师负责制。学校建立双导师制，每位负责教师专业发展的导师负责3～4名教师，从教师的教育与教学两方面为教师发展提供指导，促进师生共同成长。学年初，学校帮助教师根据教师专业标准，制定个人阶段发展规划。在教师基本达到所处发展阶段的各项标准的基础上，学校明确3～4项年度重点工作目标，帮助教师制定提升规划，明确行动计划和评估标准。与此同时，学校通过建立教师发展档案的方式，记录教师的成长历程，鼓励教师自觉提高专业修为。学校对教师的专业发展始终坚持过程督导和专业支持，在进行年度评估及阶段评估的基础上，形成评估报告。

教师评估以学年为一个评估周期，即每年9月初至次年6月初，评价过程包括确定目标、过程监督和年度评估三个闭环管理的环节。学校通过确定目标、形成合同、过程指导、建立档案、发展评估和计入业绩等环节对教师年度专业发展目标实现情况进行评估，将双方目标达成结果公示，评估结果计入教师个人专业发展档案。

（6）专业认定及晋级评聘

根据新优教育集团关于教师队伍建设的指导原则，从学校教师队伍发展规划和实际出发，学校结合《新优教师专业标准》《新优教师基础课程方案》《新优教师奖励课程方案》《新优教师专业发展规划指导方案》等一系列方案，制定了《新优教师专业认定及晋级评聘方案》，特别体现了量化评价为主，质性评价为辅，以过程评价为主，终结性评价为辅的评价方式，实现以评促教，加强教师队伍建设，充分调动和发挥教职工的积极性和创造性，为学校发展和创新提供坚实的人才保障。

华岳学校 2018—2019 学年教师阅读活动推荐书目

推荐图书	推荐理由
1. 佐藤学《教师的挑战》	21世纪的教师面临的挑战是什么，那就是为所有儿童提供高质量的学习机会。书中一个个平凡的教师正在用自己的行动宣告：课堂上正在发生着宁静的革命——建立以倾听和对话为基础的学习共同体。这不但是师生的共同愿景，也是学校整体变革的基点，是保障每一个儿童学习权的挑战。
2. 佐藤学、秋田喜代美《新时代的教师》	本书从教师日常工作场景出发，细致而准确地描述了教师所处的日常世界。全书大量引用教师的课例和语言，对教师最为关注的教学、课程设计、学生培养、教师专业发展等方面进行了全方位的阐释，研究者与教师视域融合，水乳交融。教师们感到困惑、疑难的问题几乎都可以在这里找到答案或线索。本书是一本不可多得的教师专业生活指南。
3. 夏雪梅《以学习为中心的课堂观察》	本书是课堂观察的权威著作，书中提供了权威的课堂观察理论引领和翔实的课堂观察实践指导。各种类型的课堂观察单手把手教会您如何开展有效的课堂观察。

续表

推荐图书	推荐理由
4. 李虹霞《创造一间幸福》	美国教师雷夫参观了李虹霞老师的幸福教室，观看了孩子们的表现后，连连称这间教室为"中国的第56号教室"。 这间教室有什么魔力让孩子们流连忘返，发生了什么惊天动地的大事让《当代教育家》在教室门前郑重挂上实验班级的牌匾，李虹霞老师的这间普通教室，突破了目前中国传统教室的局限，让一群孩子幸福地生活其中，师生和家长共同演绎了一段充实、浪漫而不乏艰辛的教育生活，吸引了众多教育专家、校长、媒体人和教师走进教室，来破解这间幸福教室的密码。
5. 吴忠豪《小学语文课程标准与教材研究》	本书立足小学语文课程标准与教材的关系，梳理了小学语文课程标准和教材的发展变化，并对小学语文的五个板块做了细致的研究，有助于一线教师对小学语文课程标准和教材形成全面、系统、深入的认知。
6. 马云鹏《小学课程标准与教材研究》	本书以《义务教育数学课程标准（2011年版）》为依据，以国家审订通过并在全国范围内使用的六套小学数学教材为参考，书中收录和分析了大量教材和课堂实录，注重理论联系教学实践。
7. 佐藤学《学校的挑战》《学校见闻录》	学校是"教育的现场"。然而，无论是教育政策的决策者还是教育学者对作为"现场"的学校几乎漠不关心，根本不想从"现场"学到智慧。《学校见闻录（学习共同体的实践）》旨在通过仔细描述学校这一"现场"的动态，从学校层面来验证今日教育改革的趋势，探索其可能性。
8. 格兰特·维金斯《追求理解的教学设计》	课改理念如何落实？核心素养如何培养？深度学习如何开展？如果你想教给学生持久、可迁移的理解，本书会告诉你怎么做。

6. 文化自觉创生

华岳学校在"自觉教育"思想引领下的文化创生是以尊重人、激励人、发展人为基本原则，秉承"君子安雅智者自明"的学校精神，建立人本化的学校管理机制，突出以人的自觉发展为核心管理目标，激发人的自主发展能动性，用文化熏陶、润泽、提升人的修为，共同创生"民主、开放、和谐、创新"的学校文化。

（1）学校精神文化建设

①确立华岳学校精神内核。"君子安雅智者自明"是华岳学校秉承的校训，也是华岳人遵从的教育哲学。学校鼓励每一位华岳人将"乐守高尚品行，明践智慧人生"

作为自己恪守的精神内核和人生追求，同时外显于日常行动，从而铸就华岳学校特有的精神品牌，真正践行"自觉教育"理念。

②确立华岳学校文化建设主体的精神风尚。学校根据校训制定华岳学校的校风、学风、教风，使学校管理者、学生、教师围绕学校的精神内核，形成鲜明的精神风尚和价值愿景。华岳学校校风为"乐守高尚品行，明践智慧人生"，学风为"好问乐思笃行"，教风为"激趣启智赋能"。

③建设具有文化内涵的特色校园。学校系统建设"书香校园"，力图通过涵养阅读，形成人人自读，群体共读，家校连读的阅读场；养成师生阅读习惯，让书润泽校园，启迪智慧，照进心灵；"艺术校园"启迪师生对书法艺术、戏剧艺术、形体艺术、美术等领域的审美能力，让师生崇尚真善美成为自觉。

学生阅读区

④建设华岳师生同乐园。学下建立线上、线下师生发展共同体，搭建师生共修同乐的舞台，创设师生共同参与的辩论会、拓展训练、线上讨论会等主题活动，增加师生、生生交流，形成师生同乐的良好生态环境。

⑤开展形式多样的学校活动。学校通过主题活动，如"华岳杯"科技创新大赛、"华岳杯"艺术创意大PK、华岳读写大会、"华岳杯"健康体育欢乐节、"华岳教师艺术节"等形式，因地制宜地组织丰富多彩的学校活动，使得师生在活动中激发潜能、树立自信、张扬个性。

小学师生礼仪操比赛

⑥遴选"华岳形象大使"。学校面向全体学生、家长征集"华岳形象大使"华华、岳岳形象，以此激发学生、家长参与到学校文化建设中，将学校精神文化外显于学生能够亲近的卡通人物，有利于学生深刻理解学校精神。

⑦加强对外宣传。学校建立学校微信官方网站、公众号，定期更新，让社会及时了解学校的发展情况；与各大媒体建立良好的沟通，做好学校的对外宣传工作。

（2）学校环境文化建设

①学校主动做好校园净化、绿化、美化工作，合理设计和布置校园，有效利用空间和墙面，激发学生自我构建学校生活环境的意识，发挥环境育人的功能。

②学校校园美化、绿化体现地域、季节和文化特征，突出生活主题教育，通过"华岳种植园建设"项目，调动全校师生参与学生绿地建设，让校园成为学生快乐成长的美丽家园。

③学校物理空间设计体现学习的无边界和功能的融合。校园的分区建设由学生自主冠名，体现学园特征。

④学校的标牌、公示板、文化屏、展示栏、校徽、校服、校旗等物品统一标识，学生自主美化设计，体现学校文化特征。

　　⑤学校利用主题墙、雕塑、板报、展示空间等多种形式将学校办学理念、校风、学风、教风等体现其中，对学生进行潜移默化的教育，体现学校的教育品质。

　　⑥学校通过设立校园广播站、电视台、网站、刊物等媒体宣传平台，培养学生的媒体意识，建立良好的媒体使用习惯。

　　⑦学校规划建设学生多种科技创新体验空间，创设学生交流、合作、沟通、制作等科技创新实践机会。

学生手工作品

（3）学校制度文化建设

　　学校积极建立现代学校管理制度。学校积极建立和完善校长负责制基础上的学校内部管理制度；建立校内党支部的监督作用，通过校务公开、民主决策、教职员工代表大会等机制，保障校长有效开展工作；建立民主开放的管理文化；建立学校发展委员会、学术委员会、教代会等，校长通过民主生活会、年终述职等途径总结自己的得失，保障教职工的知情权和校务工作的不断改进；建立学校内控制度，健全人事制度、分配制度，实施扁平化管理，项目管理、质量管理融合的管理机制，加强精细化管理制度设计，提高管理执行力度，提高管理绩效；建设学习型学校领导团队，打造学习型组织文化；建立校长聊天时空、校长工作室、校长助理轮换制、学生校长助理制、中层管理干部轮岗制等，创建中层管理体验（试用）岗，提供教师自主选择的试用空间和发展平台，创设学校管理干部后备培养库。

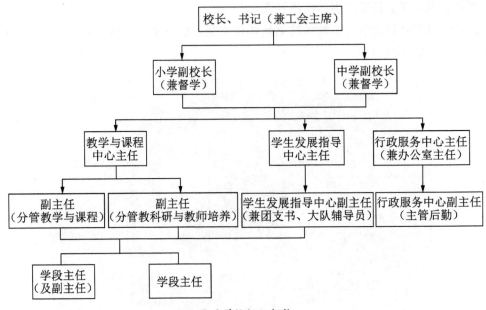

华岳学校组织架构

学校建立学校章程、各级岗位流程管理制度。在学校发展规划的实施过程中，根据全面实施素质教育和实现学校发展规划目标的具体要求，制定学校各类规章制度。

①全面推行竞聘上岗、双向选择的全员聘用合同制，实行精干高效的责、权、利统一的岗位责任制；进一步健全教职工岗位责任制、结构工资制和全员聘用合同制，健全科学合理的分配制度，使学校的教育、教学、管理和后勤服务工作绩效与分配制度衔接，使之制度化、规范化。

②建立学校制度台账，年度自主审核，学校当年督导制度；核心制度公示、上墙，使制度内化为师生的行为准则。

③完善会议制度和各项规章制度，全面执行学部、学科组教育教学质量承诺制，努力形成制度文化。

（4）学校行为文化建设

①通过教师对学校发展目标的理解和内化，自觉营造良好的治学风气、高尚的人格品行，为学生树立行为榜样。

②通过德育教育系列课程进行学生行为教育。

③通过面向全体教师员工的教育课程强化师德、优化行为管理。

④通过品牌社团建设和专业化特色队伍建设，发展学生个性特长。

⑤通过组织丰富的社会实践活动，进行体验式教育。

⑥通过有主题的学生活动进行养成教育。

学生自发的才艺表演

（三）结论与反思

一学期以来，"自觉教育"理念下的新型管理范式的实践探索在华岳学校得到了卓有成效的初步实施。通过课程自主研发、教学自主探究、学生自主成长、教师自觉发展、学校自主管理、文化自觉创生的实践研究，学校的各项工作稳步推进，学生的综合素质显著提升，教师专业化水平明显提高，学校优质化办学成效显著，受到社会各界的广泛赞誉。

当然，实践过程中也有许多需要不断反思改进之处，如教师课程意识和课程开发能力的提升是循序渐进的过程，需要反复指导和培训；再如，"意义教学"的深刻内涵还需要不断在实践中解读，"意义课堂"的循环模型还有待在学科中得到差异化的表达。一项新的研究总需要不断探索和不断完善，华岳学校秉承自觉教育理念，尊重学生的发展规律和教育的发展规律，为成就学生自觉发展的智慧人生的办学目标矢志不渝，也为此希望走出一条义务教育均衡发展的新路。

八、生态教育的人本追求，智慧教育的成长愿望

长春净月潭实验小学实践案例

"生态教育"是一种自然的教育，是一种符合孩子天性、尊重孩子身心发展规律的教育，是一种真正着眼于孩子的发展、着眼于孩子心灵与人格健康的教育。生态育人倡导尊重人的差异性和兴趣，倡导个性化的培养目标和培养模式，倡导培养健康的心理素质、健全的人格品质、乐观的生活态度，倡导回归教育的本位功能。

"智慧教育"则是一种通过构建智慧学习环境，运用智慧教学法促进学习者进行智慧学习的教育，是一种利用技术智慧参与各种实践活动，实现对学习环境、生活环境和工作环境灵巧机敏的适应和选择，促进儿童智慧成长的教育，包含理性（求知求真）智慧的教育、价值（求善求美）智慧的教育和实践（求实求行）智慧的教育。智慧教育的根本旨趣在于促使受教育者全面地占有自己的智慧本质，成长为理性智慧、价值智慧和实践智慧的统一体。

吉林省长春净月潭实验小学秉承质朴务实与开拓进取相融合的实验精神，在长春净月高新技术产业开发区教育局的领导下，新优教育集团李桢总校长、执行校长张凤莲、两位学科特聘专家何凤波老师与李莉老师，以及两位大学课程教学论专家马云鹏老师与吕立杰老师，共同参与了实验小学为期三年的委托管理工作。在各级教育教学专家的专业指导下，学校在课堂教学、课程建设、教师专业发展、学生发展、文化建设等领域，围绕"生态育人，智慧成长"的办学理念，积极进行了探索实践，逐步形成了以"生态智慧教育"为特色的整体风貌，取得了显著的育人效益。

（一）教学科研"关注本质，经历过程，让学习真正发生，科研兴校"

1. 教学是科研的基础，科研是教学的发展和提高

在小学，教师的教和学生的学组成了一种人类特有的人才培养活动，就是教学。如何通过这种活动，让教师有目的、有计划、有组织地引导学生学习和掌握文化科学知识和技能，促进学生素质提高，使学生成为社会所需要的人，是广大基础教育工作者永恒的研究话题。小学教学所要实现的不仅仅是知识的传授，它要完成的任务始终是全方面的，既有知识的获得、智力的发展、能力的培养和提高，又有思想品德的修养、基本技能的形成、个性特长的发展等，这种全面发展的实现只有教学才能做到。

随着现代化时代、信息时代的来临，课本知识往往很难及时地容纳新的知识。教师如果没有科研，就很难将书本知识与该领域相关的发展联系起来，很难提高学生的学习兴趣；没有科研，就很难将书本知识用科研的思想讲透，很难用科研的方法言传身教，用科研的方法真正分析问题和解决问题。长春净月潭实验小学正走在一条科研兴校和科研兴教的道路上。

2. 语文学科的双轮闭环教研模式日臻成熟

2017年10月，长春净月潭实验小学开展了周主题教学研究活动，学校全体语文教师在新优教育集团的语文学科教学专家李莉老师的参与和指导下，实施了基于双视角课堂观察的从"三段"生成式备课、同课异构到课后会议的双轮闭环教学研究模式。

（1）"三段"生成式备课

2017年10月12日的一年级语文学科集体备课如约在备课室召开，这是在学期初就在教学计划中设计好的。一年级的语文老师们按计划认真准备和组织了此次的集体备课活动。

第一段形成预案（以下简称"预案"）。首先由主备人李老师上传了语文部编版教材一年上册《秋天》这节课的预备教案，备课组全体老师在教学管理平台上对预案中的不同切片进行了认真的批注，提出了对每个切片的不同建议和意见，主备人打印了批注版教案后，将其拿到集体备课会上供大家研讨。

第二段形成共案（以下简称"共案"）。接下来的集体备课，大家针对主备人讲解的预案和同伴们的批注进行充分地研讨。老师们认识到，识字与写字教学是低年级的教学重点，本节课可以借助音节教学法等多种方法教会学生识字。备课组对老

师们的批注逐个进行了讨论并达成共识，形成了备课组 6 位老师的共同教案。新优教育集团语文学科教学专家李莉老师全程参与了此次集体备课活动，与老师们共同研讨，聚焦抽取了本周的研究主题"多种方法识字的教学方法探索"。这既是本周的教学研究主题，也是这几位老师组成的微课题项目组的校本教研课题。他们经历了从"研究教学"到教学研究的生成过程，实现了服务教学的教研目标。

第三段形成个人教案（下称"个案"）。每位老师都很有个性思想和教学主张，在共案的基础上，老师们又设计了个性化的教案，有的展示了自己的教学风格和优长，有的考虑到了不同班级学生的学情基础，有的设计了不同的教学手段和策略，既有大同，又有小异，各具特色，百花齐放。老师们在实践过程中，深刻地强化了预备教案的资源意识、共备教室的主题意识和个备教案的策略意识。

（2）同课异构双轮课堂教学研究

在案例研究中采用双轮教研的形式。所谓双轮教研，就是主题同课异构的一种教研形式。同课指的是同一课题，在同一课时，或同一知识点，或同一个知识系列。异构可以是同一个教师前后多次的不同理念支撑下的不同设计，也可以是多位教师按照自己对教材的理解分别设计及展示。主题同课异构的教研形式，可以有以下三种：异时同人同段构建，同一主题，同一内容，同一学段，同一教师不同时间的设计比较；异时异人同段构建，同一知识系列，相同学段不同老师的不同设计比较；异时异人异段构建，同一知识系列，不同学段不同教师的不同设计比较。

2017 年 10 月 19 日第一节和第二节，一年级组的李老师与魏老师在一年级（5）班和一年级（6）班，先后上了《秋天》的同课异构教学研究课，语文学科组的老师们用"双视角课堂观察量表"进行了教学目标的设计与达成、教学问题的提出与解决、学习方式的选择与组织三个维度的课堂观察。和专家一起提出意见和建议。第二位教师进行改进式第二轮教学。双轮教学研究的优点在于中期改进与后期优化相结合，实践中反思与反思中实践相结合。

（3）课后会议观课汇报与专家评课

2017 年 10 月 19 日第三节课，语文学科组的全体老师召开了第一轮教学之后的课后会议。在会议上，老师们分小组汇报了课堂观察的结果，研讨了"多种方法识字"的教学方法，第二位老师后进行了同课异构的第二轮教学。第二轮基于课堂观察的评课更加精彩，老师们预备看重点，共备找规律，个备有创新，反思有目标，做到了集体备课有主题精选，双轮教学有核心问题解决。比如猜字谜、看图画猜字、选字填空、模仿动作、卡片识字、开火车接字活动、做游戏摘苹果等。教学方法丰富多元，灵活精巧，收到了非常好的教学效果。同时，大家还对两位老师的方法教学给予了充分的肯定，比如强调了阅读的方法（有跟老师看黑板读、用手指着课文眼睛看书读、注意停顿重音的有感情朗读等），强调了倾听的方法（有倾听老师说话的方法、倾听同学发言的方法、倾听媒体音视频的方法等）。

新优教育集团语文学科教学专家李莉老师全程参与了两轮课堂教学之后的课后会议，对一年级语文备课组的双轮闭环教学研究模式给予了高度评价，认为既有学生自会识字的方法，又有老师教给学生识字的方法，既有先进行识字教学后组织朗读教学，又有先组织朗读教学后进行识字教学，体现了不同的教学设计的真正的同课异构，作为微课题项目组的研究课题，有很高的研究价值。

（二）课程建设"统筹设计，优化结构，让核心素养落地，特色强校"

依据《全日制义务教育课程设置实验方案》的培养目标，长春净月潭实验小学根据学生的身心特点、学校资源优势特点与学科教育发展的特点，以"生态育人，智慧成长"为培养理念，建构"生态智慧课程体系"，尊重儿童天性与内心发展需要，着眼儿童心灵与人格健康教育，关注儿童差异与个体兴趣潜能，激发儿童灵感与思想火花碰撞，培养儿童合作与探索创造能力，促进儿童发展与心灵智慧成长，把课程目标确立为"启思慧智，个性优长，自主合作，本色成长"。

1. 课程原则

均衡性，根据时代发展和社会发展对人才的要求，将国家课程、地方课程、校本课程结合，各门课程比例适当，课程门类由低年级到高年级逐渐丰富；基础性，课程难度关注学生的身心发展的起点和认知基础；发展性，适应学生生活，课程范围逐步从家庭扩展到学校、社会，促进学生从生活经验出发，体验探究过程，学习科学方法，形成科学精神；适切性，课程的设计要以人为本，适合小学生的智力、能力、体力和道德水平。

2. 统筹设计，优化课程结构

生态智慧课程，强调在感知、理解客观现实的基础上，形成学生整体性的认知结构；强调学生、家长、学校、社会之间构成一个生态系统，随时进行信息交换，形成开放性的思维视野；强调观察和分析教师和学生互动关系时，要依据未来社会对人才的需求标准，制定具有前瞻性的思维战略；强调各门各类课程之间是一种稳定、有序、协调的状态，是"和而不同"，也是一种协调稳定的生态秩序，是和谐性的价值取向。

生态智慧课程，以项目课程为主要组织形式，以学习任务（项目）为中心，选择和组织课程内容，以完成学习任务（项目）为主要学习方式。学生围绕某一个具体的学习项目，充分选择和利用最优化的学习资源，在实践体验、内化吸收、探索创新中获得较为完整而具体的知识，形成专门的技能并获得发展。其中，小项目在本学科内进行，时间跨度较小，以单元或若干学科知识主题整合为项目来源；大项目在全校全学科开展，时间跨度较大，学科和知识主题综合性更强，需要跨学科进行。

生态智慧课程，昭示"在过程中展开，一切将成"的课程生成化特色，以促成完整生命个体的充分实现和可持续发展为根本目的，通过经历师生对话探究，展现与创造生命意义动态生成的生活过程。

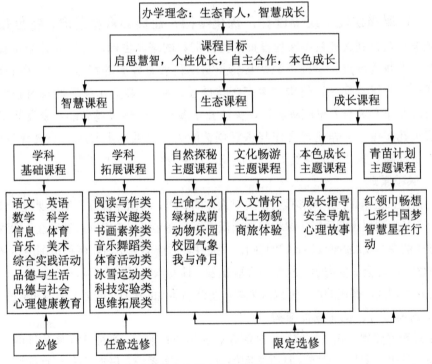

净月潭实验小学生态智慧课程结构图

3. 特色强校，让核心素养落地

长春净月潭实验小学在开齐开足开好"国家课程"的基础上，整合开设了地方课程，有效实施了校本课程，通过课程开发培养学生学科核心素养。

（1）地方特色主题课程成功整合

学校结合实际情况把省编的地方教材（《成功训练》《健康教育》《家乡》《心理健康》《民族》）整合设置为了"成长指导"课程，把《安全教育读本》设置为了"安全导航"课程。课程的内容充分体现综合性、实践性、时代性和开放性的特点，注重体验学习和探究学习的设计。课程内容的安排以主题为主，重视体验学习和探究学习的设计，满足每一位学生的差异化发展需求，提升学生的综合素质。"成长指导"课程每单周1课时，"安全导航"课程每双周1课时，均为40分钟，每学期共8课时，设置为1～6年级必修课，有专任教师进行授课。

（2）"冰雪文化"主题课程跨学科融合

冰雪文化课程将各学科知识融会贯通。课程内容关注学生的基础知识和基本技能，以体育学科活动训练为主，其他多学科为辅，培养学生综合素质，力求让学生感受冰雪乐趣、提升运动技能、锻炼冰雪意志、培养冰雪精神，以丰富的课程营养促进学生全面成长和个性化发展。各学科组教师参与开发，丰富了具有学校特色的课程资源，形成了学校特色，推进了学校特色化进程，在课程建设过程中，增强了教师的课程意识、开发能力和实施水平，促进了教师专业化发展，提升了学校发展的专业品质和内涵质量。

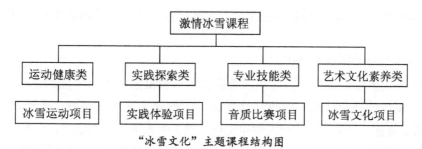

"冰雪文化"主题课程结构图

（3）"玩转数学"拓展课程体现数学乐趣

拓展型课程作为课程改革的一大亮点，带有强烈的校本特色，是学校基于学生发展需要，由学校自主研发的可供学生自主选择的个性化课程。这既拓展了学生自我发展的空间，也为教师提供了自我发展的舞台。本课程着眼于学生发展、学科发展、社会发展，重在体现学生个性特长，真正让课程适应每一位学生的需求。根据学校"生态育人，智慧成长"的培养理念，我们努力通过"玩转数学"和"生态数学"两条途径来开发本校的拓展性课程，以构建多元化、系列化的学校数学拓展性课程体系，从而促进教师课程观念的转变、主体意识的深化，培养学生的自主意识、数学兴趣和探究精神，陶冶情操、感受数学的美和快乐。

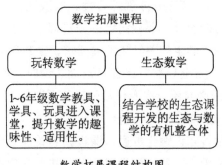

数学拓展课程结构图

（三）教师教育"建立档案，激励评价，让师培有规有序，师表荣校"

教师的专业发展是学校教学管理工作的一项重要任务，对教师专业生活进行阶段性规划，把教师个人与学校的发展目标有机地结合起来，是实现教师个人专业发展与学校持续发展双赢的重要手段。为了引导教师确定专业发展目标，并设计相应行动计划的活动过程，学校从制度层面和实践层面创造条件，制订学校教师专业发展培养方案。

1. 建立学校教师成长档案

为科学记录教师专业成长过程，增强教师自我反思、主动发展的意识和能力，完善教师发展性评价体系，学校建立并完善了教师专业成长档案，包括成长规划（个人基本信息、教学年限、个人学年工作计划、个人学年工作总结、个人专业发展规划、承担教育教学管理领导岗位）、课程教学（获得优秀教案、承担大型考试命题任务、参与听评课、承担公开课、开设校本课程）、校本培训（参加校内校外培训、承担校内培训主讲、承担师徒带教任务、参加课题研究、通过岗位练功）、教育科研

（教学案例、反思、叙事、随笔、撰写读书笔记、发表论文或专著、分享读书汇报、获得荣誉称号）四个维度。

2. 完善学校教师激励机制

学校鼓励教师积极发展、主动发展、跨越式发展，根据教学工作实际，从"成长规划、课程教学、校本培训、教育科研"四个维度，对教师的表现赋予相应的分值，部分项目对表现特别优异者追加附加分。每学年进行一次积分累计，计入教师年度工作业绩，为教师专业发展提供指导。课程与教学管理中心负责对教师成长档案业绩材料进行量化数据统计，专家委员会对量化数据结果进行抽查复核与最终认定，按照教师业绩的量化评分从高到低评出参评教师总数的前20%为领航教师，中间50%为骨干教师，后30%为胜任教师。获得荣誉教师称号的教师可以受到学科专家的针对性指导，可以优先推荐参加上级主管部门组织的各级各类教学竞赛，可以优先获得参与各级各类教师进修、学术研讨会等学习机会，可以优先推荐参加上级主管部门的各种荣誉教师称号评选，可以每年享有一定额度的奖励绩效。总之，学校为提升荣誉教师的专业影响力提供了各种平台。因师德师风问题受到上级纪律处分的教师实行一票否决制度，取消荣誉教师评选资格。

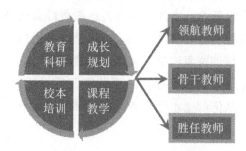

教师专业发展的层级规划图

3. 强化学校教师培养策略

一是物质奖励与精神激励相结合。为了调动教师的工作积极性，激发教师的工作创造力，学校对全校教师进行业绩量化评价。通过设计绩效等物质奖酬形式和荣誉称号等精神鼓励形式，激发、引导、保持和规范教师教学行为，有效地实现学校的持续发展和教师的专业发展。

二是以领航教师为榜样带动其他教师专业发展。学校以领航教师为标杆和核心，倡导和支持教师建立专业发展的学习共同体，建立教师专业发展的学术团体和机构，带动其他教师协同发展、合作共进。

三是抓住评估督导的契机提升教师专业发展意识。学校将以第三方评估机构的评估验收和区局督导检查为契机，改进教师培养的方式方法，提高教师培养措施的实效性。

四是发挥教学专家的指导作用，促进教师专业成长。学校将充分利用新优教育集团核心管理团队和专家团队深入学校开展工作的机会，为学校不同教师提供专业性科学化的指导，把专家的引领变成科学的实验，变成高效培养教师的行动。学校要增加把教育教学方面的名师请进来做专题讲座的机会，要增加教师观摩名师示范课的学习机会。

五是搭建教学研究的学术平台，拓宽教师培养渠道。学校有计划地组织和参与各级各类教学研究和教学竞赛活动，创造富有活力的教师专业发展氛围，提供教师专业发展和展示的机会。学校积极拓展外部资源，建立校际合作组织，拓展教师与外部交流学习的渠道。

六是打造围绕办学理念的教师培训课程，创新教师培训内涵。紧紧围绕"生态育人，智慧成长"的办学理念，主动适应净月区教育综合改革的现实需要，以提升教师育人为本的教育境界和专业素养为核心，以健全基于标准的教师培训课程体系为目标，通过加强教师培训资源统整，创新教师课程理念，优化教师课程结构，改革课程教学内容，改进教学方法和手段，强化实践反思环节，提高教师培训质量，整体提升实验小学教师队伍师德水平、业务能力和综合素质，促进实验小学教育的内涵发展。

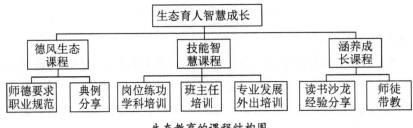

生态教育的课程结构图

（四）学生发展"青苗计划，主题活动，让德育进学科，德育润校"

教学中的德育从来都是教学中的重要命题，学校教育要坚持德育为先，把德育渗透于教育教学的各个环节，贯穿学校教育、家庭教育和社会教育的各个方面。因此，学校德育领导小组明确了学校德育工作要将立德树人作为教育的根本任务，要强化全员育人，实施教育教学全过程育德，要充分发挥课堂教学的主渠道，推进学科德育，激活所有学科的德育内涵，引导学生在学习中培养正确情感、态度和价值观。这些要求诠释了教师的教学行为回归教育本质的必要性，教师队伍建设更注重教师优良的师德、师风的形成，学科德育的发展更注重教师的育德意识、育德能力的提升，从而为每一位学生的终身发展奠基。学生选择比较喜欢的德育方式，是通过活动来使自己得到道德情感方面的体验和升华，期待提高个人心理素质、与同伴合作融洽、促进自己身心健康发展。

为了激励学生坚定理想、奋发图强、创新实践，为实现中华民族伟大复兴的中国梦做出贡献，学校开展了"红领巾畅想七彩中国梦"系列德育教育实践活动。通过丰富多彩、生动活泼的活动形式，让同学们深刻铭记和践行社会主义核心价值观基本内容，培育"三爱三节"的中华优良传统美德，引导广大学生深刻领会实现中华民族伟大复兴是中华民族近代以来最伟大的梦想；深刻领会每个人的前途命运都与国家和民族的前途命运紧密相连；中国梦的实现需要广大学生坚定理想信念，励志刻苦学习，积极投身实践，为把我们的国家建设好、发展好而努力奋斗。

2018年7月，为更好地庆祝中国共产党建党97周年，践行社会主义核心价值观，大力弘扬爱国主义精神，长春净月潭实验小学党总支积极响应上级党委号召，组织学校党员、预备党员、入党积极分子和全体学生开展了建党97周年丰富的教育系列活动，并与虹桥社区手拉手通过精彩的节目表演共同庆祝党的生日。2018年是红军长征胜利82周年，为大力弘扬爱国主义精神，缅怀革命先烈、民族英雄的丰功伟绩，学校党支部组织全体师生观看了纪念中国共产党成立97周年大会的视频，各年级还通过形式多样的活动，积极引导师生树立社会主义核心价值观，始终保持朝气蓬勃、勇于担当、奋发有为的精神状态。一年级、二年级班主任老师组织学生们召开了"我们从小热爱党"主题班会，教育学生从小接受党的教育，对党要有无限地热爱之情，了解中国共产党的伟大、光荣。三年级、四年级学生通过观看中央庆祝活动，更多地了解到党的优点、党的先进性，学习了习近平总书记系列重要讲话精神，知道了共产党好、社会主义好、改革开放好、伟大祖国好、各族人民好。三年级的学生们自己动手制作了手抄报，四年级学生开展了"认识党，了解党"的知识竞赛，通过活动的开展激发学生爱党爱国热情，凝聚起建设魅力中华的强大正能量，为实现中华民族伟大复兴的中国梦而努力奋斗。五年级、六年级召开了主题演讲与时事新闻课讨论，通过观看主题影片对学生加强爱国爱党教育。同学们生动的演讲道出了对祖国的热爱之情。本次活动不仅激发了学生们的爱国热情，同时丰富了学生们的课余生活，推动了校园文化建设，让师生对党的了解更加深入！

（五）保障机制"明确职责，完善制度，让管理关联协同，文化立校"

2016年下半年，长春净月潭实验小学成为新优教育集团委托管理学校之一。委托管理期间，学校坚持以特色为导向，利用新优教育集团创设出的高端专家聚集效应，启迪智慧，参与实践，积累经验，形成了实验小学的办学理念和办学风格。学校在国家教育发展及净月区域发展政策背景下，经历了办学思想具体化、专业化、特色化体现的探索过程。2017年是净月教育改革的推进之年，也是学校"生态智慧"文化落地实践、特色建设、持续发展之年。

学校在新优教育集团专家团队的指导和帮助下，重新解读了学校的"三风一训"。校训是"志于道、善于思、敏于行"，意为志向在于道、善于思考问题、积极付诸行动，告诫我们要立志，要学会分析、综合、推理、判断，提高思维能力，要积极地去实践、去行动，做事情要迅速和实干，将学以致用落到实处。

校风是"立己、达人、共生"，意指学生为推动社会进步而"立"自己人生；教师为助力学子成功而"立"自己事业；学校为带动同行发展而"立"自己品牌。教师与学生是一个相互促进、相互学习、协同进步，共同成长的共同体，教师的成长促进学生的成长，学生在其能动的成长过程中，也必然促进教师的成长和进步，两者之间是互惠互利，协同发展的。

教风是"善修善研，求实求是"，教师要勤奋工作，力争上游，修为身心，提高品味；要积极参加教育教学研究活动，参加各级各类学习培训，乐于思考，善于钻研，一心一意地提高专业技能和职业素养；要客观地或冷静地观察教育教学现象，以求得对客观实际的正确认识；要探究教育教学（活动）的奥秘、规律，具有追求真理的科学态度和科学精神。

学风是"明礼诚信、敬业乐群",意为学生要讲文明、懂礼仪,对年长者要孝敬,对同伴要友善,具有助人为乐、纯朴善良、忠诚老实、诚恳待人的高尚品德和爱护公物、保护环境、遵纪守法的优良品质;还要专心学习,和同学融洽相处,对自己的作业、课业、学业尽责尽力,和朋友相处要团结友爱、互帮互助、并肩协作。

学校在新优教育集团委托管理期间,完善了组织管理运行机制,各部门职责清楚、分工明确;建立和完善了校长负责,分管校长、主任、专职人员、班主任为骨干,师生代表、家委会代表、社区代表参与的工作领导机构,构建学校、家庭和社会三位一体的教育网络;在管理中逐步树立"管理就是服务和指导,服务和指导的目的在于促进发展"的理念,逐步建立"目标管理、计划管理、规范管理、动态发展管理"的模式。学校对原有的一系列规章制度进行了梳理、补充和修改,陆续编制了《课务管理手册》《教学质量管理手册》《课程管理手册》《考务管理手册》。学校将以管理手册的出台为契机,不断提升管理水平。

新优教育集团遵循教育规律,实施教育创新,在"智慧成长、拥抱未来"思想的引领下,依照资源共享、优势互补、共同发展的原则,积极探索教育集团科学发展的管理模式和运行机制。集团成员校融心、融情、融智,共享、共谋、共进,形成了各自独具特色的文化品性和优良的教育品质,相信未来定会凝心聚力谋发展,融情汇智谱新篇。

九、深度教学改进,开启名校打造新篇章

长春玉潭小学实践案例

2016 年 9 月,受长春市净月高新技术产业开发区管委会、教育局的委托,新优教育集团正式开始玉潭小学教学改进的委托管理工作。

9 月 24 日,由东北师大附中原校长李桢领衔的新优教育集团相关人员到玉潭小学开展调研工作。玉潭小学全体班子成员与集团委派的执行副校长见面交流,研讨玉潭小学未来发展的方向。集团向学校师生发放问卷 350 份,回收后进行了认真分析。经过三轮的审慎思考和反复讨论,制订玉潭小学委托管理方案,交由集团和教

育局审核。

10月9日上午，董事长李桢，执行校长陈靖慧，吉林省教育学院原小学部主任、省小学语文学科教研员李莉老师，省级数学学科专家、省小学数学学科教研员何凤波老师和省英语学科教研员马忠学老师一行五人组成专家团队，来到玉潭小学进行听课、调研，确定了以集体备课为切入点，打开玉潭小学教学改进新局面的工作思路。

10月10日开始，驻校专家和执行校长开展了为期三周的听课调研，并在三周的时间里，摸清了学校课堂教学和常规教学管理的基本情况，建构了教师备课思路与方法，形成了框架：以指导一人，发挥示范作用，带动全体教师，统一思想，推动玉潭小学教学改进工作的进程。

11月8日，长春净月高新技术产业开发区正式成为中国教育学会首个"十三五"教育改革实验区。教育部、中国教育学会、吉林省教育厅、长春市教育局、净月区管委会的相关领导参加会议。国内数十家电视媒体、报纸、大型门户网站争相报导。实验区将推动净月义务教育整体优质发展，对全国的教育改革起示范、引领以及辐射带动作用。作为首批委托管理学校，玉潭小学成为国家教育改革实验区的种子示范学校。

（一）制度修订，基层生发，覆盖学校管理全方位

2016年11月1日开始，教学改进工作正式进行。管理是生命，管理出效益。集团同玉潭小学班子成员征求广大教师意见，重新修订了《玉潭小学教学管理制度》，将人文管理和制度管理有机统一，充分发挥了领导班子的管理作用，狠抓教学过程管理，为将玉潭小学打造成净月区示范校、种子学校奠定了稳固的基础。

在学校教学工作管理制度第一次征求意见过程中，玉潭小学的教师们在 QQ 群里上传了这样一篇反馈："我们三年级组仔细阅读了《玉潭小学教学常规管理制度（第一次征求意见稿）》，觉得非常科学合理，这样的教学管理方式一定会让教学收到良好的效果，我们三年级组同意并积极配合制度的开展。"反馈上传不久，许多教师就纷纷表示"我们都没有意见"。根据二年级教师提出的意见，郭强校长修改了作业批改的任务量，根据不同年段的特点提出不同的要求，并将修改稿上传，进行第二轮意见征求。教学管理制度修改稿最终在全体教师大会上顺利通过，形成了《玉潭

小学教学管理制度》。

从在第一次行政例会上，学校原有的教学管理制度与学校各层面教学管理干部见面开始，到教学管理制度修订、完善、面向全体教师征求意见，全校教师明显地感受到，学校新的领导班子在管理工作的开展过程中，充分尊重教师们的意见和建议，态度开放而民主。每位教师都能够温和而理性地向学校提出个人的想法和愿望。从教学管理工作开始，民主和谐、计划合理、稳健推进的工作风格影响着学校各个管理部门，各项管理制度不断修订完善。

截至 2019 年 1 月，玉潭小学共完善并出台管理制度七大类，总计 130 余项。教学口形成学校教学常规建设管理方案，涵盖备课、上课、辅导、考试、岗位职责全流程管理总计 5 类、21 项制度。

在教育学会和集团的双重指导下，学校的三年发展规划和教学常规建设管理方案也相继完成并反复修改，经过全体教师的审定后，正式落地实施。

在管理制度汇编基础上，学校开始纳入计划管理的理念，编订了《课程管理手册》《课务管理手册》《教务管理手册》《考务管理手册》四项涵盖学校教学工作全方位的管理手册。保证学校的一切教学活动都能有计划、有序列、有管理、有效果、有反馈。

（二）专业引领，逐层推进，提升集体备课有效性

1. 第一层次：基于常规教学环节落实的备课规范

2016 年 10—12 月，针对课前备课环节缺失的问题，学校采取了四项措施进行改进和提高。一是确定集体备课时间。将集体备课时间纳入学校课表，在课表中予以体现，确定各学科组和年级组集体备课的时间和地点，在时间和空间上给予保障，学校严格检查。二是重新制定学校备课工作制度。学校进行了两轮征集意见，让制度从底层生发，让每位教师参与制度的制定。确定后，正式实施。制度中包括备课的时限、内容、要求等，每位教师必须严格遵守。三是进行备课指导。集团聘请省内知名的语文、数学、英语学科专家驻校工作，直接参与并指导教师的常规集体备课和个人备课，对教师备课进行面对面、一对一的指导，提高教师备课的专业性和有效性。四是进行集体备课观摩。对集体备课比较成型的年级组或学科组进行全校的集体备课开放，所有教师都可参加观摩，从形式到内涵逐层深入推进，备课模式

推广到全校全学科。

第一轮规范，学校采取了四项措施，开展"四定"（定时间、定地点、定内容、定主备人），"四统一"（统一教学目标、统一重难点、统一重点环节、统一教学检测），"三轮式"（点对点培训—集体备课观摩—研讨课实证）集体备课活动。坚持"主备发言—集中讨论—专家评改—资源共享—个人微调—观摩上课—专家评课引领"的工作流程，既充分发挥教师的合作精神，又尊重教师的个性特点。

学校为教师开辟集体备课的时间和空间，专家的参与更是为教师提供了有力的专业支持。集体备课的主要内容是研究下周授课内容的教学目标、重难点、环节设计和练习题设计等，呈现的是教师之间全情的投入、全程的热情和全员的参与。面红耳赤的争论、恍然大悟的神情、原来如此的顿悟都是留给我们最深的印象。经过一轮的规范，学科教师对课标的理解、对教材的编排意图都有了深刻的理解，对授课重点环节的设计能力有了提升，课堂教学趋于规范。

经过统计，在短短两个月的时间里，全校共进行集体备课指导 30 余次，开放集体备课观摩 14 次，上课评课 14 次，面向大学区开放 2 次，与实验小学联合备课观摩 2 次。

2. 第二层次：基于电子平台教案基础的备课探索

2017 年 3 月，学校开始探索基于电子平台条件下的集体备课。寒假期间，利用集团开发的备课软件，玉潭小学实现了语文、数学学科的电子平台备课。所有语文、数学教案的设计在寒假期间已经完成，所有教案都经过后台专家的评审通过。

经过统计，寒假期间教师上传教案总数共 730 份，其中语文学科 429 份，数学学科 301 份。专家审核教案总计 730 份，其中语文学科 429 份，数学学科 301 份。经过专家评审，评出优秀教案 155 份，合格教案 558 份，建议返回修改 17 份。

在电子平台假期预备课的前提下，如果还像前一个学期那样集体备课，就会造成时间和精力的双重浪费。所以新学期，玉潭小学仍按照备课制度规定备课时间和地点，但备课的主攻方向发生了改变。

语文学科要以单元为主进行集体备课，主备人将备课内容提前一周下发给同组教师，在集体备课时，以本单元课文体裁为例，进行相关主题内容的流程设计，然后将相关内容上传到平台的二次备课模板。小学语文学科内容主要是识字、古诗、寓言、文言文、阅读课文等。学校专门利用集体备课时间，在专家的指导下对这些内容的授课环节进行设计，比如古诗授课环节大致分为五个环节：（1）导入；
（2）解诗题，知作者；（3）品赏古诗内容（一年级、二年级侧重识字与朗读的设计，
三年级至六年级侧重理解词语和诗句意思和朗读指导的设计，师生可以半扶半放，
也可以全放手，采用小组合作形式）；（4）巩固训练或者拓展延伸二选一（拓展延伸
可以积累作者的其他作品，可以同一题材的古诗，也可以练笔）；（5）课堂总结。

当然，教师备课时设计的环节还有许多不科学和值得商榷的地方，但是，每位
教师拿到二次备课模板后，对该单元、该类的课文内容如何进行讲授，都能够直接
操作，不至于发生不会讲或知识错误的现象。这种做法对迅速提升和规范教师的课
堂教学环节具有很强的实效性。

几轮集体备课尝试后，教师们主动提出，要在集体备课、研讨基本授课环节的
基础上，增加个人二次备课的环节，制定研讨后的详案并在备课组内交流共享。

数学和语文学科侧重点不同，北师大版数学教材在备课时主要是做好关键问题
串的环节设计，将每节课重点问题的解决进行详细研讨，重点设计有利于学生知识
建构的学习活动，达成共识后，上传到电子平台二次备课模板。

学期末，玉潭小学教师二次备课后，上传修改共案语文学科 65 份，数学学科
48 份，基本做到所有二次备课的单元教案全部经过集体备课商讨并修改上传。

其他学科的集体备课也一样规定时间和地点，但备课内容有所不同，由于科任
教师基本都要承担跨年级授课任务，所以每次集体备课时，主备人主要准备教学当
中存在的疑问，同组教师共同研讨解惑。这些问题可以产生于学科、课堂组织管理、
教师专业成长，这样形成组内同僚间的学习合作组织，达到共同提高、共同进步的
目的。

3. 第三层次：基于常规备课规范管理的教研结合

2017 年 6 月初，集团根据委托管理工作的进展情况，提出 2017—2018 学年上
学期的工作重点是"以课程开发为核心，以合作研究为目标，构建基于双视角数据
分析的有效课堂"，并在此基础上，确定了全课程设计、"3＋1"生成性备课研究、
全天候开放课堂、"双视角"有效课堂观察、问题解决式的项目研究五项重点工作。

根据集团要求，结合本校实际情况及相关管理制度，玉潭小学迅速制定了《玉
潭小学"3＋1"生成性备课流程及标准（指导意见稿）》，详细规定了"预备、共备、
个备＋课后会议"的"3＋1"生成性备课各环节流程及标准，并提供了预备、共备

样例；集团专家根据备课要求，编写了教案评级标准，进行了课标培训和教材解析培训，便于教师学习和体会。

2017 年 6 月 26 日，集团电子备课系统 2.0 版正式开放测试，全体教师积极参与学习使用，为暑假及下学期的备课工作做好充分的准备。

从 2017—2018 学年开始，集团聘请的教学专家分别从课程标准、教材解析、平台使用、假期预备等多个方面，进行了两轮教师培训。

2017 年下半学期的集体备课，在共备过程中，同组教师聚焦批注意见比较集中的部分，重点讨论，挖掘学科本质问题进行研究，形成最终处理意见或形成下周组内研究课的主题，在授课时进行同组主题听评课研讨；主备人将讨论后的教学设计定稿上传平台，做好集体备课记录或形成课例研究主题，排好周主题研究课课表，上报学科组，便于学校及时组织听评课。课后会议主要针对共备后备课组主题研究课的听评课活动，重点关注学生学习活动和教师教学活动的开展情况，推动基于数据分析的学生与教师的互动发展。

这样的教学流程，将"3＋1"生成性备课研究、全天候开放课堂、"双视角"有效课堂观察三项工作有机结合，教研学一体，并且鼓励教师针对教研过程中关注的问题，组成问题研究项目组，推动同僚互助，共同进步。

（三）三校联合，规范考试，促进教学质量不断提升

2016—2017 学年两个学期的期末考试，都是由集团会同三所委托管理学校统一组织，严格考核。在校长协同办公会议上，相关负责人专门商讨期末工作安排及三校联合质量监测的相关工作，确定联考命题的范围、命题人、考务组织流程及家长会的相关内容，设计并印发考务手册。集团分别于 2016 年 11 月 30 日和 2017 年 6 月 12 日组织全体命题人员开会，正式颁发命题聘书，签署保密协议，由专家进行命题培训，开始命题工作。语文、数学、外语共计 26 套试题，所有试题均要经过初审、二审和终审三个环节，历时两个星期，审题五轮，严格进行校对、排版和印刷。在 2016 年 12 月 20 日、2017 年 6 月 30 日，集团分别组织了两次三校联考，互派巡考，严肃考风考纪，保证期末考试工作顺利进行。根据考务手册的要求，阅卷工作及期末考试质量分析工作均保证全流程管理，关注所有细节，无一遗漏，做到计划—执行—总结—反思全流程闭环管理。所有工作下来，备课、上课、考试、反馈

等所有教学环节的工作逐一落到实处。经过反复培训、打磨和推敲，教师的命题能力和水平也得到不同程度的提升。

（四）校本教研，立足学科，推动教师快速成长

1. 第一阶段：以备课促上课，教学改进从规范开始

2016年10月，集团确定入校初期工作的重点着眼于"备课、上课、批改、辅导、考试"五个基本教学环节，以备课促上课，专家重点听课、评课，关注学校工作的核心。

通过三周集体备课工作的开展，专家们在第二轮听评课过程中，都明显地感觉到教师们的课堂变化。五年级的李跃东老师说："自从听了教学专家的备课培训，终于在从教18年后明白了什么叫备课、什么是课标、怎么解读教材……感觉自己不会的东西太多了，要努力学习。经过三周集体备课的培训和观摩，老师们纷纷表示，终于明白了集体备课和个人备课的流程和要求，并下定决心要认真学习，弥补自身不足。学校根据老师的需求，为老师配备了全套课标。老师们根据专家的推荐，购买多种多样的工具书，并且纷纷积极使用集团为委托管理学校购买的教学资源。"

外出培训的教导主任安丽娟，在离校三周后回到学校听课，也欣喜地感叹，学校的学生和教师在课堂上的表现让人耳目一新。可能在教学内容的分析等方面仍然存在这样或那样的缺陷，这是由于教师原有的知识和能力水平有限，但是，每位教师的课堂教学都有了计划性、逻辑性和规范性。教务主任冷艳波在跟进推门听课后，感慨地说，再也没有教师拎一本书，想怎么讲就怎么讲的情况了，更没有上课之前现翻书的情况了。每天学生放学后，教师们互相聚堆闲聊天的情况也没有了。大家都在利用一切时间，静心备课。

集体备课第一轮观摩活动，三位主备人精心准备，马世威老师因为家里条件受限，观摩的前一晚在网吧准备到23：00；庞立辉老师的备课不仅精心设计了教案材料、教具学具，而且还在专家指导下，对主要问题解决环节进行了用心设计，形式新颖，让全体与会教师感到收获颇丰。集体备课研讨会上，不仅是备课年级的教师积极参与，其他年级的教师也纷纷建言献策，踊跃参与，现场十分热烈。

2. 第二阶段：以上课促备课，教学科研走向专业发展

自2017年3月起，结合集团"三个一"工程教研活动，学校开展了深度课例研

究活动。学校将双量表课堂观察、深度教研、问题行动研究三项工作内容整合，为每位教师发放问题研究任务单行动指南，指南内容涵盖校本教研小课题的确立方法、研究过程指导、读书笔记、研究课设计、集体备课记录、研究总结等。所有学科教师根据自己的教学实践，从工作中发现问题，在专家一对一的指导下，解析问题，研究课堂教学，确定观察点，立足研究课例和课堂观察评议，深入研究个人微课题，在实践中交流反思，并指导实践工作。

3月，教育局的学校网络环境提升改造工程，为学校实现教育信息化提供了充分的物质保障。集体备课和课堂观察实现无纸化，所有观察记录全部在电子平台上实施，教师可用平板电脑和手机进行记录，并及时反馈统计。学校开展的每一节研究课都承担一项研究任务。第一轮请两位教师上课，其他教师运用平板电脑和手机进行观察，熟悉软件的运用。第二轮进行带有课前会议、课后评议的研究活动。在两轮授课基础上，针对课堂观察出现的问题，学校组织了专题培训。教师校本教研微课题确立精准，课堂观察点研究细致。在此过程中，专家和学校教学领导全程参与。

4月，课例研究活动更加深入，对课前会议、正式授课、课后评议进行了统一规范和指导。教师结合自己的研究课题进行备课设计；评课教师结合观察点进行科学点评，摒弃传统听评课的弊端，让零散、片面、粗糙的改进建议变得精准、全面、科学。初始阶段由专家和教师共同设计科学合理的观察量表，所有改进建议都具有数据支撑，问题改进变得精准有效。下一步，教师开始在课前会议时尝试自主制定观察量表，真正提升教师观评课的专业性。

5月，学校根据本次课例研究活动情况，指导教师对行动研究进行阶段性总结和提升，对个人研究的问题逐步进行梳理和归纳，引导教师在研究过程中提升理论水平并指导实践应用，对研究中出现的问题进行及时的改进和完善，为最终形成研究结论打好基础。

根据平台统计，2016—2017学年下学期，玉潭小学共开展研究课47节，校内参与听课598人次/课节。所有课堂观察记录全部提交到电子平台，对观察结果进行了有效的记录、分析和深入研究。学校教师上交问题研究行动手册47册，全方位记录了本学期个人校本教研的全过程。

3. 第三阶段：创建意义课堂，提升课堂教学质量

根据集团的统一工作部署，在委托管理的第三个学年，学校的教研活动开始重点探讨意义课堂创建的核心学科思想和主要课堂形式等意义课堂创建的相关实践研究。学校以深度学习课例研究为载体，探索意义教学的建构模型，重点关注"意义创设—意义联结—意义巩固—意义提升"四个课堂教学环节，整体分析与理解学科本质内容，在学情起点基础上，提炼有深度探究意义的学习主题及内容，通过精心设计问题情境，引发学生认知冲突，组织学生有效参与，促进学生深度思考。

语文学科在群文阅读研究的基础上，进行单元教学的内容整合。低年级重点进行了"图—文归纳"意义建构模式的识字教学研究，中高年级开展了"从群文阅读到群诗阅读""从选段阅读到整本书阅读"的学习任务群设计研究。

数学学科在学习活动设计研究基础上，强调学习活动设计要用学生原有的知识和经验处理新的任务，并构建自己认可的意义，让学生通过自己的体验，用自己的思维方式再创造有关的数学知识。

通过系列教学研究，教师们总结出有关学科教学意义的初步思考：

语文教师认为，对于语文学科来讲，学习语文的意义和价值何在，学与不学有什么不同，这是教师在备课时就应该深入思考并且不断追问的问题。教师只有明确教学的意义，才能使学生上的课有价值、有意义，而不是仅仅停留在学科基本知识的掌握层面。这些追问是教师是否理解意义课堂的关键所在。要想真正实现意义课堂，教师必须首先深入思考语文教学的意义。

数学教师认为，意义即对现实生活的价值反思，用学科的视角观察世界、感知世界、存于世界，这便是学科素养。儿童学习背后的意义即生活价值，在生活中利用数学策略能起到实际效益，这便增长了人的生活智慧。对数学学科来讲，用数学思维方式思考问题就叫用数学眼光看世界。如果教师没有培养出学生的学科素养，那学生在生活中就会缺少这一学科的思维方式。

4. 教师培养、精准有效、保障学校发展效能

（1）基于学校实际进行的结构调整

在净月区教育局的大力支持下，玉潭小学自托管以来，不断优化教师的专业结构。从原来的主科与副科的单一混搭结构，发展成由语文学科组、数学学科组、英语学科组、综合一组（品德、科学、校本、地方）、综合二组（音乐、体育、美术）

五大学科组构成的专业发展团队，形成合格教师（38%）、胜任教师（26%）、骨干教师（26%）、专家教师（10%）四级教师梯队。教师实现学科发展专业化、专业发展稳定化、个人发展目标化、学习培训订制化。

（2）基于教师专业成长的师培课程

自2017—2018学年开始，学校正式启动以尚美课程、拔节课程、滋养课程三类课程学习为主体的教师培养课程，从师德、业务、生活三方面促进教师专业成长。

学期初，学校针对全校教师发放《教师培训需求调查问卷》，并回收分析。问卷内容包括上一年度教师培训效果、教师年度个人发展规划认知、年度个人专业成长需求、年度个人专业发展行动内容及评价标准等。学校根据问卷反馈的需求，通过私人订制式的课程内容组合，为四类教师提供分类课程表（包含必选课程和订制课程两类），有针对性地提升教师的专业能力，扬长补短，满足不同类型教师的专业发展需求。通过一系列的学科教育、教研活动和订制培养，学校教师队伍整体上积极向上、人心尚德，研究氛围浓厚，专业发展愿望强烈。

（3）基于教师个人发展的分类管理

为了引导教师确定个人事业发展目标，制定阶段性专业发展规划，为学校教师梯队建设做好奠基性工作，学校将教师个人与学校的发展目标有机结合，对教师专业生活进行阶段性规划，实现教师个人专业发展与学校持续发展的双赢。根据教学工作实际，教师的专业发展分为"常规教学、校本培训、岗位练功、校本课程开发、校本教研和教育科研"六个维度，不同阶段设置不同层次的行动内容，为教师专业发展提供指导。学校根据教师的表现赋予相应的分值，部分项目对于表现特别优异者追加附加分。每学年进行一次积分累计，计入教师年度工作业绩。

学校为全体教师建立了教师专业发展档案，按照六个发展维度进行分项管理，学期末统一进行归档和积分，真正实现了教师发展的课程化、高效化。通过近两年的教学研究活动，学校以学科组为单位，建立起了全体参与、平等互助、有梯度、有规划、有引领的教师"教研学"共同体。通过课例研究、集体反思、研修互学等方式，探索出一条玉潭小学教师专业成长的适切路径，创设了共学、共研、共生的校本教研文化，引领教师自觉发展，实现学生的快乐成长。

经过近两年的委托管理，学校全体教师的精神风貌积极向上，专业自主发展意识强烈，涌现出一批教学改进的优秀典型。

2016 年 10 月中旬，全体教师听了李桢校长题为《筑梦未来　扬帆起航》的讲座，参加了净月区"十三五"教改实验区落地仪式。教师们都充分地意识到，从前"等、靠、混、对付"的教学方式必须改变，个人发展已经摆到首位，教师们群情振奋，精神面貌焕然一新。

三年级的庞立辉老师，由于合校时的历史原因，对学校领导的管理始终不服气，曾经多次当面拒绝学校常规教学管理，甚至将听课的学校领导赶出教室。但是，自从专家第一次推门听课，庞老师从没有表示过拒绝或者厌烦，均表示欢迎。在专家第一次集体备课培训后，庞老师还申报了集体备课观摩和研讨课教研活动。利用这个良好的契机，专家和学校领导多次和庞老师谈话，鼓励庞老师做教学改进的先锋，给全校教师做出表率。他欣然接受，并且非常认真地准备，承担了超出旁人一倍的数学备课任务，不仅毫无怨言，而且质量非常高。第二学期，庞老师还承担了数学学科组长的工作。在第二层次基于平台备课的流程探索中，他发挥了很大的引领和示范作用，不仅率先进行二次备课的示范观摩，而且上了研究课来辅助说明备课环节落实的相关内容。在之后的教学开放活动中，他又以一堂精彩的开放课向全体与会人员展示了玉潭小学数学学科"以学习者为中心的课堂教学"改进成果。

五年级的田晓静老师，是玉潭小学语文学科的骨干。田老师本来就有学习和发展的热情，经过专家和学校领导的适时鼓励，田老师甚至激动落泪，主动要求学校多给她安排几次专家听课和备课的培训。第二学期，她承担了语文学科组长的工作。

玉潭小学教师结构极不合理，50 岁以上的老教师总计 17 人。集团入驻以后，经过多次的理念认同和行动示范，获得了这些教师的充分认可。他们不仅没有表现出丝毫的职业懈怠，而且还成为教学改革的领头人。

52 岁的曹建平老师是五年级的班主任。学校语文数学分科后，曹老师承担五年级的数学教学工作。在第二学期的"三个一"教学研究活动中，曹老师第一个完成了备课、研课、观察和研究的工作。她根据自己班级情况，确定了自己的研究课题——《小学高年段数学课堂从问题出发实施探究性学习的研究》，并进行了研究课的教学设计。在集体备课时，曹老师与专家何凤波老师进行反复琢磨，两种教育思想碰撞出了许多别样的火花。在曹老师的研究课反思《教中研　研中变　变中学》一文中，她谈道："为了更好地在课堂上落实这两个观察点，使我的研究课题《小学高年段数学课堂从问题出发实施探究性学习的研究》在课堂上有更充分的体现，何老师对我的新课导入进行了精心的修改，把我原来用汉字猜谜的形式导入改成了拆分问题串一，同时设计了，找朋友的游戏导入。我开始是有些抵触的，但老专家用他那广博的知识不断地帮助我剖析教材，深入挖掘教材的本质，令我茅塞顿开，改变了观念，让课堂的教学设计更注重引导学生经历数学知识形成的过程，而不是只注重结果。"曹老师的教学研究，成为玉潭小学"三个一"教学研究活动的典范之作，在许多培训活动中多次作为研究样例被引用或被示范。

53 岁的田玫老师和 54 岁的桂凤兰老师都已经到了离退休的年龄，经过沟通和商谈，两位教师主动承担了学校主题课程——礼仪指导课——的课程开发任务。经过一个寒假的辛苦工作，2016—2017 学年第二学期，玉潭小学的第一门由学校独立开发的校本主题课程——礼仪指导课——正式开课，在学生中取得非常良好的教育效果。学校的三次大型开放活动——教学开放日、一年级入队式和六年级毕业季——的礼仪接待工作，都由礼仪课上评选出来的"礼仪之星"学生承担，家长们纷纷给这些小明星点赞。

学校品德学科的五位教师都是 50 岁以上的老教师。2016—2017 学年第二学期，这些老教师们承担了学校国家课程校本化、地方化探索的任务，与科学学科配合，开设了 1～3 年级的"快乐种植之家庭种植课程"。2017 年 5 月，三个年级的孩子将自己的家庭种植成果——1000 多盆绿植——摆满了整个学校，把学校装扮得生机勃勃、绿意盎然。不仅如此，每盆绿植还都配有学生记录的全过程观察，取得了非常好的教育效果。

5. 教学管理队伍逐步完善，科学管理能力迅速提高

在学校现有条件下，经过科学计划和统筹安排，3～6 年级实现了分科教学，确定了语文、数学、英语、综合学科一、综合学科二五个学科组，由专业基本功扎实、工作态度积极、有钻研精神和进取精神的教师担任学科组长，学校领导班子分管学科组。这改变了过去的 50 岁以上教师教副科、50 岁以下教师教主科的由年龄决定所教学科的模式，鼓励所有教师都走向教师专业发展的道路。

教务主任分管语文、数学学科，并且全部走上教学一线，承担教学和管理双重任务，确保教学、科研管理立足学科，岗位职责明确，工作有条有理。学校创造一切机会，在专家引领下，保证学科组长逐渐成长为学科专家、科研专家，教学校长、教务主任逐渐成长为学科专家、管理专家。在委托管理的最后一个学年，学校的教学校长开始参与指导教师教学研究、起草学校教学管理文件、制订学校阶段教学工作计划、承担个别项目的校内培训任务。学期初，教务主任学习编制校历、课程计划、课程表、调整学校作息时间、集体备课时间、学科组会时间，安排各学科教学进度、各学科集体备课分工情况，做好开学各项计划准备工作。学期中，学校编制学科组会记录单、语文、数学、英语学科预备教案检查记录单、综合学科教案检查记录单、集体备课记录单、语文、数学学科个备教案检查记录单、日常教学巡检记录单、批改量备案表、学生作业观察单、批改检查登记表，进行规范化过程管理。学校每月进行一次学科组内的教学自检；学期中和学期末，开展两次从全体任课教师、学科组长到教务管理干部的全方位的教学检查工作，确保过程管理真正落到实处。

为委托管理学校建立一支强有力的教学管理队伍，让教学力量从学校内部生发是真正实现"托管是为了不托管"的基本思路和有效路径。

6. 专家指导扎实有效，专业引领成果初显

从 2016 年 10 月至 2017 年 6 月，专家入校听课 260 节，其中语文 120 节、数学 120 节、英语 20 节；指导集体备课 66 次，其中语文 28 次、数学 30 次、英语 8 次；指导研究课 54 节，其中语文 27 节、数学 21 节、英语 6 节；指导命题 86 套，其中语文 41 套、数学 41 套、英语 4 套；开展校内培训 15 次，其中语文 6 次、数学 6 次、英语 2 次、体育 1 次。

经过逐步规范和专业引领，全校形成了浓厚的研究学科、研究课堂、研究学生的氛围。教师对学科本质、教学活动、课标要求有了更深入的理解，逐步树立起了学科观念、专业观念。课堂教学基本趋于规范，重点知识得到落实，教学有效性得到提升。很多教师的专业水平得到大幅提升，一些年轻教师、新入职教师更是得以迅速成长。

（五）聚焦核心，满足需求，构建学校快乐课程体系

课程建设是学校的核心工作。学校在开足开好国家、地方、校本课程基础上，立足本校实际，利用学校积累的社会资源，独立开发了学校的主题特色课程——快乐种植实践课程、奇妙博物馆之旅体验课程、礼仪指导课程、成长指导课程，开设了多门校本学科拓展及活动课程，彰显了学校"快乐教育"的办学理念。丰富多彩的学科课程、融合课程、主题课程等的设计，体现了活动进学科、活动成系列、活

动共参与、活动显成果，进而提高了学生学业成绩和德育活动的质量。

1. 团队成长，源头活水

从 2016—2017 学年第二学期起，为满足每一位学生的差异化发展需求，提升学生的综合素养，学校充分激发全体教师的潜能，开设精彩的学科类校本选修课 22 门，包括语文学科拓展课程 5 门、数学学科拓展课程 3 门、英语学科拓展课程 3 门、信息学科拓展课程 1 门、音乐学科活动课程 3 门、体育学科活动课程 5 门、美术学科活动课程 2 门。学校还建立学生社团 9 个，发展学生个性与特长。全体教师在课程开发的过程中累并幸福着，教师的专业水平不断提高，专业意识愈发自觉，专业成长之路倍加精彩。

学校品德学科的教师对国家课程内容进行地方化、校本化探索，结合教材内容，积极设计一年级、二年级、三年级学生"家庭种植"、三年级学生"走进社区"、五年级学生"班徽设计"等一系列学习活动。

学校根据生源特点和实际需求，独立开发主题课程"礼仪指导课"，对全体学生进行文明礼仪的启蒙教育，重在全面系统地培养学生的文明礼仪风范。通过礼仪教育，学生学习如何与人相处、交往、合作，牢记礼仪规范并自觉地表现在学习、生活的各个细节中，切实提升学生的文明素养，改变师生精神面貌，从而刷新整个学校的道德风貌。

2. 课程资源，借水行舟

学校重视建立校内外课程资源的转化机制。2017 年 3 月，借助多年积累的教育资源，在教育局领导、东北师范大学、吉林农业大学、吉林省科技馆、东北师大自然博物馆等的大力支持下，在新优教育集团专家团队的引领和指导下，学校独立开发了具有学校办学特色且能服务学生终身发展的综合实践类课程——"快乐种植"实践课程和"奇妙博物馆之旅"体验课程。学校充分借力周边大学的资源，用心挖掘教育基地的宝藏，不仅带来了教师思想观念的改变和课程意识的提升，而且拓宽了学生的学习渠道，给学生带来丰富的经历和体验。这些综合实践课程成为学生最喜欢的学校课程之一，满足了学生多样化的发展需要。

吉林农业大学园艺学院党委副书记王中华说："在这个信息化时代，第四次工业革命已经开始，一所小学能开展和农业有关的课程，令我们农业教育战线上的人深感钦佩。其实回归自然，回归真我应该会成为未来社会发展的主旋律。"

为了进一步扩宽课程开发渠道，弥补学校资金、专业教师、场地等多方面的不足，学校与仅一墙之隔的吉林省孤儿学校建立了课程资源共享共建的紧密联盟，借助省孤儿学校的场地和师资，开设了舞蹈和软笔书法课。学校还借助其他社会力量，开设了无人机、航模等科技课程。

3. 专家指导，科学构建

为了更精准地确定和解读学校的办学理念，梳理学校的课程体系并进行科学建构，2017 年 6 月 23 日，全国著名教育专家、国家基础教育实验中心常务副主任、中国教育学会课程专业委员会副主任、东北师范大学教育学部博士生导师马云鹏教授在李桢董事长的陪同下，亲临学校指导工作。

马云鹏、李桢两位专家对学校的发展和课程建设情况给予了充分的肯定，并在学校办学理念的提升、课程建构的框架、主题课程的开发、课程意义的挖掘等方面做了重要梳理和解读。通过交流，学校明确了未来工作的思路、重点和实施路径。专家入校指导，对学校教育教学改进工作既是一次高端引领，更是一次实施驱动，对推动学校委托管理工作向更高目标迈进以实现历史性的突破具有重要意义，为学校委托管理第二阶段的特色打造指明了方向。

玉潭小学在新学期家长会暨校本课程推介会上，将学校校本课程向全体家长进行了全方位的推荐与介绍。学校立足自身资源优势，积极拓展教育资源，共开设了25 门校本课程，内容涵盖语言与社会、数学与科学、艺术与鉴赏、运动与健康四大领域。这些课程的开设，极大地丰富了玉潭小学的课程体系，使得每一名玉潭小学的学生都能选择自己感兴趣的校本课程进行学习。

现在的玉潭小学，每周二下午孩子们自觉走班，到相应教室进行自选课程的学习。每周四下午，分散到学校周边的吉林省科技馆、光学馆，东北师大自然博物馆等地，进行主题项目研究。课程是学生自己选的，学生们学得高兴，学得自主，真正达到夯实基础、身心健康、开阔视野、发展特长的课程建设目标。

玉潭小学"快乐教育"课程体系的建构，是学生在交往、给予、成功中孕育终身幸福快乐的根基。学校已经初步形成可操作、可实践、可更新的总体课程方案，三套独立开发的主题课程方案，完成了对课程计划和课程框架的整体梳理构建，并且逐步开发适合 6~12 岁儿童的学校安全教育主题课程、针对一年级新生开发入学准备课程——百日成长计划。到 2017—2018 学年结束，玉潭小学已建立起彰显学校特色的课程体系，良好运行并不断更新，保障委托管理第二阶段任务的顺利完成。

（六）统一思想，开放办学，探索家、校、社会合作新路径

2016年寒假前，学校制订了家长会方案，制作了学校期末工作总结的宣传短片和寒假生活指南宣传手册，确定了学生的汇报演出和一年级家长大讲堂等丰富多彩的家校合作形式。

2016年12月29日，玉潭小学召开第一次学生开放活动和家长讲堂，当天参会家长达500多人。家长们观看了学生的电子琴、古筝、竖笛等多种形式的活动展演，参观绘画、陶艺、书法等学生展览，收看学校本学期工作宣传短片，听取集团托管工作的汇报。一年级学生家长同时参加了主题为"家庭是圃、孩子是苗"的家长大讲堂活动，学习家庭教育的相关知识。家长反馈非常热烈，会后就有家长找到校长，要求将自己在其他学校就读的孩子转学到玉潭小学。所有家长都对玉潭小学的未来抱有很高的期待。

"花径不曾缘客扫，蓬门今始为君开"。2017年5月18日，玉潭小学举行了以"聚焦学科本质，打造快乐课程"为主题的教学开放活动。长春净月高新技术产业开发区教育局相关领导，新优教育集团领导及专家，吉林农业大学、吉林财经大学、吉林华桥外国语学院、长春中医药大学等共建单位领导，玉潭镇党委领导，区内各校领导 教师及部分学生家长代表共计300余人参加了本次活动。

活动当天，学生们进行了校本课阶段性成果展演，参加表演的学生全部来自校本选修课程班，指导教师就是校本课程的授课教师。大部分课程的开设时间仅有2个月，虽然时间不长，但因为是学生们自己选择的课程，他们的学习兴趣浓厚，用自己精彩的表现博得了阵阵掌声。

为了与全区兄弟学校共享教学资源，汇报委托管理阶段成果，学校进行了深度教研活动，并开放常规课和校本课。参加活动的嘉宾和家长分别在各会场参加了活动。深度教研分别开放集体备课、研究课和听评课全流程教学活动，开放语文、数学、外语三科常规教学17节，学科类校本选修课22门。

同时，学校进行了广播操和阳光体育大课间的开放。各个班级的学生在各自的活动场地开展形式多样的体育游戏。活动吸引了广大家长的积极参与，许多家长情不自禁地参加到了学生的活动队伍当中，欢声笑语溢满校园。

现代学校治理的核心思想是开放，开放办学才能让学校充满生机、活力，不断提升核心竞争力。玉潭小学的发展受到环境资源、资金设施、专业师资等多种因素的制约，要加快发展，必须集聚各方力量，借梯登高。现在，学校不仅创造家校沟通的各种机会，而且充分利用周边社区、大学、博物馆等公共资源，借助吉林省孤儿学校的硬件资源，创造了一个开放的办学体系。开放的办学体系才是一个富有活力的体系，开放办学就是要打开学校的"门"，推倒学校的"墙"，吸引更多资源参与学校治理，为学生成长提供更为真实和生态的环境，促进学校教育的优质均衡、和谐发展。

（七）更新理念，合作探究，站在教学改革最前沿

玉潭小学成为集团托管学校以后，在专家指导下，确立了"快乐成长 幸福童年"的办学理念，尊重学生人格，关注学生需求，保有儿童天性，顺应儿童差异。学校在教学观、学生观上有了根本转变，更加注意保障每个孩子学习的权利，让每个孩子都参与到学习当中，让每个孩子都能在课堂上获得学习的机会。

课堂文化生态的变革，必然引发学校的本质转变。2017 年 3 月，玉潭小学学校领导开始接触并参与到佐藤学"学习共同体"的研究当中。学校组建了教师学习共同体，从阅读、观摩、实践、反思开始，转换教育的价值观，关注研究的方法论。共同体的领导和教师们走进课堂做研究，聚焦学生的课堂学习，运用课堂观察技术收集学生真实的学习数据和资料，进而辨析理论的真伪。经过一段时间的研究和观察，我们发现，原来习以为常的教师讲课、学生听课的教学存在很多问题。教和学严重分离，学生的学习效率很低。教改研究课让团队成员看到了实验带来的变化。

2017 年 5 月 24 日，郭强校长和数学组组长庞立辉老师到福州参加"海峡两岸学习共同体高峰论坛"，听取国内外专家学者的讲座，近距离向日本东京大学秋田喜代美教授、中国台湾地区名师李玉贵老师、华东师范大学陈静静博士等专家学者求教，参与课堂观察，带回 72G 的音频、视频资料。玉潭小学的田晓静老师上了一节《猴王出世》的同题异构课，与郭校长带回的全国名师吴志诚的录像课遥相呼应。以此为契机，郭校长对全体教师进行了有关学习共同体的理论培训和实践分析。学校以学习共同体理论为视角，审视和辨析教学实践中发生的人和事，辨别真伪优劣，让教师的专业成长落地生根。

2017—2018 学年上学期，学校根据教师自愿申报、统一审核的原则，确定了四

年级（1）班、（2）班，五年级（1）班、（2）班四个共同体实验班，从物理空间、时间调整等多个方面进行改革，以语文、数学、英语等主要学科的课堂教学重建为切入点，进行学校学习共同体的实践研究，并且作为学校的主要研究项目，申请规划课题。至今，项目运行良好。

发展中的玉潭小学，在委托管理一年后，从每天师生的校园生活里、从每个孩子的言行举止间、从学校开展的各项教育教学活动中、从室内室外生机盎然的种植园区和展台上、从教师自主研发开设的20多门校本课程和主题课程里，都可以让人感受到学校方方面面的变化。这些变化更加促使我们必须以如履薄冰的心态，继续做好委托管理第二阶段、第三阶段的工作。

智慧源于思想，思想源自实践，实践基于问题。我们将不断反思和发现问题，不断回归和坚守教育本质，激发学校全体师生为着美好的梦想努力，成为憧憬未来的追梦之人，让生命与使命同行。

十、成为改变的力量

长春净月第一实验学校实践案例

当下社会无处不经历着深刻的变革，而这种变革呼唤着新的教育形式以使学生拥有今日和明日社会所需要的能力。当今时代，国家和地方的经济以及社会的发展对公平、优质教育的需求空前高涨。作为怀揣教育梦想、勇担教育变革使命的新优教育集团与长春市净月高新技术开发区政府通力合作，践行薄弱学校的改进，为区域内教育的优质公平发展探索出有效的实施路径。集团执行校长吕慧和四位特聘专家一起进驻净月第一实验学校，实施委托管理，我们总结了驻校所经历的变革历程，并从中梳理出薄弱学校改进的成功经验和有效策略，形成短期委托管理运行范式，并将其辐射到更大范围，为推动区域内教育改革助力。

（一）学校的背景

1. 学校基础情况

长春净月第一实验学校，是净月高新区为振兴净月教育、服务净月经济发展和社会民生而着力打造的一所新学校。学校由新优教育集团实施委托管理，于 2016 年在原长春市第七十四中学的旧址上更名新建。

截至 2017 年 6 月，学校共有 17 个教学班，其中初中部 11 个教学班，小学部 6 个教学班；在籍学生 608 人，其中初中生 369 人，小学生 239 人；在编教师 70 人，其中初中部 50 人，小学部 20 人，省级骨干教师 2 人，市级骨干教师 1 人。在硬件建设上，学校整体占地面积约 35000 平方米，建有教学楼 1 栋（占地 5500 平方米，于 2005 年建成）、食堂 1 栋（占地 800 平方米，于 2015 年 8 月建成，能容纳 200 人就餐）、微机教室 1 间（配有计算机 45 台），班级配备多媒体一体机，且开通网络。教师电子备课室配有计算机 70 台，便于实行网上办公。

2. 委托管理前期调研

新优教育集团进驻学校初期，首先对学校的基础情况，尤其是教师和学生的发展现状做了充分的调研，调研的方式是问卷调查、一对一访谈以及深入课堂听课。

（1）办学优势

长春净月第一实验学校的重新改建，得到净月高新区管委会和净月教育局的高度重视和大力支持。为了组建新学校的领导班子，区内办学质量相对较好的原五十五中校长徐长义任新学校的校长，并通过招聘和调转的方式配齐了教师，使教师的年龄结构和学历结构趋于合理。从 2016 年 10 月开始，以李桢为首的新优教育集团管理专家和学科教学专家深入学校，针对教育教学等各项工作进行专业化的改进。净月高新区教育局准备推出的绩效工资政策和招聘合同制教师的灵活用人政策，为学校的发展注入了新的活力。学校周边社区内借助教育发展受益的企业和事业单位众多，它们成为学校发展的潜在社会资源。社会对优质教育资源需求迫切。调研中发现，教师间关系比较和谐，对学校的声誉十分关注，部分教师业务精湛、师德高尚，并愿意提高自己的业务能力；多数学生心地善良、朴实单纯，对在校的学习和生活感觉比较愉快，能够较快地适应新环境。

（2）面临挑战

原长春市第七十四中学在净月高新区老百姓中的口碑较差，一时难以扭转社会对新学校的认可度。教师队伍建设薄弱，教师发展水平良莠不齐，教学观念陈旧，部分教师年龄偏大，体弱多病，部分学历低的教师不能驾驭课堂，多年来涣散的管理造成学校管理不讲规则，只讲感情。近半学生为进城务工人员子女和流动人口的入学儿童，学习基础薄弱，规则意识不强，自信心缺乏。家长对孩子期待低，使得家校共育很难实现。学校物理空间狭小且破损严重，中小学一体管理，作息时间、活动空间等的不一致都成为学校进一步发展的瓶颈。

案例 1：对你来说，在学校做教师这份工作最恰当的描述是

A. 实现自身价值和意义的途径

B. 一种职业，是谋生的一种手段

C. 是回报社会、贡献社会的途径

D. 服务了别人、奉献了自己，很亏

基于以上基础情况的调研，集团进一步修改委托管理方案，将三年委托管理工作规划为三个发展阶段，第一年为常规教学质量年，第二年为学校特色发展年，第三年为学业质量提升年。委托管理第一年时，集团在协助学校管理者制定三年发展规划的基础上，重新确立了学校的办学理念和培养目标，并基于此建构了学校课程体系，规范了常规教学管理流程和岗位职责，提高了教师专业素养，打造了有利于学生高效学习的课堂教学范式，学生的学业水平稳步提高。学校通过各项活动展示了委托管理以来的丰硕成果，社会认同度得到显著提升，实现了跨越式发展。

（二）制定学校发展规划，实行制度化管理

1. 制定学校三年发展规划

学校发展规划是近年来在国际上兴起的一种改进学校管理、提高学校教育教学质量的方法。对于每一所学校，学校发展规划都是学校办学的指南，是实现学校管理目标的重要组成部分，是明确学校发展目标，进而执行规划、推动学校不断进步的重要手段。

长春净月第一实验学校近三年发展规划的制订经过了四个阶段。首先，学校运用 SWOT 分析法进行基础情况的自我诊断，明晰学校发展的优势与机会、劣势与威胁；其次，在自我诊断的基础上，学校校长、各级管理人员和教师进行充分论证并最终确立学校的发展目标、办学理念和学生培养目标；再次，制定基于实现学校办学目标的三年发展规划；最后，学校各部门制订保障规划实施的具体工作措施。

案例 2：《净月第一实验学校三年发展规划》的部分内容

一、办学理念、办学目标和办学思路

（一）办学理念：尊重每一个生命，关注每一步成长

学校存在的最大问题，就是教师对学校发展普遍缺乏信心。他们既希望这个局面能够得到改变，但是又享受散漫状态下的自由状态；既憧憬能够享有一名教师的职业幸福，又对学校未来的发展不抱希望。

这所学校的学生基本来自社会底层家庭，学习基础普遍薄弱，上课专注度低，甚至处在一种自我放弃的状态。他们对未来感到茫然，没有明确的学习和生活目标。

针对这种情况，学校新领导班子通过深入调研，在新优教育集团专家和区教育科研专家的指导下，明确了学校的办学理念，就是让这些处在边缘化、底层化的师生，得到尊重和关注，让师生树立信心。所以我们将办学理念，提炼为"尊重每一个生命，关注每一步成长"。

（二）学生培养目标

学校设立分层次培养目标，即第一层次学生上一类重点高中，第二层次学生升入二类重点高中及高职本科，第三层次学生面向职业技术学校，学习生存所需的一技之长。

无论是处于何种层次的学生，都需要具备以下品质：

主动探究的学习品质——有强烈的求知欲望、浓厚的学习兴趣和良好的学习习惯，能够积极地探索、多渠道地尝试，在探索和尝试中积累知识，获得能力。

自觉守纪的道德素质——诚实守信、吃苦耐劳、坚韧不拔、开拓创新、尊敬师长、孝敬父母。

鲜明张扬的个性素养——学生在校期间，能通过社团活动等方式，培养一种以上的爱好和特长，建立自信，张扬个性，同时激发学生对学校的归属感和认同感。

科学素养和民主意识——成为 21 世纪的合格公民。

（三）学校未来三年发展目标

1. 办学总目标

全面育人，办出特色，建成长春南部新城区窗口校。

2. 阶段性发展目标

2017—2018 转型期。依托新优教育集团的托管，学校规范管理，内外兼修，向

优质化办学迈进，转变社会对学校的原有印象。招生规模实现初中新招六个教学班，共计新生 200～400 人。小学招收新生三个班，共计 120 人。小学六年级新扩一个教学班，安置外来人口入学不超过 40 人。

2018—2019 特色期。在第一年规范的基础上，努力打造学校特色，稳定学校发展态势。招生规模达到初中新招六个班，不超过 300 名学生；小学新招三个班，人数控制在 120 人。小学六年级新扩一个教学班，安置外来人口入学不超过 40 人。

2019—2020 品牌期。通过全面质量提升，将特色铸就成品牌。招生规模稳定在初中新招十个班，人数控制在 450 人；小学招收四个班，入学人数控制在 180 人；三年级至六年级都扩为两个教学班，实行分科教学。

为确保三年发展规划的有效执行和实施，学校建立健全了目标管理的分工负责制，即有健全的管理组织架构和完善的制度管理做保障。

2. 完善学校组织架构

学校原中层以上管理干部（一名主管校长兼法人）中，三名分管教学、德育和后勤的副校长分别负责中学和小学部的德育和教学工作。可见，原有管理人员中没有学科管理层级，即缺乏学科组长和备课组长，这使得学校管理决策欠缺学术性思考，教师的培养缺乏专业性引领，课程建设和教研活动的开展与学科教学脱节，学校发展规划的实施难以落地。根据学校实际情况和发展需求，学校在集团的协助下调整了组织架构。

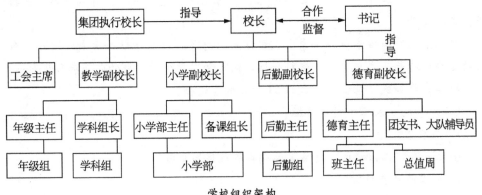

学校组织架构

同时，学校的教师代表大会和工会在学校各项政策的制定和可行性调研中也起到越来越重要的作用。

3. 健全学校管理制度

原有的管理制度封存在一本厚厚的装订精美的手册中，虽然涉及学校管理的每个细节，但多数是网上下载的现成条款，并没有结合学校的实际情况做修改，且制度流于文本，其作用只是应付上一级部门的检查，并没有真正落实到学校管理中。为此，结合管理人员的配置，学校设置了年级教务主任、学科组长、备课组长、教务（校务、校本课、教科研）干事、全学科教师、班主任、德育辅导员、大队辅导员、团委书记、督学等 44 个岗位，使人归其位，事尽其责。同时，学校健全了各项管理制度。以教学管理为例，学校制定了教务管理制度、集体备课制度、常规课堂教学管理制度、作业批改讲评制度、考试命题考务及质量分析相关制度等。同时，学校将各项制度根据目标类型，制定相应的制度管理手册，包括《常规教学质量管理手册》《学校课程管理手册》《学校科研工作管理手册》和《教师工作手册》等，管理者或教师人手一册，方便查询，强化了制度管理意识，使遵守制度成为教职员工的一种自觉行为。

为了使制度的实施不流于形式，学校主要实行了三项保障措施以形成制度管理的文化氛围。一是制度建立之初，学校向全校教职员工征求修改意见，让教师成为制度建立的参与者，将制度根治于心。二是让中层管理干部做制度解读的宣讲员。各部门分管领导，结合自己的工作实践制定相应的制度实施的有效措施，面向全校教师做主题报告，并号召全体教师监督制度执行质量。三是将制度的执行质量与管理干部和教师的评聘相结合。奖惩分明是遵守岗位职责、强化制度管理的有效手段。依托净月高新区教师绩效工资政策，学校制订学校绩效工资分配方案，让严格遵守制度、勇于承担工作、在岗位上尽职尽责的教师能够在薪酬上受到鼓励，继续起到带头的作用。

（三）建设有利于学生多样化学习体验的学校课程体系

加强学校课程建设，是提升学校办学水平、促进教师专业化发展、培养学生核心素养、形成学校特色品牌的重要载体。集团委托管理前，净月第一实验学校并没有完整的学校课程体系，甚至由于师资力量不足，曾一度难以开全国家课程。学校管理者的课程意识淡薄，学生的在校时间多数用于在课堂中听课或自习，没有学科整合的活动类课程体验，仅有的三个社团（乒乓球、足球、合唱）也属于松散型学生社团组织，没有课程方案、活动过程记录、活动评价等，教师对校本课开发的认识几乎是空白。集团进驻后，充分调研了社区、大学和学校的课程开发资源状况、学生的兴趣特征和对课程的需求，再结合学校的办学理念和培养目标，确定了学校的课程目标、整体框架和实施策略。

案例 3：长春净月第一实验学校课程方案（部分）

一、课程目标

净月第一实验学校以"尊重每一个生命 关注每一步成长"为办学理念，注重学生德、智、体、美等方面的全面发展，充分尊重学生的个体差异，丰富学生的成长体验，建构成就每一个生命健康生活的"成长体验课程"体系，使学生学会生活，学会学习，学会交往，成长为具有"主动探究的学习品质、自觉守纪的道德修养、乐观强健的身心体魄、鲜明张扬的个性特长"的、能够适应未来社会生活的阳光青少年。

为此，学校把课程目标界定为"夯实基础""尊重差异""丰富体验""促进交流""成就发展"，具体表述为：

夯实基础 重视培养全体学生的文化基础，为其终身学习提供基础知识和基本方法的保障。

尊重差异 尊重不同性格特征、不同家庭背景、不同学业水平、不同身体状况的所有学生的个体差异，设计多元化的课程和教学组织形式，给学生真正意义上的尊重。

丰富体验 学生的每一步成长都在实践体验中得以实现，丰富学生不同内容领域、不同组织形式、不同目标要求的实践体验是促进学生全面发展的有效途径。

促进交流 学生在成长体验中与同伴交流、与教师交流、与社会生活中的不同角色交流，增强其自信心、同理心、仁爱心，培养学生交流与合作的能力。

成就发展 通过"成长体验课程"的实施，关注学生的每一步成长，促使每一个学生在原有水平上不断进步，使学生能够自我认知、自我成就、自主发展。

二、课程结构

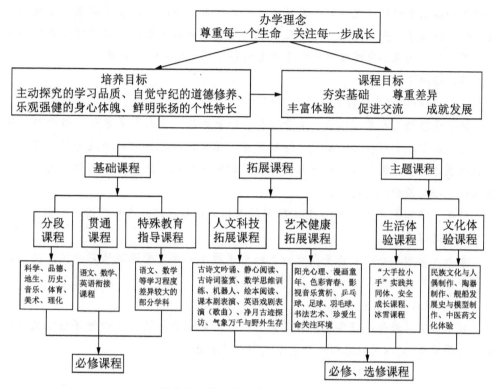

长春净月第一实验学校课程结构图

三、课程的实施

（一）建立课程评审委员会审批课程（略）

（二）制定课程实施工作行事表

每学期校本课的课程实施有固定的时间流程。各部门实行责任分工，并根据总体安排做好本部门或教师个人的分管工作，其中，教务处负责总体规划和组织协调。

（三）课程实施

学校课程实施自 2016—2017 学年度下学期开始试运行，在尝试开设部分学科拓展类校本课的基础上，还开设了主题课程中的实践共同体课程，进行了"游净月寻故址"和"大手拉小手一起来种植"等社会实践活动，旨在让在家是独生子女的学生感受同伴的关爱和温暖，通过照顾他人、照顾植物提高学生的责任心和实践能力，为学生的健康成长提供适宜的人文环境。自本学期实施规范化管理以来，学期初制订了校本课教学计划，没有特殊情况不能轻易更改教学计划，尤其不允许教师私自停上或找他人代课，有特殊情况需要报备教务处，学校做统一安排。

四、课程评价

（一）明确课程实施评价主体及其职责

教学管理相关人员。校长、主管校长、分管主任、校本课干事和年级干事等课程实施评价管理者根据管理制度，逐项检查，注重过程性评价，并及时将检查结果反馈给教务处、年级和任课教师本人，每学期的检查结果的数据分析被作为下学期该课程是否开设的依据之一。

学生。学期中（末），学生需对修习的课程做出相应的评价和反馈，并将其作为下学期的选课资格。

家长。每学期每位家长至少有一次机会来校体验学生的课程修习情况，并根据细则做出相应的评价和建议（主要是质性的评价）。

（二）课程实施评价内容

分别制定《教师课程实施评价量表（校本课管理督导版）》《教师课程实施评价量表（学生版）》以对校本课运行质量进行评价和反馈。

（三）学生课程修习评价

1. 课程修习表现评价

记录学生在课程修习过程中的出勤情况、课堂表现、活动记录等，收集能够反映学生学习过程和结果的资料；记录学生的努力过程，可以是学生的自我评价、社会实践和社会公益活动记录、体育与文艺活动记录，教师、同学的观察和评价，来自家长的信息，考试和测验的信息等。

2. 课程修习水平评价

制定《学生课程修习评价报告单》，记录学生在课程修习过程中的学科修习成绩、"大手拉小手"实践共同体表现情况、校本课程修习成绩汇总，这些将成为本学期"六星少年"评选的依据。

3. 评价结果反馈

学期中（末）教务处协同校本课干事对以上评价结果进行收集和存档，并将学生和教师的考评建立关联。

五、课程保障

课程的实施需要做好资源保障、组织保障、制度保障、安全保障和后勤保障。

案例4：长春净月第一实验学校校本课上课教师与学生的心得

践行大课堂观的有益尝试

——长春净月第一实验学校历史校本课《探寻净月遗迹》

袁绍萍

2016—2017学年度下学期，我在七年级、八年级开设了校本课——探访净月遗迹，后又在六年级、七年级实施该课程。这是室内学习与实地踏查相结合的家乡史课程。

早在2009年，我学习曾永江老师的《英国历史课堂的启示》一文，得知在英国的历史教学中，教室之外的空间如旧工厂、博物馆等都可以成为历史课堂。这种大课堂观让我深受触动。参编吉林省地方教材《家乡》及参加"踏查长春"团队的活动，让我开阔了视野，长春厚重的历史文化底蕴加深了我对家乡的热爱之情。我希望学生也能通过踏查，体验到历史与地理相碰撞而产生的思想、情感的升华。此外，校本课是对国家课程和地方课程的补充。基于上述原因，作为历史教师，我渴望将课堂设在历史遗迹现场。

适逢新优教育集团委托管理净月第一实验学校，并在本学期全面运行校本课程，鼓励与支持教师开设各类校本课，而且净月区历史遗迹多，设在本区的博物馆资源丰富，能够支撑起一门课程。天时、地利、人和，这让我蛰伏在心里的梦想得以实现。

"探寻净月遗迹"的课程内容为长春厅与新立城小街讲析与踏查、柳条边讲析与靠边孙靠边王踏查、净月潭金代古墓讲析与踏查、东北民族民俗博物馆参观、吉林省博物馆参观，最后一课时为作业展示与交流。学生分组开展学习活动，体现了合作学习的理念。

该校本课的开设，激发了学生的学史兴趣，辅助学习国家课程，培养了家国情怀，使学生初步掌握了实地考察的学习方式。

校本课踏查与学校"史学会"活动有机结合，得到了省民俗学会理事长施立学、伪满皇宫博物院研究员宋伟宏、《发现长春》节目制片人李雪等专家的指点与帮助，在社会上产生良好反响。

开心又心酸的踏查——柳条边

长春净月第一实验学校八年级（1）班　王　雨

本学期我选修了历史校本课，参加过几次实地踏查，其中印象最深的就是柳条边。

刚开始，我对它的期望很高，但是去过之后，它的悲惨现状让我的心不禁受到触动。一路上，我都在鼓励自己，想像它应有一排柳树，旁边绿意盎然。然而，它所展现的是历史留下的风痕，没有了往日的严肃，没有了往日的风韵，令人惋惜。

在踏查时，我看见了一个石磨，据当地人说，有些年头了，可就被随意放置在那里，上面堆着被风吹落的残叶，还有人踩的足迹。现在的柳条边啊，可谓名存实亡。那柳树中间的壕沟，早已堆满了垃圾，即使特意寻找柳条边的人，也看不清它的本来样貌吧。

柳条边的设立，保护了我们东北的生态环境，不管经历了多少岁月，都磨灭不了它的丰功伟绩，应该被一代又一代人记住。正是因为我了解它的盛况，所以怎么也想不到，它，一条破破的壕沟，就是当时守卫森严，普通人不敢逾越半步的柳条边。

踏查柳条边之后，我觉得应当用力所能及的力量来保护它，为此，我提出以下建议：

1. 在柳条边遗迹位置放介绍牌，让参观的人了解它。

2. 清除壕沟内的垃圾，保护环境。

3. 在当地进行保护柳条边的宣传。

这是一场既心酸又开心的踏查。我作为一名中学生尚且感到失落，想必那些爱好历史的学者会觉得更加惋惜。柳条边，它记载了太多那个时代的回忆。我们应该记住它曾经存在过。

（四）常规教学、主题教研并重，全面提升教学质量

1. 常规教学精细化管理是教学质量提升的基本保障

调查中发现，学校原有常规教学状况是没有集体备课的，教师各自为政，上课基本上是照本宣科地教教材，没有每周测试一类的学生学业水平的阶段性测试，期中、期末没有基于数据统计的质量分析，教师将教学质量低下全部归于生源质量差。基于以上情况，我们首先从规范常规教学行为入手，通过常规教学精细化管理为教学质量提升奠定基础。

（1）计划管理

每学期，学校制订总体教学工作计划，包括大型教研活动行事表、大型考试时间表、常规教学检查计划等，各学科根据课程标准、教材内容和学校整体安排制订各学科的教学进度计划、集体备课计划、周测命题计划、教师主备分工计划等。计划管理树立了教师的时间管理观念，保证了学校各项工作的有序开展。

（2）流程管理

制定常规教学中"备上批辅考"等各项工作的全流程管理质量文件，明确常规教学管理流程、各管理环节质量要求以及督导检查方式。

（3）职责管理

在明确管理流程的基础上，教务处做好各环节管理的职责分工，做到事事有人负责，环环保证质量。

（4）过程管理

加强在常规教学管理实施过程中的质量监测和督导改进。如集体备课记录单、课堂教学评价表、课堂观察量表、学生作业报告单、教师辅导学生记录单、周测成绩单及其质量分析报告单等常规教学过程材料均由相应年级组或学科组以周为单位提交，教务处检查备案。每学期组织三次有针对性的常规教学检查：第一次是开学第一周进行教师假期个备的教案检查，并评选出星级教案；第二次是学期中进行常规教学流程中各项工作的检查，包括"备上批辅考"的全流程质量监测，教师满意率测评等，教务处将常规教学检查报告单反馈给年级和学科组，并督导后续改进工作的落实；第三次是学期末对学生进行包括学业成绩、综合素质评价等项目在内的学生学业水平质量评估，反馈教学的有效性，指导假期和下学期工作的目标制定。

案例5 "3+1"生成式备课流程

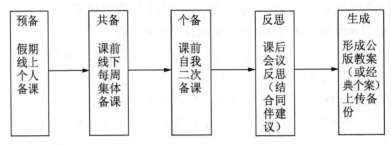

"3+1"生成式备课流程图

（5）资源管理

在此提出的资源管理主要针对学校课程运行中的人力资源和教学资源。人力资源包括校内和校外两方面，其中校内人力资源的管理涉及教师的评价及其薪酬制度的管理。教学资源包括教案资源、试题资源和课例资源三个领域，其中教案资源又分为常规教案和公版教案两个层级，试题资源包括同步练习（导学案）、周测、大型考试三个序列内容，课例资源中收集了校内各类研究课的课例视频。

2. 开展主题性教研活动是教学质量提升的有效途径

在常规教学行为规范的基础上，开展有主题的教研活动是教学质量提升的保障。学校原有的教研活动几乎是空白，教师的问题意识淡薄，教师之间很少有听评课活动，缺乏研究氛围，教学质量提升的实效性难以保证。本着开展教研活动的目的是促进教师专业素质和学生学业水平的提高，着眼点是课堂教学和课程改革实施中教师所遇到的实际问题，切入点是教师教学方式和学生学习方式的转变等原则，学校开展了以"创建'以学习者为中心'的有效课堂"为主题的教研活动，目的是转变教师的教学观念和教学方式，在课堂教学中让学生经历知识的生成过程，使学习真实发生，进而提高学生学习的有效性，保障教学质量的全面提升。

（1）查找问题根源，确立研究主题

集团入驻学校的学科教学专家在听课及与教师的座谈中发现，在教师的观念中课堂和课下反复做题和讲授是提高教学质量的唯一途径，教师在教学中忽视学科课程标准的基本要求，对学科本质的理解不够深入，对中考考纲的理解不够准确，对学生原有水平和认知能力的分析不足，这使得教学目标的制定和教学内容的选择过偏过难，脱离学生实际；课堂教学的组织形式主要是教师讲和学生听，比较漠视对学生学习兴趣和学习能力的培养，大量重复的习题训练难以激发学生的学习热情，导致学生学习动力不足、信心缺失，厌学现象非常普遍，造成课堂教学的低效。基于以上调研，在专家指导和教师共同参与研讨的基础上，学校分学科制定了"创建'以学习者为中心'的有效课堂"教学研究主题。例如，语文学科组的"语文阅读教学主问题的发现与设计技巧初探"、数学学科组的"基于建设学习共同体优化数学课堂教学方法的研究"、英语学科组的"小组合作学习在英语课型教学中的探究"等。

（2）规划实施步骤，全员参与实践

教师的积极参与是教研活动顺利开展的保障。为确保活动有效实施，我们本着"低起点，小台阶，体验成功，自觉发展"的原则规划了教研活动的实施步骤，旨在发动全体教师共同参与，全面实施课堂教学改进。

具体的实施步骤是，第一阶段，转变教师教学观念。通过专家解读、教师学习研讨等方式，促进教师转变传统的"以讲授为主"的课堂教学观，深入理解"以学习者为中心"的有效课堂内涵。其间，学校组织了"如何进行基于学习本质的有效教学组织""如何在课堂教学中开展合作学习"等主题培训。第二阶段，以课堂教学为载体扎实推行教学改进。在教师个人研究主题明确的基础上，通过开展"天天研究课""周周主题课""月月展示课"等教研活动，促使教师以一节课的教学为突破口，从备课、上课等环节认真研究"以学习者为中心"的有效课堂教学实施策略。例如，在集体备课中，教学专家引领教师着重讨论教学目标的制定、重难点的界定是否具有科学性和适切性，重难点知识的教学设计是否有效，基础性问题和挑战性问题设计是否合理，例题和习题的配置是否有利于不同层次学生均能有所收获并树立学习自信等核心问题，并制定各种典型课型教案书写要求，组织教师撰写《导学案》，指导教师进行有效备课、有效命题。再如，在课堂教学中，鼓励授课教师和听课教师转变角色。一方面，倡导授课教师做学生学习的引领者和指导者。课上减少问题数量，缩短讲授时间，将课堂还给学生，为学生的自主学习、合作学习提供必要的支架。另一方面，指导听课教师做课堂教学的观察者。改变以往听课后只针对教师教学行为的单一评价，听课时走入学生中间，通过对学生学习细节的观察为授课教师提供实证性的教学改进建议。第三阶段，通过开放主题教研活动巩固和推广教研工作成果。依托"周周主题课"积累成功教学案例，借助校内"月月展示课"、学校教学开放日和集团主题教研开放活动等契机，树立教学改革先进教师典型，并将他们的成功经验通过论坛的方式与其他教师分享，让教研先进教师成为教学活动的倡导者，以营造教研氛围，推广教研成果，促进学校教研工作常态化的形成。

（3）提供保障措施，形成教科研自觉

为确保教研工作的常态化，学校需要提供必要的保障措施，这其中包括激励机制的保障、专业引领的保障、学习资源的保障等，以此促进教师将教研活动的开展转化为自觉行为。另外，将教研工作和科研工作建立关联，指导教师撰写课题评审表、课题开题报告、课题结题报告等，从技术层面帮助教师将教研活动中的项目研究上升为科研课题的研究，使教师的专业水平有个质的飞跃。委托管理的第二学期，学校已经有四项省级课题，每个学科组有围绕学校课题的一级子课题，每位教师有基于学科组或项目组的微课题，并且一改以往课题研究走形式、与教学严重脱节的现象，因为科研课题来源于教学、服务于教学，并且学校手把手地教会教师研究方法，教师们进行课题研究的热情空前高涨。

（五）建立学习型组织，促进教师专业化水平提升

净月第一实验学校的教师有着质朴的教育情怀和基本的教育良知，大部分教师责任心较强，对于学校未来的发展心存期待，但长期的社会认同度低和生源质量堪忧的恶性循环磨灭了教师的职业追求，教师将更多精力投入家庭生活，很少将幸福建立在工作成就上。因此，促进教师的专业发展的有效路径应是在学校管理者系统思考的前提下，通过激发教师的共同愿景，鼓励教师改变心智，摒弃一己私利，加强团队合作，建立学习型组织，实现自我超越。

1. 系统思考与愿景引领

合理的教师结构是学校长足发展的人力资源保障。在教育局的大力支持下，在净月高新技术开发区人事局的协助下，经过校内领导班子共同规划决策，学校先后在 2016 年和 2017 年招聘骨干教师和青年教师共 18 名，使教师的学历结构、年龄结构更趋于合理。在此基础上，学校对教师的培养同样考虑整体布局的合理性，构建了"冰凌花"三级教师培养工程，即从"入门教师"到"胜任教师"的"青苗工程"、从"胜任教师"到"骨干教师"的"茁茎工程"、从"骨干教师"到"专家教师"的"吐蕊工程"，每项培养工程有相应的达成指标，下一级指标达成的教师可以自动晋升为上一级教师培养序列，以

此帮助不同发展时期的教师建立与学校发展相适应的职业发展愿景，有序规划个人发展路径，使教师的专业成长成为自觉。荣誉教师评选序列分为"优秀教师"和"标兵教师"两个层级，学校分别制定了评比细则，以此激励教师树立职业追求，建立职业自信。

2. 树立终身学习理念，建立教师学习共同体

教师只有具备终身学习的理念才能带动学生形成终身学习的意识，为此，通过多样化的培训逐步强化教师的学习意识进而形成自觉学习的习惯是促进教师专业化发展的必由之路。

（1）分层级培训

进驻学校一年来，集团对委托管理学校的校长、教学副校长、中层管理干部、学科组长、教师进行了不同层级的针对性培训共 10 次，内容涵盖学校发展规划的制定、学校综合管理策略、学校课程建设、学校德育建设、学校学科建设、校园文化建设、教师发展等方面。

（2）分形式培训

根据教师专业成长过程中的不同需求，学校采取多样化的培训形式，以达到培训效果。

①驻校执行校长培训。驻校执行校长带给学校更多的是先进的教育教学理念，负责定期对不同层面教师，尤其是管理干部进行一对一或一对多的参与式培训。

②驻校专家培训。驻校专家深入学科组，对教师进行备课、课堂观察、命题技术、质量分析方法等方面的一对一培训。同时，发挥专家德高望重的特点，为教师（尤其是青年教师）进行关爱学生、敬业爱岗的职业道德专题培训。

③外聘专家培训。外聘专家分为学科专家和技术支持型专家。学科专家主要是省市教研员和省市知名教师等，对教师给予课程标准和考试说明方面的解读培训；技术支持型专家主要针对的是给予教师信息技术方面的帮助，如一体机的功能开发、试卷答题卡制作、网络课堂的开课指南等。

④教师外出培训。在保证正常教学的前提下，鼓励教师积极参与校外主题性培训，回校后面向全体教师做外出学习汇报，开阔教师视野的同时培养教师总结归纳和表达的能力，将学习的收获辐射全体教师，以期作用最大化。

（3）建立教师学习共同体

以管理干部为核心建立教师学习共同体，定期组织专题学习或问题研讨，管理干部就学校和部门的相关制度做解读，听取教师的意见和建议，完善制度的同时，培养了管理干部的领导力，激励了教师参与学校管理的积极性。

开展有学科特色的教师岗位练功、以班主任为核心聚焦班级学生学业质量提高的研讨会、校内青年教师研修院共修、教师读书交流会、科研课题研讨会等都是教师学习共同体项目研究的重要内容。

案例6　青年教师汇报课反思

七年级英语　刘凯欣

在10月19日青年教师汇报课的准备与完成中，我收获很多。感谢各位老师的关心与帮助，使我能够发现并且应用一些好点子，掌握怎样上一节好的展示课。

准备期间，从教学设计中规中矩毫无亮点，到不断地通过学生的反应修改教学内容，使教学更适应学生当下的掌握情况，更好地被学生接受和应用，我开始明白，学生是课堂的主体，一节优秀的课，该让学生更多地参与进来，调动他们的兴趣和积极性，启发他们思考，鼓励他们自主学习。原来，我的头脑中只有这个概念而不知道具体怎么做，通过这次摸索和尝试，我才知道怎样一步步设计课堂，怎样与学生互动。

在10月19日上课当天，我的汇报课完成得还算顺利，预期设计的教学目标都已达到。学生们的表现好得超出我的预期，回答问题很积极，思路也跟得很好，在"连词成句"和"找不同"等环节都达到了预期的效果。但不足的方面也有很多。第一，这一环节是说课。说课是一个很有意义的活动，让学生和听课的老师们了解本节课都有什么环节，为什么这样设计。我说课时有些紧张，导致说得不是很流畅，这可能也给学生们带来了紧张的感觉。还好随着课堂教学的推进，紧张逐渐消减，一切渐入佳境。第二，我在课堂用语和指令性语言的应用上面存在不足。不能完全用英语表达、用语啰唆不够简洁是目前我存在的问题。我会在以后的教学中，更多地练习用英语表达，并且做到表达清晰，让学生容易理解。第三，板书不够美观。板书设计随意也是我存在的一个问题，我会在日后的备课中注意板书的设计，并且多加练习。第四，时间分配不够合理。在课堂节奏上面，开始时进展有点慢，同时我的表达有些多，学生的表达相对少，后来时间不够了，这在以后的课堂教学设计中应该考虑到。第五，在小组合作方面，我在选择被提问的小组方面考虑得不周到，并且活动后总结不够。这些是日后我的教学过程中需要不断探索和注意的地方。

一次汇报课，一周多的准备，一节课的展示，背后是教学基本功和教学艺术的体现。在这个过程中，我学到了很多，也成长了很多。不断地努力与探索，不断地了解学生，不断地学习，我会一点一点做得更好。

3. 搭建教师展示平台，实现教师自我超越

学校鼓励教师参与各个级别的教学比赛或展示课活动。一年来先后有10位教师参与国家级、省级、市级、区级的各类教学大赛并取得优异成绩，其中青年教师谭今歌在获得省新秀教师的同时，又力压群雄，获得代表吉林省参加全国优质课大赛的资格。教师们为学校争得荣誉的同时也成就了自己学校。通过深度教学论坛、学校教学开放日、家长开放日、校际间教研联动等形式，教育集团为教师搭建了各类展示平台，激励教师不断追求，实现教师的自我超越。

（六）践行全纳教育，全面提高学生的学业水平

全纳教育作为一种教育思潮，倡导容纳所有学生，反对歧视和排斥，鼓励学生积极参与，注重集体合作，满足不同需求，是一种没有排斥、没有歧视、没有分类的教育。净月第一实验学校生源结构复杂，其中不乏有一些需要特殊关爱的学生，为此，学校倡导"尊重每一个生命，关注每一个成长"的全纳教育。

1. 建立学生学习共同体，尊重每一个生命

学生学习共同体包括两个方面，一方面是在课堂学习中建立四人一组的学习共同体。教师课上组织学习共同体（即合作学习小组）开展互助式学习，让每个学生都能够真正投入学习，树立学生的学习自信心。通过半学期的实施，有98％以上的学生觉得在小组合作学习中获得了帮助，也帮助了别人，让自己更有自信了。另一方面是在校内跨年段组建实践共同体。基于对当今时代独生子女不会谦让、不会合作、不会帮助别人、认识自然能力及动手能力差等现象的调查，以及鉴于学校为九年一贯制学校，学生年龄阶段涵盖从小学一年级到初中九年级各个学段，具备开展社会实践共同体的条件等方面的考虑，2017年下学期，学校组建了校内跨年段实践共同体。实践共同体的活动以学生自主性为主，每周一次简短活动布置，每学期组

织 1～2 次大型综合社会实践活动。活动内容有高年级对低年级课业学习、生活实践内务整理等方面的指导，共同完成校园绿植培育、"游家乡 寻校址"主题春游等综合社会实践活动等。学生在实践活动中学会了自我约束、合作互助、感恩分享并提高了动手实践能力和不怕困难自主解决问题的意识。

2. 分阶段个性化培养，关注每一步成长

针对学生不同发展阶段的生理和心理特征分阶段制定培养目标，设计主题德育活动，通过规划学生的在校生活，关注学生的每一步成长。例如，新生入学报到当天，每位新生领取了一本《新生入学手册》，手册的第一项内容就是净月第一实验学校日常行为规范十条。良好的行为习惯会使学生受益终身，因此入学教育的第一课就是让孩子们有规则意识，从细微处见修养，树立净月第一实验学校的良好形象。不同年级针对不同年段的学生发展特点制定培养目标和实施细则，并组建学生自主管理联合会，实现学生的自主管理。

针对九年级的教学特点，学校又实施了开设职业生涯规划指导课、分层培养、导师制辅导等策略，为毕业班学生的出口成绩提供保障。以上做法成果初见，在 2017 年中考中，净月第一实验学校九年级毕业生升入重点高中的人数较上年增加了1 倍。

在丰富多彩的活动中培养学生的核心素养。有研究表明，人对学生时代记忆最深的是在校参加的活动，因此丰富多彩的学生活动是培养学生核心素养的重要基地。委托管理以来，学校与学校德育管理干部一起规划了多项学生活动，包括阳光大课间、读书活动、游园活动、校园广播电台启动、建立实践共同体、九年级百日誓师、"魅力之星"评选活动、书法作品展等。学生在活动中彰显个性，锻炼了领导力，增强了自信心。

3. 健全评价体系，成就学生自觉发展

学校健全了包括"优秀班集体""六星少年"等项目在内的德育评价体系。"六星少年"包括智慧之星、道德之星、健体之星、艺术之星、实践之星、创新之星，每月评选一次。获得最多星的六星少年，由学校颁发证书，获得励志奖学金。本着以评价促发展的原则，"六星少年"的评选，让每个学生都能寻找到自己发展的平台，并在这期间体验成功的喜悦，树立自信心，成就每个学生的自觉发展。

（七）促进家校区合作，创建开放、包容、和谐的学校文化

广义地说，学校的文化是在学校中形成的特殊文化，是由全体师生在学校长期的教育实践过程中积淀和创造出来，并为全体成员所认同和遵循的价值观、精神、行为准则及其规章制度、行为方式、物质设施等的一种整合和结晶，其本质意义在于影响和制约学校内人的发展，其最高价值在于促进学校内人的发展。因此，良好的学校文化既是师生创生的，也是促进师生发展的良性内驱力。

1. 家校区共育，开放办学彰显自信

学校、家庭和社区三方教育资源互相弥补、互相促进是办特色学校的必由之路。为此，学校倡导家校区三方合作，开发校外教育资源，弥补学校教育资源的不足，同时也借助家长和社会的监督力量，促进学校提高办学质量，彰显学校开放办学的自信心。

2017年10月8日，学校家长委员会成立，制定了家委会章程，打开了教师与家长之间相互联系的畅通渠道，使其成为家庭教育与学校教育相互沟通协调的纽带。2017年9月，学校与长春中医药大学、东北师范大学、吉林华桥外国语学院（现更名为"吉林外国语大学"）共同开发课程，三所区域内的大学提供志愿者为学校的校本课程开发提供帮助。如今，各项课程稳步实施，成为学校与大学联合开发课程的成功范例。

2. 师生同行，寓教于乐，共创和谐

师生间只有建立融洽和谐的关系，才能取得最佳的教育效果，"亲其师"才会"信其道"。师生在学校内应该是共同成长和发展的过程，也是师生共同创建学校文化内涵的过程。学校通过"阳光大课间""趣味体育运动会""师生足球赛"等师生共同参与的文体活动，为师生间的深入了解搭建平台。在活动中，师生情感融合，思想一致，行动互助。同时，学校工会还组织教师间的文体活动，教师学习共同体研修活动等，旨在通过活动的开展，增进教师间的了解和沟通，增强教师的归属感，视学校为精神归宿，视同事为合作伙伴，消除芥蒂，彼此信任，共创和谐的校园文化。

3. 给学生留白的物理空间文化

净月第一实验学校继续发展的一大困难是办学空间小，校舍陈旧。尽管如此，

委托管理以后，学校改造了教室和走廊的宣传板报，开辟学生作品展示园地。学生学习的收获、生活的感悟，都可以在此留下印记，分享给同伴。这给了学生一个留白的物理空间，让他们充分表达自己的内心感受，体现了办学者的包容、对学生的尊重，让学生成为学校真正的主人。

世界在变，教育也必须改变。然而，无论教育的方式如何变化，我们对教育的追求不变，那就是全纳、优质、公平。委托管理一年来，新优教育集团协同委托管理学校的师生不忘初心，砥砺前行，收获了希望，更见证了成长！"让更多教育工作者对优质教育的追求成为一种自觉"，作为倡导者和实践者，我们未来的路还很长，但一年来教师和学生的改变给了我们信心和前进的动力，我们会继续做教育麦田里的耕耘者和守望者，静待花开……

十一、义务教育薄弱学校教学委托管理质量提升的实践策略

长春净月培元学校实践案例

2016 年 10 月 10 日，长春净月培元学校正式成为新优教育集团教学委托管理学校。东北师大附中原校长、吉林省教育考试院原院长、教育集团总校长李桢博士带领专业化管理团队，立足学校实际，为学校制定了"常规教学管理年""学校特色发展年"和"学生学业质量年"的阶段工作重点和发展目标。在一年的工作中，执行校长张影、驻校专家与全校师生凝心聚力，共谋发展，培元学校的面貌正在发生着喜人的变化，为培元学校赢得了良好的社会声誉。

（一）描绘愿景，明确方向，树立发展信心

长春净月高新产业开发区培元学校是一所普通初级中学，始建于 1958 年，2015 年迁至净月高新区新城大街 3999 号，占地面积 22790 平方米，建筑面积 12263.36 平方米。2016 年 10 月 10 日，学校正式开始由新优教育集团进行教学单项委托管理。当时学校有 6 个教学班，在编教师 47 人，在岗教师 37 人，在籍学生 205 人。

2015 年前后，学校经历了一段干群关系非常紧张的状态，正常教学秩序无法保证。为了稳定学校状况，当时的教学副校长李岩被任命为学校校长，重新组建了领导班子。针对当时的学校情况，李岩校长提出了"以人为本，和谐发展"的办学理念，对当时学校的稳定运行起到了重要的作用。但是学校的发展面临着重重困难，办学口碑不高、生源流失严重等成为学校发展亟待解决的问题。

为了进一步了解学校状况，集团在正式入驻之前对学校的教师和学生进行了一次问卷调查。调查结果显示，教师学历基础比较低，89％的教师起始学历为专科和专科以下；教师队伍老龄化问题比较严重，学校已经有 10 年没有聘用新教师；学校人员冗余，后勤人员比例过高，而且享受与任课教师相同的工资待遇，教师的工作热情受到很大影响，同时还存在教师结构性缺编的问题。教师对于学校的发展前景普遍感到比较忧虑。学生生源流失产生，每年划片入学的学生只有不到三分之一会选择到学校就读。对学生的调查显示，学生总体感到学习上的困难比较大，对于落实学习任务感觉有压力。有 10％的学生明确表示，只要有机会，他们会选择离开这所学校。

2016 年 10 月 9 日，集团派驻执行校长和教学专家团队入校。入校之后，执行校长对学校全部领导干部和教师进行了一对一的访谈。访谈发现，多数教师对学校怀有深厚的感情，但是教师的专业发展动力不足，教师对分配制度改革存在普遍的抵触心理，对学生的学习状态、学习基础、家长对学生学习的关注等都有抱怨情绪，对于如何提高学生的学习动机和学业水平缺乏信心。

入校前两周，执行校长和驻校专家推门听课，听课覆盖所有学科的全部教师。通过听课观察到的问题包括：教师的教学随意性大，相当一部分教师不能认真备课，"满堂灌"现象普遍；学生弃学现象严重，九年级弃学生达到三分之二。九年级的期中考试成绩也印证了这一点，全年级数学平均分只有 38 分（满分 120 分），英语的平均分只有 43 分（满分 120 分）。教师在课后辅导上下了不少功夫，但是提高课堂教学效果仍然有待提高。

通过对学校工作的全面调研，集团提出了委托管理三年发展重点，明确提出第一年为常规教学质量年，第二年为学校特色发展年，第三年为学业质量提升年。在集团的总体部署下，执行校长确定了"转过身去，俯下身来；专家引领，语数外先行"的工作思路，制订了学校教学委托管理方案及落实到周的工作计划，交由集团和教育局审核通过。

2016年11月，集团召开了委托管理学校全体教师大会。会上，集团总校长李桢做了题为《筑梦未来　扬帆起航》的讲话，为全体教师描绘了三年委托管理的发展愿景。随后执行校长召开了全校教师教学工作会议，做了题为《向着阳光出发》的讲话，向全体教师传递了几个基本理念：一是学校内涵发展才是一条可持续发展之路，全体教师只有苦练内功，才能外塑形象；二是学校的一切教学工作要以有利于学生发展为中心，只有为了每一个学生的成长，才是为了教师的长远利益和职业发展负责；三是发现问题是解决问题的开始，问题已经摆在我们面前，全体教职员工要转变思维，探索"如何解决问题"。在期中家长会上，执行校长代表学校面向全体家长讲话，向家长介绍委托管理的目标和思路，向家长发出倡议，要求家长关注孩子的学业发展，陪伴孩子的成长。学校希望家长了解学校的发展契机，树立对学校教育的信心，并尽可能鼓励更多家长发挥家庭教育的积极作用。

通过会议集中动员和日常工作中的细致工作和反复沟通，教师们的抱怨渐渐少了，对学校发展的期待和信心越来越强了，家长也感受到了学校的变化。在执行校长和驻校专家的带领下，学校的教学委托管理工作开始有计划、有步骤地实施。

（二）匡扶正气，明晰责权，调整组织结构

入校后，集团遇到的首要矛盾就是教师对于学校新推出的绩效工资分配方案的强烈不满。学校的绩效工资方案在全体教师会议上遭到全体教师的反对，他们拒绝签字。不解决这个问题，学校就不会做到心齐气正，教学改进工作也无法推行。为此，执行校长协同学校副校长，对全校一线37位教师进行了调研，并向学校提交了调研报告，指出现方案问题主要集中在以下几点：一是中层以上领导干部绩效明显高于普通教师和班主任；二是普通教师的绩效分配没有体现优劳优酬，多劳多得。为了保证全员绩效基本持平，学校安排部分工作量不足的教师承担其他工作，这部分教师往往是政治、历史、地理、体育、音乐、美术等非主科学科教师，由这些教师负责学生的晨课和晚课。绩效分配是个棘手的问题，为此，集团专门召开研讨会，几经讨论形成绩效方案基本框架。执行校长根据学校实际情况制订细化方案。学校共经过三轮征求意见，第一轮校级行政办公会征求意见，第二轮在中层以上领导干

部征求意见，第三轮全校教师征求意见。负责此事的领导向每位教师逐字逐句解读方案，会同学校领导班子对教师提出的意见进行反复研讨，合理的采纳，不合理的进行耐心说解。前后共修订十几稿，方案最终获得全体教师一致签字认定通过，为接下来的教学改革奠定了基础。

接下来，学校进行教学管理组织结构的调整，做到人归其位，各尽其责。当时二十四中只有 6 个教学班、1 位教学副校长、3 位教导主任、3 位年级组长、6 位学科组长。教导主任联系不同学科，对于教导处应承担的职责划分不清楚。年级组长基本上只起到组织开会和传达通知的作用。为了提高教学管理效率和效果，聚焦学生发展，学校进行了教学管理结构调整。执行校长在和学校校长充分沟通的基础上，耐心细致做好工作，撤掉年级组长，由教导主任兼任年级主任，实行年级组负责制，同时明确了包括从教学副校长到教务干事在内的全校 27 个教学相关岗位所有教学岗位职责，反复征求意见后，形成学校岗位职责手册，从而使学校的教学管理工作得以有效落实。

教学改革工作的推进过程，向全体教师传递了一个信息，学校的各项决策会充分征求和尊重教师意见。一旦方案通过且进入执行阶段，相关教师就要齐心合力，贯彻执行。学校各项改革措施做到温和而坚定，以稳定教师心态，巩固教师信心。

为保证教学工作有效推进，学校建立起了教学例会制度。每周五之前，教务干事根据学期周工作计划，下发下一周基本工作安排，征求各教学口负责人（包括教学副校长、教导主任、学科组长、学年组长）的意见，进行适当调整后，教导处汇总上报给教学副校长。每周一上午 10：00 召开教学例会，总结上周工作，协调和布置下周工作。

为了使管理走向常态化，学校梳理了现有的管理制度，组织学校管理人员、骨干教师、教学管理专家进行修订、补充，形成完备的常规教学管理制度、教学研究制度、教师培养制度和课程管理制度等，形成了《长春净月培元学校教学计划管理手册》和《长春净月培元学校课程教学质量管理手册》。

（三）计划先行，规范流程，提升常规教学质量

教学管理规范化的第一步是加强教学计划管理。首先，学校制定了标准教学进度计划表，要求所有备课组提交教学进度计划，并请专家对教学进度一一进行审核

和调整，最后确定合理的教学进度。其次，学校对教学时间进行了调研和分析，发现教学时间利用有效性存在严重的问题，遂重新制订教学课时计划，保证了每学科的集体备课时间和主要学科的周测时间。为了充分发挥两所委托管理初中的合力，集团建立了两校学科联合工作群，制定了联合命题的分工日程表。语文、数学、英语学科专家每周一到周四全天驻校，对学科教师进行一对一的指导，他们做了大量耐心细致而卓有成效的工作。

常规教学质量提升的前提和关键是备课质量的提升，为此集团确定了"以备促上"的工作思路，重点推进集体备课工作。集团首先推出了新授课、复习课和讲评课课时教案规范模板，还设计了集体备课记录单和集体备课评价量表。在专家的指导下，教师的集体备课从无到有，备课效果不断提高，教师的备课水平渐入佳境，逐渐形成了"三段六要素"有效集体备课范式，三段即上周工作反思交流、本周教学设计分享、核心问题研讨三段，六要素包括教学目标、教学主问题、学生活动、形成性检测、教学资源和研讨问题。各学科集体备课逐渐从规范走向有效。学校设计了集体备课记录单和评价单，教学口领导分配到各备课组督导集体备课效果。新优教育集团李桢总校长亲自督导语文、数学和英语学科集体备课，她对教师们认真准备和积极研讨的态度以及集体备课的有效性给予了肯定，鼓舞了教师们的热情。

在集体备课渐入佳境之后，为了进一步提升备课质量，集团又提出了"3+1生成性备课"方案，确定了假期预备—集体共备—个人再备—课后反思的备课流程，明确了每个环节的质量要求和督导检查方式，使备课真正从规范走向了有效。

在课堂教学方面，学校提出了课堂教学评价核心标准，即"三点两段，以生为本"，三点指的是"合理确定教学目标""精选教学内容""突出教学主问题设计"，两段指的是"讲"与"练"。课堂教学评价的核心标准就是学生参与怎么样，学生的学习目标达成怎么样。

为了推进"生本"课堂的实践，学校首先利用各种机会，向全体教师传递一个信念，每一个学生都重要。教师们渐渐不再抱怨"我们的生源太差""我们的学生都是草，草里没有几棵苗"，越来越多的教师表示要帮助学生"学会一点是一点，不放弃任何一个学生"。在探索以生为本的课堂教学中，教师们对佐藤学的合作共同体理念产生了浓厚兴趣。于是，学校购买了佐藤学教授的作品，组织教师进行阅读和研讨，并在学校层面组织了佐藤学作品读书报告会。

2017年4月，学校语文教师乔佰荣参加了集团组织的主题为"探索以学习者为中心的课堂组织"的课例研究活动，在前后为期近一个月的反复磨课研讨过程中和共同体学习实践中，以生为本的共同体课堂的样态逐渐显现出来。正如乔佰荣老师在课后反思中所言："在近20年的教学经历中，我理解的课堂往往是老师提出问题，学生尽力配合。如果学生回答不上来，那么这节课就会被定义为沉闷的课堂、令人遗憾的课堂。其实我的心里一直有一个声音，有一个疑问：到底什么样的课堂才是真正的课堂，才是真正的以学生为主体的课堂，才是尊重生命的课堂呢？在准备《像山那样思考》这节研究课的过程中，重新思考这个问题：到底什么是真正的课堂？很多老师已经习惯于传统教学方式，认为这样的课堂变革丧失了语文的诗意。其实，我在一个多月之前也是这一观点的坚决拥护者。本着对语文学科的热爱，我试图去感染学生，引领学生，仿佛站在语文高高的殿堂上，对学生发出深情的呼唤，但遗憾的是，这些声音无法传递到每一个学生的心中。学识渊博的老师再有素养，学生听不进去，你有什么办法呢？面对我们精心准备的课，学生不领情，该睡睡，你又奈何呢？而这一问题正是佐藤学所倡导的'学习共同体'研究的问题……我在班级进行了一个多月的合作学习实践后，我发现佐藤学的课堂教学着眼点在于研究学生学习方式的转变'真正的学习是探究、思考不懂的事情。真正让学习发生的场所应该是安静的，可以敞开心胸的温暖的地方。'我非常同意这种观点。上完了这节课，我更加深刻地意识到了：真正的课堂是让学生和老师都安心的、温暖的地方，是平等的、安静的所在。"乔佰荣老师合作课堂教学的成功，激励一部分教师开始从观望和怀疑走向主动实践。物理、化学、生物教研组主动在组会上对乔佰荣的课堂录像进行一个环节一个环节的剖析和评议，开始了合作学习在物理、化学、生物学科课堂的实践探索。为了进一步推进合作学习的开展，学校在2017年7月克服经费紧张的困难，带领教学副校长、教导主任赴上海参加合作共同体为期一周的暑期领航教师培训。回来后，学校组织了一次全校参与式共同体培训，为全校层面推进共同体课堂积蓄了改革的力量。

在课堂教学效果的提升中，驻校专家起到了至关重要的作用。驻校专家的课前备课指导和检查、课堂教学跟踪听评课，让教师们从不理解到理解，从被动接受听课到主动邀请专家听课，从集体研讨到个别交流。专家成为教师课堂教学和专业成

乔佰荣参加首届净月·新教育论坛课例研究

长最有力的导师。

在批改、辅导、测试的工作中，学校以周练习的命题、批改、讲评为中心，在实际工作中锻炼教师的命题能力、试卷分析能力、提高讲评的针对性，调整学生学习状态，提高教学效果。考虑到教师们手头缺乏试题资源，学校收集名校的试题资源，同时公布了中学学科网资源账号；鉴于两校教师在命题方面缺乏基本的训练，学校推出了试题命制的模板要求，从排版开始规范教师的试题编写，并请专家作为试题审定人，为试题的质量把关；为了减轻教师的命题压力，学校实施两校教师联合命题。经过两校教师和教学专家的共同努力，教师们对命题的畏难情绪逐渐消失了，命题的水平得到了极大提高。

在期中、期末大型考试中，我们两所委托管理学校进行了联合考试。从遴选命题人、命题、审定、印刷、考务组织、流水阅卷到成绩分析进行了全流程的严格规范组织，参与命题的教师的命题能力得到了跨越式发展，同时也锻炼了教学管理部门的教务组织能力。为了充分发挥测试的检测功能，学校制定了三套质量分析模板，分别是任课教师版、班主任版和年级主任版，引导教师进行基于数据的、针对学生学习情况的质量分析。

通过两年的考务工作和命题工作实践，学校总结经验，编写了《长春净月培元学校考务管理手册》，内容包括考务管理制度、考务管理流程等11项细化质量管理制度，使考务工作走向规范化。

为了密切家校联系，学校指导各班建立家校联系微信群，并对微信群的使用提出了具体管理规定。每周周测情况通过微信群发布。在课余和假期，学校老师利用微信群为学生答疑，辅导学生学习。微信群成了家校沟通的桥梁。一位非常淘气的孩子的家长在群里留言为老师百问不烦的精神点赞，"我的孩子淘气了，您是第一位关注我的孩子学习进步的老师，孩子给老师添了太多麻烦了"。老师回复说，"有时孩子更需要我们的鼓励和赞赏，在孩子成长的道路上陪伴他们走过三年，也是一种幸福啊"。在新年过后的初六，九年级的班主任在群里提醒家长"今天已经初六了，家长要督促孩子调整学习状态，不要再沉浸在节日的气氛中了，前方还有艰巨的任务等着我们去完成，加油！"教师的关注也得到了家长的热烈响应，一位家长留言道："距离开学时间已经不长，个人以为是时候检查一下孩子作业的完成情况了。家长的入心关注、孩子们的用心学习，老师的倾心教学，三者合一，我们将无往而不胜，加油！"

学校管理部门加强常规教学检查的力度，每学期进行三次全校检查，第一次是开学第一个月的课堂教学检查，第二次是期中的全流程教学检查，包括教案、批改、辅导、听课等，第三次是期末的教学满意率测评。

（四）整体设计，分步实施，建立学校特色课程体系

学校原有的"阳光大课堂"活动运行多年，其中的剪纸、跆拳道课程已经成为学校的办学特色和吸引力之一，教师对于开设校本课的重要性和必要性有一定的认识。存在的问题是，学校尚未形成与办学理念和人才培养目标相适应的特色校本课，没有开设个性选修课的经验，"阳光大课堂"活动影响力和品质有待提升；教师课程意识不强，不具备课程研发的经验；教师结构性缺编，部分校本课有硬件条件和基本设施设备，但是没有具备资质的执教教师；学校办学经费紧张，外聘专业教师有困难。

要系统规划学校的课程体系，首先要明确学校的办学指导思想。为了重塑学校

形象，开启学校发展新的历史阶段，在区政府的大力支持下，2017年3月，学校正式更名为"长春净月高新产业开发区培元学校"。同时，作为国家教育学会"十三五"实验区的实验学校，学校开始在专家的指导下制定学校"十三五"发展规划。集团总校长李桢教授围绕"建立现代学校制度、提炼学校办学思想、制定学校发展规划"对委托管理学校中层以上领导班子进行了一系列培训。学校开始系统思考和规划学校的发展方向，但是提出怎样的与学校发展相适应的新的办学理念，学校领导班子一直没有一个明晰的想法。2017年6月，集团特别邀请东北师范大学教育学部马云鹏教授，带领学校领导班子、中层管理干部、协同集团派驻执行校长一起进行专题研讨，结合学校的实际情况，发掘"培元"学校的新校名的内涵意义，最终明确了"培育成长基础，发展多元智能"的办学理念，为学校的发展指明了方向，成为统领学校教学、课程建设、学生教育等各方面工作的指导思想，力争通过三年的努力，将学校建设成具有一流的校风、一流的师资队伍、一流的教育质量的区域知名学校。

东北师大教育学部马云鹏教授入校指导

在此基础上，学校提出了课程建设的目标：构建与学校办学理念相适应的课程体系，提供有选择的、差异化的、适合的教育，通过课程学习，让每一个学生获得学习愿望和发展信心，发现并发挥自己的潜能，成为阳光向上、身心和谐、学有所长的健康少年，为学生的终身发展奠定良好基础；培养教师的课程意识，建设一支具有课程研发和课程实施能力的骨干教师队伍，形成培元学校富有特色的课程体系，打造学校办学特色。课程育人目标定位为"夯实学科基础，发展多元智能，拥有阳光心态，实现健康成长"。

根据中国学生核心素养"文化基础""自主发展"和"社会责任"三个维度的培养目标，结合培元学校的办学理念，培元学校多元成长课程分为两大类别，即培元基础课程和多元发展课程。培元基础课程包括国家要求的必修课程和学校个性化菜单式拓展课程，尝试开始不同层次的学科课程，以满足学生不同群体的学习需求。多元发展课程包括三个门类，阳光活动课、成长指导课和社会体验课。其中阳光活动课程共有8门，主要以活动类实践课程为主，七年级、八年级学生根据个人的特长和兴趣爱好每个学期可以任选一门；成长指导课分为6门，是学校德育活动的课程化和主题化，是全体学生的限定性选修课程；特色体验课预计开设三门，包括农业、汽车和现代文化旅游业的职业体验课程，是学生的任选课程。

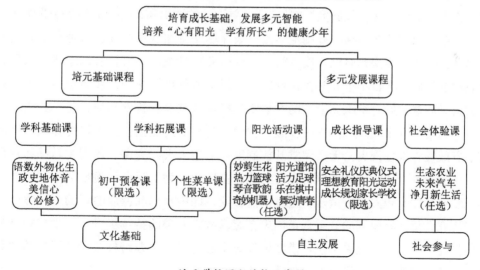

培元学校课程结构示意图

根据学校实际，学校课程实施首先进行的是阳光活动课的品质提升，在原有活动课的基础上，进行校本化改进，指导教师规范课程实施过程，找准课程品质提升点，增设机器人课、舞动青春课，让阳光校本课开出特色，开出水平；其次重点推进学科类分层走班课的规划和实施，引进华侨外院和吉林农大的教学资源，现已在七、八年级开设了英语典范英语课、英语词汇基础课、英语读写课、语文阅读赏析课、数学思维训练课，数学基础训练课等学科类分层走班课，满足学生不同的学习需求。

（五）立足课堂、问题导向，全员参与教学研究

常规教学从规范化走向有效化，关键在于教师教研能力的提升。为了使学校整体研究和教师个体研究形成合力，推动学校核心工作有效开展，更好发挥校本教研对改进课堂教学效果的作用，学校聚焦于"课例研究"，开展问题解决式项目研究，要求教师在备课、上课和课后的反思行动过程中进行问题研究。

学校在学期初由教学校长组织问题解决式合作项目研究培训和动员，然后由教导处公布本学年学校主导课题为"基于合作学习的学生学习共同体建设的实践研究"。同时，学校又将主导课题分解为"合作学习环境和文化建设的策略""高品质的合作学习活动设计实践研究""学习任务单设计的原则和策略"3个核心课题和10个子课题，组织公开招标，并制定学校三级课题支持和管理制度。教师自主结成研究团队，自主申报课题研究，成立校级课题研究项目组、学科核心课题研究项目组和教师合作研究项目小组。学校执行校长对每个项目组提交的课题申报书进行一对一的指导和修改后，组织立项。同时集团积极与吉林省教科院沟通，将学校主导课题申报为吉林省规划课题，进一步激发教师参与科研的热情。为了推进课题研究过程的有效性，学校推出全天候课堂开放制度，通过天天研究课、周周主题课和月月开放课的研究，使学校的课题研究日常化、主题化。为了保证课例研究效果，学校研究制定了课堂观察评价量表，通过课前会议、课中观察和课后会议的全过程全员参与研究，使课题研究的效果真正体现在课堂教学效果的持续提升上。学校积极为教师搭建平台，协同兄弟学校，借助区教研中心力量，举办跨校或者区域主题教研活动，通过开放的课例研究促进教师专业能力的提升。

（六）全员培训，重点培养，实施学校教师培养方案

专家进入学校之后，第一阶段，工作重点在备课指导。每学期学科专家组织一次集体备课指导，组织教师对课堂教学的设计。各学科专家在备课指导基础上，制定了学科备课指导，设计了符合学科特点的典型课例，使课堂教学研究不断走向深入。第二阶段，专家组织教师进行课程标准研习，研究课堂教学的本质意义，探讨以学生为中心的教学设计，进一步提升课堂教学品质。

同时，学校积极倡导教师形成学习共同体，以身边教师为榜样，互相学习，共同提高。在期中、期末质量分析会上，请所教班级学业成绩优秀的教师和班主任总结和分享成功经验和做法；组织教师读书沙龙，请部分教师分享读书感悟；组织培元教师论坛，邀请优秀校本课教师、优秀教师、优秀教辅人员、优秀专项负责人总结工作经验，提炼工作成果；组织教师进行参与式培训，让教师成为培训的主人，在体验中感悟，在感悟中行动提高。学期初，学校组织中层以上领导干部培训，对下学期工作进行研讨和规划，统一思想，研究部门工作实施计划，提高中层领导干部的执行力，为学期工作的顺利开展打好基础。

除此之外，学校利用"请进来、走出去"相结合的方式，邀请长春市教研员徐明国老师对数学组教师进行几何画板培训，邀请长春市第五十二中学骨干教师对学校老师进行初三备考复习培训，邀请东北师大附中两位英语教师进行学生学业质量提升策略专题培训，邀请专家金颖对全体教师进行班级学习环境建设专题培训。同时，学校积极支持教师参加校外教研活动：全体数学教师参加省数学教研室组织的高效课堂培训和数学教研组长培训；语文教师参加语文年会合作共同体培训；语文、数学、英语教师参加东北师大附中教学开放活动；等等。物理和数学骨干教师赴北京参加核心素养培训等。多种多样的培训开阔了教师的视野，外出培训后的教师回校进行了分享，更好地发挥了培训的辐射作用。

为了引导教师确定事业发展目标，学校制定了阶段性专业规划，并设计相应的行动计划的活动过程，从制度层面和实践层面创造条件，制订教师专业发展规划校本方案。根据师资队伍实际情况，设定三个发展阶段，即胜任教师、骨干教师和专家教师。学校重点培养骨干教师力量。通过跨校联合教研，区域联合教研和集团开放活动，有计划、有重点地培养语文教师乔佰荣、数学教师孔玲玲、英语教师王学

玮、物理教师李雪梅，生物教师李玉君、历史教师陈曦，思想品德教师齐柏花，准备打造一批培元领航教师，从而带动教师队伍的整体发展。

（七）立足学科，组织学生活动，活跃校园文化

积极向上的校园文化是学校发展的动力，为了丰富校园文化生活，学校积极组织丰富、有趣的学生活动，包括英语书写大赛、计算过关大赛、历史星空手抄报比赛、合唱比赛、圣诞节庆祝活动、师生红旗接力赛、拔河比赛、跳绳比赛等。这些活动振奋了师生的精神，活跃了校园文化生活。

学校组织了阳光大课间活动，利用大课间，组织各班学生进行接力跑、跳小绳、跳大绳等活动，让师生享受运动的快乐。

学校还进行了庆典仪式教育，规范了升旗仪式、开学典礼、毕业典礼、百日誓师等，邀请老教师对学生进行了三次理想教育。有学生在会后表示"这个世界正在惩罚不努力学习的人，我要用自己的努力改变自己的未来，改变家庭的未来，成为对社会有贡献的人"。

2017年4月14日上午，学校举办了以"聚焦深度课例研究　焕发阳光校园风采"为主题的教学开放活动。活动中学校全面开放常规课堂和校本课堂。同时，依托净月区中小学教学开放活动和新优教育集团"三个一"工程，学校特别推出语文、数学两节研究课，全体学科教师参与课堂观察专题研讨。开放期间，学校跆拳道社团、口琴合唱社团和国学朗诵社团做了精彩展示。整个活动过程中，培元教师团结一心，让来参观的家长和同人对培元的变化深感赞叹。开放日过后，培元教师纷纷发布微信朋友圈，抒发作为培元人久违的自豪感和荣誉感。为了回应教师的热情，执行校长在全校教师的微信群中留言："短短一上午的精彩亮相，背后是培元师生齐心协力的倾情付出，浓浓的集体荣誉感和奉献精神令人如沐春风，相信培元的春天已然来临，培元的未来阳光灿烂！"

随着学校的常规教学工作逐步走上正轨，学校生源数量大幅度提高，社会声誉有了明显好转。学校常规工作将逐步移交给学校教学领导来做，委托管理工作重心转向特色发展，我们将引领全校师生，不忘初心，继续攻坚克难，让学校发展再上新台阶。

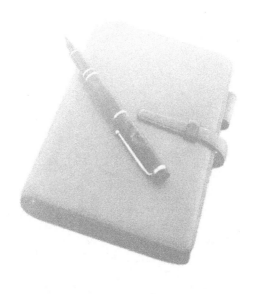

社会反响

一、走向自觉的学校教育

——"李桢教育思想研讨会"讲话

华东师范大学教授、教育部校长培训中心原主任　陈玉琨

柳海民教授是我们国家非常著名的教育理论家，所以今天我们邀请的并不是东北师范大学副校长柳海民，而是教育理论家柳海民。我们今天上午还有来自沈阳师范大学教育经济与管理研究所的所长孙绵涛教授，同样邀请的也不是所长孙绵涛，而是教育管理学家孙绵涛。

刚才柳海民教授对李桢校长的思想做了非常精彩的点评，当然，这是因为李桢校长的整个报告的思想非常精彩。那么刚才海民谈到了一个观点，学校教育从自发走向自觉，是一个过程，是一种状态，是一个境界。我非常赞同这样的观点，就借着海民这样一个思路，我想谈三点感悟。

第一点感悟，自觉是如何产生的。唯有对这个产生的过程有一个清晰的了解，我们才能有效提升自身的自觉。首先，在我看来，自觉的提升产生于人们的敬畏感。人们说你做一项工作要爱岗敬业。所谓爱岗敬业，首先是对自己从事的职业有敬畏，然后才会热爱这样一个岗位，这是逻辑的关系。

有时候我们很自大，有时候我们很自负，自大的人、自负的人是走不到自觉的，我们以为自己可以战胜自然，人定胜天，但我们每走一步都受到自然的惩罚。2011年日本的大地震、海啸、核泄漏，都是自大的结果、自负的结果。所以作为一个人来说，我们要有人的自觉；作为教育工作者来说，我们要有教育的自觉，要有一份敬畏感，对我们自己从事的教育心怀一种敬畏。作为人对自然的敬畏和最后走向的一个最高境界，就是天人合一，那么作为我们教育的自觉和主客体这样一个融合，作为校长，我们要对教育有一份敬畏感。

我们还不懂教育或者我们对教育的理解还非常肤浅，我们还不懂孩子，我们对孩子的理解还远远没有到位。自觉作为一个过程，是一种随意、草根的语言表述，是一种从随意走向不随意，然后再走到新的随意的过程。前面的一个随意，是在无

知、无畏、自大、自负基础上的一个随意，他没干过一天教育，没走进过课堂，没当过老师，干过几天乡长，干过几天镇长，他敢来当校长，那就是一种随意。他以为这个教育是他手中随意打扮的一个小女孩，他想怎么打扮就怎么打扮。我认为并不是所有的校长都是如此，但是也不能否认，我们还确实存在这样的校长，以为学校就是自己手中的一个小女孩，想怎样打扮，就怎样打扮，其实不然。教育有自己的规律，所以我们要追求对教育规律更深刻的把握，所以我们需要对社会赋予我们的教育使命有更深刻的把握，这个是我认为很多校长所要做的第一步。认识到这一点以后，我们试图更深刻地认识教育规律。要试图明确我们自身所承担的责任，我们可能会感到不适宜，换句话说，不自由，处处碰壁，或者说很不顺心，这是第二阶段。

我想可能在我们大多数校长那里，这大概是个常态。而我们当校长的，我想可能处于两种，一种是政府赋予我们的责任，我们会办学校，都是教育行政部门、党委批准，然后认命我们做校长，这个权力的赋予、责任的赋予促使我们要去做一件事情。当然从主观上来说，我也不否认，确实存在另外一种情况，或者另外一种因素，是我们对权力的崇拜、对地位的追求。校长毕竟是一所学校的核心人物，他有权，他有一定的社会地位，这些吸引着我们，在这个时候，如何去履行我们的责任，如何去实现我们自己的理想，不知道，或者不随意，这肯定是第二个阶段。那么最终我想通过我们对使命的认识，对规律的把握，逐步走向一个新的随意。新的随意，在我看来，它最高的境界就是主客体的融合。

所谓主客体的融合，就是作为校长，我们的一切，都是为了教育，教育就是我们的一切，这个是我们的追求。我和我们校长经常交流说我非常热爱我这个培训工作，那校长就是我的一切，我的一切为了校长，培训是我的一切，我的一切为了培训，是这样一种认识。这个时候我是得到一个新的随心所欲的所谓随意，这个随意，当然就从自发走向自觉，从必然王国走向自由王国。它不是凭空的，它需要我们学习，需要我们研究，需要我们去创造。我想把这个作为另外一个方面再和大家进行交流，所以在这个意义上，我认为所谓走向自觉，这个自觉包含着对使命的自觉，对自己所承担责任的自觉，对规律把握的自觉等各个方面。我认为我们东北师大附中历史的传承，就在于此。作为一个校长，这班人都有一种强烈的历史使命感，与此同时，又能充分认识到我们要成为一所卓越的学校，我们自己必须不断地探索，在这个基础上开创新的未来，后面我还会谈到这个问题，这个是我第一个感悟，第一个认识。

自觉是怎么产生的，过程是怎么样的，这在我看来，是从随意走向不随意再走向新的随意的一个过程，这个新的随意的过程的最高境界就是主客体的融合，做教育的就是校长和教育的融合。记得我在杭州学军中学的陈立群校长的研讨会上提了一个观点，我们的校长都是在用心办教育，这是非常了不起的，但这不是最高境界。最高境界是什么呢？无意识的用心，不要为用心而用心。那同样如此，我说这个主客体融合，你是校长，你在从事教育，这个时候你和教育是融为一体的，你的一切就是教育，为了教育，教育就是你的一切，要有这样一种追求，这样一种境界，然后再加以归类，加以深刻认识。那么我想，我们成为教育家，就在这个时候。这所学校一定是一所卓越的学校，一定是一所能够办出让人民满意的、让孩子们健康成长的学校。

第二点感悟，或者我的一个解读，是关于自觉的迁移，即校长的自觉转化为教师的自觉、学生的自觉。当校长的自觉能转化教师的、学生的、全体教职员工共同的自觉，那么才能称为是教育的自觉，仅仅只有校长的自觉，我认为这个学校还谈不上教育的自觉，这个是至关重要的。所以我注意到李桢校长强调了一个概念叫"二次传递"，校长把自觉传递给教师，教师把自觉传递给学生，尤其我刚才听了我们的校友、学生的家长和我们的学生他们三位的报告，我认为在东北师大附中，这一个传递是成功的。追求卓越、自觉办学这样一个理念，已经为我们的主体的教师和我们的学生所理解和把握。刚才这位在校的学生以一种从容、一种阳光、一种自信给了我们感性的冲劲，使我们能够更深刻地把握住东北师大附中的精髓。学生说东北师大附中校长要求学生不做考试机器，整个学习的过程要积淀人生的财富，要为梦想而展示，这最好地诠释了什么叫素质教育。素质教育不是空洞的，所以我说我非常高兴得看到，中国已经出现了一批为素质教育而奋斗的、为素质教育而在践行的，事实上也取得非常好的效果的校长、学校。李桢校长的报告，关于学生的自觉，强调了自我意识、自主能力、自信品格、自强精神，这些都是从"自"开始的，都是自觉的表现、样式，或者角度。这些方面构成了完整的学生的自觉，培养出了自觉的学生。当然其中的中介就是我们的教师，我们还期待李桢校长更深刻地去研究这个问题，让我们能够把握住一个校长通过什么途径、什么方法把校长的自觉转化为教师的自觉。我认为只有当我们有了校长的自觉、教师的自觉和学生的自觉，我们才能实现教育自觉。那么在这过程当中，按照教育自觉这样一种理念，东北师大附中建立了他们包括课程体系在内的整个人才培养模式。关于这个模式，刚才李桢校长也已经给了一个很好的参数，给了我们一个非常清晰的图像，这对于我们有重要的启示。这就是我想谈的第二点感悟。

第三点感悟，自觉的追求。所谓自觉追求是什么含义呢？作为校长，我们追求自觉，自觉追求就是自觉地、有意识地去追求教育的自觉，这句话好像有些绕口，其实不然，我相信大家能够理解。教育自觉不会自动实现，不可能靠自发的方式实现。我们作为校长只有努力把握住其中的规律，才能实现教育自觉这样的目标，包括教育自觉的传递、教育自觉的迁移。可以这样说，自觉是一个永恒的过程，我们今天只处在追求自觉的过程当中，所以为了使我们不断追求自觉，我们就需要不断地自我更新，这也是李桢校长反复强调的观点，我认为是非常有道理的。所以在这个意义上，我以为对我们全国优秀校长班来说，有一个很重要的任务，就是不断地提升我们校长的教育的自觉，所以大家看到我们手头的这一本论文集，名为《走向教育自觉》。

那么后面的九位发言人从不同的角度谈了怎么走向教育自觉，从每一个侧面去验证这样的观点。当然，走向教育自觉也是我们人民教育家论坛的目标指向，我们这个论坛是根据教育部人事司的要求举办的，我记得曾经在我们高研一班、高研二班介绍过。原本今年的论坛是在教育部人事司召开的，但因为教育部人事司正在人事变动，我们的新司长4月2日刚刚到任，所以具体工作还由校长中心来承担。那么我们的任务是什么呢？就是要造就和培养一批人民教育家，人民教育家要有责任意识、担当意识和使命意识，在我看来，这就是教育自觉的重要内容。

我认为东北师大附中给我们做出了很好的榜样，这榜样是自觉的追求。教育自觉不是凭空的，也要进行一些工作。首先，是学会继承，追求教育自觉不懂得传承，是不会有自觉的。所以李桢校长从陈元晖作为一个教育理论家，办东北师大附中的角度去提出这样要求，然后我们历任校长也以这个作为自己的追求，李桢的前任校长孙鹤娟也在我们第一期骨干校长高研班进修过，也很注意文化管理、价值引领这些事情，我想这已深深耕耘于我们东北师大附中，所以离开东北师大附中这片土壤，可能产生不了理智的教育自觉，在这个意义上，追求自觉，一定要懂得继承。只有懂得继承还不够，还需努力践行，要把这些思想转化为实践，在实践当中不断地丰富。而我认为今天我们这个研讨会开创了一个非常好的形式，我们可以看到来自实践第一线的思想，我们还邀请一些理论专家来做些点评，让他们从理论角度给我们做出分析。这对提升我们所有校长的办学理念，提升我们这个研讨会的质量，都起到了非常重要的作用。

在继承基础上追求教育的自觉，它需要有教学的实践，没有实践就不可能有提升。作为一个过程，我刚才讲了，我们还在路上，作为过程它是永恒的，没有终点的，永远不会结束的。作为一个校长的教育自觉，这个路可能会走完，当我们走到人生终点的那一天，就是校长教育自觉追求的一个终点，但对校长群体而言没有终点，作为教育、作为学校的追求没有终点。所以第一步是继承，第二步是实践，然后在这个基础上走向第三步—开创，与时俱进，不断对理念和实践加以丰富，寻找新思维和新思路。

刚才诸位校长说这次会议我最辛苦，我说其实我最幸福，因为各位校长在我身边，因为我的一切都和你们在一起，没有你们，我的人生没有意义。我相信各位校长一定会有同样的感受，比如，没有东北师大附中，李桢没有意义。没有杭州二中，叶翠微没有意义。我们和学校，我们和教育，我们和共和国的明天铭心相约，不舍不弃，永远追求！

谢谢！

二、走向自觉的学校教育

——"李桢教育思想研讨会"讲话

东北师范大学教授、博士生导师　柳海民

各位校长，特别是尊敬的陈老师，今天上午我收获很大，但任务还必须完成，这个任务我没有准备，因为是从李桢校长开始讲，我开始准备，所以讲的不对之处，请大家批评。十分钟时间，我想讲四点。

第一，这个研讨会为名校、名校长提供了一个形成和确立教育思想的范例或样

式。在开会之前，我问陈老师是怎样一个安排，怎样一个过程，他跟我讲了，讲了之后我就知道这样一个活动是咱们全国中学校长培训中心的一种设计、一个安排、一个命题、一个规定动作，也就是说，除了李桢校长要讲自己的教育思想，还有几位校长也要讲他们的教育思想。

谈到某某人的教育思想，我们感到惊异、玄妙和高深莫测吗？应该不会，因为教育思想就是对教育现象、教育问题的认识、主张和观点，如果我们把教育思想定位在认识、主张和观点上，我们在座的各位，都可以有。比如说，我们就说什么是自觉的教育，你谈谈你的认识、主张和观点，这就是你的教育思想。但是，问题在这里，一个教育家的教育思想和一个不是教育家的教育思想是有重大差别的。差别在于，教育家的教育思想必须是系统、完善、完整的；而不是教育家的教育思想呢，它可以有认识、主张和观点，但它是偶然的、零碎的，是把教育思想加以抽象，加以概括，形成特色的范畴，这叫教育理论。你可以谈认识、主张和观点，但如果把它升华成特定的理论范畴，有特定的内涵，有特定的结构，有特定的意义的时候，它就变成了一种教育理论。教育家必须有教育理论，光有思想不行，对教育理论再加以抽象，再加以凝练，就变成了教育理念。理念是关于学校学生发展的哲学观或价值观，我们叫作意愿哲学。如果一个学者、一个学校当中的教育者，有了教育思想，还有教育理论，还有教育理念，我想他可以是一个教育家。所以，教育家必须有教育思想，有教育思想的不一定是教育家，这两者之间是这样一个关系。

所以今天这个研讨会我觉得意义真的非常大，它指导我们每一位中学校长，特别是名校长，怎么去形成教育思想，怎么去形成系统的教育思想，就是还有着办学思想、教育理论和教育理念的这样的教育思想。它为中学校长提供了一个很好的范例和样式，我们的话叫"打了一个样"，这很重要，这是第一点。

第二，李校长的报告为我们诠释了自觉教育的内涵、学理意蕴和实践指向。她刚才用了 90 分钟的时间，系统地讲述了由自发到自觉这样一个思想形成过程。在这个思想中，我们从内涵来看，李校长在报告第三部分中，告诉了我们"自觉"。她从哲学、文化学、管理学等几个侧面，讲了它的内涵。我把它概括一下，可能就是这样，自觉是一种状态，就是你达到了一个什么样的状态。当然与自觉相对应的是不自觉。像我们现在在座各位，都听得特别认真，那就是一种状态，你要不注意听，那你就是不在状态，或者是你没达到那种状态，你听不懂，所以就觉得没意思，或者不理解。它这里有一个"觉"，"觉"是什么？是悟，你通过理解能悟出其中的道理，你才能体验到其中的乐趣和美妙，否则你就是听不懂，门外汉。

自觉是一种结果，从人的修炼和学校的发展都能看出它是一种结果或一种标志；自觉是一个过程，刚才李校长说附中用60年的丰富的历史来阐释了附中人是怎样走向自觉的，这是一个过程。当然，走向自觉也得是一个过程，自觉是一种期望、目标，就像她刚才在报告里说的，创造性地学习、创造性地工作。我要是校长的话，我非常希望我们的老师、学生能创造性地工作、创造性地学习、创造性地活动、创造性地修炼。

自觉是一种期望，更是一种境界。李校长的报告告诉了我们这样几个内涵，从学理的意蕴来看，报告从不同的角度和侧面说明了自觉的教育是一种什么样的教育。我概括一下，可以有这样几个。第一个，自觉的教育是一种主体性的教育，这个在她的报告里讲了很多。所谓主体性，就是作为主体所拥有的那个性质，那就叫作主体性。有意识、有目的、有计划的这种能力，那叫主体，否则为客体，不动脑筋想事的人那叫客体，在哲学里这就叫"范畴"。她刚才对主体性的教育是个性化的教育，是自主性的教育，是中学性的教育，做了一些解读。第二个，自觉的教育是一种主动的教育，不用别人去强迫，个体自动自觉地去做，是一种主动的教育，积极的教育。第三个，自觉的教育是一种自强的教育，个体想有所作为，是发自内心的一种想有所作为，所以是一种自觉行为。附中的很多教师，谁让他搞科研，谁让他写论文？没有人强迫，有那么多的论文，有那么多的著作，都是自觉的结果。第四个，自觉的教育是一种反思性的教育，个体有了这种自觉的意识和能力，就可以去反思或者反省。第五个，自觉的教育是一种追求完美的教育，这个刚才李桢校长也说了，这是超越，超越现实，超越现状，超越自我，是一种追求完美的教育。还有一个要讲的一点，自觉的教育是一种创造性的教育，这是最高境界，通过自觉、自省、自思来想个体怎么能够把自己的工作做得与众不同，让附中与众不同，让我们的老师与众不同，让我们的学生与众不同，他们做到了。刚才那个孩子能在那么大的场合代表那么多人发言，就是一种能力的认可，他是东北师大附中的学生，这是一个创造性的教育。从实践的指向来看，李校长在她的材料里说，自觉的教育将指向唤醒自我意识，发展自主能力，养成自信品格，树立自强精神，这是在材料里写的，我就不多说了。

第三，报告为我们提供了一个自觉教育的实践样态，我概括一下是这么几句话。第一个，自觉的教学与教学的自觉。就是附中的老师怎么教，为什么教？李校长刚才报告里说教知识的同时要教方法，教什么方法，没有哪个校长告诉这个老师，怎么去教。第二个，自觉的研究与研究的自觉，材料里说了很多这方面的内容，比如他们出版的那些著作啊，还有"教学百花奖"、"教学百花奖"的载体是科研和教学研究，是在教学研究中产生的那些东西。第三个，自觉的德育与德育的自觉，她刚才讲的"四主"教育，"三自"能力，内养与外塑的结合等，既有老师，也有学生。第四个，自觉的管理与管理的自觉这里有她刚才展示附中的所有大型活动，都是学生来主持，像运动会、文艺演出等，我都经历过这些活动，主持得真的非常好，所以她刚才开始上台讲他们校友说附中给了这些学生自信。通过这些活动锻炼了他们，所以他们才会有自信；没有这些活动，偶尔主持一些活动，他们就害怕，上了台就哆嗦，现在附中的孩子不哆嗦，昂首阔步，像刚才那个孩子昂首阔步一样，往这一站就可以讲，他有自信。还有三全管理，还有她的前任校长创立的文化管理，让人形成一种文化氛围，自身有文化，然后怎么通过文化去管理。第五个，自觉的学习与学习的自觉，他们的读书活动、课外活动，她刚才讲自主学习加自主检测、"531工程"，都是自主学习。最后一部分她讲教师的修炼，也是教师通过自主学习，自觉学习去修炼和提高自己。但在附中的体制中，晋级的条件不是说老师读了博士，读了硕士才能晋级，而是自觉、自愿地去读，那叫什么，自觉的学习。换句话说，他感到一种需要，他就去学习。还有一个自觉的提升与提升的自觉。

第四，报告向我们展示了一个名校长的价值追求，我们这里面都是名校长。人民教育家是一个历史的判定，社会的判定，是不是教育家，来自他者的判断和评价。但是，能不能成为教育家，这来自一个名校长的自我努力。司马迁在写《史记》的时候，对孔子特别崇拜，因为崇拜，写了四句话，叫作"高山仰止，景行行止，虽不能至，心向往之"。我想名校长走向人民教育家，虽然距离教育家可能还有距离，但是我能向这个方向去奋斗、去努力，在日常的教育教学管理之中，能够像教育家一样，思考和实践，就能够接近教育家，像教育家一样思考和实践。我也曾就这个主题，向厦门、中山、天津、广西、河北的很多名校长班和名师班做过讲座。我想，或者我讲的时候从这四个方面说，第一这个名校长应该像教育家那样热爱自己的事业，包括爱学校、爱学生、爱工作。喜欢才能积极主动的去做，克服一切困难去做；

第二能像教育家一样去凝练自己独到的教育思想，现在没有也没有关系，我的建议是看一看中外教育家思想精粹，陶冶一下自己，看看自身的思想和他们有什么不同；第三提出自己的思想和理念，能像教育家那样术业有专攻，评判其他老师的时候，自己必须专业过硬，叫"打铁还需自身硬"。你要想自身专业过硬的话，就必须具有一个教育家应该有的事业，一个教育家应该有的知识，包括本体性、条件性、实践性这些知识，还必须要具有能够熟练运用条件性知识的能力；第四作为校长，你应该像教育家一样具有那些出色的能力，这些出色的能力包括教育的能力、教学的能力、教研的能力和教管的能力。

　　我想，一个校长如果能像一个教育家那样从这四个方面去思考自己的工作，去实践自身的理念，估计他距离教育家就不远了。成为教育家也是我们附中老校长陈元晖的期望。陈元晖老校长很早就给了附中一个冉冉大气的定位，教师发展定位——要做教育家，不要当教书匠。所以，家长期望我们成为教育家，学生也期望我们成为教育家，学校更期望我们成为教育家，因为只有教育家领导的学校，才能给孩子满足他们美好生活期盼的教育，那何乐而不为呢？所以我非常希望也衷心祝愿李桢和在座各位的名校长都能成为教育家！

三、自觉觉人　自达达人

——读《李桢与自觉教育》有感

华东师范大学教育部校长培训中心　　王　俭

　　依托教育部中学校长培训中心的平台，在三十多年的培训生涯中，我有幸结识了全国三万多名中小学校长，其中更为有缘分的是竟然当了李桢校长来中心培训时的三届班主任：第一次是她当副校长时来参加全国高中校长研修班的班主任，第二次是她已经担任附中的校长来参加高中新课程专题培训班的班主任，第三次也是她当校长来参加全国首期优秀中学校长高级研究班。只是第三次培训时，我当了两年的副班主任。

　　或许由于东北师大附中谢在皋校长是我们中心的"001号学员"的缘故，以后的历任校长包括现任校长都来中心接受过培训，因此对李桢校长的"自觉教育"，对她的认识与敬佩除了与她个人交往的基础外，更多是与东北师大附中这所名校密不可分的。"一个好校长，就是一所好学校"，与李桢校长十多年的交往，我印象最为深刻的是：她是一位"自觉觉人，自达达人"的人。

首先，她是一个自觉的人。在她的文稿中，她始终认为人之所以为人的一个很重要的特征是人的"反身性"，并且在很大程度上，她的书稿就是在反思自身经历的基础上完成的。美国教育家波斯纳曾说："教师的成长＝经验＋反思。"正是因为她善于自我反思与自我感悟，才使她自身逐步成为一个自觉的人，也只有自觉的人，才能办自觉的教育。

其次，她是一个自达的人。在我看来，自达的人，就是有崇高追求、不断超越的人。从一名教师到副校长、再到校长、院长……这体现了她的不断追求与不断超越。幸运的是，我也做过她所在学校的前任校长孙鹤娟培训时的班主任，孙校长的哲学功底与境界深深地影响了我，应该也深深地影响了她。记得孙校长走向自觉的高度是从文化与管理的角度切入的，而作为孙校长的接班人，如何更好地在继承中不断超越，这是李桢校长必须要思考与追问的。好在附中的首任校长陈元晖先生一开始就为这所名校培育了"附中教师要做教育家，不要当教书匠"的基因。正是这种附中的基因，激励着李桢校长不断超越，从而从校长的使命自觉的高度，形成了她的"自觉教育"思想。

在此还想说的就是她是一个"自觉觉人，自达达人"的人。自觉需要反思，而反思不是简单发生的，反思需要自身的"反身性"，而这种反身性通常发生在与他者的对比中，需要具体的情境与群体。一位真正走向自觉与自达的人，通常是在"觉人与达人"的过程中才到达此种境界的，即在成全他人中成就自己。从李桢校长书稿以及其表现来看，她确实是这样的：她与亲密的战友史亮书记（校长）、现任校长邵志豪，以及副校长和广大附中的师生，是在相互成就中成就了一所名校，成就了一批优秀的学子，从而也成就了自己。

"道路自信、理论自信、制度自信、文化自信"，应该就是经过自觉自达后的一种自信。就李桢校长而言，这更是一种追求"自觉觉人，自达达人"基础上的使命担当。我们坚信在东北师大附中的土壤上凝练而成的李桢的"自觉教育"思想，必将在新时代振兴东北基础教育的大地上继续发挥"觉人达人"应有的作用。

四、用生命做教育

——李桢与自觉教育

山东省青岛第二中学校长　孙先亮

我与李桢校长是在华东师范大学第一期优秀校长研究班上相熟的。一个执掌东北师大附中这样一所声名显赫的中学的校长，竟然是一位性格柔和、博学多识、才貌双全的博士，我顿时肃然起敬。培训期间，李桢独特的思维、清晰的办学方略和严谨的教育哲思，彰显了她的大气、睿智和自如，这给我留下了难忘的印象。

从 2009 年的暑期培训相识至今，时光模糊了人的影子，却清晰了人的品格。李桢是一个什么样的人呢？我认为她是一个追求生命自由的人，既坚守做人的道德标准，又活得自由自在；她是一个追求教育自觉的人，既坚守教育的底线，又崇尚教育自觉；她是一个追求事业自主的人，既坚守事业的本真，又追求自我超越。如此一来，李桢活出了自己的激情、信念和高度。

追求生命的自由状态。一个人一生可以有很多次职业选择，因为要寻找适合自己发展的机会。可是，当一个人已经在一个岗位上游刃有余、建功立业时，却选择离开，那就让人感到特别好奇。从东北师大附中校长这个位置升任吉林省考试院院长，很多人对李桢的仕途非常看好，可偏偏这个时候，她却做出了惊人之举，从院长的位置上辞职，创办教育管理咨询公司。这一跳跳得让人惊悚、让人羡慕，更是让人特别佩服。显然，李桢的跳跃，无关乎生计，无关乎名利，无关乎他人。她的追求是自由的，她的每一步都是倾听内心的呼唤，没有世俗功利的羁绊。心向往自由，也就无拘无束了。自由是人存在基本状态，也是生命的至高境界。一个人步入中年，顾忌太多，就会忘记自己，失去自我，让心很累。心的放松，也就会不为做事而累。东北师大附中处在高处，自当是高寒地带。但她却驾驭得轻松自如，还带着研究生，读着博士，这些都做得让人羡慕，让人赞叹。放下校长、放下院长的位置，她却又甘愿去探索未知之路。

追求教育的自觉状态。一个人的心能够纯净时，做教育也就会有超越功利的追求。这就是自觉教育。做校长，李桢领导下的东北师大附中，创造了教育的生态环境。学校打造的课程体系，让孩子们的校园生活丰富多彩，为学生的个性发展搭建了平台，为校园增添了生命的活力，让东北冰封的大地上始终充满着盎然生机。自觉教育，让教育规律穿行在生命的心灵深处，让教育本质绽放在静静的长白山下。做院长，她努力探索用考试和评价，导向真正的教育之路，为自觉教育撑起一片天空。这其实很难，不是自己心不能为，而是力难从心。做公司，其实是在挑战自己，挑战自己的管理智慧，挑战自己的教育信念。她的内心很清楚，放下了功名利禄，就只剩下纯粹的教育了。她把自己与教育捆绑在了一起，不管是从哪里出发，最终都回归教育，让更多的学生因自觉教育而更有未来，更有终身发展的前程。

不管如何跳跃，李桢从来没有真正离开过教育，因为自觉教育始终是她心中不能放下的情结。一个人也许一生未必能够做很多事情，但是如果能够坚守着一份最有意义的追求也就足矣。她矢志不渝的是对于教育的全身心付出，对于生命的真爱呵护。她做校长时，东北师大附中有很多分校，她的自觉教育在这些学校中传播，让许多孩子因此受益。大爱无疆，她希望能够让自觉教育的理念和思想，去影响更多的学校，使其脱离应试教育的苦海。她在用自己的一己之力，唤醒教育，引导教师，激发学生。

追求事业的自主状态。李桢以自主的追求，把教育做成事业，不在世俗的眼界中，追逐物质的丰裕，而是创造一种教育事业的高度。事业，是一种格局，一种境界，正是在大境界大格局中，李桢开始了独自行走。她为自己设定的是"人无我有，人有我优，人优我创"的发展品质与路径。这就是敢于走自己的路，开创属于自己的未来。李桢一直都在做教育，但是角度不同，因而也都是在寻找突破，独辟蹊径。做一所学校，她风生水起。在许多学校把升学率看作自己的生命线时，她力推素质教育，积极建设完整的课程体系，让每个学生都能找到自己发展的平台和空间。主动拓展教育的内涵，反而并没有让升学率受到任何影响，在北京大学、清华大学等各校的校长实名推荐中，东北师大附中赢得最高的尊重。做一家公司，她寻找到了自觉教育更大的落地空间。

事业是无止境的。能够放下在别人看来很高的尊荣，然后做自己新的事业追求，这是多么不可思议的事情。李桢义无反顾地选择了创业，让自己的教育理想和信念，找到了落点。她不仅追求把事业做到最好，也追求把事业做到与众不同。事业需要环境，而对于李桢而言，环境不是别人给予的，而是自己创造的。

可是，又有多少人知道她的付出。有一段时间，因为压力过大，李桢身体并不好，但是她给予别人的永远是自己的阳光自信。她追求完美，追求极致。追求事业的心境，让她变得无比强大，实现了不断地超越。

《秘密》认为：是你自己的思想，创造了自己的世界和未来。李桢正是用自己的思想创造了属于自己的世界，也创造了属于教育和孩子更大的世界。

五、清雅坚韧化学女：我的大学同学李桢

长春师范大学校长　　刘春明

长春的 9 月，应该是一年中最美的季节。关外长空，秋高气爽，天蓝得让人眼晕。虽然在长春生活了快一辈子，但是人生记忆中，1981 年的 9 月，应该是所有记忆中最美丽的 9 月。

那一年，是我人生最重要的转折点，我进入了向往已久的大学，虽然恢复高考已经 4 年了，但是能进入大学学习，仍然是那么让人兴奋。

而更重要的是，在那样一个秋天，我收获了后来人生中最最重要的一些朋友。累的时候感慨人生，我时常会想起 1981 年的 9 月，想自己为什么会是这么幸运的一个人，想自己为什么会幸运地遇到这样一些人。

与好友李桢的相遇，就在那一年的 9 月，就在东北师大美丽的校园。记忆有时候是可以欺骗我们的，按照我们的想象去重组、构建新的记忆，比如我对师大校园的记忆，理智告诉我不可能像自己回忆的那样美。虽然现在我有很多机会回到师大的校园，但是我仍然固执地认为，1981 年 9 月的师大，是师大历史上最美的时刻。

一如那个时代的所有年轻姑娘，初次见到李桢，她梳着两条羊角辫，戴着一副黑边眼镜，稚气的脸上透着一份沉稳与成熟。在热闹的新生报到队伍里，李桢不是最显眼的，我怎么也不会想到，我们友谊的参天大树，就在那一刻已经生根发芽。

那是一个全民学习的时代。大学校园里，永攀科学高峰，建设四个现代化，是

我们每一个人的理想。李桢之所以能成为我的好朋友，这和她勤奋刻苦的学习态度有很大的关系。在成为好朋友之前，李桢首先成了我学习的模范。当时化学系化一、化二和化四的教室里，李桢是铁打的常客，学校的图书馆里，也能总看到她伏案苦读的身影。而这，并不仅仅是李桢一个人，而是那个时代所有人的学习态度。因此，大家的专业基础知识非常扎实，以至于直到今天，我们中的许多人都早已成为国家的重要栋梁，其中包括国家杰出青年科学基金获得者、教育部长江学者获得者和21世纪优秀人才，这和当时的勤奋学习是密不可分的。

超越我们所有人，李桢并没有将读书的眼界仅仅局限于专业，哲学、文学和历史也都在她涉猎的范围里，她具有很高的文学天赋，用我们今天的话语描述，李桢是典型的潜伏在化学系的"文艺青年"。大学时代的李桢还是社会活动的积极参与者，因此当时担任系学生会的宣传委员。她具有很强的社会责任感，将学习中的坚韧、执着的精神带到工作之中，并用这样的精神默默地影响着周围的同学。李桢是一个很乐于助人的人，同学们在学习上有什么问题，都愿意与她探讨。记得当时学校组织无偿献血，她积极报名参加，因为献血后没有好好休息就投入学习和工作中，她还患上了胸膜炎。可是即使生病，她的学习成绩仍然优异。作为她的老同学，直到现在，我们提起这件事都非常敬佩她。

现在培养学生，我们都讲要德、智、体、美、劳全面发展。那个时代，虽然也提倡这样先进的教育理念，但更多的是"学会数理化，走遍全天下"的思潮涌动。但是，李桢又再一次地超越了我们，她喜欢运动，而且篮球打得特别好，这个只有男同学可以纵横驰骋的赛场，却因为有李桢的飒爽英姿，让我到现在还记忆犹新。

大学毕业后，经过多年勤勉的工作，李桢已经走上了重要领导岗位，这是我们所有同学意料中的事情，她今天的成就，与她坚韧的品格是分不开的。她的这种精神，无论是在当时那个年代，还是在今天，都深深地影响和感染着周围不少的同学，即使到现在，她仍然是我们的模范和榜样。

李桢是一个非常开朗和非常喜欢结交朋友的人，与我们同学之间的友谊，从1981年那个秋天开始生根发芽，到现在长成参天大树，如陈年老酒，愈久弥香。

虽然大家的工作都很忙，不能经常见面，但是，我们彼此在心中的牵挂与想念，从1981年那个秋天开始就没有中断。现在通信发达了，有时一个微信、一个电话，都能立刻将我带回1981年的那个秋天，仿佛电话那边仍是那个梳着两条羊角辫，戴着一副黑边眼镜的李桢。

让人怀念的大学时代啊，让人难忘的李桢！真心希望我们的友谊长存，真情祈祷我们的心永远是十七八岁！

六、从优秀走向卓越

东北师大附中校长　邵志豪

建校之初，东北师大附中首任校长陈元晖先生就提出："附中教师要做教育家，不要当教书匠。"教育家是附中教师的目标追求，也是附中教师的事业境界，更是附中教师的工作态度。每一代附中人都在继承和创新的过程中向着这一目标砥砺前行。

2008年，李桢担任东北师大附中校长后，在学校教师自主教研、科研能力强，学生自我学习能力强的基础上，明确提出了以培养学生自主性、能动性、目的性、创造性为基本原则，以学生自我意识唤醒、自主能力发展、自信品格养成、自强精神的树立为主要目标，以课程与教学为核心，以学生主体性实践活动为平台，以教师教育自觉为关键，以学校文化管理为保障，建构适合每一位学生发展的现代学校教育体系的自觉教育理念。这是在继承附中近60年发展历程与文化积淀基础上的创新，也是对陈元晖先生教育思想的延续和发扬。追求大学精神、崇尚学术为先、尊重个性差异、提倡自觉修为，是东师附中文化管理的具体诠释，也是一代代东北师大附中人前进的行为准则。

"我们要提供的不是最好的教育，而是最合适的教育。"这是李桢校长常说的一句话，也是东北师大附中对素质教育的理解与践行。2007年，吉林省进入高中新课程改革，李桢校长带领全体附中教师，全面规划建设高中课程体系，通过多元化的校本选修课，层级化的学科课堂教学要求，多样化的学生自主的社团活动，给每个学生以适合的教育，通过学思知行的统一，让每个附中学子的智慧和能力得到自由的释放和全面的发展。李桢校长认为：高中教育要努力保证学生得到全面而个性优长的发展，学校不仅要设计保证学生全面发展的课程体系，更要着力打造高水平的教师队伍，进行深入的基于高考、高于高考的教学研究，以优秀教师团队去引导学生的有效学习，为学生提供丰富而多彩的校园文化生活，提高学生学习和活动的自觉性与主动性，用科学理性的思维方式研究素质教育的有效落实，找到理念与实践的最佳契合点。

"没有最好的教育，只有最合适的教育"。2010年，在高中新课程改革完成一轮实验的基础上，李桢校长带领附中教师提出"目标—模组—层级"课程体系，并在全国基础教育成果评选中获得二等奖。这是"因材施教"思想在东北师大附中的实践，更是东北师大"尊重的教育"理念在基础教育的落地。"留白，是教育的艺术，也是教育的成全"，在自觉教育理念的引导下，学校一直努力营造一种允许学生个性发展的开放环境，搭设一个鼓励学生个性优长的展示平台。走进东北师大附中，"模联"社团的同学们正在谈论联合国关注的话题；剑桥大学SDP英语拓展校本选修课上学生们正用英语交流人权问题、妇女问题、遗传基因等话题；节能汽车竞赛团队的学生正利用周六休息时间全力改装车型，准备全国节能车大赛。李桢校长说："每个学校都有非常大的自主发展空间，我们应该坚守自己的教育理想，承担国家与民族振兴赋予教育的使命与责任，让中国的孩子与世界看齐，这就是我们努力的方向！"

"坚持理想，追求卓越，勇开风气，兼容并包"，这是附中60多年积淀形成和秉承的学校精神。东师附中始终保持一种追求卓越的态度，从优秀走向卓越，这是附中的责任与担当。多年来，附中教师队伍的业务水平、学生人才培养的质量，一直都保持在全省第一，乃至全国一流。在自觉发展意识的引领下，"追求卓越"已经内化为附中人的一种自觉精神。

为学者，能自觉教育；为师者，能教育自觉。这是一种态度，也是一种境界，更是一种担当。

七、我眼中的李桢校长

东北师大附中明珠校区校长　刘丽君

不熟悉李桢校长的人，会说她是严厉的，严厉得让人害怕，因为她对工作不称职或是犯错误的教师会直接批评，不讲情面。但熟悉她的人又会说，李桢校长是宽容的，宽容到仁慈。

　　李桢校长特别关心刚到校参加工作的青年教师。中秋节是家庭团圆的日子，她做校长后的每一年中秋节都是和全校的青年教师一起度过的。她担心青年教师节日里会思念家乡父母，因此每到中秋节的晚上，李桢校长都会把自由、青华、净月校区的青年教师召集到一起，陪大家一起赏月聊天，吃月饼、做游戏。她会给青年教师讲自己刚参加工作时的艰苦条件、第一次上大型公开课的失败经历、研究生毕业后选择到中学教书所面对的家人的不解与压力，特别是从教20多年的职业幸福感和沉甸甸的收获，以此来关心青年教师，鼓励青年教师。

　　作为一校之长，李桢校长能够时时刻刻、随时随地考虑特殊群体的需要。她充满人文关怀的管理，不仅仅留住了人，而且还留住了"心"，附中教师团队的凝聚力可想而知。她总是强调："校园要把'人'放在首位，教育，就是要让每一个师生得到全面的和谐的发展。能够让师生在这里快乐学习，幸福学习。"

　　李桢校长是懂教育的人。真正了解她的办学思想，是在2014年东北师大附中校训座谈会上，李桢校长与部分老教师、优秀毕业生一起畅谈附中"志存高远，学求博深"的八字校训，教师们对她的治校思想有了更深刻的了解。

　　她说，"志存高远，学求博深"不仅是学生的校训，也是教师的校训、学校的校训。从学生角度讲，校训激励学生成为什么样的人；从教师角度讲，校训告诉老师要培养什么样的人；从学校角度讲，教育要回归人的本质，要把学校办成"高质量，有特色，国际性，现代化，国内一流，国际有影响"的知名实验性中学。东北师大附中的校训说明附中在发展历程中一直在寻求学生发展、教师发展、学校发展三位一体的发展路径。她说，"志"是一种信念，要求学生认识自我，使学生成就未来；"学"是一种行为，附中追求的学，要学习知识，要积累经验，还要发展能力。

　　李桢校长说，"校训表达的核心是要培养自觉追求、主动发展的人。这样的人是有清晰目标的人，有正确价值选择的人，有鲜明个性特点的人，是能够持续改进行为的人、优秀的人。在这一过程中我们期待附中始终抱有'坚持理想，追求卓越，勇开风气，兼容并包'的精神，这是我对附中60多年传承的文化底蕴的理解。应该说，附中没有最好，永远只有更好，我们每个附中人都在寻求更好，寻求更好的过程就是'志存高远、学求博深'。"

　　在李桢校长的指引下，东北师大附中的工作得到了全面的提高和发展，在建设国内知名、国际有影响的知名中学道路上坚定前行，书写出了附中前进历程中非常有意义、非常辉煌的一段历史。

时光流逝，在今天，当年的学生、当时的青年教师都在各自岗位上有了很好的发展，李桢校长也离开了东北师大附中，去追求她自己的梦想。但是回首过往，总有些什么会拨动我们的心弦，触及心中最柔弱的部分，也许过往的那些人和那些事便是如此吧。

八、我眼中的李桢校长

东北师大附中教师　梁　薇

一位好校长就是一所好学校，一所出色的学校也总是跟一位出色的校长联系在一起。我眼中的李桢校长就是这样一位出色的校长，她恪尽职守，情系师生；她开拓进取，求实创新；她平易近人，宽厚仁和；她为人处世公正民主，乐于助人。俯首甘为孺子牛，全心全意服务师生不言怨，这是对李桢校长的真实写照。

李校长对工作任劳任怨，踏实认真，并且能够率先垂范。要求教师做到的，李桢校长首先做到，尽管各种检查、会议、接待占去了她很多的时间，但在这样的忙碌中，我们还是经常能看到她晨读课间巡视各个班级的不倦身影；经常看到她走进教师办公室与老师们畅谈教学及学校建设的和蔼笑脸；经常看到她与学生代表们座谈，倾听他们心声的专注神情………即便是节庆日及寒暑假，她也是无时无刻不在牵挂着学校的平安。她走进课堂、走近教师、走近学生，关注学校中每一个生命个体的成长；她为学校的发展殚精竭虑，用心血和汗水抒写着自己的工作业绩。为教师和学生的幸福人生奠基，是她的坚持和目标。她这种无私奉献和锐意进取精神产生了巨大的凝聚力和向心力，深深影响着全校教职工。

她关心教师，乐意为教师排忧解难。对教职工生活中遇到的烦心事，她总是嘘寒问暖，并及时施以援手，热心帮助。2008年12月，我因病住院做手术，李桢校长百忙中抽时间到医院看我，并告诉我不要有思想负担，安心养病，让我在病痛的折磨中感受到温暖的关怀。李校长还非常关心教职工子女的教育问题。她本人就是一位优秀的母亲，她的儿子当年以优异的成绩被北京大学录取，如今在一所世界著名大学攻读博士。只要一有机会，她从不吝啬地与我们分享她教育儿子的宝贵经验，并经常叮嘱我们，工作再忙也不能忽视对子女的教育。

总之，李校长把教师的工作和生活摆在同等重要的位置，每当有教职员在生活上遇到困难，她都会高度重视，尽可能地为教师创造好的条件，真心实意地帮助他们解决问题，尽量让他们能够无后顾之忧，把精力投入工作中去。她的热心与真诚换来了教职工的尊敬与爱戴，也使学校形成了一种融洽和谐的良好氛围，大家有快乐一起分享，有困难一起克服，团结互爱，整个学校就像一个大家庭一样其乐融融。在这样的环境中，我们干劲儿十足，快乐工作！

她对学生也倾注了无尽的爱。身为一校之长，公务繁忙，她还是坚持不脱离课堂，用心上好每一节课，直到把孩子们送到他们理想的大学校园。记得当年李校长上课时，身为班主任的我经常悄悄地站在教室外透过后门窗户观看整个班级的情况，依然清晰地记得她穿着白大褂的挺拔身姿，记得她充满激情且条理清晰的讲解。黑板上写满了她隽秀有力的板书，班级的孩子们时而聚精会神地聆听思考，时而积极热烈地参与讨论。我在孩子们脸上看到了那种因质疑解惑而轻松愉悦的表情。作为教师，我能深深体会到校长精湛的业务能力与高超的教学技巧，这委实令我叹服不已。课下，她也总是抽出时间，耐心解答学生提出的问题，并对学生们进行有针对性的辅导。学生们都很喜欢她，亲切地称她为"桢桢"。

"人生有很多机会和挑战，要想成功就不能等待机会垂青于你，而要在过程中就做好准备。不仅要从平凡的事情入手，坚持不懈地努力，还要耐得住寂寞，成功的背后是生命的透支。"这是李校长经常叮嘱老师和学生们的一句话，她真诚地希望附中人都能够崇尚学术，甘于寂寞，追求卓越，把附中气质融入每个人的骨子里。

东北师大附中有幸，曾经有过这样一位爱岗敬业、锐意进取的好校长；附中的教职工有幸，遇到这样一位以身作则、充满人文关怀的领路人；附中学子有幸，遇到了这样一位博学亲切、诲人不倦的好老师！这就是我眼中的李校长——我们敬爱的桢桢！

九、我的老师

中国工商银行河北省分行副研究员　李　夯

　　我是幸运的，在人生的每个阶段总会遇到一些重要的师长，经其言传身教，自己受益良多。其中一位，很是特别，虽然是我的高中老师，但对我的关注、指导和影响，几乎贯穿着从懵懂少年到而立之年的每个阶段。这位先生就是我的高中班主任——李桢老师。李老师是顶着女神级、学霸级青年女教师的光环走进我的高中时代的，能成为她的学生是一件光荣和幸福的事情。作为师生间的一种共鸣，全班同学都与老师讲授的化学学科产生了强烈的化学反应，我的化学成绩也是高考中各学科最高的，算是对老师的一种最朴素回报吧。但真正让我们这些顽劣不羁、逆反无边的青春躁动者成为热爱学习、健康发展的祖国希望，不仅仅在于李老师做到了"传道授业解惑"之教师本职，更在于践行了因材施教和知行合一的大师风范。

　　在李老师的眼里，每个学生都是与众不同的，学习成绩并不是她评估学生素质的唯一标准，她关注每个学生的特质、习惯和潜能，并总能给予恰当及时的引导和肯定，帮助学生逐步形成独立思考、健康自信和追求卓越的良好品质。时至今日，我和我的同学们虽然从业于不同领域，但都内心笃定地践行着"志存高远、学求博深"的校训精神。曾有一次，一帮同学与老师围坐在一起回忆当年的青葱岁月，所有人都惊讶于老师能点评出每个同学独有的特质和趣事。正是这种对学生的倾情付出和细微留意，让每个人的存在感"爆棚"，让每个人都感受到那个年龄段的孩子最需要老师给予的爱。

　　如果说高中阶段，我感受最多的是老师的言传，但在此后的人生成长中，越来越多地得益于老师的身教。这种身教来自她长期致力于中国青少年教育体系的理论研究和实践探索上，来自她对事业的精益求精、永无止境的工匠精神和富有远见、锐意改革的创新精神上，来自她将对学生的谆谆教诲化为身体力行的实践行动上。每每有机会与老师坐在一起聚会聊天，她都会与我们分享自己的所思、所想、所惑、所得，了解和征询我们对青少年教育的看法和困惑，并在子女教育方面提出中肯的建议。当一个人真正做到了知行合一，她的影响力和感召力是巨大的，她成为我和很多同学的人生领路人也就不奇怪了。从老师身上我学到了以工匠之心面对事业，以执着之心面对困难，以平淡之心面对名利，以仁爱之心面对他人。时至今日，我都为此心存感激，学生时代老师用爱点燃我心中的梦想，成年时代老师用行激励我追逐心中的梦想。

感谢您，我的老师！

十、我的老师李桢：一位出色的教师和优秀的教育家

北京大学数学科学学院教授、全国青联委员　宋春伟

李桢老师是我高中时的化学老师。记得刚上附中时我被分在一班，班主任是冯书勤老师。最初同桌是明星，后来往前挪了一排，就与佡晓笛、王大彬同桌了。当时一班的任课老师包括语文老师冯书勤、化学老师李桢、代数老师王仁珠、几何老师史亮、物理老师黄志诚、历史老师赵海军、地理老师孙鹤娟、英语老师罗瑞兰等。了解情况的会知道这真是一支云集优秀教师的梦幻队伍。当然，东北师大附中其他班级、其他年级也往往名师荟萃，从这个意义上说颇近似于北京大学的味道。

李老师气质优雅、知性大气，似乎有着格外不同的光芒和魅力。她讲课清晰透彻，逻辑性很强，仿佛有一根主线把纷繁复杂的化学概念穿在一起。当时李老师可能是教一班和四班，至少我们一班的明星、邹钐、曲奕、宫赫、宋健等同学受到很大吸引，在化学学习上十分努力。那年我在史亮老师的指导下，做了不少国外数学奥林匹克的试题，总体感觉难度介于国内的全国高中数学联赛和集训队选拔考试之间，我对此特别着迷，物理和化学就没怎么用功，但上李老师的课是非常享受的，学习知识之外更有一种赏心愉悦的感受。

大概到我高二时，李老师开始当班主任。受国家政策变化的影响，我们那一届在高二、高三连续进行了好几次分班调整。当时李老师的魅力就显现出来了，因为大部分同学最想去的就是李老师当班主任的班。后来李老师带的班可能也是最具有凝聚力的。遗憾的是，我每次都愿望落空。一度很羡慕李夺、回春等李老师班上的同学。

多年后，李桢老师成为东北师大附中的领导者，作为第十二届全国人大代表每

年春天来北京参会。我们这一级较早期的学生得以经常和老师相聚,我也有机缘向李老师更多地求教,由此对李老师的睿智感受更深。就我直接或间接了解到的,李老师在全国人民代表大会期间提出过多件高质量的人大代表议案,包括制定普通高中教育法、不断创新义务教育管理体制等议题,从专业角度为国家有关部门研究问题、制定法规出谋划策。2015年春天,北京大学"换帅",李老师在同学们欢迎的聚会上一见到我就提出新校长林建华应当是更受学者们欢迎的一位北大掌门,其洞见令人赞佩。还有一次谈到秋季农田秸秆焚烧产生空气污染而屡禁不止,李老师当即讲出焚烧秸秆后造成污染的化学机理,给已毕业多年的同学们又上了一堂精彩的化学课。

李老师学识渊博、业务能力超强,是一位非常出色的教师。同时又是一位极具智慧,锐意进取的教育家和开拓者。她的气度风范令人形象特别深刻。虽然职业和社会角色不尽相同,但李老师永远是我们的榜样!

十一、我眼中的李桢老师

纽约州立大学奥尔巴尼分校化学系　王 璋

我很荣幸在我的高中阶段有李桢老师作为我的授课老师和竞赛指导老师。我在1998年至2001年在东北师大附中理科实验班学习,可以说我成长的这一关键阶段深深地受到了李老师的影响和鼓励。李老师的课上课下的言传身教使我对成为一名教书育人的老师充满向往。

李老师讲课永远都是胸有成竹。化学是一门脉络隐藏在零碎的性质和反应之中的学科,李老师总是把脉络讲得很清楚,然后介绍元素和化合物的反应。对于有一些不容易记的反应,李老师经常用演示实验来帮助我们记忆。我还记得李老师讲卤素性质活泼时选择了用其中最不活泼的碘与金属锌反应的实验——产生的热量使反应皿里冒出紫烟。我们在课外活动实验时,李老师给我们演示了金属钾和钠与水反应的活性区别——更活泼的金属钾与水反应产生的火苗使我非常难忘。后来我对化学的兴趣就越来越浓了。

李老师对我们这些参加化学竞赛的同学的指导和帮助是全方位的。化学竞赛要求了解很多大学普通化学和有机化学的知识和实验。为了让我们做好全面的准备，李老师帮助我们联系大学实验室做实验，请大学的老师讲解大学化学的知识，解答我们遇到的问题。参加比赛时，李老师鼓励我们放下包袱，发挥水平。自始至终，李老师传递给我的都是"你没问题"的信息。虽然我的成绩没有更进一步，但李老师告诉我一切挫折都是暂时的，努力终究会有相应的回报。这些经历我一直都铭记在心。

李老师不仅关注学生的学习，同时也非常关注学生的全面发展。我们这一届理科实验班的同学们十分活跃，大家一直很会玩儿。我们班在全年级篮球比赛中得了第一名，李老师很高兴。她给我们分享了她大学时打篮球的经历，鼓励我们通过体育运动锻炼身体和增强团队凝聚力。

我在上大学和出国后一直和李老师保持着联系，李老师也逐渐从以教学为主的岗位转到附中的领导岗位。我时不时登录附中的网站看看学校又有什么新消息。作为校友，我看到不仅学弟学妹们在高考和竞赛中取得好成绩，在世界全球化的今天附中也慢慢地走向国际化。我还记得李老师来美国出差时抽空跟我讲附中未来的蓝图。我很幸运在高中时有李老师这样的好老师，附中的学弟学妹们也应该很高兴有李老师这样的好校长。

十二、我愿能再听她讲一堂课

吉林大学中日联谊医院耳鼻喉科　郎金琦

十三年前我是一名普通的高中生，没有帅气的外表，没有特殊的才艺，没有优异的数理化成绩，跟大多数同学一样迷茫，不知道将来会怎样。现在我是吉林大学附属医院的一名主治医生，科研成绩不算优异，胜在工作努力、谨慎，我很满足现在所拥有的一切。多数人觉得高考决定一切，我觉得高中三年的生活更加重要，其间遇到的坎坷、遇到的同学、遇到的教师都是宝贵的财富。

高中毕业整整 10 年，回想高中生活就像做梦一样，有的梦时能想起，有的就模糊甚至忘记了。问问自己还能想起什么吗？课堂、午后、考试、放学……对于知识，我已分辨不出哪些是在高中学的，哪些是初中学的，哪些又是大学学的。在记忆里，知识不具备时间属性。午后是充满着美好的时光，刚刚在篮球场运动归来，温暖的阳光、熟悉的课桌、舒适的讲课声，环境既不嘈杂也不孤单，正是睡觉的好时候。对于考试的记忆多数是惨痛的，考前紧张，成绩公布前焦虑，无数个学至凌晨的夜晚，梦中惊醒都是因为梦到考试不及格。放学是每天的期盼，可以约顺路的同学一起回家，可以投入丰富多彩的娱乐活动，只要不被老师留堂就都特别美好。每个人的高中时代都是不一样的，我记忆中的高中都与她紧密相连。

她是同学们最敬爱的老师，负责我们的化学课。她经常把化学课放在下午第一节或者第二节讲，可能是对自己授课充满信心，挑战容易瞌睡的时间段。她的第一节课并没有跟我们讲书本，第一句话是"同学们好，我是李桢，困的同学可以睡觉，但不能发出声音"。她允许学生睡觉，但是她的课从来没有人睡觉。她用了一堂课的时间，告诉了我们该如何学习、如何看待高考、如何树立人生观，结合我们提出的想法促进师生互动。她用每一堂课的时间，改变了我们机械学习的态度，改变了我们对于教师是枯燥乏味的想法，改变了我们对学习难的认知。

她经常把知识点拆分成诸多小部分，在小结时再将多个部分融合在一起，这总会给我们一种恍然大悟的感觉——学习并不难。慢慢地我开始期待化学考试，每一次答题得分的喜悦，每一次令人满意的考试成绩，激励着我继续学习。我们对她的爱，是用最直率且最荒唐的方式来表达的，每次上课前起哄让她替代原班主任来教导我们，幼稚的我们根本没有考虑到她有没有时间及对原班主任的影响。

高三我们换了一位新班主任，她因校里工作需要只能教一个班的课且选择了我们，这都是她对我们的纵容。总之那样的年纪，充斥着各种各样的荒唐、幼稚，对于同学之间的好感，总觉着是爱情；对于家长的约束，总觉着是枷锁；对于自己的未来，总觉着是遥远和看不到方向。放学之后我们在她的办公室里举办过各式各样的交流会，她鼓励我们将困惑写在纸上，将纸条塞进她办公室的门缝，她会组织具有类似疑问的同学在一起说出自己的问题，她会慢慢地梳理疑问、解答困惑，像朋友交流一样没有隔阂，像家中长辈一样关爱我们，给出的建议总是专业而中肯的。放学之后，我待在她的办公室，听到她的解答，感受着她给的那份自信，就觉着什么都不怕，因为有人一直给我指引着方向。她在全年级大会上的发言，深深地影响着其他班的学生，使家长们受益良多，每听到其他人议论发言精彩、言之有物时我都很骄傲、很庆幸，因为我们总能听到她的教导。

她的一言一行改变着我，使我保持着拼搏向上、刻苦努力的精神。起初我并不优秀，高中入学成绩是倒数，但我高考成绩至少是全年级前三分之一。我很骄傲能在东北师大附中读书，更骄傲能成为她的学生，我也希望有一天可以成为她的骄傲。

十三、亦友亦师是吾师

——我眼中的李桢老师

东北师大附中朝阳学校副校长　张　钧

李桢老师称谓很多，"院长""校长""董事长""全国人大代表""教授""博导"……但我更习惯尊其为吾师，因为她确实是我的老师，自识君之日始。

1996年暑假，我从大学校门步入工作岗位。吾师作为我的直接领导，和我的第一次长谈，是在她的办公室，具体谈话内容虽已忘却，但谈话效果确如炎炎夏日里一丝清凉的慰藉，使我从懵懂和手足无措中醍醐灌顶了。

之后，和吾师同在东北师大附中工作，且同在一个年级，吾师任年级主任。那些年，吾师从年级主任、教务主任、副校长，一直做到东北师大附中校长。吾师的人品德行、教学水平、管理能力、学术成长等令人仰止。我一直在感受着其魅力与学养。

拼事业·有胸怀。对待工作，吾师巾帼不让须眉，教学管理一肩挑。化学学科教学精益求精，多少年后，她的学生都还记得李老师写在他们作业本上的批语。吾师管理的年级组，多数为新教师，没有任何教学经验，多数中年教师又没有高中教学经验，面对诸多挑战，吾师海纳百川，带领年级教师开展全面质量管理的实践研究，卓有成效。

勤研究·有学识。中学特级教师、高校教授、博士生导师，中学普通教师止于至善的标志，吾师都靠她矢志不渝的坚持和研究，实至名归地获取了。作为中学化学特级教师，她勤奋研究基础教育教学的规律和学科本质，给了学生丰盈的学科思维。作为东北师大的教授、博士生导师，她带出了多名硕士生、博士生，其丰厚的学养和严谨的治学精神影响着青年学子。她提出自觉教育理念，带领全校教师开展课堂观察的实践研究、导学案的改进研究、翻转课堂的研究……

严治学·有担当。2010年承蒙吾师招入师门，吾师给予了我无微不至的照顾和悉心的指点，从博士报考前的激励和支持，到选题、开题的指导，到论文撰写过程的细致点拨。读博期间，导师给我列出大量书单，限时完成阅读任务，写出读书心得。还清晰地记得，吾师在我论文上做的圈点勾画各种批注和修改建议；也清晰地记得，导师从东北到北京，不顾舟车劳顿，在公寓里长谈；去机场的路上，吾师一次又一次地耐心指导，使我拨云见日、茅塞顿开。

重践诺·有情感。吾师是真君子，一言九鼎，只要答应下来的事情，无论多为难都会践诺。我边工边读，其间伴着工作调动，从东北到北京，参与筹建一所新学校，其中艰辛，难以尽表。每当我即将坚持不下去的时候，我总回忆起吾师的话语，她赋予我的精神财富是取之不尽用之不竭的，她教会我隐忍厚重，她教会我坚持、再坚持。生活中，吾师人情味儿十足的，20世纪90年代生活还不太富裕，她在家亲自下厨，给我们这些单身教师改善生活；带年级教师去吉林松花湖放松身心；带年级教师在大连吃海鲜、K歌；篮球场上，她眼镜撞坏了，也一定坚持"盲打"。

这就是我的恩师，一位真实的有血有肉的学者和教育家。

十四、她的平凡与不凡

新优教育集团教学总监、华岳学校校长　吕　慧

认识李桢校长是在二十多年前，在那年的东北师大附中"教学百花奖"活动中，她用一节有关原电池的课堂教学震撼了所有听课教师，我们从眼神中看到她对每位学生的关爱和期待，从教学中看出她深厚的学科功底和灵动的教育智慧。那时，一颗种子深深地埋在刚刚工作的我的心中：要成为她这样的教师，实现自己的人生价值！二十多年过去了，当我真正走近她，和她成为同事，朝夕相处，她的平凡与不凡更是让我钦佩不已。

说她平凡，是因为她始终把自己当作平凡的人。她从不妄自尊大，虽然论学识

和思想境界在全国基础教育领域她堪称"大家"，但她却拥有着一颗温暖的平常心，那里时时装的是他人的感受和需求，唯独没有自己。她常常前一天出差半夜到家，第二天7：30就出现在教师的课堂上听评课，并且一听就是两所学校一整天的课，原因只是事先答应了老师们要来，不让精心准备了课的老师失望。评课时她给出的中肯而深刻的教学建议无不让老师们备受鼓舞又明晰了努力的方向。每到这时，我都能看到她眼中流露出我曾经熟悉的关爱和期待，那是多年前在课堂上做教师的她，而她也常常说自己更喜欢做一名普通的教师。

说她不凡，是因为她身上散发着一种光辉，这是对教育的热爱、坚守和不断自我超越的创新思想所编织起来的七彩光环，这光辉照耀着她身边的每一个人，赋予我们能量，引领我们前行。

她常说的一句话是"我愿意为教育做一点实实在在的事，让每个学生都快乐而有效地学习"。就是这样质朴的教育情怀一路伴她从一名普通教师迅速成长为名校的校长并开创了学校发展的新纪元，也是这样的教育情怀让她毅然决然放弃安逸的办公室生活，投身到教育改革的第一线。马克思曾说："如果我们选择了最能为人类福利而劳动的职业，那么重担就不能把我们打倒，因为这是为大家而献身……"教育事业就是这样一个"最能为人类福利而劳动的职业"，有了这样坚定的信念，无论多大的困难，她都乐观面对，不改初衷，用她的话说，"我从来没想过我做的事情会失败，因为我坚信我们所创建的教育生态是有利于每位受教育者自觉发展的，所以它必然充满生机"。

在她身边工作如果说有压力，那一定是来自她渊博的才识、敏锐的判断力和不断自我超越的创新思想。她很少用言语要求你什么，因为她先做到了，不容你不努力跟进。在上海——长春的飞机上，她可以一口气看《课堂研究》的九个章节，然后会迫不及待地和大家分享她的思考。"自觉教育"的理论体系、K12整体课程框架、"三段两中心交互式"教学模式等教育教学研究的创新性成果就是这样产生的。有时她滔滔不绝地阐述完自己的观点，会突然问我们："我一直说话，你们烦不烦啊？"我们开玩笑地说："我们能够理解，您装得太多了，需要'倒一倒'，才能继续装！"那时，她的笑靥如少女般纯真……

我在想，就是这份对教育单纯的热爱、执着的追求、不断的创新实践和反思才成就了那一代又一代的教育家吧。我的人生导师李桢正在这条道路上耕耘不辍！

十五、麦田的守望者

新优教育集团教学总监、华育高中执行校长　李志强

自 1996 年 7 月和李桢老师相识，到现在已经有 22 个年头了。22 年里，在李桢老师的指导下，我钻研教学、管理年级、进行研究生深造，甚至就在几个月之前又追随老师脱离公办体制从事我们向往已久的社会公益事业。可以说无论是为人、为事还是为学、为师，我都深受老师的影响。这些年，也是在李桢老师的言传身教之下，我在教学业务、管理经验及教育理论等方面都有了非常大的进步和提高。在我心里，李桢老师不仅是我事业上的领路人，也是我人生的导师，更是我需要用一生去感谢、尊重和敬畏的宽厚的长辈。

适逢李桢老师的新作出版之际，承蒙老师厚爱，我仅择取 22 年来与老师接触的片段琐事，撰写拙文，以表敬意和祝贺。

故事一：严谨的导师

1996 年 7 月 1 日，是我从东北师范大学化学系毕业走进东北师大附中的第一天。这天早上 8：00，当我们刚走到附中的校门口，就发现一位知性、优雅的女士向我们走了过来，她就是时任东北师大附中化学教研室主任的李桢老师。

让我们十分诧异的是和李桢老师第一次见面，她就能够直接叫出我们同期毕业的三位毕业生的名字。在李桢老师的引导下，我们走进附中化学组的办公室，开始了我们入职之后的第一次业务培训。我还十分清楚地记得，第一次培训的内容就是如何刻钢板。李桢老师首先让我们认识了钢板、刻字笔和蜡纸，然后再教我们如何握刻字笔、如何把握写字的力度；如何注意蜡纸的页边距、字体的大小、行与行之间的距离的要求；告诉我们选择题的"（）"要放在题尾的最右方而且要纵向对齐，大写数字后用"、"，小写阿拉伯数字后用"."等，可以说是手把手地传授给我们刻钢板的每一个工作细节，让我们感受非常深刻。

在我心里，李桢老师一直是一位学者型教师。取得如此令人羡慕的成就，一定有很多原因，但她对工作的这种精益求精的严谨、务实的精神，一定是一个不容忽视的重要因素，这些年来，这也都一直影响着我。

故事二：宽厚的"兄长"

我对老师的敬重不单单在于她的工作成就和学术造诣，也在于她为人的宽厚和为学的坚持。在我认识老师的二十几年间，老师一直在教育战线上承担着重要的岗位，工作超乎想象的繁忙。但是，即便这样的工作强度，她依然潜心钻研、勤耕不辍，一点没有懈怠。"阅读"是她的生活习惯，"阅读"是她每天的必修课，"阅读"是她享受生活的一种方式。这些年，老师的重大学术问题和教育理论问题上的学术见解和学术坚持，能够得到全国基础教育界专家的公认，与她的这种勤勉不无关系。

记得一次在公司午餐时，我坐在老师的对面，和老师交流起"终身学习"的话题，我又一次被老师的阂识孤怀所震撼。"读书的方法，要随着年龄的增长而发生变化。最好的读书年龄是在30岁以前，多采用'系统读书法'；而随着年龄的增长，由于记忆力和个人精力的变化，多采用'实用性读书法'……人和人之间本没有差别，只不过因为思维方式、行为方式的不同而决定了社会分工的不同。每个人来到这个世界，都有他存在的理由和价值，每个人都是独一无二、无法复制的。一个人的成长过程，就是不断地完善自己，发展自己，最终成为一个理想中的自己的过程……"

老师的形象在我的心目中是崇高的。我深知，老师在学术上的高度及人生的境界，是我穷尽一生之力也无法达到的，但我愿意朝着这个方向努力。

故事三：守望着理想

李桢老师的教育情怀是执着的。

2016年10月，李桢老师辞去了吉林省教育考试院院长的职务，建立吉林新联致中教育科技股份有限公司，重新投身到她一直钟爱的教育事业。为了实现她的教育梦想，为了给适龄儿童提供适合身心发展的教育，也为了区域教育的均衡化发展，她不停地奔走于公司、政府、学校之间，以她丰厚的文化底蕴、神奇的创造才能、宽厚仁爱的胸怀，谱写着她美丽的教育人生。

正如李桢老师在一本书中写的那样："能选择坚守，能坚持按自己心中理想学校的模样去描绘现实，召唤那些与自己一样思索与寻觅的同伴创业和前行，让更多的孩子插上梦想的翅膀，自由地翱翔在未来的星空中，是一生最幸福的事"。在老师的身上，我看到了一种无穷的魅力：尊贵且坚持。她像是一部长篇巨著，那样博大精深，值得我们研读一辈子。

在我的心目中，李桢老师就是这样一位"兄长"——麦田乌鸦般的"兄长"，徘徊在麦田，做麦田的守望者，看着自己的妹妹在金色的麦田中嬉戏，自由自在，这个"兄长"要做的，就是给自己的"妹妹"指出悬崖之所在，不要在玩耍时、奔跑中，跌下悬崖。

衷心祝愿李桢老师身体健康、永葆青春，祝老师的教育事业蒸蒸日上、绵长不绝。

十六、我心目中的李桢老师

新优教育集团教学总监、净月培元学校执行校长　张　影

常常觉得，人和人的缘分真的很奇妙，我从没想到有一天，我会称呼尊敬的李校长为我的老师，更没有想到我竟然有机会和老师一路同行，开创一份理想中的事业。

李校长本是化学老师，是吉林省特级教师。她一路从化学教师、化学竞赛教练员、年级主任、教导主任走来，印象中的她总是脚步匆匆，说话简洁利落。在做了副校长之后，她也一直没有离开课堂。和她搭班的老师都说，李校长特别"惯"学生，学生也亲切地称呼她"桢桢老师"。李校长做了附中总校的校长后，不得不离开课堂。在很多场合，她曾经表达过对课堂的怀念。后来在李校长的鼓励下，我承担了班主任的工作，其间发生了一件事，让我至今难忘。我的班级有一个行为习惯不是很好的孩子，经过反反复复的教育，仍没有明显的改观，成为让我、年级和学生处都比较头疼的孩子。有一次，他在洗手间吸烟被学生处巡视的老师抓到，学生处和年级组要做出退学的处理，并且征求我作为班主任的意见，当时我又失望又气愤，也没有反对。最后学生处主任和年级主任与我一起到校长室，向校长汇报这件事。记得校长向我们一一了解了情况之后，说："就这些？孩子犯错不是很正常吗？咱们做教育的怎么能一推了之？"就这样，这个孩子又回到了班级，最后顺利完成了高中学业。多年后，我和他在微信上取得了联系，他已经在上海做了一名设计师。他对我说的第一句话就是"很抱歉，自己当年不懂事给老师带来了很多麻烦"。我听了深感惭愧。教育需要一颗柔软的心，如果没有校长当时的宽容，我将会犯下教育生涯中让自己无法原谅的错误。

不知不觉中，我已在附中送走了四届毕业生。我也从一个年轻教师成长为一名骨干教师。就在我以为自己会一直这样走下去的时候，学校进行了一次换届选举。在最后一刻，我意外地接到选举委员会的电话，说校长鼓励我参加竞选。经过竞聘演说、全员投票、评委会答辩，我走上了中层管理的岗位，开始以对待课堂教学的态度从头开始学习做好管理工作。当李校长说"我的眼光没有错"时，我觉得所有的努力都获得了肯定。李校长为人正直、简单。都说校长的为人会影响一所学校的文化，在附中的工作，虽然要求高、节奏快，但也简单、快乐。

后来，我有幸读了老师的博士。虽然老师当时已经调到吉林省教育考试院做院长，但还是坚持每周给我们上一次课。课堂上，老师总是侃侃而谈，她的教育情怀，她对教育的深刻理解，都仿佛是一场智慧的洗礼。和老师在一起，我好像都听到自己在拔节生长的声音。时至今日，我们每周一次的行政办公会，老师都会和我们分享她对教育的最新思考，我们常常会感慨，老师的小宇宙正在爆发。这是一个多么不知疲倦的人！正如她自己所说的，学习和工作就是最好的保养。在老师的身边，我们也被带动着不断思考、发掘自己的潜能，超越自己。

所以，当老师决定辞去省考试院院长的职位，去实践自己的教育理想的时候，我毫不犹豫地追随左右。创业之路难免会有各种意想不到的坎坷，但是有这样一位有智慧、有情怀、有担当的领导者，和一群有着相同教育理想的人在一起，我相信我们一定能面向未来，把握现在，一步一步实现我们的教育梦想。

十七、读您千遍

——我眼中的李校长

新优教育集团教学总监、长春净月潭小学执行校长　张凤莲

20 年前，我大学毕业了。留校入职的第一次座谈会上，我第一次见到了您，从此便开启了一本书的阅读，读您千遍……

闳之胸襟

器大者声必闳，志高者意必远。胸襟的开阔和知识的广博，乃为师之要义，亦

是人生之要义。

还记得 2002 年，您是东北师大附中教学副校长。我任教了初中两年、高中三年后，送走了我的第一届高中毕业生。能让我这位女物理老师第一轮就带高三，我如愿以偿，心满意足。更让我惊喜的是，暑假过后，我又接到了人事安排通知，让我当年级的备课组长。只有一轮教学经历，何德何能承担高中物理学科备课组长？我在忐忑中受命，是因为从您的眼神中我读出了肯定与鼓励；我在奋进中前行，是因为从您的微笑中我读出了支持和信任。

约之大道

勇猛奋进而又谨慎自警，广采博学而又有一技之长，大道至简，方能循自然规律。

2009 年的第一次全校大会，我第一次听到您关于"自觉教育"的全面论述。源于东北师大附中的历史与文化传统，基于对基础教育的思考与把握，您从学生主动发展、个性发展和全面发展角度对素质教育做出了一种校本解读——自觉教育。那是以培养学生自主性、能动性、目的性、创造性为基本原则，以学生自我意识唤醒、自主能力发展、自信品格养成、自强精神的树立为主要目标，以课程与教学为核心，以学生主体性实践活动为平台，以教师教育自觉为关键，以学校文化管理为保障，建构的适合每一位学生发展的现代学校教育体系。那是对教育规律的本质思考，也是对教育价值的根本追求。

深之理慧

刻苦钻研、心领神会、静思妙悟，才能获得深邃透彻的认知。学贯中西、崇德广业、淡泊名利，才能抵达至理深慧的境界。

2016 年新年伊始，您把目光投向了净月这片土地。站在未来教育的高度，带着一份办百姓满意教育的情怀，为了实现改变净月义务教育现状的教育理想，致力于通过委托管理打造高位发展的义务教育学校。这是教育公共治理结构与服务体系中一项重要的创新制度，是推进"管、办、评"分离，构建政府、学校、社会之间新型关系的重要举措，是全面深化教育领域综合改革的重要内容，是全面推进依法治教的必然要求。对教育发展的认识、领悟和把握，足见您目光的深邃，情怀的深厚，思想的深刻。

美之品格

美，乃人生高于真与善之最高境界。具有审美意识、审美能力、审美思想和审美品格的人，会把世界"化"的更美。您为师 30 余年，桃李满天下，学子尽乾坤。随着岁月逝去的是青春年少，哺育的却是各行各业的万千英才。人的自然生命是自在的存在，人的自觉行知是自为的存在，您构建了自在自为的美的存在，实现人生价值，创造社会价值，坦然心境，足迹光辉。

读您千遍……

十八、生命的拔节

新优教育集团教学总监、长春玉潭小学执行校长　陈靖慧

千禧之年，带着满心的孤傲和压抑的恐惧踏上讲坛。经历了十几年忙碌的凡俗生活，感觉自己的心灵被蒙上了一层厚厚的尘垢。忽然，我发现了自己的浅薄，无论是专业修养，还是理论学识，都是那么的愚陋。记忆仓库里原来无货，只有那么一点点信口悠悠念，心中似懂非懂、一知半解的东西，还要挂在嘴上，随处卖弄。真正用时，要查来查去，甚至抄来抄去，捉襟见肘。

有人说，人生中仅有的几次幸运的转折，往往都需要一个精神导师的引领。在我经历了那么长久的迷惘之后，终于在一个春光明媚的季节成就了一生中幸运的遇见。机缘巧合，突然毫无准备地与传说中的附中李桢校长初见，简短的 20 分钟谈话，那层由晕头转向的忙碌、心浮气躁的烦闷、莫名其妙的忧扰结成的心灵的泥污，被彻底冲刷掉了。带着原本澄澈的心，在汹涌的感情逐渐沉淀之后，我开始跟随老师，走上了课程与教学论专业的博士求学之路。

老师说："一辈子学，这是一种胸襟和气度，这更是一种人生的大领悟、大智慧。不要在凡俗生活中失去自己的独立人格，要一辈子孜孜不倦、上下求索、谦虚平和、不断敲打和反省自己，要做一个至真至诚、光明磊落的人。"

曾子曰："吾日三省吾身。"原来教学生的时候，也能说得头头是道，可是放在自己身上，何曾一日三省？百日省否？千日省否？人生的修养就是这样的渐渐止歇了。这一段求学历程，给我当头棒喝，头晕目眩之后，终于清醒。

四年读博期间，在老师的引领下，我见识了真正的硕师大儒，他们业精于勤，著作等身，却没有把自己摆放到神坛，仍然在不断地孜孜探索，对后学晚辈露出慈

爱的微笑，用心倾听着，讲解着，脸上从未有过鄙夷的神色；见识了真正有学问的同行，那是怎样的一种出口成章、引经据典，学问博大精深，却无比谦和地在教育的土地上默默耕耘着。我终于学会了带着耳朵倾听，带着眼睛观察，带着头脑思考，带着嘴——不再是卖弄，而是请教。

2016 年年初，老师秉持高远美好的社会理想，体察历史、环顾世界，开拓极富张力与创造性的教育事业。信仰是驱动创造与梦想的主引擎，我无比兴奋地加入这项充满挑战、激情和机遇的工作中。

老师鼓励我们说，期待我们的努力和奋斗能够为更多的学生提供优质的教育环境，带给人民对美好生活更为真切的信心，为基础教育的均衡发展贡献自己微薄的力量。

这一切都带给我莫大的勇气和鼓舞。两年的经历是一场思想的风暴，这是一种令我自己都吃惊的领悟，因为这几乎颠覆了我原先的认知。将自己的固有认知彻底打碎重新建构，需要的不只是勇敢，更多的是智慧。一个人，完全否定自己的过去，是多么不容易的一件事，尤其是对一个还有那么一点点骄傲的我来说。但是，丑陋的蛹要带着牺牲的勇气破茧，才有可能化为翩翩起舞的美丽的蝶。如果不想让自己的教育事业成为永远遗憾的事业，便不怕否定，甚至推翻重建，我更愿意带着谦虚平和的智慧在否定中重新建设自己。

对老师的感情，用文字写之不尽，只有学和做。一辈子，学做教师；一辈子，学为好人！

十九、在喧嚣声中守住初心

李 桢

每个人的生命中都要经历几次拔节的成长，容貌、举止、爱好、认识和修为等很多方面，都在成长中蜕变。我们常急匆匆地赶路，很少静下心来，仔细观察路上的风景，倾听自己拔节成长的声音，反省自我的选择与应对，对走过的路，做过的事，鲜少有清晰而美好的回忆。我们在浮躁而功利化的当下，也常被盛名所累，沉醉于繁华的形式中不能自拔。我自己获得的荣誉数不胜数，有时分不清是学校的荣誉，还是我个人的荣誉，我个人的价值已经负载着学校的价值，难以清醒独处。每天处在繁杂的事物和应酬中，倍感疲劳，理想教育的愿景与自己的实然状态渐行渐远，未来似乎已经没有了心动的期待。我想不仅是我，可能还有很多和我一样有一定成就的校长，也在思考如何不忘初心，走向未来。

改变发展轨迹是关键节点的选择

植物的拔节是成长的自然样态，人的拔节有身体的蜕变，也有精神的成长，这两者难以分割，相伴相生，共同发展。每个关键节点的选择，给我带来的是不一样的成长轨迹。

初中的懵懂择校，让我离开了满是尘烟的厂区，开始独自的求学之路。如果没有对学习的强烈渴望，今天的自己可能早已退休回家。高中的文理分科，我没有按自己的意愿选择文科，大学的四年虽高质量地完成了学业，但不是自己喜欢的专业，分配到白求恩医科大学工作后，也注定在研究生阶段改变了自己的化学专业学习，开始课程教学论的研究之旅。也因为有了专业的改变，我才能到东北师大附中开始自己的基础教育生涯。

在东北师大附中工作了24年，从1990年研究生毕业成为一名普通化学教师开始，2001年成为化学特级教师，2008年成为名校校长，没有什么捷径，只有年复一年比别人更多的努力与付出、自觉与坚守，在教学、研究、管理和学习中不断追求生命的自主状态，完成自我的不断更新与超越。东北师大附中的价值与社会影响力，给我带来了很多荣誉，全国先进工作者，享受国务院特殊津贴专家，第十二届全国人大代表和各种社会兼职，我享受这种万人瞩目的感觉，可也深知自身的不足；是继续做名校的校长，还是寻找新的平台，尝试剔除光环后的自己能否应对挑战，我犹豫了很长时间，最终我还是决定放弃东北师大附中高水平的发展平台，到省教育厅筹建吉林省教育考试院。在考试院工作近15个月，成为考试院首任院长，带领团队完成了吉林省考试综合改革方案、高考改革方案、学业水平考试方案、考试加分方案等重要方案的研制，完善了考试院各类考试的基本管理流程和质量要求，使考试院的工作走向规范化轨道。

省教育考试院的工作需要严格的程序化管理，不允许个人的创新与发挥，这与我天性中的自主、独立成分不符。每个人的内心都希望有一种自由的工作与生活状态，成为自己生命的主人。在东北师大附中工作的24年，将这样一些价值观镌刻在内心深处，成为一种生活方式，我的内心呼唤我再次作出选择。是继续自己的仕途之路，还是回到基础教育的一线，继续自己的校长工作，我的理想学校之梦帮助我完成了人生的又一次重要选择。

2016 年 1 月，我离开考试院，组建了吉林新优教育集团，开始了学校委托管理的探索之路。

回归校园，一次新的开始

开展专业化教育管理探索的思路，来自我做全国人大代表的履职经历。五年的全国人民代表大会，不仅开阔了我的视野，更重要的是让我感受到一种责任的呼唤。习近平总书记提出的供给侧结构性改革的思路，义务教育优质均衡的目标，为我打开了教育体制改革的创新之门。

我们借鉴美国特许学校、英国自由学校的管理模式，吸收上海浦东和浙江杭州公办学校委托管理的实践经验，结合吉林省和长春市的教育实际，在长春净月高新技术产业开发区成立了政府参股的股份制教育管理公司，开展 7 所公办学校的委托管理实践，一年半的实践，取得了显著成效，给我的"新教育"改革探索增添了信心和勇气。我们也由此成为中国教育学会第一个挂牌的"十三五"改革试验区。

2016 年 9 月，我们先接手了净月区 4 所已建成的公办学校，其中 3 所是城乡接合部的薄弱学校，学区派位的学生绝大多数都去了民办学校，学校的口碑和社会认可程度较低，学生流失严重。我们选派了 4 位有 20 年教育教学经验的校长到学校做执行校长，有 8 位专家同时进驻学校，与执行校长一起开展委托管理工作。我们以东北师大附中的优质学校管理经验为范本，结合薄弱学校发展实际进行了校本化的调整，制定了学校三年的改进目标与规划。

我们以规范管理、特色发展、学业提升为主题，通过现代学校制度建设、发展规划研制、"全课程"设计、"3＋1"生成式集体备课、"全天候"开放课堂课例研讨、"教与学"双视角课堂观察、问题解决式"项目研究"等活动，开展了以"关注本质、经历过程、让学习真实发生"为主题的课堂教学改革；以教研共同体和学习共同体的打造为依托，重塑学校的文化；以执行校长和专家每一天专业化的管理与教学教研指导，改进教师教学行为；将学生放在学校一切工作的核心，让教师在个体与群体互动交流中，汲取养分，建立信心，关注学科本质，关注学生的学习过程，耐心倾听学生拔节成长的声音。反观自己，我找到了做一名学生喜欢的好老师的喜悦与幸福感觉。

　　我们的校长和专家每周 4 天在改进学校工作，每周每所学校听课近 20 节，专家学期听课累计近 2000 节；指导集体备课、教研活动、管理活动，每所学校每周平均在 15 次以上；除此之外，不定时的面对面指导和谈话更是无法统计。教师们从最初的观望，逐渐融入，到今天的全身心参与，每个教师都经历了自己人生的拔节过程。我们俯下身来，用心倾听教师们拔节成长的声音，感受他们的困惑与快乐，也在其中体味自己的蜕变与成长。

　　委托管理改变的不只是学校，而是生活在其中的我们和师生，我们每个人都在学校生活中找到了自己的目标与动力、愿景与方向，感受创新带来的不可思议的变化，并加快自己前行的脚步，追赶这日新月异的变化，成为创造变化的主人，主宰自己的发展道路。一个人只要愿意倾尽全力去做一件自己喜欢做的事情，就能筑梦未来！

　　2017 年 5 月，我们举办了第二届"净月·新教育论坛"，其中来自玉潭小学的有 20 年教龄的冷艳波老师上了一节小学数学课，她在课后的自我反思中写出了委托管理后教师的心路历程。她在"人生四十第一课"中写道："这节课可能不是最完美的，却是我从教 20 年来最用心的一堂课。通过这次活动，我收获了几份十分珍贵的'礼物'。第一份礼物：信心。第二份礼物：自身提高和锻炼。第三份礼物：团队的力量。第四份礼物：在安全的课堂中静待花开。通过这节课，我才真的体会到什么叫让学习真正地发生。"

　　在这样的管理改变中，真正拔节成长的是委托学校的孩子们。4 所委托管理学校的学生 80% 以上来自农村，还有一部分是外来务工人员子女，他们很少有走出家门的机会，因此缺乏自信、表达不清、缺乏学习动力是很普遍的，很多孩子到初二结束就准备打工或上中职学校，升入高中的学生占比不到 30%。如何通过课堂教学改变学生的学习状态，成为每一位执行校长思考的首要问题。

　　我们通过为学校设计特色的校本课程，让孩子们的学校生活先丰富起来。如玉潭小学与吉林农业大学联合开发快乐种植课程，看到自己种植的蘑菇、花卉、蔬菜成长，孩子们收获的不仅是成熟的蔬果，更重要的是拔节的快乐与自信。除了快乐种植课程外，结合区域特点，我们还开发了奇妙博物馆课程、中医药体验课程、冰雪文化课程、埃文戏剧表演课程、生态教育课程、主题教育课程、成长指导课程、阳光活动课等，让孩子们在活动中发现不一样的自己。"每天进步一点点"，既是教师对孩子们的期待，又何尝不是教师对自己的鞭策?!

校本课程的开发开阔了孩子们的视野，课堂教学的改进则真实地改变了孩子们的学习状态。

我们坚持抓一件事，就是在每天的每一节课中，发现孩子们的闪光点，通过小组合作学习，尽量减少学生的分流。在教师们的备课、上课和课后辅导中，搭建多样化的学习平台，创设互助学习机会，推进"学习共同体"的建设。孩子们从不爱学到主动学，从不活动到踊跃参加活动，从不爱表达到主动表达，从不自信到参加大型活动的侃侃而谈，他们质朴的脸上绽放着开心笑容，是我们和委托管理学校教师们最幸福的收获。

我们可能无法在短时间内完全改变义务教育不均衡的现实，但空谈解决不了问题，只有静下心来，扎扎实实地奋斗每一天，才能收获满满的幸福，才能找回已经忘却的初心，砥砺前行，创造未来!

命运回馈，以意想不到的方式

每个教育人都有自己的教育理想，每个校长都有自己理想学校的样态。程红兵校长在《为一所理想学校而来》一书中，抒发了自己的教育理想，感染了无数的同路人一同前行。我也有同样的感受，冥冥中似有感应。程红兵在深圳创办的是公益学校的理想范例，实现了学校办学自主权的最大化回归，校长可以回归本源，做校长应该做的事情。但中国的绝大多数地区，还难以实现这样的学校复制。我在经济低迷的东北老工业区，观念落后，新兴的开发区义务教育严重不均衡，而城镇化却在加速，如何办老百姓家门口的好学校，是我五年人民代表大会提案和建议的核心内容。

我的教育理想就是在公办学校创建一种新的管理体制，探索义务教育优质发展的适切路径，办老百姓家门口的好学校。我希望在这样的管理体制中，政府实现政策、资源、督导等方面的宏观管理，学校由专业化的管理团队负责微观运营，学校的办学效果由政府聘请的第三方评估机构进行中立评价，实现真正意义上的"管、办、评"分离，实现公办学校办学自主权的有效回归。

我希望政府能适度放权，从教育管理走向教育治理;学校适度集权，给学校人、财、物一定的自主管理权限，让现代学校制度建设落地有声;我希望教育同行和社会各界给这样的"新教育"以包容和支持，让新的教育实践能够走得更顺利，走得更坚实，为老百姓多样化的优质教育需求提供多元化的选择;我更希望通过我们在吉林长春的教育实践，提供可以复制与推广的经验，帮助更多的义务教育学校走向优质发展的快车道。

长春净月高新技术产业开发区管委会给予我们搭建了理想化的实践平台，给予我们人员招聘、薪酬制度、人事管理、学校管理等方面的自主权，让我们可以在新建的公办学校实现全方位的教育改革探索；净月区教育局实现了真正的教育服务，充分放权，精准服务，让我们从学校的规划及深化设计、设备采购与使用建议、人事与分配制度方案、人员招聘、教师培训、学校管理方案的量化评估指标制定等方面全程参与，为优质化办学提供了强有力的制度保障。我的教育理想，得到了政府和社会各界朋友的支持与帮助。最让我感动的是我的管理团队和特聘专家，是他们的倾情支持，使我们在两年的时间里，从初创走向了规模化发展。

7位核心团队成员均是硕士以上学历，有5位是博士，都有20年以上的管理经验。我们聘请的专家多数是退休的省市教研员、名校特级教师和骨干教师、大学课程教学论教授；这些专家有丰富的教研指导经验，熟悉教材和教学。执行校长和专家组成的改进工作团队，植根于每一天的常规教学研究中，通过每个教师的面对面听评课指导，帮助教师提高学科专业能力；通过办公例会、教学例会、学科组例会、集体备课研讨、课例研究、教师专业发展规划、教学流程管理和课务管理质量标准化、执行校长和专家的专题培训、教师岗位练功、任务单行动、学术分享、省级课题开题、校本课程开发等一系列活动，激发教师职业发展的新需求，从要我学到我要学，学校的面貌焕然一新。

学校的改变受到社会各界的广泛关注，学校的公派学位从严重流失到满足不了需求；家长对学校的满意度持续提升。2017年寒假，我们共发放了家长问卷2348份，满意度均超过95％，我们一年半的辛苦付出，收获了超出预期的效果。

2018年9月，我们长期委托管理的一所新学校将投入使用，我们将让其引领其他两所新学校的发展，形成净月区三足鼎立的新优质学校集群，并将此三所新优质学校作为种子学校，与区域内其他学校建立紧密型联盟，合理调配教师，共享发展资源，逐步实现区域义务教育均衡发展的新样态。

这样的探索，注定不是一帆风顺的过程，我们要协调与政府的关系，协调与区域内已建学校的关系，协调集团内不同学校的关系，但我们已经迈出了坚实的一步。现在已有委托管理的公办和民办幼儿园、小学、初中、高中共12所，随着新建学校陆续投入使用，我们的委托管理事业也将进入新的发展机遇期。我们希望通过这样的体制机制改革，为区域义务教育均衡发展提供多元化的实践经验，圆我们的理想学校之梦！

委托管理的培元学校校刊《青鸟》中有这样一段话，诠释了我和我的团队正在做的工作："付出不一定会即刻得到回报，但是我们要相信，命运会以一种意想不到的方式给予我们回馈。教育当怀敬畏之心，要坚信每一颗心灵都有向上的愿望，每一个生命都值得被尊重，在教育的喧嚣声中让我们保持这一份初心。"

附 录

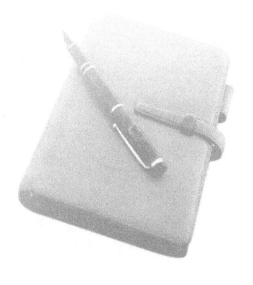

一、荣誉称号

2013.3 当选第十二届全国人大代表、第十二届吉林省人大代表（吉林省人民代表大会）

2012.9 长春名校长（中共长春市委 长春市人民政府）

2011.9 吉林省中小学杰出校长（首届）（吉林省教育厅）

2011.4 吉林省教育科研工作先进个人（吉林省教育厅）

2011.3 国务院特殊津贴（中华人民共和国国务院）

2010.4 全国先进工作者（中华人民共和国国务院）

2009.10 长春市骨干校长（长春市教育局干训领导小组办公室）

2009.9 吉林省特等劳动模范（中共吉林省委 吉林省人民政府）

2008.7 吉林省第十批有突出贡献的中青年专业技术人才（吉林省人民政府）

2007.9 长春市劳动模范（长春市人民政府）

2006.5 长春市优秀人才（中共长春市委 长春市人民政府）

2005.10 吉林省教育科研型名校长（吉林省教育科学研究领导小组）

2004.4 1999—2004年度教育科研先进工作者（长春市教育局 长春市教育科研工作领导小组）

2004.4 中国教育学会化学教学专业委员会系统先进工作者（中国教育学会化学教学专业委员会）

2002.10 吉林省教育科研型名教师（吉林省教育科学研究领导小组、吉林省教育科学院）

2001.9 特级教师（吉林省人民政府 吉林省教育厅）

2001.9 全省优秀教师（吉林省人事厅 吉林省教育厅）

1999.11 全省中小学省级中学化学学科带头人（吉林省教育厅）

1996.2 先进工作者（东北师范大学）

二、主要著作与论文

1. 李桢：《中考改革需要实质性突破路径》，载《人民教育》，2015（8）。

2. 李桢：《从"类哲学"看人的全面发展与个性发展》，载《社会科学战线》，2013（9）。

3. 李桢、张钧：《基础教育整体性改革的理念及其实践》，载《东北师大学报（哲学社会科学版）》，2013（1）。

4. 李桢、张钧：《主体性视域下教师积极课程意识的理论审视》，载《教师教育研究》，2012，24（5）。

5. 李桢、刘玉新：《"三全"质量管理观下的课程教学改革探索》，载《中国教育学刊》，2009（5）。

6. 李桢：《在不断超越中嬗变》，载《人民教育》，2007（10）。

7. 李桢：《新课程背景下校本教研动力机制和保障机制的思考》，载《现代校长》，2007。

8. 李桢：《问题解决的心理机制及其教学意义》，载《教师教育研究》，2005，17（5）。

9. 李桢：《对化学问题解决中化学表征作用的探究》，载《现代中小学教育》，2005（7）。

10. 李桢、赵晶波：《在中学化学实验教学中实施探究式学习的实证研究》，载《现代中小学教育》，2005（4）。

11. 李桢：《"酚类物质的污染"教学设计》，载《化学教学》，2001（4）。

12. 李桢：《对化学课程综合化的几点认识》，载《中学化学教学参考》，1998（Z1）。

13. 李桢：《中学化学计算机辅助教学模式的初步研究》，载《课程·教材·教法》，1997（12）。

14. 主编《主体性德育理论与实践研究》，长春，吉林出版集团股份有限公司，2015。

15. 副主编《新世纪语境下的教育视界》，北京，中国文史出版社，2006。

16. 编写《普通高中课程标准实验教科书化学 2》，北京，人民教育出版社，2004。

17. 编写《普通高中化学课程标准（实验）解读》，湖北教育出版社，2004 年。

18. 编写《保护人类共同的家园——地球》，北京，化学工业出版社，2003 年。

三、主要课题研究与成果

1. 2015　主持　全国教育科学"十一五"规划教育部重点课题《基于课程的学校主体性德育的理论与实践研究》，已完成结题

2. 2014.2　《基于高中教师个性发展的校本培训研究》荣获 2014 年吉林省教学成果一等奖（吉林省人民政府）

3. 2013.12　主持　吉林省教育科学"十一五"规划重点课题"高中校本教研制度的建立与实施研究"结题　（吉林省教育科学研究领导小组办公室）

4. 2011.10　主持　教育部课程研究所"十一五"规划重点课题《吉林省普通高中新课程教学实践研究》子课题《新课标高中地理教材（人教版）实用性研究》评为一等奖　（教育部课程教材研究所《吉林省普通高中新课程教学实践研究》总课题组）

5. 2011.4　主持《中学阶段教学全面质量管理的理论与实践研究》被评为吉林省教育科研优秀项目　（吉林省教育厅）

6. 2011.3　《中学教学全面质量管理体系》获吉林省第三届省级基础教育教学成果一等奖　（吉林省公务员局　吉林省教育厅）

7. 2010.12　撰写《"三全"质量管理观下的课程教学改革探索》获吉林省社会科学界联合会第三届社会科学优秀成果奖　（吉林省社会科学界联合会）

8. 2009.12　《"三全"质量管理观下的课程教学改革探索》获吉林省第六届教育科学优秀成果（论文类）一等奖　（吉林省教育科学研究领导小组）

9. 2009.11　撰写《问题解决的心理机制及其教学意义》荣获第五届（2004—2008 年）中国教育学会科研成果奖二等奖　（中国教育学会）

10. 2007.4　主持　第一届全国中小学科研兴校成果奖评选活动中《通过研究性学习培养学生创新的实证研究》荣获优秀课题成果二等奖　（教育部中国中小学幼

儿教师奖励基金会　中国人才研究会教育人才专业委员会）

11.2007.11　撰写《问题解决的心理机制及其教学意义》荣获吉林省教育学会第七次教育科学研究成果（论文类）一等奖　（吉林省教育学会）

12.2006.7　撰写《对化学问题解决中化学表征作用的探究》荣获吉林省第五届教育科学优秀成果（论文类）一等奖　（吉林省教育科学研究领导小组）

13.2004.6　撰写《高中化学新课程理念下的学习策略初探》荣获"十五"期间中央教科所课程教材研究中心教育科研成果二等奖　（中央教科所课程教材研究中心）

14.2003.7　撰写《研究性学习的理论和实践研究初探》荣获吉林省第四届教育科学优秀成果二等奖　（吉林省教育科学研究领导小组）

15.2002.7　参加　全国教育科学重点课题《国家基础教育新课程的研究、实验与推广》分课题《高中化学课程标准研制》教育部基础教育课程教材发展中心

16.2001.8　协助　全国哲学、社会科学"九五"规划国家重点课题《面向二十一世纪中国基础教育课程教材改革研究》的东北师大附中子课题《构建普通高中课程模式的实验研究》获研究成果一等奖（《面向21世纪中国基础教育课程教材改革研究》总课题组）

17.2001.12　撰写《中学化学计算机辅助教学模式的初步研究》荣获"九五"期间长春市优秀成果二等奖　（中央教科所课程教材研究中心）

18.2001.12　撰写《简论以提高学生素质为核心的化学课堂教学策略》荣获"九五"期间教育科学研究成果一等奖　（长春市教育科学研究工作领导小组）

19.2001.10　《研究性学习的理论和实践研究初探》在中学化学骨干教师国家级培训论文评比中获一等奖　（河北师范大学化学学院）

20.2001.1　二〇〇一年全国高中学生化学竞赛决赛学生培训工作中，成绩优异，特给予表彰　（中国化学会）

21.2000.9　课件《苯酚及酚类物质的污染》在东北三省中学化学课件评比展示会上被评为一等奖　（黑龙江省化学学会　吉林省化学学会　辽宁省化学学会）

22.2000.8　2000年全国高中化学优质课观摩、评比活动中，所讲授的"酚类物质的污染"一课，被评为一等奖　（中国教育学会化学教学专业委员会）

23.2000　二〇〇〇年全国高中学生化学竞赛初赛学生培训工作中，做出突出贡

献，特给予表彰　（中国化学会）

24.1999.9　《〈高中个性化教学的实验与研究〉第二轮实验》荣获吉林省基础教育教学成果一等奖　（吉林省教育委员会）

25.1999.1　《实验探究教学中教学策略的选择和运用》荣获一九九八年度全国中学化学教师第八届学术年会一等奖　（中国教育学会化学教学专业委员会）

26.1999　一九九九年全国高中学生化学竞赛初赛学生培训工作中，做出突出贡献，特给予表彰　（中国化学会）

27.1998.12　《中学化学计算机辅助教学模式的初步研究》在第二届长春市教育科学研究成果评奖中荣获优质成果一等奖　（长春市教育委员会、长春市教育科学研究工作领导小组）

28.1998.12　《对化学课程综合化的几点认识》在第二届长春市教育科学研究成果评奖中荣获优质成果二等奖　（长春市教育委员会、长春市教育科学研究工作领导小组）

29.1996.11　撰写《试论普通高中化学课程的综合化》荣获第七次中国教育学会化学教学研究会年会论文二等奖　（中国教育学会化学教学研究会）

30.1996.10　指导的学生在一九九六年全国中学化学竞赛（吉林省赛区）荣获特等奖　（吉林省化学会）

31.1996.4　《"问题教学模式"的研究》获吉林省首届青年教育科学优秀成果二等奖　（吉林省教育科学研究领导小组办公室）

32.1995.12　长春市中学教师教育教学能力岗位练功标兵　（长春市教育委员会）

33.1995.12　长春市中学教师教育教学能力岗位练功教育教学能力竞赛学科十佳奖　（长春市教育委员会）

34.1995.11　《"问题教学模式"在中学化学教学中的应用浅析》获吉林省中学化学课堂教学常规交流会特等奖　（吉林省教育学院高中部、吉林省中学化学教学研究室）

35.1995.10　指导的学生在一九九五年全国中学生化学竞赛（吉林省赛区）荣获一等奖　（吉林省化学会）

37.1995.5　长春市中学教师教育教学能力岗位练功学科单项能力竞赛一等奖（长春市教育委员会）

38.1994.10 全国青年化学教师优秀录像课特等奖 （中国教育学会化学教学研究会）

39.1993.11 吉林省中学青年化学教师优秀课评选一等奖 （吉林省教育学院、吉林省中学化学教学研究会）

40.1993.9 指导的学生在一九九三年全国中学生化学竞赛吉林省赛区荣获一等奖 （吉林省化学会）

后 记

今年是东北师大附中建校 70 周年，我的《李桢与自觉教育》一书能在这个时间节点得以出版，满载的是我内心对附中的深情回忆和附中文化在精神上给予我的丰沛滋养。它也是我对自己 24 年附中工作的深刻体悟与管理思想的系统提炼。

写作的过程历经两年多，几易其稿，我总感到无从下笔。附中的文化积淀博大精深，怎样总结都难以描绘出植根于附中人身上的气韵与内涵。附中的每一位校长都有自己鲜明而独特的办学思考和创新实践，他们站在巨人的肩上负重前行，使命重大，责任艰巨。每一位校长都为附中的发展殚精竭虑，贡献了自己的智慧与经验。我只是在自己的任期内传承附中文化的精髓，优化已有的管理思想，结合当下教育发展的新要求，进行了适度变革。

从 1990 年 7 月硕士毕业，怀揣梦想，自告奋勇地来到附中那天起，我的人生轨迹就与附中的发展紧紧地联系在一起。我从没想过成为一名管理者，但强烈的进取心、持久的自律意识与总要做到最好的自我追求，使我的个人发展与学校发展产生了共振与交集。

"自觉教育"的思想发端于我自身"教-研-学"自主发展的经历，它也是我教学风格的核心价值取向。附中文化教会我以尊重生命、尊重个性、崇尚包容、鼓励创新为原则，平等地对待每一位师生，让他们都有自我选择的权利，有展示自我的平台，有赢得尊重和证明自己的机会，有追求美好未来的勇气和超越自我的期许。

我们生活在一个充满了不确定性的时代，物质的极大丰富和科技的高速发展，使欲念和享乐体验被放大；知识的碎片化和学习的泛在化，使个体的自我管理与调控作用的重要性突显。教育的核心价值已从单一的知识传授，转向个人核心素养的整体提升。教育的价值更强调学生有意义的心理建构和生命的健康成长。只有自觉地把控自我，成为更好的自己，个体才能适应社会，创造属于自己的美好未来。

本书既有我前半生教育教学经验的总结，也有附中办学经验的系统梳理，还有我们在区域义务教育优质均衡发展中的创新实践。书稿的完成得到了附中和新优教育集团同事的鼎力支持。东北师大附中的王荣国老师、刘勇老师、蒋礼老师为本书提供了独到的见解和鲜活的案例；东北师大附中朝阳学校的高祥旭校长、张钧校长、唐大有校长都为本书提供了系统的实践方案；新优教育集团的李志强校长、吕慧校长、张凤莲校长、张影校长和我的学生陈靖慧校长也为本书提供了丰富的实践经验。感谢他们的参与和陪伴，是他们让我有信心完成此项艰巨的工作。

书稿能够出版，最应致谢的是中国教育报刊社原社长张新洲先生，没有他10年的鼓励与支持，我可能已经放弃了这本书稿的写作。他是我最敬佩和尊重的先生，也是一生都弥足珍贵的朋友。最后感谢伊师孟编辑，这是她责编的第一本书，在这个浮躁的年代，如此踏实认真与尽心竭力的工作态度，让我感动。

因个人的能力与水平所限，本书还有很多疏漏和不成熟的地方有待进一步完善。在此，我真诚地恳求读者朋友给予批评指正，这对于我们当下的教育实践是极其宝贵的。

教育是使人成为人的伟大事业！我们和孩子们在一起的每一天，都是思想与精神的交融。我们把自己的体悟与经验分享给他们，他们的纯粹与活力，激发我们无尽的想象。我们在相守成长的岁月中，长成彼此期望的样子，那是我们更好的自己！

李　桢